제1판 5급·7급 국가직 / 민간경력자 / PSAT 및 NCS 대비

브랜드만족 1위 박문각

근거자료 후면표기

7급

기초부터 완성까지,
차근차근 단계별 맞춤 문제집

박민제 PSAT

Essential 7.5

박민제 편저

PSAT 핵심만 정확히!

빠른 풀이를 돕는 기본연산 수록

고득점을 위한 고난도 문제 +α 영역

2024년 7월 시행 7급 PSAT 기출문제 수록

박문각

PREFACE

이 책의 머리말

PSAT 학습에서 많은 수험생이 가장 크게 혼란을 느끼는 지점은, 기본 개념을 학습한 이후에도 점수가 일정 수준에서 정체된다는 점입니다. 이는 단순히 더 많은 문제를 풀지 않아서가 아니라, PSAT이 요구하는 사고방식이 '기초 이해'에서 '유형별 문제 해결력'으로 전환되는 구간에 대한 준비가 충분하지 않기 때문입니다.
Basic 6.5가 PSAT의 구조와 사고의 출발점을 다지는 단계라면, Essential 7.5는 실제 시험에서 안정적으로 점수를 확보하기 위해 반드시 넘어야 할 최소 기준선을 구축하는 교재입니다. 이 책은 'PSAT을 어느 정도 이해한 수험생이, 실전 점수로 연결하기 위해 무엇을 더 갖추어야 하는가'라는 질문에서 출발하였습니다.

PSAT는 언어논리·자료해석·상황판단이라는 세 영역으로 구분되어 출제되지만, 실제 문항을 분석해 보면 영역 간의 경계는 점점 희미해지고 있습니다. 언어논리에서는 논리적 판단과 계산을 동시에 요구하는 문제가 출제되고, 상황판단에서는 조건 해석과 수치 계산이 결합되며, 자료해석에서는 단순 계산을 넘어 보고서 독해와 추론이 함께 요구됩니다. 이는 곧 PSAT 전체가 하나의 통합된 사고력 시험이라는 점을 분명히 보여 줍니다. Essential 7.5는 이러한 출제 경향을 반영하여, 언어논리·자료해석·상황판단을 별도의 과목으로 나누지 않고, 요구되는 사고력과 풀이 구조를 기준으로 문제를 재분류하였습니다. 세 영역에서 공통적으로 반복되는 논리 구조, 계산 방식, 독해 패턴을 하나로 묶어 학습함으로써, 영역이 달라져도 동일한 사고 전략을 적용할 수 있도록 설계하였습니다. 이를 통해 제한된 학습 시간 안에서 최대의 학습 효율을 달성하는 것을 목표로 합니다.

PSAT의 문제 유형은 매년 새롭게 보이지만, 실제로는 반복되는 구조를 가지고 있습니다. 같은 유형의 문제라도 난도가 달라지는 이유는 문항 하나에 포함된 사고 전환 지점의 개수와 복합성에 있습니다. Essential 7.5는 이러한 관점에서, 언어논리의 핵심 유형인 논리퀴즈·조건추론·명제·비판적 사고, 자료해석의 핵심 유형인 그래프 판독·비율 및 증감률 계산·독해 기반 해석, 상황판단의 핵심 유형인 규칙 비교·케이스 추론·조건 적용 계산을 중심으로 75점 이상 확보에 반드시 필요한 필수 유형 문제들을 선별하여 교재를 구성하였습니다.

PSAT 학습에서 이론은 수단이지 목적이 아닙니다. 점수를 결정짓는 것은 결국 문제를 얼마나 빠르고 정확하게 해결할 수 있는가에 달려 있습니다. 특히 세 영역 어디에서든 공통으로 활용되는 기본연산과 계산감각은 실전 점수의 하한선을 결정하는 요소입니다. Essential 7.5에서는 빠른 풀이를 위한 기본연산 파트를 핵심 기초 단계로 설정하였으며, 단순한 정석 풀이를 넘어 시간 절약이 가능한 사고 흐름을 반복 훈련할 수 있도록 구성하였습니다. 이 부분은 반드시 충분한 반복 학습을 통해 자신의 것으로 만들기를 권합니다.

박민제 PSAT 4권 시리즈(Basic 6.5 – Essential 7.5 – Classic 8.5 – High-point 9.5)는 2019년 공개 예시문항부터 2025년 최신 기출문제까지 국가직 7급 PSAT 전 범위를 모두 분석·반영하고, 여기에 민경채·5급 PSAT·NCS 문항 중 유사 난도의 문제를 선별하여 수록하였습니다. 이는 단순한 문제 풀이를 넘어, 최소의 시간으로 1차 시험 합격권에 도달하기 위한 구조화된 학습 체계를 제공하기 위함입니다.

Essential 7.5에 수록된 + α 영역은 2019년 최초 공개된 7급 PSAT 예시문항과 2020년 모의평가 문항 중 난도가 높고 기준점으로서 의미 있는 문제들을 별도로 구성한 파트입니다. 예시문항과 모의평가는 7급 PSAT의 출제 기준을 가장 명확하게 보여 주는 자료이므로, 해당 문항들은 평소보다 시간을 충분히 두고 정확한 사고 과정을 점검하며 학습하기를 권합니다.

최근 7급 PSAT의 난도는 시험 연도와 직렬에 따라 유동적으로 변화하고 있습니다. 전반적인 난도 하락 흐름 속에서도 2025년 추가 시험에서는 다시 변별력이 강화되는 양상이 확인되고 있습니다. 이러한 상황에서 모든 문제를 완벽하게 풀겠다는 접근은 오히려 시간 관리 실패로 이어질 가능성이 큽니다. Essential 7.5는 어려운 문제를 과감히 구분하고, 반드시 맞혀야 할 문제를 안정적으로 확보하여 75점 이상을 달성하는 전략에 초점을 맞추어 구성되었습니다.

이 책을 통해 수험생 여러분이 PSAT 문제를 '많이 풀었다'는 경험이 아니라, 어떤 문제를 어떻게 풀어야 하는지에 대한 기준을 세울 수 있기를 바랍니다. Essential 7.5는 PSAT 학습의 중간 지점에서 방향을 잡아 주는 이정표가 될 것입니다.

2026년 1월

박민제 드림

STRUCTURE

이 책의 **구성과 특징**

1

PSAT 필수 유형 문제 **및** 통합 사고형 문제 **집중 수록**

단순 개념 복습이 아닌 실제 시험에서 반드시 맞혀야 할 최소 기준 유형에 집중하여, 시험에서 75점 이상 확보를 위한 PSAT 핵심 유형 문제를 선별하여 문제를 수록하였다. 또한, 언어논리의 '논리+계산', 상황판단의 '조건+추론', 자료해석의 '보고서 독해+계산' 등 논리·계산·독해가 결합된 PSAT 통합 사고형 문제를 집중 수록하여, 통합 사고형 문항에 대한 실전 대응력을 강화하였다.

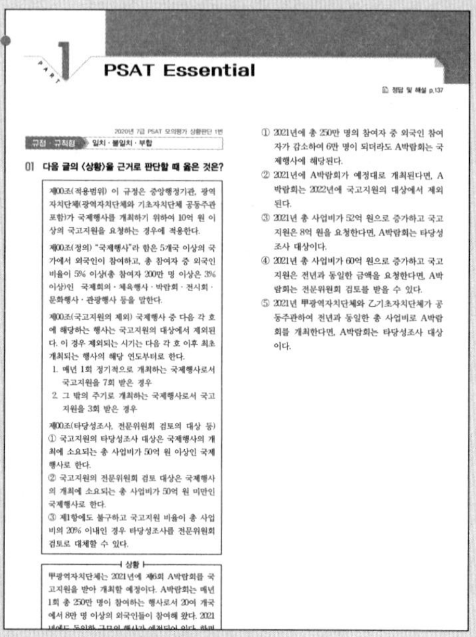

2

빠른 풀이를 위한 기본연산 **파트 수록**

언어논리·자료해석·상황판단 영역에 공통으로 적용되는 계산 구조와 연산 테크닉을 집중훈련할 수 있도록 기본연산 파트를 별도로 구성하였다. 기본연산은 정석 풀이가 아닌 시간 단축을 전제로 한 현실적인 풀이 흐름을 제시한다. 이를 미리 알고 학습할 수 있도록 교재 앞부분에 별도로 수록하였다.

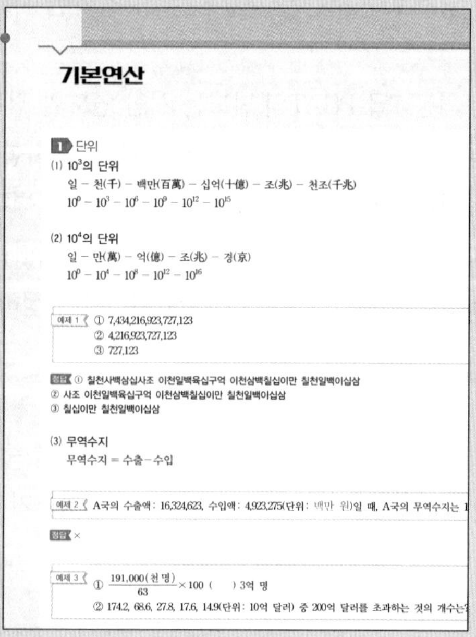

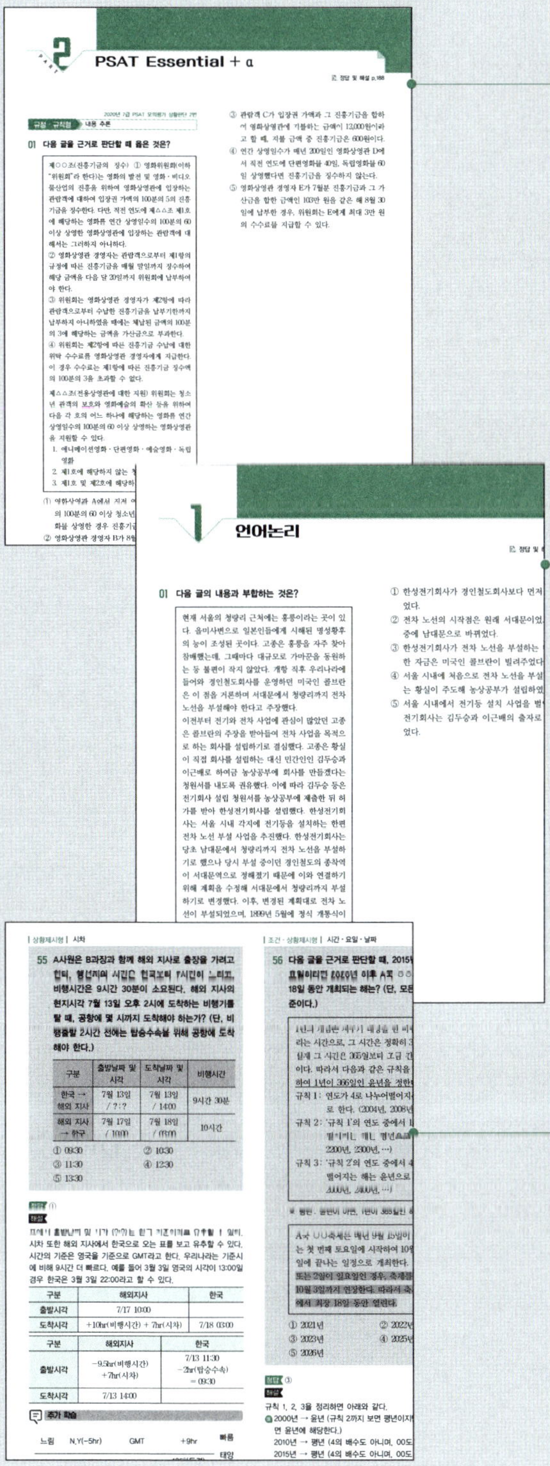

3

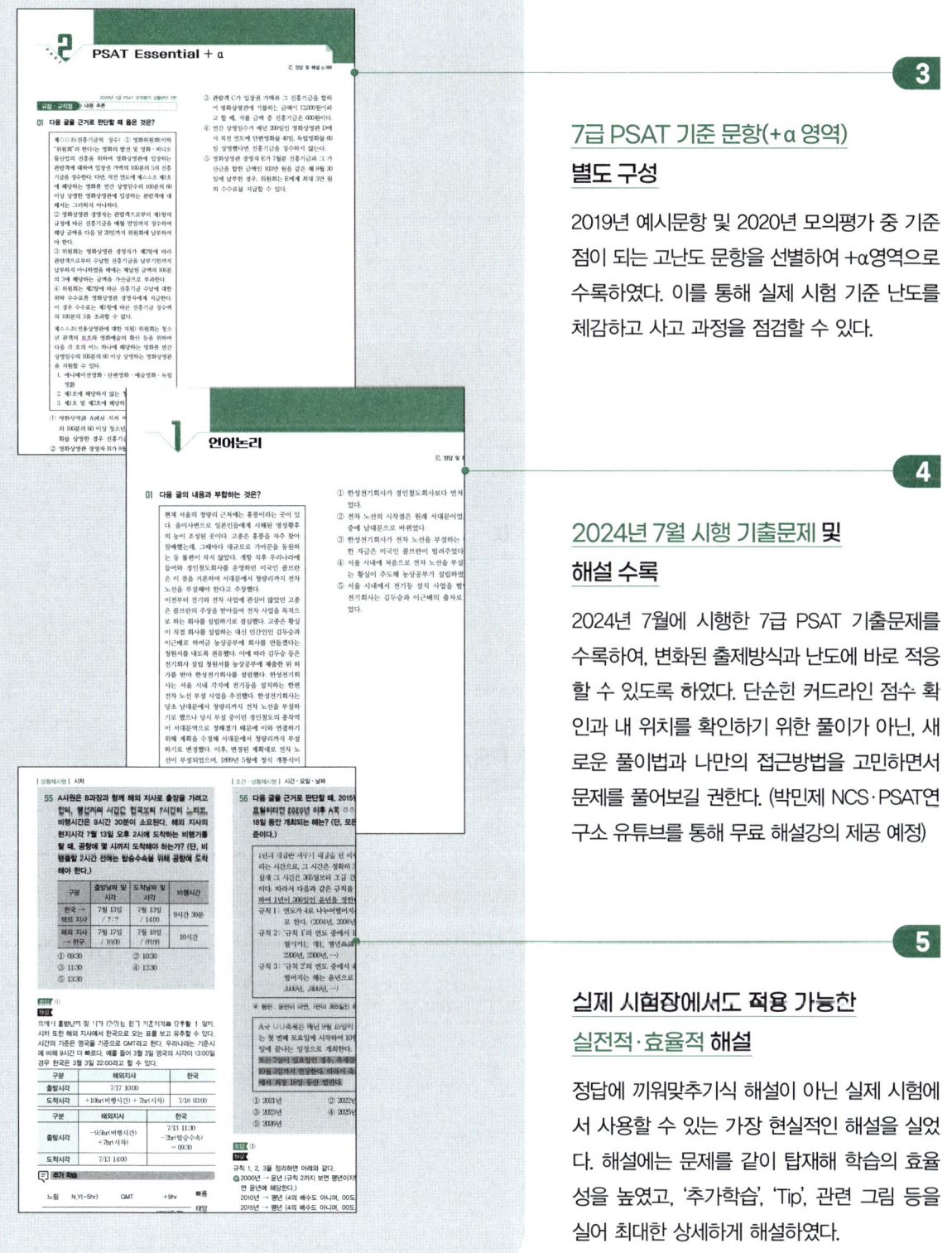

7급 PSAT 기준 문항(+α 영역) 별도 구성

2019년 예시문항 및 2020년 모의평가 중 기준점이 되는 고난도 문항을 선별하여 +α영역으로 수록하였다. 이를 통해 실제 시험 기준 난도를 체감하고 사고 과정을 점검할 수 있다.

4

2024년 7월 시행 기출문제 및 해설 수록

2024년 7월에 시행한 7급 PSAT 기출문제를 수록하여, 변화된 출제방식과 난도에 바로 적응할 수 있도록 하였다. 단순한 커드라인 점수 확인과 내 위치를 확인하기 위한 풀이가 아닌, 새로운 풀이법과 나만의 접근방법을 고민하면서 문제를 풀어보길 권한다. (박민제 NCS·PSAT연구소 유튜브를 통해 무료 해설강의 제공 예정)

5

실제 시험장에서도 적용 가능한 실전적·효율적 해설

정답에 끼워맞추기식 해설이 아닌 실제 시험에서 사용할 수 있는 가장 현실적인 해설을 실었다. 해설에는 문제를 같이 탑재해 학습의 효율성을 높였고, '추가학습', 'Tip', 관련 그림 등을 실어 최대한 상세하게 해설하였다.

CONTENTS

이 책의 **차례**

정답 및 해설

* Basic 6.5에는 2025년 국가직 7급 PSAT 기출문제가, Classic 8.5에는 2025년 근로감독 및 산업안전분야 7급 PSAT 기출문제가 수록되어 있으니 학습에 참고하시기 바랍니다.

기본연산

1 단위

(1) 10^3의 단위

일 − 천(千) − 백만(百萬) − 십억(十億) − 조(兆) − 천조(千兆)

$10^0 - 10^3 - 10^6 - 10^9 - 10^{12} - 10^{15}$

(2) 10^4의 단위

일 − 만(萬) − 억(億) − 조(兆) − 경(京)

$10^0 - 10^4 - 10^8 - 10^{12} - 10^{16}$

예제 1

① 7,434,216,923,727,123

② 4,216,923,727,123

③ 727,123

정답 ① 칠천사백삼십사조 이천일백육십구억 이천삼백칠십이만 칠천일백이십삼
② 사조 이천일백육십구억 이천삼백칠십이만 칠천일백이십삼
③ 칠십이만 칠천일백이십삼

(3) 무역수지

무역수지 = 수출 − 수입

예제 2 A국의 수출액: 16,324,623, 수입액: 4,923,275(단위: 백만 원)일 때, A국의 무역수지는 **100조 이상**이다. (　)

정답 ×

예제 3

① $\dfrac{191{,}000(\text{천 명})}{63} \times 100$ (　) 3억 명

② 174.2, 68.6, 27.8, 17.6, 14.9(단위: 10억 달러) 중 200억 달러를 초과하는 것의 개수는?

정답 ① >, ② 3개

해설 ① 10^3: 일 − 천 − 백만 − 십억 − 조 − 천조

10^4: 일 − 만 − 억 − 조 − 경

$\dfrac{191(\text{백만 명})}{63} \times 100 = \dfrac{191\text{억 명}}{63}$ → 3억 명이 넘는지 확인

63 × 3 = 189이므로 191보다 작다. 그러므로 3억 명보다 크다.

② 14.9 = 149억 달러

17.6 = 176억 달러

27.8 = 278억 달러

68.6 = 686억 달러

174.2 = 1,742억 달러

예제 4

① $2{,}298 \times \dfrac{100-(9.1+0.9)}{100} - 1{,}448 \times \dfrac{100-(8.8+1.2)}{100} = (\quad)$

② 92 + 96 + 100 + 105 + 108 = (　)

③ 3 + 4 + 5 = (　)

정답 ① 765, ② 501, ③ 12

해설 ① $\frac{100-(9.1+0.9)}{100}=\frac{90}{100}=90\%$, $\frac{100-(8.8+1.2)}{100}=\frac{90}{100}=90\%$

$2{,}298\times\frac{100-(9.1+0.9)}{100}-1{,}448\times\frac{100-(8.8+1.2)}{100}$

$=(2{,}298-1{,}448)\times 90\%$

$=850\times 90\%$

$=850\times 0.9=765$

② $92+96+100+105+108=(100-8)+(100-4)+100+(100+5)+(100+8)$

$=500-12+13=501$

③ $3(=4-1)+4+5(=4+1)=3\times 4=12$

2 보수

(1) 10의 보수

기준	1	2	3	4	5	6	7	8	9
보수	9	8	7	6	5	4	3	2	1

(2) 100의 보수

예제 1 ① 27 + (　　) = 100
② 96 + (　　) = 100
③ 54 + (　　) = 100
④ 27% + (　　) = 100%

정답 ① 73, ② 4, ③ 46, ④ 73%

(3) 1,000의 보수

예제 2 ① 512 + (　　) = 1,000
② 432 + (　　) = 1,000
③ 27 + (　　) = 1,000
④ 67.2% + (　　) = 100.0%
⑤ 42.74% + (　　) = 100.00%

정답 ① 488, ② 568, ③ 973, ④ 32.8%, ⑤ 57.26%

(4) 오류율

오류율 = 100% − 인식률 (단위 : %)

예제 3 오류율이 72.42%일 때, 인식률은?

정답 27.58%

해설 오류율 + 인식율 = 100.0%

72.42% + 27.58% = 100.0%

3 차잇값 계산

중간값을 이용하여 보수를 계산한다.

37	50	93

13(= 50 − 37)　43(= 93 − 50)

결괏값: 56

864	1,000	1,203

136(= 1,000−864)　203(= 1,203−1,000)

결괏값: 339

예제 $\frac{124}{423}$　$\frac{150}{500}$　$\frac{183}{524}$
(기준값)

해설 분모의 차이는 524 − 500, 500 − 423의 결괏값의 합: 101
분자의 차이는 150 − 124, 183 − 150의 결괏값의 합: 59

4 곱셈

(1) 곱셈유형 1

예제 1
① 43 × 7 = (　　)
② 4 × 37 = (　　)
③ 569 × 7 = (　　)
④ 56 × 97 = (　　)
⑤ 5 × 697 = (　　)

정답 ① 301, ② 148, ③ 3983, ④ 5432, ⑤ 3485

해설 ① 43 × 7 = (40 + 3) × 7
= 280 + 21
= 301

② 4 × 37
i) 4 × (30 + 7) = 120 + 28
= 148
ii) 4 × (40 − 3) = 160 − 12
= 148
iii) 2 × 2 × 37 = 2 × 37 + 2 × 37
= 74 + 74
= 148

③ 569 × 7 = (500 + 60 + 9) × 7
= 3500 + 420 + 63
= 3500 + 483
= 3983

④ 56 × 97 = 56 × (100 − 3) = 5600 − 168 = 5432

⑤ 5 × 697
i) 5 × 697 = 5 × (600 + 90 + 7)
= 3000 + 450 + 35
= 3485

ii) $10\times\frac{1}{2}=5$이므로, $10\times\frac{1}{2}\times697=6970\times\frac{1}{2}=3485$

iii) $5\times(700-3)=3500-15=3485$

(2) 곱셈유형 2

예제 2

① $27\times36=($ $)$
② $43\times52=($ $)$
③ $56\times14=($ $)$
④ $15\times15=($ $)$
⑤ $25\times25=($ $)$
⑥ $34\times36=($ $)$
⑦ $27\times23=($ $)$
⑧ $82\times22=($ $)$
⑨ $66\times46=($ $)$

정답 ① 972, ② 2236, ③ 784, ④ 225, ⑤ 625, ⑥ 1224, ⑦ 621, ⑧ 1804, ⑨ 3036

해설 ② $43\times52=43\times(50+2)=2150+86=2236$

※ 곱셈유형 2 보충설명

① 1의 자리의 합이 10, $b+c=10$

i) $ab\times ac=(10a+1b)\times(10a+1c)$
$=100a^2+10a(b+c)+(bc)$
$=100a(a+1)+bc$

ii) $34\times36=(35-1)(35+1)$
$=1225-1$
$=1224$

② 10의 자리의 합이 10, $a+c=10$

$ab\times cb=(10\times a+1\times b)\times(10\times c+1\times b)$
$=100ac+10ab+10bc+b^2$
$=100ac+10b(a+c)+b^2$
$=100(ac+b)+b^2$

(3) 곱셈유형 3

$10\times10=100$	$15\times15=225$
$11\times11=121$	$25\times25=625$
$12\times12=144$	$35\times35=1{,}225$
$13\times13=169$	$45\times45=2{,}025$
$14\times14=196$	$55\times55=3{,}025$
$16\times16=256$	$65\times65=4{,}225$
$17\times17=289$	$75\times75=5{,}625$
$18\times18=324$	$85\times85=7{,}225$
$19\times19=361$	$95\times95=9{,}025$
$20\times20=400$	

※ 11~19까지는 암기를 하여야 한다.

① $11\times(10+1)=110+11=121$

② $12\times(10+2)=120+24=144\rightarrow(10+2)^2=100+2\times2\times10+2^2=144$

③ $13\times(10+3)=130+39=169\rightarrow(10+3)^2=100+2\times3\times10+3^2=169$

※ 제곱수의 빠른 계산 방법 예시(25×25 = 625)
백의 자리 : (1 + 2)×2 = 6
십의 자리 : 5×5 = 25
∴ 625

(4) 곱셈 비교 1

예제 3
① 100×11 ( ) 110×10
② 400명×37.5% ( ) 600명×30%
③ 7,210×57 ( ) 8,670×53
④ 다음 중 가장 큰 수는?

2000×200	2200×190	2400×160	1800×220	2300×170

정답 ① =, ② <, ③ <, ④ 2200×190

해설 ① 100과 110의 비교로 10%가 증가, 10과 11의 비교로 10%가 증가하므로 동일하게 증가
② 200 증가(50% 증가), 30에서 37.5로는 7.5가 증가하였기 때문에 25%가 증가

(5) 곱셈 비교 2

예제 4
① 246×380 ( ) 386×257
② 1,789×55 ( ) 1,790×53

정답 ① <, ② >

해설 ① 246×380 386×257
246과 386의 증가량과 257과 380의 증가량을 비교하여 어느 증가량이 더 큰지 비교하면 된다.
② $\frac{1}{1789}\times 100$

1,789×55 > 1,790×53

$\frac{2}{53}\times 100$

5 필수 암기 분수

기준 분수 (%)	$\frac{1}{2}$ (50)	$\frac{1}{3}$ (33.3)	$\frac{1}{4}$ (25)	$\frac{1}{5}$ (20)	$\frac{1}{6}$ (16.7)	$\frac{1}{7}$ (14.3)	$\frac{1}{8}$ (12.5)	$\frac{1}{9}$ (11.1)
여사건	$\frac{1}{2}$	$\frac{2}{3}$	$\frac{3}{4}$	$\frac{4}{5}$	$\frac{5}{6}$	$\frac{6}{7}$	$\frac{7}{8}$	$\frac{8}{9}$
여사건 비율	50%	66.7%	75%	80%	83.3%	85.7%	87.5%	88.9%
소수점	0.5	0.3333	0.25	0.2	0.167	0.143	0.125	0.111
분수식			$\frac{1}{2}\times\frac{1}{2}$		$\frac{1}{3}\times\frac{1}{2}$		$\frac{1}{4}\times\frac{1}{2}$	

※ 37.5% = $\frac{3}{8}$, 25% + 12.5% = $\frac{1}{4}+\frac{1}{8}$

예제
① $\frac{51}{143}$은 약 몇 %인가? (단, 소수점 둘째 자리에서 반올림하여 계산한다.)
② 128 ÷ 5 = ( )
③ 75의 8%는?

정답 ① 35.7%, ② 25.6, ③ 6

해설 ① i) 143의 10% = 14.3

$14.3 \times 3 = 42.9$ (143의 30% = 42.9)

$14.3 \times \frac{1}{2} = 7.15$ (143의 5% = 7.15)

$42.9 + 7.15 = 50.5$ (143의 35% = 50.05)

143의 1% = 1.43

36% = 51.48과 51을 비교해 보면, 35%~36% 사이에 존재한다는 것을 알 수 있다.

ii) $\frac{5.1 \times 7}{14.3 \times 7} \fallingdotseq \frac{35.7}{100} \times 100 = 35.7\%$

② $128 \times \frac{1}{5}$ = 128의 20%는 25.6

128의 10%는 12.8이므로 $12.8 \times 2 = 25.6$

③ $75 \times 0.08 = 0.75 \times 8$ = 8의 75% $= \frac{3}{4} \times 8 = 6$

6 연립방정식 · 비율 계산

(1) 연립방정식

$$\begin{cases} x + y = 300 \\ 2x + 4y = 840 \end{cases}$$

$x + y = 300$인 경우

$2x + 2y + 2y = 840$

$2(x + y) + 2y = 840$

$600 + 2y = 840$

$y = 120$

$\therefore\ x = 180, y = 120$

(2) 비율 계산

① 비율(%) $= \frac{\text{비교하는 수}}{\text{기준이 되는 수}} \times 100$

② 구성비(%) $= \frac{\text{해당하는 부분}}{\text{전체}} \times 100$

예제 1 2021년 갑 마을 A, B, C 상점의 생산량이 다음과 같을 때 갑 마을 생산량 대비 B상점의 생산량 비율(%)은? (단, 갑 마을에는 A, B, C 상점만 존재한다.)

상점	2021년 생산량
A	30톤
B	40톤
C	30톤

정답 40%

해설 A 대비 B = A 기준 B = $\frac{B}{A}$

$\frac{40}{30 + 40 + 30} \times 100 = 40\%$

예제 2

① $\frac{52}{160}$는 약 몇 %인가?

② $\frac{966}{5465}$은 약 몇 %인가? (단, 소수점 둘째 자리에서 반올림하여 계산한다.)

정답 ① 32.5%, ② 17.7%

해설 ① 분모 160의 10%는 16, 30%는 48, 2.5%는 4

30% + 2.5% = 48 + 4 = 52, 32.5% = 52

즉, $\frac{52}{160}$는 32.5%

② 어림산으로 산출할 수 있다.

$\frac{966}{5465} ≒ \frac{96}{546}$

546의 10% = 54.6

546의 20% = 109.2 → 분자와의 차이는 13.2

546의 2% = 10.92

109.2 − 10.92 = 98.28 (20%−2%)

17%~18% 사이에 존재한다는 것을 확인

역배율 $\frac{96}{546}$ ×5배보다는 크다. $\frac{96}{546}$ ×6배보다는 작다.

$\frac{180}{200}$에서 200의 10%는 20 즉, 90%는 180이라는 것을 확인

7 변화율 계산

(1) 변화율

$$변화율(\%) = \frac{변화된\ 양}{기준이\ 되는\ 양} \times 100$$

$$= \frac{t_2 - t_1}{t_1} \times 100 = \left(\frac{t_2}{t_1} - 1\right) \times 100$$

(t_1 : 처음값, t_2 : 나중값)

(2) 증가율, 감소율

① 100 → 120 VS 200 → 240 변화율은 동일

$\frac{t_2 - t_1}{t_1} \times 100 = (\frac{120}{100} - 1) \times 100 = 20\%$

12 → 14.4 (20% 증가)

200 → 240 (20% 증가)

200 → 260 = 100 → 130 (30% 증가)

② 124 → 170일 때, 40% 이상 증가하였는가?

124와 170의 차이는 46 (46 증가)

10%는 12.4, 40%는 49.6

40%보다 작게 증가

(3) %와 %p

① 50% → 75%

25%p 증가, 50% 증가

② 2% → 1%

1%p 감소, 50% 감소

③ 60% → 75%

15%p 증가, 25% 증가

예제 1 ① 90 → 93.6일 때 변화율은?

② 70 → 420일 때 변화율은?

③ 920 → 883.2일 때 변화율은?

④ 27,000 → 3,240일 때 변화율은?

정답 ① 4% 증가, ② 500% 증가, ③ 4% 감소, ④ 88% 감소

해설 ① 1% = 0.9, 4% = 3.6% ∴4% 증가

② 100% = 70, 70의 500% = 350이므로 500% 증가

③ 차잇값으로 계산해 보면(900 기준), 20 + 16.8 = 36.8

4% 간소

④ 9의 배수 333(각 자리 숫자의 합이 9의 배수일 경우 그 숫자는 9의 배수이다.)

약분하면, 100 → 12이므로, 감소율이 88%이다.

예제 2

2011~2020년 한국 및 OECD 주요 10개국 실용신안 출원 현황

연도	실용신안 출원 수	
	한국	OECD 주요 10개국 평균
2011년	7,865	820,516
2012년	9,842	867,092
2013년	11,425	891,449
2014년	12,933	895,644
2015년	14,992	917,084
2016년	15,901	929,443
2017년	18,840	1,014,752
2018년	19,345	986,032
2019년	23,129	1,138,383
2020년	24,100	1,132,911

① 2017년 한국의 실용신안 출원 수의 전년 대비 증가율은 20% 이하이다. (○ / ×)

② 2011년 대비 2017년 주요 OECD 10개국 평균 실용신안 출원 수의 증가율은 25%를 초과한다. (○ / ×)

정답 ① ○, ② ×

해설 ① 2016년 한국의 실용신안 출원 수 = 15,901

2017년 한국의 실용신안 출원 수 = 18,840

차액을 구하기 전 2016년 한국의 실용신안 출원 수의 10%를 구하면 1590.1이며, 20%라면 3180.2이므로 20% 이하로 증가

15,000의 20% = 3,000이므로 15,901에서 3,000을 더하면 18,901이 된다. 18,840인 2017년 한국의 실용실안 출원 수는 전년 대비 20% 이하로 증가하게 된다. (정확한 수치를 구하지 않아도 된다.)

② 820,516 → 1,014,752

800,000의 25%를 구해보면, 200,000이다.

820,516에서 200,000을 더해보면, 1,020,516이므로 2017년의 실용실안 출원수보다 크다.

비교를 통해 25%보다 작게 증가한 것을 빠르게 파악할 수 있다.

(4) 변화율 비교

예제 3 ① 0.9 → 1.8 (　　) 3.7 → 8.4
② 970 → 1,154 → 1,271 (　　) 70 → 74 → 78
③ 8,573 + 8,055 → 9,123 + 8,487
증가율 5% 이하인가?

정답 ① <, ② >, ③ 5% 이하이다.

해설 ① 0.9 → 1.8 < 3.7 → 8.4

※ 증가율과 감소율

증가율이 $t_1 \rightarrow t_2$일 경우

$$증가율(\%) = \frac{t_2 - t_1}{t_1} \times 100 = (\frac{t_2}{t_1} - 1) \times 100 \; (\because \frac{t_2}{t_1} = 배율)$$

② 970 → 1,154 → 1,271 > 70 → 74 → 78

10%↑ 10%↑ 10%↓ 10%↓

따라서, 좌측 변화율이 우측보다 크다.

③ 8,573과 9,123을 비교

8,573의 10% = 857.3, 5% = 428.65이므로 8,573+429 = 9,002가 되어 5%↑

8,055와 8,487를 비교

8,055의 10% = 805.5, 5% = 402.75이므로 8,055+403 = 8,458가 되어 5%↑

따라서, 증가율이 5% 이하이다.

8 분수 대소 비교

(1) 수리논리에 의한 비교

예제 1 ① 일반 $\frac{27}{143}$ (　　) $\frac{25}{147}$

② 통분 $\frac{9}{24}$ (　　) $\frac{12}{31}$

③ 역배율 $\frac{11}{51}$ (　　) $\frac{22}{62}$

정답 ① >, ② <, ③ <

해설 일반적인 풀이, 통분하는 풀이, 역배율로 풀이하는 방법을 연습해보자.

(2) 비율 비교법

예제 2 ① $\frac{10}{100}$ (　　) $\frac{11}{110}$

② $\frac{42}{54}$ (　　) $\frac{63}{74}$

③ $\frac{685}{798}$ (　　) $\frac{730}{882}$

정답 ① =, ② <, ③ >

해설 ① 같은 비율

② 분자는 50% 증가(42 → 63), 분모는 50%가 되지 않음(54 → 74)

분자의 증가율 > 분모의 증가율

③ 분모, 분자가 모두 커진 경우이기 때문에 비율을 비교한다.

분모는 84, 분자는 45만큼 차이가 난다.

분모의 증가율은 10%보다 크고, 분자의 증가율은 10%보다 작다.

예제 3

① $\frac{23}{326}$ ( ) $\frac{31}{483}$

② $\frac{253}{526}$ ( ) $\frac{294}{607}$

③ $\frac{10,000}{61.63}$ ( ) $\frac{33,010}{68.35}$

④ $\frac{307}{270}$ ( ) $\frac{474}{411}$

⑤ $\frac{87}{115}$ ( ) $\frac{92}{133}$

정답 ① >, ② <, ③ <, ④ <, ⑤ >

해설 ① $\frac{23}{326} > \frac{31}{483}$

23의 10% = 2.3, 40% = 9.2이므로 분자는 40% 이하로 증가(23 → 31)

326의 10% = 32.6(33), 40% = 132이므로 분모는 40% 이상으로 증가(326 → 483)

분모가 분자보다 더 큰 비율로 증가했으므로

$\frac{23}{326} > \frac{31}{483}$

② 용병법으로 계산한다. 분모끼리의 차잇값 81, 분자끼리의 차잇값 41을 보면 $\frac{41}{81}$이다. $\frac{41}{81}$은 용병으로 명칭한다.

여기서 $\frac{41}{81}$의 분자의 2배는 분모가 되지 않는다. 따라서 용병은 50%보다 크다는 것을 알 수 있다.

$\frac{253}{526}$과 용병과 비교를 하면 된다. $\frac{253}{526}$에서 분자 253의 2배는 506이므로 분모 526보다 작기 때문에 50%보다 작다.

용병은 50%보다 크고, $\frac{253}{526}$은 50%보다 작기 때문에 $\frac{294}{607}$가 더 크다는 것을 알 수 있다.

③ 10,000×3 < 33,010

61.63×3 > 68.35

이므로, $\frac{10,000}{61.63} < \frac{33,010}{68.35}$

④ $\frac{307}{270}$ ↶ 37 (15%↓) < $\frac{474}{411}$ ↶ 63 (15%↓)

10%: 27	10%: 41.1
5%: 13.5	5%: 20.555
15%:40.5	15%:61.65

⑤ $\frac{87}{115}$ ↷ ×2↑ > $\frac{92}{133}\left(\frac{5}{18}\right)$ ↷ ×2↑

(3) 농도 비교법(= 용병법 = 타율 비교법)

① 10타석에서 4번의 안타, 20타석에서 9번의 안타

$\frac{4}{10}$(처음) < $\frac{5}{10}$(중간 상황) $\frac{9}{20}$(최종)

$\frac{5}{10}$(처음) > $\frac{4}{10}$(중간 상황) $\frac{9}{20}$(최종)

② 소금물 농도(%) = $\frac{\text{소금양}}{\text{소금물의 양}} \times 100$

$\frac{4}{10}$ $\frac{9}{20}$ (분자/분모 중간값 $\frac{5}{10}$)

예제 4 ① $\frac{19}{359}$ (　) $\frac{35}{419}$

② $\frac{250}{526}$ (　) $\frac{293}{601}$

정답 ① <, ② <

해설 ① 각 수의 분모와 분자 차잇값 : $\frac{16}{60}$

$\frac{19}{359}$와 $\frac{16}{60}$을 비교하면 $\frac{16}{60}$이 크다는 것을 알 수 있다. 따라서 <

※ $\frac{16}{60}$에서 분모와 분자에 각 6을 곱하면 분자값이 훨씬 크다는 것을 알 수 있다.

② 각 수의 분모와 분자 차잇값 : $\frac{43}{75}$

$\frac{250}{526}$과 $\frac{43}{75}$을 비교하면, $\frac{43}{75}$이 크다는 것을 알 수 있다.(분자, 분모에 6만 곱해도 알 수 있다.) 따라서 <

9 % 기준 비교

예제 1 ① $\frac{391}{625}$ (　) 65%

② $\frac{217}{785}$ (　) 30%

③ $\frac{2668}{3226}$ (　) 80%

④ $\frac{1269}{1363}$ (　) 90%

⑤ $\frac{11}{242}$ (　) 5%

정답 ① <, ② <, ③ >, ④ >, ⑤ <

해설 ① $\frac{65+65+65+65+65+65+1}{100+100+100+100+100+100+25}$

② $\frac{217}{785} = \frac{210+7}{700+85}$로 표현이 가능하다. $\frac{210}{700}$은 30%이므로 $\frac{7}{85}$가 30%보다 큰지 작은지 판정된다면 $\frac{217}{785}$가 30%보다 큰지 작은지 알 수 있다.

③ $\frac{2668}{3226} = \frac{2400+268}{3000+226} > 80\%$

④ 1363의 10%는 136.3이다. 1269 + 136.3 = 1405.3이다. 1363보다 크므로 $\frac{1269}{1363}$은 90%보다 크다.

⑤ 분모인 242의 10% = 24.2, 5% = 12.1이다. 분자는 11로 12.1보다 작으므로 $\frac{11}{242} < 5\%$

예제 2 ① $\frac{150}{343}$ (　) 45%

② $\frac{14,778}{22,310}$ (　) 60%

정답 ① <, ② >

해설 ① $\frac{150}{343} \rightarrow \frac{15\times3}{34.3\times3}$이 된다. 34.3 > 10이므로 45%($\frac{45}{100}$)보다 작다.

② $\frac{14,728}{22,310} \rightarrow \frac{147}{223}$로 나타낼 수 있다. $\frac{147}{223} = \frac{60+60+20}{100+100+23} > \frac{60}{100}$

10 덧셈 비교

예제
① 5.6 + 7.7 + 1.7 (　　) 16.3
② 1,014 (　　) 1,118 + 259
③ 34.3 + 33.0 + 8.6 + 5.9 + 4.6 (　　) 80
④ 1,150 (　　) 610 + 770
⑤ 1,170 + 480 (　　) 1,550

정답 ① <, ② <, ③ >, ④ <, ⑤ >

해설 ① 5.6 + 7.7 + 1.7 = 6 + 8 + 2 = 16이므로 16.3보다 작다.
② 우측을 먼저 덧셈하지 말고, 비교를 먼저 해야 한다.
③ 34.3 + 33.0 + 8.6 + 5.9 + 4.6
34 + 33 = 67
67 + 8 = 75
75 + 6 + 8 = 89이므로 80보다 크다.
큰 수부터 계산하면 된다.
④ 100의 자리만 덧셈하여도 600 + 700이므로 1,300 이상이다.
⑤ 1,600이 넘기 때문에 좌변이 더 크다.

박민제 PSAT

Essential 7.5

PART

01

PSAT Essential

정답 및 해설 p.137

2020년 7급 PSAT 모의평가 상황판단 1번

규정 · 규칙형 | 일치 · 불일치 · 부합

01 다음 글의 〈상황〉을 근거로 판단할 때 옳은 것은?

제00조(적용범위) 이 규정은 중앙행정기관, 광역자치단체(광역자치단체와 기초자치단체 공동주관 포함)가 국제행사를 개최하기 위하여 10억 원 이상의 국고지원을 요청하는 경우에 적용한다.

제00조(정의) "국제행사"라 함은 5개국 이상의 국가에서 외국인이 참여하고, 총 참여자 중 외국인 비율이 5% 이상(총 참여자 200만 명 이상은 3% 이상)인 국제회의 · 체육행사 · 박람회 · 전시회 · 문화행사 · 관광행사 등을 말한다.

제00조(국고지원의 제외) 국제행사 중 다음 각 호에 해당하는 행사는 국고지원의 대상에서 제외된다. 이 경우 제외되는 시기는 다음 각 호 이후 최초 개최되는 행사의 해당 연도부터로 한다.

1. 매년 1회 정기적으로 개최하는 국제행사로서 국고지원을 7회 받은 경우
2. 그 밖의 주기로 개최하는 국제행사로서 국고지원을 3회 받은 경우

제00조(타당성조사, 전문위원회 검토의 대상 등)
① 국고지원의 타당성조사 대상은 국제행사의 개최에 소요되는 총 사업비가 50억 원 이상인 국제행사로 한다.
② 국고지원의 전문위원회 검토 대상은 국제행사의 개최에 소요되는 총 사업비가 50억 원 미만인 국제행사로 한다.
③ 제1항에도 불구하고 국고지원 비율이 총 사업비의 20% 이내인 경우 타당성조사를 전문위원회 검토로 대체할 수 있다.

〈상황〉

甲광역자치단체는 2021년에 제6회 A박람회를 국고지원을 받아 개최할 예정이다. A박람회는 매년 1회 총 250만 명이 참여하는 행사로서 20여 개국에서 8만 명 이상의 외국인들이 참여해 왔다. 2021년에도 동일한 규모의 행사가 예정되어 있다. 한편 2020년에 5번째로 국고지원을 받은 A박람회의 총 사업비는 40억 원이었으며, 이 중 국고지원 비율은 25%였다.

① 2021년에 총 250만 명의 참여자 중 외국인 참여자가 감소하여 6만 명이 되더라도 A박람회는 국제행사에 해당된다.

② 2021년에 A박람회가 예정대로 개최된다면, A박람회는 2022년에 국고지원의 대상에서 제외된다.

③ 2021년 총 사업비가 52억 원으로 증가하고 국고지원은 8억 원을 요청한다면, A박람회는 타당성조사 대상이다.

④ 2021년 총 사업비가 60억 원으로 증가하고 국고지원은 전년과 동일한 금액을 요청한다면, A박람회는 전문위원회 검토를 받을 수 있다.

⑤ 2021년 甲광역자치단체와 乙기초자치단체가 공동주관하여 전년과 동일한 총 사업비로 A박람회를 개최한다면, A박람회는 타당성조사 대상이다.

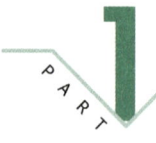

2020년 7급 PSAT 모의평가 상황판단 3번

상황제시형 | 의미 추론

02 다음 글과 〈상황〉을 근거로 판단할 때 옳은 것은?

민사소송의 1심을 담당하는 법원으로는 지방법원과 지방법원지원(이하 "그 지원"이라 한다)이 있다. 지방법원과 그 지원이 재판을 담당하는 관할구역은 지역별로 정해져 있는데, 피고의 주소지를 관할하는 지방법원 또는 그 지원이 재판을 담당한다. 다만 금전지급청구소송은 원고의 주소지를 관할하는 지방법원 또는 그 지원도 재판할 수 있다.

한편, 지방법원이나 그 지원의 재판사무의 일부를 처리하기 위해서 그 관할구역 안에 시법원 또는 군법원(이하 "시·군법원"이라 한다)이 설치되어 있는 경우가 있다. 시·군법원은 지방법원 또는 그 지원이 재판하는 사건 중에서 소송물가액이 3,000만 원 이하인 금전지급청구소송을 전담하여 재판한다. 즉, 이러한 소송의 경우 원고 또는 피고의 주소지를 관할하는 시·군법원이 있으면 지방법원과 그 지원은 재판할 수 없고 시·군법원만이 재판한다.

※ 소송물가액: 원고가 승소하면 얻게 될 경제적 이익을 화폐단위로 평가한 것

〈상황〉

- 甲은 乙에게 빌려준 돈을 돌려받기 위해 소송물가액 3,000만 원의 금전지급청구의 소(이하 "A청구"라 한다)와 乙에게서 구입한 소송물가액 1억 원의 고려청자 인도청구의 소(이하 "B청구"라 한다)를 각각 1심 법원에 제기하려고 한다.
- 甲의 주소지는 김포시이고 乙의 주소지는 양산시이다. 이들 주소지와 관련된 법원명과 그 관할구역은 다음과 같다.

법원명	관할구역
인천지방법원	인천광역시
인천지방법원 부천지원	부천시, 김포시
김포시법원	김포시
울산지방법원	울산광역시, 양산시
양산시법원	양산시

① 인천지방법원 부천지원은 A청구를 재판할 수 있다.
② 인천지방법원은 A청구를 재판할 수 있다.
③ 양산시법원은 B청구를 재판할 수 있다.
④ 김포시법원은 B청구를 재판할 수 있다.
⑤ 울산지방법원은 B청구를 재판할 수 있다.

2020년 7급 PSAT 모의평가 상황판단 4번

상황제시형 | 최적안 선정

03 다음 글과 〈상황〉을 근거로 판단할 때 옳은 것은?

발명에 대해 특허권이 부여되기 위해서는 다음의 두 가지 요건 모두를 충족해야 한다.

첫째, 발명은 지금까지 세상에 없는 새로운 것, 즉 신규성이 있는 발명이어야 한다. 이미 누구나 알고 있는 발명에 대해서 독점권인 특허권을 부여하는 것은 부당하기 때문이다. 이때 발명이 신규인지 여부는 특허청에의 특허출원 시점을 기준으로 판단한다. 따라서 신규의 발명이라도 그에 대한 특허출원 전에 발명 내용이 널리 알려진 경우라든지, 반포된 간행물에 게재된 경우에는 특허출원 시점에는 신규성이 상실되었기 때문에 특허권이 부여되지 않는다. 그러나 발명자가 자발적으로 위와 같은 신규성을 상실시키는 행위를 하고 그날로부터 12개월 이내에 특허를 출원하면 신규성이 상실되지 않은 것으로 취급된다. 이를 '신규성의 간주'라고 하는데, 신규성을 상실시킨 행위를 한 발명자가 특허출원한 경우에만 신규성이 있는 것으로 간주된다.

둘째, 여러 명의 발명자가 독자적인 연구를 하던 중 우연히 동일한 발명을 완성하였다면, 발명의 완성 시기에 관계없이 가장 먼저 특허청에 특허출원한 발명자에게만 특허권이 부여된다. 이처럼 가장 먼저 출원한 발명자에게만 특허권이 부여되는 것을 '선출원주의'라고 한다. 따라서 특허청에 선출원된 어떤 발명이 신규성 상실로 특허권이 부여되지 못한 경우, 동일한 발명에 대한 후출원은 선출원주의로 인해 특허권이 부여되지 않는다.

〈상황〉

- 발명자 甲, 乙, 丙은 각각 독자적인 연구개발을 수행하여 동일한 A발명을 완성하였다.
- 甲은 2020. 3. 1. A발명을 완성하였지만 그 발명 내용을 비밀로 유지하다가 2020. 9. 2. 특허출원을 하였다.
- 乙은 2020. 4. 1. A발명을 완성하자 2020. 6. 1. 간행되어 반포된 학술지에 그 발명 내용을 논문으로 게재한 후, 2020. 8. 1. 특허출원을 하였다.
- 丙은 2020. 7. 1. A발명을 완성하자마자 바로 당일에 특허출원을 하였다.

① 甲이 특허권을 부여받는다.
② 乙이 특허권을 부여받는다.
③ 丙이 특허권을 부여받는다.
④ 甲, 乙, 丙이 모두 특허권을 부여받는다.
⑤ 甲, 乙, 丙 중 어느 누구도 특허권을 부여받지 못한다.

2020년 7급 PSAT 모의평가 상황판단 6번

규정 · 규칙형 내용 추론

04 다음 글과 〈상황〉을 근거로 판단할 때 옳은 것은?

제00조(지역개발 신청 동의 등) ① 지역개발 신청을 하기 위해서는 지역개발을 하고자 하는 지역의 총 토지면적의 3분의 2 이상에 해당하는 토지의 소유자의 동의 및 지역개발을 하고자 하는 지역의 토지의 소유자 총수의 2분의 1 이상의 동의를 받아야 한다.

② 지역개발 신청을 하기 위해서 필요한 동의자의 수는 다음 각 호의 기준에 따라 산정한다.

1. 토지는 지적도상 1필의 토지를 1개의 토지로 한다.
2. 1개의 토지를 여러 명이 공동소유하는 경우에는 다른 공동소유자들을 대표하는 대표 공동소유자 1인만을 해당 토지의 소유자로 본다.
3. 1인이 여러 개의 토지를 소유하고 있는 경우에는 소유하는 토지의 수와 무관하게 1인으로 본다.
4. 지역개발을 하고자 하는 지역에 국유지가 있는 경우 국유지도 포함하여 토지면적을 산정하고, 그 토지의 재산관리청을 토지 소유자로 본다.

〈상황〉

- X지역은 100개의 토지로 이루어져 있고, 토지면적 합계가 총 6km²이다.
- 동의자 수 산정 기준에 따라 산정된 X지역 토지의 소유자는 모두 82인(이하 "동의대상자"라 한다)이고, 이 중에는 국유지 재산관리청 2인이 포함되어 있다.
- 甲은 X지역에 토지 2개를 소유하고 있고, 해당 토지면적 합계는 X지역 총 토지면적의 4분의 1이다.
- 乙은 X지역에 토지 10개를 소유하고 있고, 해당 토지면적 합계는 총 2km²이다.
- 丙, 丁, 戊, 己는 X지역에 토지 1개를 공동소유하고 있고, 해당 토지면적은 1km²이다.

① 乙이 동의대상자 31인의 동의를 얻으면 지역개발 신청을 위한 X지역 토지의 소유자 총수의 2분의 1 이상의 동의 조건은 갖추게 된다.

② X지역에 대한 지역개발 신청에 甲~己 모두 동의한 경우, 나머지 동의대상자 중 38인의 동의를 얻으면 신청할 수 있다.

③ X지역에 토지 2개 이상을 소유하는 자는 甲, 乙 뿐이다.

④ X지역의 1필의 토지면적은 0.06km²로 모두 동일하다.

⑤ X지역 안에 있는 국유지의 면적은 1.5km²이다.

2020년 7급 PSAT 모의평가 상황판단 10번

조건제시형 수리계산형

05 다음 글과 〈사무용품 배분방법〉을 근거로 판단할 때, 11월 1일 현재 甲기관의 직원 수는?

甲기관은 사무용품 절약을 위해 <사무용품 배분방법>으로 한 달 동안 사용할 네 종류(A, B, C, D)의 사무용품을 매월 1일에 배분한다. 이에 따라 11월 1일에 네 종류의 사무용품을 모든 직원에게 배분하였다. 甲 기관이 배분한 사무용품의 개수는 총 1,050개였다.

사무용품 배분방법

- A는 1인당 1개씩 배분한다.
- B는 2인당 1개씩 배분한다.
- C는 4인당 1개씩 배분한다.
- D는 8인당 1개씩 배분한다.

① 320명　② 400명
③ 480명　④ 560명
⑤ 640명

2020년 7급 PSAT 모의평가 상황판단 11번

조건제시형 최솟값 산정

06 다음 글을 근거로 판단할 때, 예약할 펜션과 워크숍 비용을 옳게 짝지은 것은?

甲은 팀 워크숍을 추진하기 위해 펜션을 예약하려 한다. 팀원은 총 8명으로 한 대의 렌터카로 모두 같이 이동하여 워크숍에 참석한다. 워크숍 기간은 1박 2일이며, 甲은 워크숍 비용을 최소화하고자 한다.

- 워크숍 비용은 아래와 같다.
  워크숍 비용 = 왕복 교통비 + 숙박요금
- 교통비는 렌터카 비용을 의미하며, 렌터카 비용은 거리 10km당 1,500원이다.
- 甲은 다음 펜션 중 한 곳을 1박 예약한다.

구분	A 펜션	B 펜션	C 펜션
펜션까지 거리(km)	100	150	200
1박당 숙박요금(원)	100,000	150,000	120,000
숙박기준인원(인)	4	6	8

- 숙박인원이 숙박기준인원을 초과할 경우, A~C 펜션 모두 초과 인원 1인당 1박 기준 10,000원씩 요금이 추가된다.

	예약할 펜션	워크숍 비용
①	A	155,000원
②	A	170,000원
③	B	215,000원
④	C	150,000원
⑤	C	180,000원

2020년 7급 PSAT 모의평가 상황판단 13번

조건제시형 수리퍼즐

07 다음 글을 근거로 판단할 때, 올바른 우편번호의 첫 자리와 끝자리 숫자의 합은?

다섯 자리 자연수로 된 우편번호가 있다. 甲과 乙은 실수로 '올바른 우편번호'에 숫자 2를 하나 추가하여 여섯 자리로 표기하였다. 甲은 올바른 우편번호의 끝자리 뒤에 2를 추가하였고, 乙은 올바른 우편번호의 첫자리 앞에 2를 추가하였다. 그 결과 甲이 잘못 표기한 우편번호 여섯 자리 수는 乙이 잘못 표기한 우편번호 여섯 자리 수의 3배가 되었다. 올바른 우편번호와 甲과 乙이 잘못 표기한 우편번호는 아래와 같다.

- 올바른 우편번호: □□□□□
- 甲이 잘못 표기한 우편번호: □□□□□2
- 乙이 잘못 표기한 우편번호: 2□□□□□

① 11 ② 12
③ 13 ④ 14
⑤ 15

2020년 7급 PSAT 모의평가 상황판단 14번

조건제시형 승·무·패

08 다음 글을 근거로 판단할 때, 甲의 승패 결과는?

甲과 乙이 10회 실시한 가위바위보에 대해 다음과 같은 사실이 알려져 있다.
- 甲은 가위 6회, 바위 1회, 보 3회를 냈다.
- 乙은 가위 4회, 바위 3회, 보 3회를 냈다.
- 甲과 乙이 서로 같은 것을 낸 적은 10회 동안 한 번도 없었다.

① 7승 3패 ② 6승 4패
③ 5승 5패 ④ 4승 6패
⑤ 3승 7패

2020년 7급 PSAT 모의평가 상황판단 16번

조건제시형 수리퍼즐

09 다음 글을 근거로 판단할 때 옳지 않은 것은?

1에서부터 5까지 적힌 카드가 각 2장씩 10장이 있다. 5가 적힌 카드 중 하나를 맨 왼쪽에 놓고, 나머지 9장의 카드를 일렬로 배열하려고 한다. 카드는 왼쪽부터 1장씩 놓는데, 각 카드에 적혀 있는 수는 바로 왼쪽 카드에 적혀 있는 수보다 작거나, 같거나, 1만큼 커야 한다.

이 규칙에 따라 카드를 다음과 같이 배열하였다.

5	1	2	3	A	3	B	C	D	E

① A로 가능한 수는 2가지이다.

② B는 4이다.

③ C는 5가 아니다.

④ D가 2라면 A, B, C, E를 모두 알 수 있다.

⑤ E는 1이나 2이다.

2020년 7급 PSAT 모의평가 상황판단 18번

조건 · 상황제시형 금액산정(대소비교)

10 다음 글과 〈상황〉을 근거로 판단할 때, A~C 자동차 구매 시 지불 금액을 비교한 것으로 옳은 것은?

- 甲국은 전기차 및 하이브리드 자동차 보급을 장려하기 위해 다음과 같이 보조금과 세제 혜택을 제공한다.
  - 정부는 차종을 고려하여 자동차 1대당 보조금을 정액 지급한다. 중형 전기차에 대해서는 1,500만 원, 소형 전기차에 대해서는 1,000만 원, 하이브리드차에 대해서는 500만 원을 지급한다.
  - 정부는 차종을 고려하여 아래 <기준>에 따라 세제 혜택을 제공한다. 자동차 구입 시 발생하는 세금은 개별소비세, 교육세, 취득세뿐이며, 개별소비세는 자동차 가격의 10%, 교육세는 2%, 취득세는 5%의 금액이 책정된다.

〈기준〉

<table>
<tr><th>구분</th><th>개별소비세</th><th>교육세</th><th>취득세</th></tr>
<tr><td>중형 전기차</td><td>비감면</td><td rowspan="3">전액 감면</td><td>전액감면</td></tr>
<tr><td>소형 전기차</td><td>전액감면</td><td>전액감면</td></tr>
<tr><td>하이브리드차</td><td>전액감면</td><td>비감면</td></tr>
</table>

- 자동차 구매 시 지불 금액은 다음과 같다.
  지불 금액 = 자동차 가격 − 보조금 + 세금

〈상황〉

(단위: 만 원)

자동차	차종	자동차 가격
A	중형 전기차	4,000
B	소형 전기차	3,500
C	하이브리드차	3,500

① A<B<C ② B<A<C

③ B<C<A ④ C<A<B

⑤ C<B<A

2020년 7급 PSAT 모의평가 상황판단 22번

상황제시형 | 점수계산(가중평균)

11 다음 글과 〈상황〉을 근거로 판단할 때, 〈보기〉에서 옳은 것만을 모두 고르면?

甲국에서는 4개 기관(A~D)에 대해 전기, 후기 두 번의 평가를 실시하고 있다. 전기평가에서 낮은 점수를 받은 기관이 후기평가를 포기하는 것을 막기 위해 다음과 같은 최종평가점수 산정 방식을 사용하고 있다.

최종평가점수 = Max[0.5 × 전기평가점수 + 0.5 × 후기평가점수, 0.2 × 전기평가점수 + 0.8 × 후기평가점수]

여기서 사용한 Max[X, Y]는 X와 Y 중 큰 값을 의미한다. 즉, 전기평가점수와 후기평가점수의 가중치를 50:50으로 하여 산정한 점수와 20:80으로 하여 산정한 점수 중 더 높은 것이 해당 기관의 최종평가점수이다.

〈상황〉

4개 기관의 전기평가점수(100점 만점)는 다음과 같다.

기관	A	B	C	D
전기평가점수	60	70	90	80

4개 기관의 후기평가점수(100점 만점)는 모두 자연수이고, C기관의 후기평가점수는 70점이다. 최종평가점수를 통해 확인된 기관 순위는 1등부터 4등까지 A − B − D − C 순이며 동점인 기관은 없다.

〈보기〉

ㄱ. A기관의 후기평가점수는 B기관의 후기평가점수보다 최소 3점 높다.
ㄴ. B기관의 후기평가점수는 83점일 수 있다.
ㄷ. A기관과 D기관의 후기평가점수 차이는 5점일 수 있다.

① ㄱ ② ㄴ
③ ㄱ, ㄴ ④ ㄱ, ㄷ
⑤ ㄴ, ㄷ

2020년 7급 PSAT 모의평가 상황판단 23번

독해 | 일치 · 불일치 · 부합

12 다음 글을 읽고 물음에 답하시오.

독립운동가 김우전 선생은 일제강점기 광복군으로 활약한 인물로, 광복군의 무전통신을 위한 한글 암호를 만든 것으로 유명하다. 1922년 평안북도 정주 태생인 선생은 일본에서 대학에 다니던 중 재일학생 민족운동 비밀결사단체인 '조선민족 고유문화유지계몽단'에 가입했다. 1944년 1월 일본군에 징병돼 중국으로 파병됐지만 같은 해 5월 말 부대를 탈출해 광복군에 들어갔다.

1945년 3월 미 육군 전략정보처는 일본이 머지않아 패망할 것으로 보아 한반도 진공작전을 계획하고 중국에서 광복군과 함께 특수훈련을 하고 있었다. 이 시기에 선생은 한글 암호인 W−K(우전킴) 암호를 만들었다. W−K 암호는 한글의 자음과 모음, 받침을 구분하여 만들어진 암호체계이다. 자음과 모음을 각각 두 자리 숫자로, 받침은 자음을 나타내는 두 자리 숫자의 앞에 '00'을 붙여 네 자리로 표시한다.

W−K 암호체계에서 자음은 '11~29'에, 모음은 '30~50'에 순서대로 대응된다. 받침은 자음 중 ㄱ~ㅎ을 이용하여 '0011'부터 '0024'에 순서대로 대응된다. 예를 들어 '김'은 W−K 암호로 변환하면 'ㄱ'은 11, 'ㅣ'는 39, 받침 'ㅁ'은 0015이므로 '11390015'가 된다. 같은 방식으로 '1334001114390016'은 '독립'으로, '1340243000121334001114390016153000121742'는 '대한독립만세'로 해독된다. 모든 숫자를 붙여 쓰기 때문에 상당히 길지만 네 자리씩 끊어 읽으면 된다.

하지만 어렵사리 만든 W−K 암호는 결국 쓰이지 못했다. 작전 준비가 한창이던 1945년 8월 일본이 갑자기 항복했기 때문이다. 이 암호에 대한 기록은 비밀에 부쳐져 미국 국가기록원에 소장되었다가 1988년 비밀이 해제되어 세상에 알려졌다.

※ W−K 암호체계에서 자음의 순서는 ㄱ, ㄴ, ㄷ, ㄹ, ㅁ, ㅂ, ㅅ, ㅇ, ㅈ, ㅊ, ㅋ, ㅌ, ㅍ, ㅎ, ㄲ, ㄸ, ㅃ, ㅆ, ㅉ 이고, 모음의 순서는 ㅏ, ㅑ, ㅓ, ㅕ, ㅗ, ㅛ, ㅜ, ㅠ, ㅡ, ㅣ, ㅐ, ㅒ, ㅔ, ㅖ, ㅘ, ㅙ, ㅚ, ㅝ, ㅞ, ㅟ, ㅢ 이다.

윗글을 근거로 판단할 때, 〈보기〉에서 옳은 것만을 모두 고르면?

〈보기〉

ㄱ. 김우전 선생은 일본군에 징병되었을 때 무전 통신을 위해 W–K 암호를 만들었다.

ㄴ. W–K 암호체계에서 한글 단어를 변환한 암호문의 자릿수는 4의 배수이다.

ㄷ. W–K 암호체계에서 '183000152400'은 한글 단어로 해독될 수 없다.

ㄹ. W–K 암호체계에서 한글 '궤'는 '11363239'로 변환된다.

① ㄱ, ㄴ
② ㄴ, ㄷ
③ ㄷ, ㄹ
④ ㄱ, ㄴ, ㄹ
⑤ ㄱ, ㄷ, ㄹ

2020년 7급 PSAT 모의평가 상황판단 24번

독해 내용 추론

13 다음 글을 읽고 물음에 답하시오.

독립운동가 김우전 선생은 일제강점기 광복군으로 활약한 인물로, 광복군의 무전통신을 위한 한글 암호를 만든 것으로 유명하다. 1922년 평안북도 정주 태생인 선생은 일본에서 대학에 다니던 중 재일학생 민족운동 비밀결사단체인 '조선민족 고유문화유지계몽단'에 가입했다. 1944년 1월 일본군에 징병돼 중국으로 파병됐지만 같은 해 5월 말 부대를 탈출해 광복군에 들어갔다.

1945년 3월 미 육군 전략정보처는 일본이 머지않아 패망할 것으로 보아 한반도 진공작전을 계획하고 중국에서 광복군과 함께 특수훈련을 하고 있었다. 이 시기에 선생은 한글 암호인 W–K(우전킴) 암호를 만들었다. W–K 암호는 한글의 자음과 모음, 받침을 구분하여 만들어진 암호체계이다. 자음과 모음을 각각 두 자리 숫자로, 받침은 자음을 나타내는 두 자리 숫자의 앞에 '00'을 붙여 네 자리로 표시한다.

W–K 암호체계에서 자음은 '11~29'에, 모음은 '30~50'에 순서대로 대응된다. 받침은 자음 중 ㄱ~ㅎ을 이용하여 '0011'부터 '0024'에 순서대로 대응된다. 예를 들어 '김'은 W–K 암호로 변환하면 'ㄱ'은 11, 'ㅣ'는 39, 받침 'ㅁ'은 0015이므로 '11390015'가 된다. 같은 방식으로 '1334001114390016'은 '독립'으로, '1340243000121334001114390016153000121742'는 '대한독립민세'로 해독된다. 모든 숫자를 붙여 쓰기 때문에 상당히 길지만 네 자리씩 끊어 읽으면 된다.

하지만 어렵사리 만든 W–K 암호는 결국 쓰이지 못했다. 작전 준비가 한창이던 1945년 8월 일본이 갑자기 항복했기 때문이다. 이 암호에 대한 기록은 비밀에 부쳐져 미국 국가기록원에 소장되었다가 1988년 비밀이 해제되어 세상에 알려졌다.

※ W–K 암호체계에서 자음의 순서는 ㄱ, ㄴ, ㄷ, ㄹ, ㅁ, ㅂ, ㅅ, ㅇ, ㅈ, ㅊ, ㅋ, ㅌ, ㅍ, ㅎ, ㄲ, ㄸ, ㅃ, ㅆ, ㅉ 이고, 모음의 순서는 ㅏ, ㅑ, ㅓ, ㅕ, ㅗ, ㅛ, ㅜ, ㅠ, ㅡ, ㅣ, ㅐ, ㅒ, ㅔ, ㅖ, ㅘ, ㅙ, ㅚ, ㅝ, ㅞ, ㅟ, ㅢ 이다.

윗글과 다음 〈조건〉을 근거로 판단할 때, '3 · 1운동!'을 옳게 변환한 것은?

> 조건
>
> 숫자와 기호를 표현하기 위하여 W-K 암호체계에 다음의 규칙이 추가되었다.
> - 1~9의 숫자는 차례대로 '51~59', 0은 '60'으로 변환하고, 끝에 '00'을 붙여 네 자리로 표시한다.
> - 온점(.)은 '70', 가운뎃점(·)은 '80', 느낌표(!)는 '66', 물음표(?)는 '77'로 변환하고, 끝에 '00'을 붙여 네 자리로 표시한다.

① 530080005100183600121334001866OO
② 53008000510018360012133500186600
③ 53007000510018360012133400187700
④ 5370005118360012133400176600
⑤ 5380005118360012133500177700

2020년 7급 PSAT 모의평가 상황판단 25번

조건 · 상황제시형 논리게임

14 다음 글과 〈대화〉를 근거로 판단할 때, 乙~丁의 소속 과와 과 총원을 옳게 짝지은 것은?

> - A부서는 제1과부터 제4과까지 4개 과, 총 35명으로 구성되어 있다.
> - A부서 각 과 총원은 과장 1명을 포함하여 7명 이상이며, 그 수가 모두 다르다.
> - A부서에 '부여'된 내선번호는 7001번부터 7045번이다.
> - 제1과~제4과 순서대로 연속된 오름차순의 내선번호가 부여되는데, 각 과에는 해당 과 총원 이상의 내선번호가 부여된다.
> - 모든 직원은 소속 과의 내선번호 중 서로 다른 번호 하나를 각자 '배정'받는다.
> - 각 과 과장에게 배정된 내선번호는 해당 과에 부여된 내선번호 중에 제일 앞선다.
> - 甲~丁은 모두 A부서의 서로 다른 과 소속이다.

> 대화
>
> 甲: 홈페이지에 내선번호 알림을 새로 해야겠네요. 저희 과는 9명이고, 부여된 내선번호는 7016~7024번입니다.
>
> 乙: 甲주무관님 과는 총원과 내선번호 개수가 같네요. 저희 과 총원이 제일 많은데, 내선번호는 그보다 4개 더 있어요.
>
> 丙: 저희 과는 총원보다 내선번호가 3개 더 많아요. 아, 丁주무관님! 제 내선번호는 7034번이고, 저희 과장님 내선번호는 7025번이에요.
>
> 丁: 저희 과장님 내선번호 끝자리와 丙주무관님 과의 과장님 내선번호 끝자리가 동일하네요.

	직원	소속 과	과 총원
①	乙	제1과	10명
②	乙	제4과	11명
③	丙	제3과	8명
④	丁	제1과	7명
⑤	丁	제4과	8명

2020년 7급 PSAT 모의평가 자료해석 1번

그래프 · 표 변환

15 **다음 〈보고서〉는 2019년 '갑'시의 5대 축제(A~E)에 관한 조사 결과이다. 이에 부합하지 않는 자료는?**

보고서

'갑'시의 5대 축제를 분석 · 평가한 결과, 우수축제로 선정된 A축제는 관람객 수, 인지도, 콘텐츠 영역에서 B축제보다 높은 점수를 받았으나 경제적 효과 영역에서는 B축제보다 낮은 점수를 받았다. 한편, 5대 축제의 관람객 만족도를 보면, 먹거리 만족도가 매년 떨어지고 있고 2019년에는 살거리 만족도도 2018년보다 낮아져 대책 마련이 시급하다는 평가도 있다.

설문조사에 따르면 축제 관련 정보 획득 매체는 연령대별로 차이를 보였다. 20대 이하와 30~40대는 각각 인터넷을 통해 정보를 획득한 관람객 수가 가장 많았다. 반면, 50대 이상은 현수막을 통해 정보를 획득한 관람객 수가 가장 많아 관람객의 연령대별 맞춤형 홍보 전략이 필요하다는 것을 보여준다.

축제로 인한 경제적 효과도 중요한 분석 대상이다. D축제의 경우 취업자 수와 고용인 수 모두 가장 적지만, 고용인 1인당 취업자 수는 가장 많았다. 관람객 1인당 총지출액에서 숙박비의 비중이 가장 높은 축제는 C축제이고 먹거리 비용의 비중이 가장 높은 축제는 E축제이다.

① 5대 축제별 취업자 수와 고용인 수

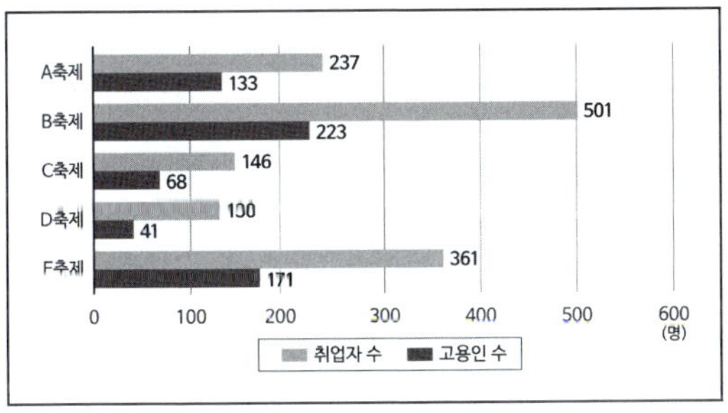

② 5대 축제의 관람객 만족도

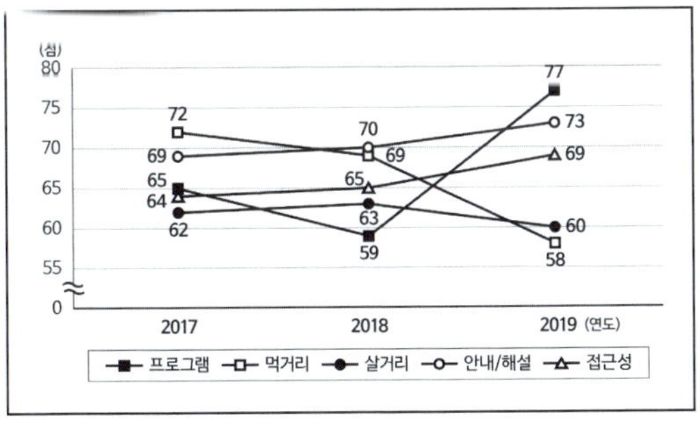

③ 5대 축제별 관람객 1인당 지출액

(단위: 원)

구분 \ 축제	A	B	C	D	E
숙박비	22,514	9,100	27,462	3,240	4,953
먹거리 비용	18,241	19,697	15,303	8,882	20,716
왕복교통비	846	1,651	9,807	1,448	810
상품구입비	17,659	4,094	6,340	3,340	411
기타	9	48	102	255	1,117
총지출액	59,269	34,590	59,014	17,165	28,007

④ A, B 축제의 영역별 평가점수

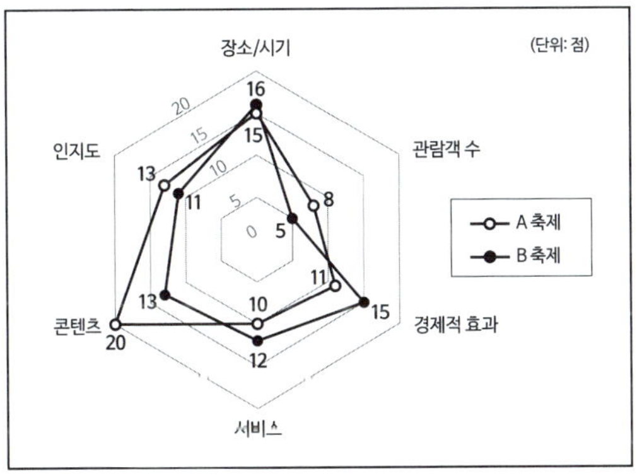

⑤ 관람객의 연령대별 5대 축제 관련 정보 획득 매체

(단위: %)

연령대 \ 매체	TV	인터넷	신문	현수막	기타
20대 이하	22.0	58.6	10.8	17.5	11.5
30~40대	25.4	35.0	16.5	18.0	9.0
50대 이상	35.0	20.2	21.0	29.5	8.0
전체	26.0	41.5	15.1	20.1	9.8

※ 중복응답 가능함

2020년 7급 PSAT 모의평가 자료해석 3번

기본연산

16 다음 〈표〉는 2015~2019년 '갑'국의 가스사고 현황에 관한 자료이다. 이에 대한 〈보기〉의 설명 중 옳은 것만을 모두 고르면?

〈표 1〉 원인별 사고건수

(단위: 건)

원인 \ 연도	2015	2016	2017	2018	2019
사용자 취급부주의	41	41	41	38	31
공급자 취급부주의	23	16	22	26	29
제품노후	4	12	19	12	18
고의사고	21	16	16	12	9
타공사	2	6	4	8	7
자연재해	12	9	5	3	3
시설미비	18	20	11	23	24
전체	121	120	118	122	121

〈표 2〉 사용처별 사고건수

(단위: 건)

사용처 \ 연도	2015	2016	2017	2018	2019
주택	48	50	39	42	47
식품접객업소	21	10	27	14	20
특수허가업소	14	14	16	16	12
공급시설	3	7	5	5	6
차량	4	5	4	5	6
제1종 보호시설	3	8	6	8	5
공장	9	6	7	6	4
다중이용시설	0	0	0	0	1
야외	19	20	14	26	20
전체	121	120	118	122	121

보기

ㄱ. 2015년 대비 2019년 사고건수의 증가율은 '공급자 취급부주의'가 '시설미비'보다 작다.
ㄴ. '주택'과 '차량'의 연도별 사고건수 증감방향은 같다.
ㄷ. 2016년에는 사고건수 기준 상위 2가지 원인에 의한 사고건수의 합이 나머지 원인에 의한 사고건수의 합보다 적다.
ㄹ. 전체 사고건수에서 '주택'이 차지하는 비중은 매년 35% 이상이다.

① ㄱ, ㄴ
② ㄱ, ㄹ
③ ㄴ, ㄷ
④ ㄱ, ㄷ, ㄹ
⑤ ㄴ, ㄷ, ㄹ

2020년 7급 PSAT 모의평가 자료해석 7번

그래프 확인

17 **다음 〈표〉는 ‘갑’ 회사 구내식당의 월별 이용자 수 및 매출액에 관한 자료이고, 〈보고서〉는 ‘갑’ 회사 구내식당 가격인상에 관한 내부검토 자료이다. ‘2019년 1월의 이용자 수 예측’에 대한 그래프로 〈표〉와 〈보고서〉의 내용에 부합하는 것은?**

〈표〉 2018년 ‘갑’ 회사 구내식당의 월별 이용자 수 및 매출액

(단위: 명, 천 원)

구분 / 월	특선식		일반식		총매출액
	이용자 수	매출액	이용자 수	매출액	
7	901	5,406	1,292	5,168	10,574
8	885	5,310	1,324	5,296	10,606
9	914	5,484	1,284	5,136	10,620
10	979	5,874	1,244	4,976	10,850
11	974	5,844	1,196	4,784	10,628
12	952	5,712	1,210	4,840	10,552

※ 총매출액은 특선식 매출액과 일반식 매출액의 합임

보고서

2018년 12월 현재 회사 구내식당은 특선식(6,000원)과 일반식(4,000원)의 두 가지 메뉴를 판매하고 있다. 2018년 11월부터 구내식당 총매출액이 감소하고 있어 지난 2년 동안 동결되었던 특선식과 일반식 중 한 가지 메뉴의 가격을 2019년 1월부터 1,000원 인상할지를 검토하였다.

메뉴 가격에 변동이 없을 경우, 일반식 이용자와 특선식 이용자의 수가 모두 2018년 12월에 비해 감소하여 2019년 1월의 총매출액은 2018년 12월보다 감소할 것으로 예측된다.

특선식 가격만을 1,000원 인상하여 7,000원으로 할 경우, 특선식 이용자 수는 2018년 7월 이후 최저치 이하로 감소하지만, 가격 인상의 영향 등으로 총매출액은 2018년 10월 이상으로 증가할 것으로 예측된다.

일반식 가격만을 1,000원 인상하여 5,000원으로 할 경우, 일반식 이용자 수는 2018년 12월 대비 10% 이상 감소하며, 특선식 이용자 수는 2018년 10월보다 증가하지는 않으리라 예측된다.

①
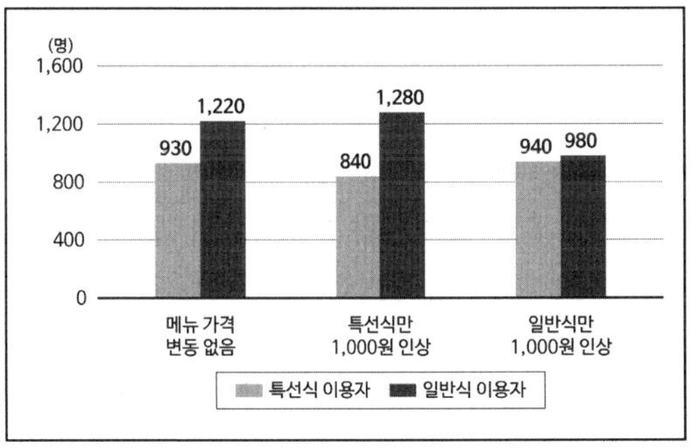

②
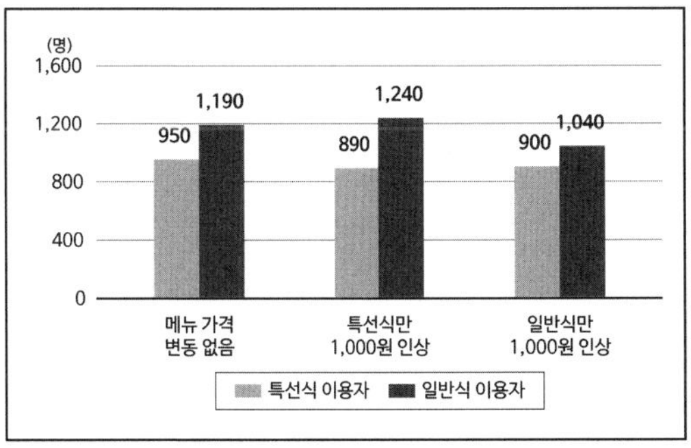

③
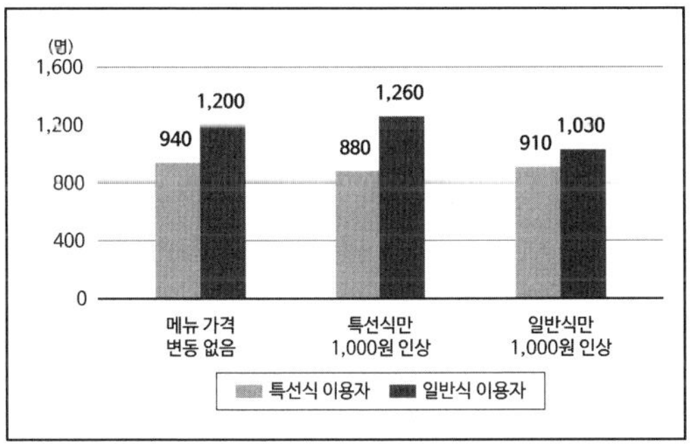

④
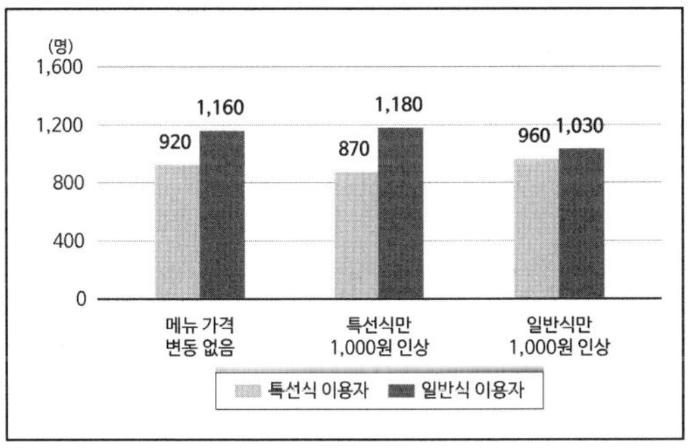

⑤
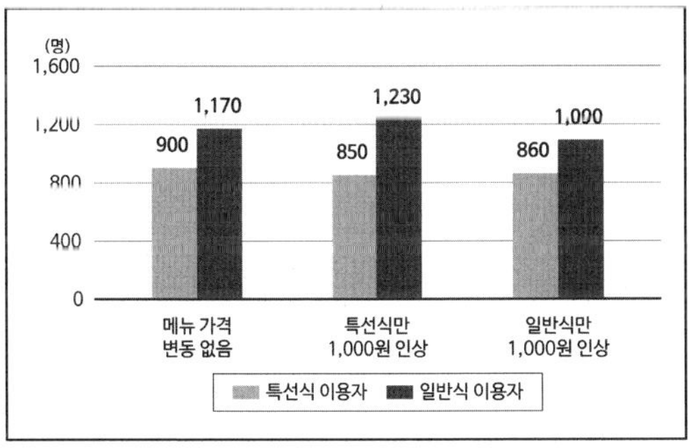

2020년 7급 PSAT 모의평가 자료해석 5번

그래프 분석

18 다음 〈그림〉과 〈표〉는 2018~2019년 '갑'국의 월별 최대전력수요와 전력수급현황에 관한 자료이다. 이에 대한 설명으로 옳은 것은?

〈그림〉 '갑'국의 월별 최대전력수요

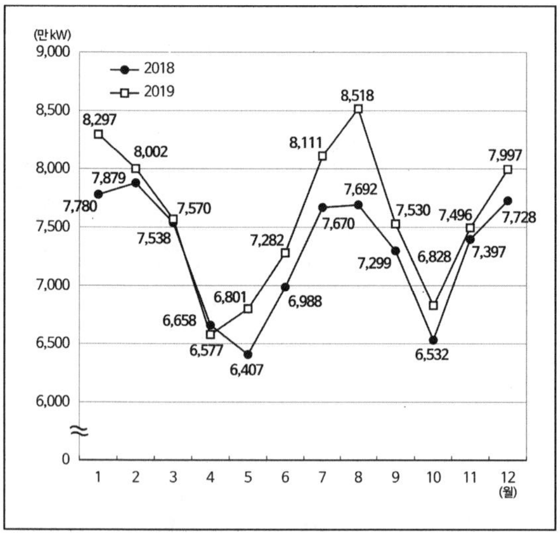

〈표〉 '갑'국의 전력수급현황

(단위: 만 kW)

구분 \ 시기	2018년 2월	2019년 8월
최대전력수요	7,879	8,518
전력공급능력	8,793	9,240

※ 1) 공급예비력 = 전력공급능력 − 최대전력수요

2) 공급예비율(%) $= \frac{\text{공급예비력}}{\text{최대전력수요}} \times 100$

① 공급예비력은 2018년 2월이 2019년 8월보다 작다.
② 공급예비율은 2018년 2월이 2019년 8월보다 낮다.
③ 2019년 1~12월 동안 최대전력수요의 월별 증감 방향은 2018년과 동일하다.
④ 해당 연도 1~12월 중 최대전력수요가 가장 큰 달과 가장 작은 달의 최대전력수요 차이는 2018년이 2019년보다 작다.
⑤ 2019년 최대전력수요의 전년동월 대비 증가율이 가장 높은 달은 1월이다.

2020년 7급 PSAT 모의평가 자료해석 6번

차잇값

19 다음 〈표〉는 2018년 '갑'국 A~E 지역의 산사태 위험인자 현황에 관한 자료이다. 〈평가 방법〉에 근거하여 산사태 위험점수가 가장 높은 지역과 가장 낮은 지역을 바르게 나열한 것은?

〈표〉 A~E 지역의 산사태 위험인자 현황

위험인자 \ 지역	A	B	C	D	E
경사길이(m)	180	220	150	80	40
모암	화성암	퇴적암	변성암(편마암)	변성암(천매암)	변성암(편마암)
경사위치	중하부	중상부	중하부	상부	중상부
사면형	상승사면	복합사면	하강사면	복합사면	평형사면
토심(cm)	160	120	70	110	80
경사도(°)	30	20	25	35	55

평가 방법

• 산사태 위험인자의 평가점수는 다음과 같다.

위험인자 \ 평가점수	0점	10점	20점	30점
경사길이(m)	50 미만	50 이상 100 미만	100 이상 200 미만	200 이상
모암	퇴적암	화성암	변성암(천매암)	변성암(편마암)
경사위치	하부	중하부	중상부	상부
사면형	상승사면	평형사면	하강사면	복합사면
토심(cm)	20 미만	20 이상 100 미만	100 이상 150 미만	150 이상
경사도(°)	40 이상	30 이상 40 미만	25 이상 30 미만	25 미만

• 개별 지역의 산사태 위험점수는 6개 위험인자에 대한 평가점수의 합임

	가장 높은 지역	가장 낮은 지역
①	B	A
②	B	E
③	D	A
④	D	C
⑤	D	E

2020년 7급 PSAT 모의평가 자료해석 8번

기본연산

20 **다음 〈표〉는 '갑'시에서 주최한 10km 마라톤 대회에 참가한 선수 A~D의 구간별 기록이다. 이에 대한 〈보기〉의 설명 중 옳은 것만을 모두 고르면?**

〈표〉 선수 A~D의 10km 마라톤 대회 구간별 기록

구간 \ 선수	A	B	C	D
0~1 km	5분 24초	5분 44초	6분 40초	6분 15초
1~2 km	5분 06초	5분 42초	5분 27초	6분 19초
2~3 km	5분 03초	5분 50초	5분 18초	6분 00초
3~4 km	5분 00초	6분 18초	5분 15초	5분 54초
4~5 km	4분 57초	6분 14초	5분 24초	5분 35초
5~6 km	5분 10초	6분 03초	5분 03초	5분 27초
6~7 km	5분 25초	5분 48초	5분 14초	6분 03초
7~8 km	5분 18초	5분 39초	5분 29초	5분 24초
8~9 km	5분 10초	5분 33초	5분 26초	5분 11초
9~10 km	5분 19초	5분 03초	5분 36초	5분 15초
계	51분 52초	(　　)	54분 52초	57분 23초

※ 1) A~D는 출발점에서 동시에 출발하여 휴식 없이 완주함
2) A~D는 각 구간 내에서 일정한 속도로 달림

〈보기〉

ㄱ. 출발 후 6km 지점을 먼저 통과한 선수부터 나열하면 A, C, D, B 순이다.
ㄴ. B의 10km 완주기록은 60분 이상이다.
ㄷ. 3~4km 구간에서 B는 C에게 추월당한다.
ㄹ. A가 10km 지점을 통과한 순간, D는 7~8km 구간을 달리고 있다.

① ㄱ, ㄴ　② ㄱ, ㄷ　③ ㄱ, ㄹ　④ ㄴ, ㄷ　⑤ ㄷ, ㄹ

2020년 7급 PSAT 모의평가 자료해석 9번

절대 · 상대수치(지수)

21 **다음 〈그림〉은 OECD 회원국 중 5개국의 2018년 가정용, 산업용 전기요금 지수를 나타낸 것이다. 이에 대한 〈보기〉의 설명 중 옳은 것만을 모두 고르면?**

〈그림〉 OECD 회원국 중 5개국의 가정용, 산업용 전기요금 지수

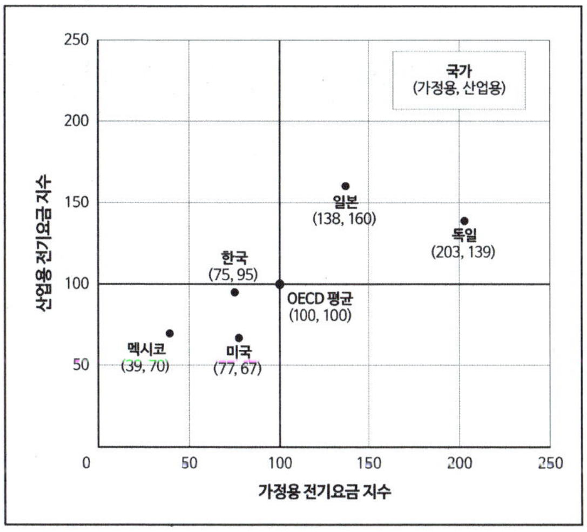

※ 1) OECD 각 국가의 전기요금은 100kWh당 평균 금액($)임
2) 가정용(산업용) 전기요금 지수 = $\frac{\text{해당 국가의 가정용(산업용) 전기요금}}{\text{OECD 평균 가정용(산업용) 전기요금}} \times 100$
3) 2018년 한국의 가정용, 산업용 전기요금은 100kWh당 각각 $120, $95임

〈보기〉

ㄱ. 산업용 전기요금은 일본이 가장 비싸고 가정용 전기요금은 독일이 가장 비싸다.
ㄴ. OECD 평균 전기요금은 가정용이 산업용의 1.5배 이상이다.
ㄷ. 가정용 전기요금이 한국보다 비싼 국가는 산업용 전기요금도 한국보다 비싸다.
ㄹ. 일본은 산업용 전기요금이 가정용 전기요금보다 비싸다.

① ㄱ, ㄴ　② ㄱ, ㄷ　③ ㄴ, ㄹ　④ ㄷ, ㄹ　⑤ ㄱ, ㄴ, ㄹ

2020년 7급 PSAT 모의평가 자료해석 13번

기본연산

22 **다음 〈그림〉은 추락사고가 발생한 항공기 800대의 사고 발생 시점과 사고 원인을 정리한 자료이다. 이에 대한 〈보기〉의 설명 중 옳은 것만을 모두 고르면?**

〈그림〉 항공기 추락사고의 사고 발생시점과 사고 원인

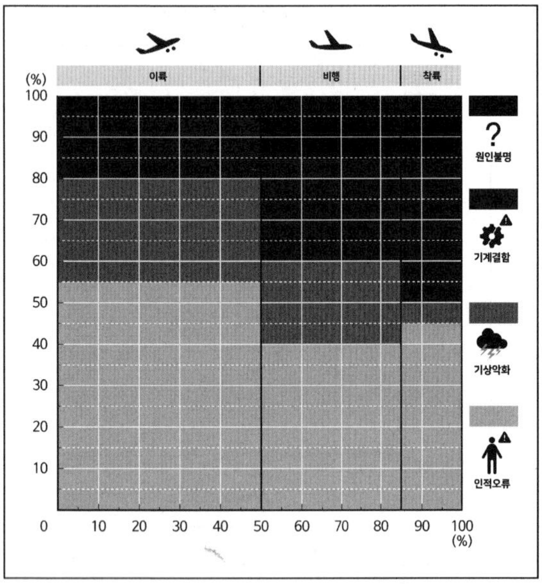

※ 사고 발생시점은 이륙, 비행, 착륙 중 하나이며, 사고 원인은 인적오류, 기상악화, 기계결함, 원인불명 중 하나임

보기

ㄱ. 이륙 중에 인적오류로 추락한 항공기 수는 착륙 중에 원인불명으로 추락한 항공기 수의 12배 이상이다.

ㄴ. 비행 중에 원인불명으로 추락한 항공기 수는 착륙 중에 기계결함으로 추락한 항공기 수보다 많다.

ㄷ. 비행 중에 인적오류로 추락한 항공기 수는 이륙 중에 기계결함으로 추락한 항공기 수보다 56대 더 많다.

ㄹ. 기계결함으로 추락한 항공기 수는 추락사고가 발생한 항공기 수의 20% 이상이다.

① ㄱ, ㄴ　　② ㄱ, ㄷ
③ ㄱ, ㄹ　　④ ㄴ, ㄷ
⑤ ㄷ, ㄹ

2020년 7급 PSAT 모의평가 자료해석 15번

공식 이용

23 **다음 〈표〉는 산림경영단지 A~E의 임도 조성 현황에 관한 자료이다. 이 경우 면적이 가장 넓은 산림경영단지는?**

〈표〉 산림경영단지 A~E의 임도 조성 현황

(단위: %, km, km/ha)

구분 / 산림경영단지	작업임도 비율	간선임도 길이	임도 밀도
A	30	70	15
B	20	40	10
C	30	35	20
D	50	20	10
E	40	60	20

※ 1) 임도 길이(km) = 작업임도 길이 + 간선임도 길이

2) $\text{작업임도 비율(\%)} = \frac{\text{작업임도 길이}}{\text{임도 길이}} \times 100$

3) $\text{간선임도 비율(\%)} = \frac{\text{간선임도 길이}}{\text{임도 길이}} \times 100$

4) $\text{임도 밀도(km/ha)} = \frac{\text{임도 길이}}{\text{산림경영단지 면적}}$

① A　　② B
③ C　　④ D
⑤ E

2020년 7급 PSAT 모의평가 자료해석 16번

기본연산

24 다음 〈표〉는 2019년 '갑'국 국회의원선거의 당선자 수에 관한 자료이다. 이에 대한 〈보기〉의 설명 중 옳은 것만을 모두 고르면?

〈표〉 '갑'국 국회의원선거의 당선자 수

(단위: 명)

권역 \ 정당	A	B	C	D	E	합
가	48	( )	0	1	7	65
나	2	( )	( )	0	0	( )
기타	55	98	2	1	4	160
전체	105	110	25	2	11	253

※ '갑'국의 정당은 A~E만 존재함

보기

ㄱ. E정당 전체 당선자 중 '가'권역 당선자가 차지하는 비중은 60% 이상이다.

ㄴ. 당선자 수의 합은 '가'권역이 '나'권역의 3배 이상이다.

ㄷ. C정당 전체 당선자 중 '나'권역 당선자가 차지하는 비중은 A정당 전체 당선자 중 '가'권역 당선자가 차지하는 비중의 2배 이상이다.

ㄹ. B정당 당선자 수는 '나'권역이 '가'권역보다 많다.

① ㄱ, ㄴ ② ㄱ, ㄷ

③ ㄴ, ㄷ ④ ㄴ, ㄹ

⑤ ㄷ, ㄹ

2020년 7급 PSAT 모의평가 자료해석 23번

수리계산형

25 다음 〈그림〉은 '갑'국의 2003~2019년 교통사고 현황에 관한 자료이다. 이를 근거로 2003년 인구와 2019년 인구 1만 명당 교통사고 건수를 바르게 나열한 것은?

〈그림 1〉 교통사고 건수 및 교통사고 사망자 수

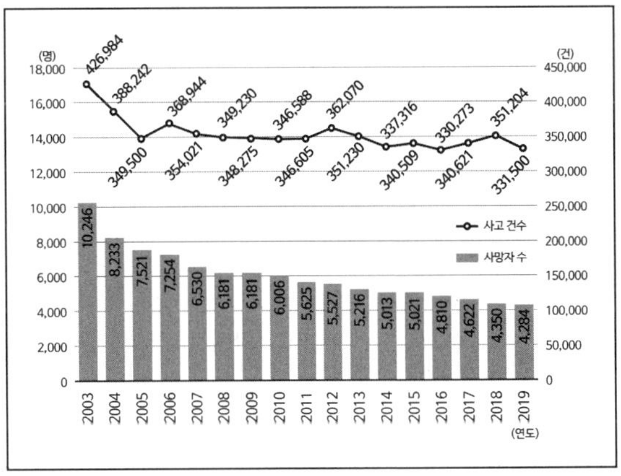

〈그림 2〉 인구 10만 명당 교통사고 사망자 수

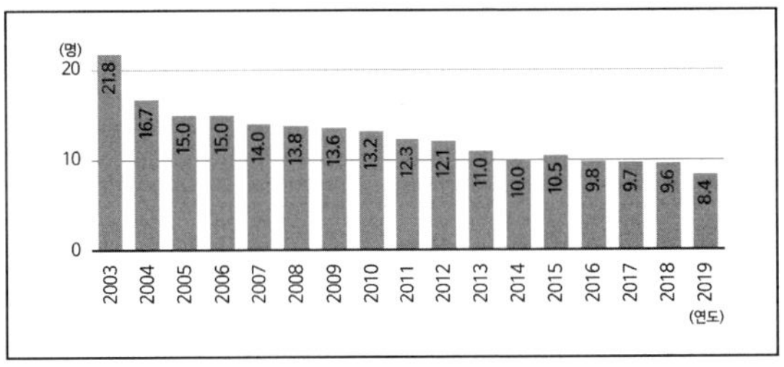

	2003년 인구(백만 명)	2019년 인구 1만 명당 교통사고 건수(건)
①	44	65
②	44	650
③	47	65
④	47	650
⑤	49	65

2020년 7급 PSAT 모의평가 자료해석 19번

교집합

26 **다음 〈표〉는 A사에서 실시한 철근강도 평가 샘플 수 및 합격률에 관한 자료이다. 이에 대한 설명으로 옳은 것은?**

〈표〉 철근강도 평가 샘플 수 및 합격률

(단위 : 개, %)

구분 \ 종류		SD400	SD500	SD600	전체
샘플 수		35	( )	25	( )
평가항목별 합격률	항복강도	100.0	95.0	92.0	96.0
	인장강도	100.0	100.0	88.0	( )
최종 합격률		100.0	( )	84.0	( )

※ 1) 평가한 철근 종류는 SD400, SD500, SD600뿐임
2) 항복강도와 인장강도 평가에서 모두 합격한 샘플만 최종 합격임
3) 합격률(%) $= \frac{\text{합격한 샘플 수}}{\text{샘플 수}} \times 100$
4) 평가 결과는 합격 또는 불합격임

① SD500 샘플 수는 50개 이상이다.
② 인장강도 평가에서 합격한 SD600 샘플은 항복강도 평가에서도 모두 합격하였다.
③ 항복강도 평가에서 불합격한 SD500 샘플 수는 4개이다.
④ 최종 불합격한 전체 샘플 수는 5개 이하이다.
⑤ 항복강도 평가에서 불합격한 SD600 샘플 수는 최종 불합격한 SD500 샘플 수와 같다.

2020년 7급 PSAT 모의평가 자료해석 20번

기본연산

27 **다음 〈표〉는 2015년 와인 생산량 및 소비량 상위 8개국 현황에 관한 자료이다. 이에 대한 〈보기〉의 설명 중 옳은 것만을 모두 고르면?**

〈표 1〉 2015년 와인 생산량 상위 8개국 현황

(단위 : 천 L, %)

국가 \ 구분	2015년 생산량	구성비	2013년 생산량 대비 증가율
이탈리아	4,950	17.4	−8.3
프랑스	4,750	16.7	12.8
스페인	3,720	13.1	−18.0
미국	2,975	10.4	−4.5
아르헨티나	1,340	4.7	−10.7
칠레	1,290	4.5	0.8
호주	1,190	4.2	−3.3
남아프리카공화국	1,120	3.9	22.4
계	21,335	74.9	−3.8

〈표 2〉 2015년 와인 소비량 상위 8개국 현황

(단위 : 천 L, %)

국가 \ 구분	2015년 소비량	구성비	2013년 소비량 대비 증가율
미국	3,320	13.3	6.5
프랑스	2,720	10.9	−3.5
이탈리아	2,050	8.2	−5.9
독일	2,050	8.2	1.0
중국	1,600	6.4	−8.4
영국	1,290	5.2	1.6
아르헨티나	1,030	4.1	−0.4
스페인	1,000	4.0	2.0
계	15,060	60.2	−0.8

※ 1) 구성비는 세계 와인 생산(소비)량에서 각 국가 생산(소비)량이 차지하는 비율임
2) 구성비와 증가율은 소수 둘째 자리에서 반올림한 값임

보기

ㄱ. 2015년 와인 생산량 상위 8개국 중 와인 소비량이 생산량보다 많은 국가는 1개이다.
ㄴ. 2015년 와인 생산량 상위 8개국만 와인 생산량이 각각 10%씩 증가했다면, 2015년 세계 와인 생산량은 30,000천 L 이상이었을 것이다.
ㄷ. 2015년 중국 와인 소비량은 같은 해 세계 와인 생산량의 6% 미만이다.
ㄹ. 2013년 스페인 와인 생산량은 같은 해 영국 와인 소비량의 3배 미만이다.

① ㄱ, ㄷ　② ㄴ, ㄹ
③ ㄷ, ㄹ　④ ㄱ, ㄴ, ㄷ
⑤ ㄱ, ㄴ, ㄹ

2020년 7급 PSAT 모의평가 자료해석 24번

보고서형

28 다음 〈그림〉과 〈표〉는 세계 및 국내 조선업 현황에 대한 자료이다. 다음 물음에 답하시오.

〈그림〉 세계 조선업 수주량 추이

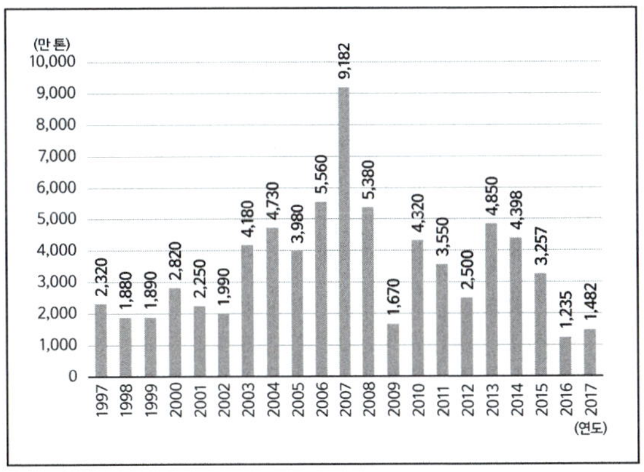

〈표 1〉 2014~2017년 국내 조선업 수주량 및 수주잔량

(단위: 만 톤, %)

구분 / 연도	수주량	전년대비 증가율	수주잔량	전년대비 증가율
2014	1,286	−30.1	3,302	−1.6
2015	1,066	(　)	3,164	−4.2
2016	221	(　)	2,043	(　)
2017	619	(　)	1,761	−13.8

※ 해당 연도 수주잔량 = 전년도 수주잔량 + 해당 연도 수주량 − 해당 연도 건조량

〈표 2〉 2014~2016년 국내 조선기자재업체 기업규모별 업체 수 및 이자보상배율이 1 미만인 업체 비율

(단위: 개, %)

기업규모	업체 수 / 연도	2014	2015	2016
대형	20	15.0	20.0	25.0
중형	35	25.7	17.1	34.3
소형	96	19.8	28.1	38.5
전체	151	20.5	24.5	35.8

※ 1) 2014년 이후 기업규모별 업체 수는 변화 없음
2) 비율은 소수 둘째 자리에서 반올림한 값임

제시된 〈그림〉과 〈표〉 이외에 〈보고서〉를 작성하기 위해 추가로 필요한 자료만을 〈보기〉에서 모두 고르면?

― 보고서 ―

세계 조선업 경기는 최악의 부진에서 벗어나는 모습이다. 2016년 세계 조선업의 수주량은 1997년 이후 최저치였다. 2017년 한국은 중국을 밀어내고 수주량 1위를 차지했는데, 이는 2012년 중국에 1위 자리를 내어준 이후 6년 만이다. 3대 조선강국으로 분류되는 일본은 자국 발주 확대에도 불구하고 세계 수주량의 5.8%까지 비중이 하락하였다.
2016년 국내 조선업은 전년대비 79.3% 감소한 수주량을 기록하면서 유례없는 수주절벽을 경험하였다. 그리고 수주량 급감의 영향으로 2016년 수주잔량은 2,043만 톤까지 줄어든 것으로 조사되었다. 2014~2016년 3년간 국내 조선업 평균 건조량이 약 1,295만 톤이었음을 고려하면 수주잔량은 2년치 미만 일감에 불과한 것으로 나타나 우려는 더욱 커졌다.
2017년 국내 대형 조선사는 해양플랜트 수주량 증가에 힘입어 실적이 개선되고 있다. 그러나 국내 중소형 조선사는 여전히 부진에서 벗어나지 못하고 있으며 국내 조선기자재업체의 실적 회복도 어려울 것으로 전망된다.

― 보기 ―

ㄱ. 2010~2017년 세계 조선업 수주량의 국가별 점유율
ㄴ. 2014~2016년 국내 조선업 건조량
ㄷ. 2014~2016년 중국 조선기자재업체 실적
ㄹ. 2010~2017년 국내 조선사 규모별 해양플랜트 수주량

① ㄱ, ㄴ
② ㄱ, ㄷ
③ ㄱ, ㄹ
④ ㄴ, ㄷ
⑤ ㄴ, ㄹ

2020년 7급 PSAT 모의평가 자료해석 25번

공식 이용

29 다음 〈그림〉과 〈표〉는 세계 및 국내 조선업 현황에 대한 자료이다. 다음 물음에 답하시오.

〈그림〉 세계 조선업 수주량 추이

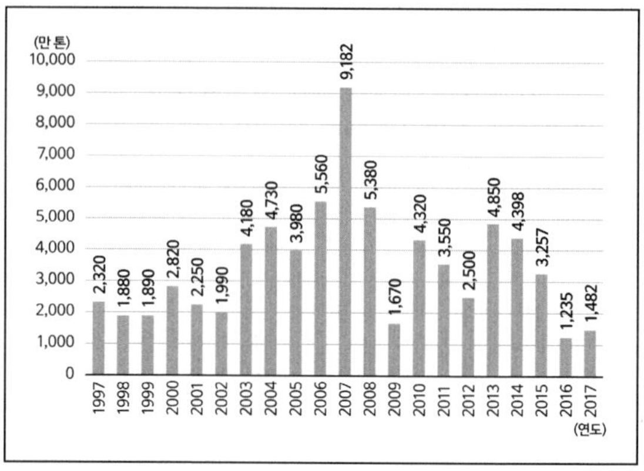

〈표 1〉 2014~2017년 국내 조선업 수주량 및 수주잔량

(단위: 만 톤, %)

구분 연도	수주량	전년대비 증가율	수주잔량	전년대비 증가율
2014	1,286	−30.1	3,302	−1.6
2015	1,066	( )	3,164	−4.2
2016	221	( )	2,043	( )
2017	619	( )	1,761	−13.8

※ 해당 연도 수주잔량 = 전년도 수주잔량 + 해당 연도 수주량 − 해당 연도 건조량

〈표 2〉 2014~2016년 국내 조선기자재업체 기업규모별 업체 수 및 이자보상배율이 1 미만인 업체 비율

(단위: 개, %)

기업규모	업체 수 \ 연도	2014	2015	2016
대형	20	15.0	20.0	25.0
중형	35	25.7	17.1	34.3
소형	96	19.8	28.1	38.5
전체	151	20.5	24.5	35.8

※ 1) 2014년 이후 기업규모별 업체 수는 변화 없음
2) 비율은 소수 둘째 자리에서 반올림한 값임

위 〈표〉에 근거한 〈보기〉의 설명 중 옳은 것만을 모두 고르면?

〈보기〉

ㄱ. 2014~2016년 중 국내 조선업 건조량이 가장 적은 해는 2016년이다.
ㄴ. 2014년 이후 국내 조선업 수주량의 전년대비 증감률이 가장 큰 해는 2017년이다.
ㄷ. 2014년 이자보상배율이 1 미만인 국내 조선기자재업체 수는 중형이 대형의 3배이다.
ㄹ. 이자보상배율이 1 미만인 국내 조선기자재업체 수의 2015년 대비 2016년 증감폭이 가장 큰 기업규모는 중형이다.

① ㄱ, ㄴ
② ㄴ, ㄷ
③ ㄴ, ㄹ
④ ㄷ, ㄹ
⑤ ㄱ, ㄷ, ㄹ

2020년 7급 PSAT 모의평가 언어논리 1번

독해 | 일치 · 불일치 · 부합

30 다음 글에서 알 수 있는 것은?

3·1운동 직후 상하이에 모여든 독립운동가들은 임시정부를 만들기 위한 첫걸음으로 조소앙이 기초한 대한민국임시헌장을 채택했다. 대한민국임시헌장을 기초할 때 조소앙은 국호를 '대한민국'으로 하고 정부 명칭도 '대한민국 임시정부'로 하자고 했다. 그 제안이 받아들여졌기 때문에 대한민국임시헌장 제1조에 "대한민국은 민주공화제로 함."이라는 문구가 담기게 된 것이다.

'대한민국'이란 한국인들이 만든 '민국'이라는 뜻이다. 여기서 '민국'이란 국민이 주인인 나라라는 의미가 담긴 용어다. 조소앙은 3·1운동이 일어나기 전, 대한제국 황제가 국민의 동의 없이 마음대로 국권을 일제에 넘겼다고 말하면서 국민은 국권을 포기한 적이 없다고 밝힌 대동단결선언을 발표한 적이 있다. 이 선언에는 "구한국 마지막 날은 신한국 최초의 날"이라는 문구가 담겨 있다. '신한국'이란 말 그대로 '새로운 한국'을 의미한다. 조소앙은 대한제국을 대신할 '새로운 한국'이란 다름 아닌 한국 국민이 주인인 나라라고 말했다.

조소앙의 주장은 대한민국 임시정부에 참여한 독립운동가들로부터 열렬한 지지를 받았다. 독립운동가들은 황제나 일본 제국주의자들이 지배하는 나라가 아니라 국민이 주권을 가진 나라를 만들어야 한다는 데 뜻을 모았다. 1941년에 대한민국 임시정부는 이러한 의지를 보다 선명하게 드러낸 건국강령을 발표하기도 했다. 1948년에 소집된 제헌국회도 대한민국임시헌장에 담긴 정신을 계승했다. 잘 알려진 것처럼 제헌국회는 제헌헌법을 만들었는데, 이 헌법에 우리나라의 명칭을 '대한민국'이라고 한 내용이 있다.

① 대한민국 임시정부는 건국강령을 통해 대한민국임시헌장을 공포했다.
② 조소앙은 대한민국 임시정부의 요청을 받아들여 대동단결선언을 만들었다
③ 대한민국임시헌장이 공포되기 전에는 '한국'이라는 명칭을 사용한 독립운동가가 없었다.
④ 제헌국회는 대한제국의 정치 제도를 계승하기 위해 '대한민국'이라는 국호를 사용했다.
⑤ 대한민국 임시정부를 만드는 데 참여한 독립운동가들은 민주공화제를 받아들이는 데 합의했다.

2020년 7급 PSAT 모의평가 언어논리 2번

독해 일치·불일치·부합

31 다음 글에서 알 수 있는 것은?

인조가 남한산성에서 청군에 포위되어 있을 때, 신하들은 척화론과 주화론으로 나뉘어 서로 대립했다. 척화론을 주장한 김상헌은 청에 항복하는 것은 있을 수 없는 일이라며 끝까지 저항하자고 했다. 그는 중화인 명을 버리고 오랑캐와 화의를 맺는 일은 군신의 의리를 버리는 것이라고 말했다. 그와 달리 주화론을 주장한 최명길은 "나아가 싸워 이길 수도 없고 물러나 지킬 수도 없으면 타협하는 수밖에 없다."라고 했다. 그는 명을 섬겨야 한다는 김상헌의 주장에는 동의하지만, 그보다 나라를 보존하는 것이 우선이라고 말했다. 나라가 없어지면 명을 섬기는 것도 불가능하므로 일단 항복한 후 후일을 기약하자는 것이었다.

주화론과 척화론 사이에서 고심하던 인조는 결국 최명길의 입장을 받아들여 청에 항복하는 길을 선택했다. 청군이 물러난 후에 척화론자들은 국왕이 항복의 수모를 당한 것이 모두 주화론자들 탓이라며 비난했다. 그들은 주화론자들을 배신자라고 공격하는 한편 김상헌을 절개 있는 인물이라고 추켜세웠다.

인조 때에는 척화론을 주장했던 사람들이 정국을 주도하지 못했기 때문에 주화론을 내세웠던 사람들이 정계에서 쫓겨나가는 일은 벌어지지 않았다. 그러나 인조의 뒤를 이은 효종이 청에 복수하겠다는 북벌론을 내세우고, 예전에 척화론을 주장했던 자들을 중용하면서 최명길의 편에 섰던 사람들의 입지가 좁아졌다. 효종에 의해 등용되어 정계에 진출할 수 있었던 송시열은 인조가 남한산성에 피신해 있을 때 주화론을 주장했던 사람들과 그 후손들을 정계에서 배제해야 한다고 했다. 송시열 사후에 나타난 노론 세력은 최명길의 주장에 동조했던 사람들의 후손이 요직에 오르지 못하게 막았다. 이는 송시열의 뜻에 따른 것이었다. 이로써 김상헌의 가문인 안동 김씨들은 정계의 요직을 차지할 수 있었다.

① 최명길은 중화 중심의 세계관에서 벗어나야 한다는 생각에서 주화론을 주장했다.
② 효종은 송시열의 주장에 따라 청군의 항복 요구를 받아들이지 않기로 결정했다.
③ 김상헌은 명에 대한 군신의 의리를 지켜야 한다고 주장하면서 주화론에 맞섰다.
④ 인조는 청에 항복한 후 척화론을 받아들여 주화론자들을 정계에서 내쫓았다.
⑤ 노론 세력은 주화론을 받아들여야 한다고 인조를 설득했으나 뜻을 이루지 못했다.

2020년 7급 PSAT 모의평가 언어논리 3번

독해 논지 찾기

32 다음 글의 논지로 가장 적절한 것은?

사람들은 보통 질병이라고 하면 병균이나 바이러스를 떠올리고, 병에 걸리는 것은 개인적 요인 때문이라고 생각하곤 한다. 어떤 사람이 바이러스에 노출되었다면 그 사람이 평소에 위생 관리를 철저히 하지 않았기 때문이라고 여기는 것이다. 이는 발병 책임을 전적으로 질병에 걸린 사람에게 묻는 생각이다. 꾸준히 건강을 관리하지 않은 사람이나 비만, 허약 체질인 사람이 더 쉽게 병균에 노출된다고 생각하는 경향도 강하다. 그러나 발병한 사람들 전체를 고려하면, 성별, 계층, 직업 등의 사회적 요인에 따라 건강 상태나 질병 종류 및 그 심각성 등이 다르게 나타난다. 따라서 어떤 질병의 성격을 파악할 때 질병의 발생이 개인적 요인뿐만 아니라 계층이나 직업 등의 요인과도 관련될 수 있음을 고려해야 한다.

질병에 대처할 때도 사회적 요인을 고려해야 한다. 물론 어떤 사람들에게는 질병으로 인한 고통과 치료에 대한 부담이 가장 심각한 문제일 수 있다. 그러나 또 다른 사람들에게는 질병에 대한 사회적 편견과 낙인이 오히려 더 심각한 문제일 수 있다. 그들에게는 그러한 편견과 낙인이 더 큰 고통을 안겨 주기 때문이다. 질병이 나타나는 몸은 개인적 영역이면서 동시에 가족이나 직장과도 연결된 사회적인 것이다. 질병의 치료 역시 개인의 문제만으로 그치지 않고 가족과 사회의 문제로 확대되곤 한다. 나의 질병은 내 삶의 위기이자 가족의 근심거리가 되며 나아가 회사와 지역사회에도 긴장을 조성하기 때문이다. 요컨대 질병의 치료가 개인적 영역을 넘어서서 사회적 영역과 관련될 수밖에 없다는 것은 질병의 대처 과정에서 사회적 요인을 반드시 고려해야 한다는 점을 잘 보여준다.

① 병균이나 바이러스로 인한 신체적 이상 증상은 가정이나 지역사회에 위기를 야기할 수 있기에 중요한 사회적 문제이다.
② 한 사람의 몸은 개인적 영역인 동시에 사회적 영역이기에 발병의 책임을 질병에 걸린 사람에게만 묻는 것은 옳지 않다.
③ 질병으로 인한 신체적 고통보다 질병에 대한 사회적 편견으로 인한 고통이 더 크므로 이에 대한 사회적 대책이 필요하다.

④ 질병의 성격을 파악하고 질병에 대처하기 위해서는 사회적인 측면을 고려해야 한다.

⑤ 질병의 치료를 위해서는 개인적 차원보다 사회적 차원의 노력이 더 중요하다.

2020년 7급 PSAT 모의평가 언어논리 4번

독해 빈칸 추론

33 다음 글의 빈칸에 들어갈 내용으로 가장 적절한 것은?

> 어떤 사람이 오존층을 파괴하는 냉각제를 사용하는 경우를 고려해보자. 오존층 파괴로 인해 무수히 많은 사람이 해악을 입었다고 하더라도, 이 한 사람의 행위가 어떤 특정 개인에게 미친 해악은 매우 미미하다고 말할 수 있을 것이다. 이때 그 사람은 그다지 죄책감을 느끼지 않을 수 있고, 따라서 자신에게 도덕적 책임이 있다는 것을 쉽게 인정하지 않을 수 있다. 이는 다음과 같은 사례를 통해 잘 설명된다.
>
> <사례>
>
> 가난한 마을에 갑훈을 포함한 산적 100명이 들이닥쳐 약탈을 저질렀다. 을훈을 포함한 주민 100명에게는 각각 콩 100알씩이 있었는데 산적들은 각자 주민 한 명을 맡아 그 사람의 콩을 몽땅 빼앗았다. 그 결과 모든 주민이 굶주리게 되었다. 이때 갑훈이 콩을 빼앗은 상대가 을훈이었다. 각자가 특정 개인에게 큰 해악을 입혔다는 사실에 죄책감을 느낀 산적들은 두 번째 약탈에서는 방법을 바꾸기로 하였다. 갑훈을 포함한 산적 100명은 이번에는 각자가 을훈을 포함한 모든 주민 100명에게서 각각 콩 한 알씩만 빼앗기로 했다. 콩 한 알의 손실은 미미한 해악에 지나지 않으므로 이번에는 어떤 산적도 특정 주민에게 큰 고통을 준 것은 아니었다. 결과적으로 모든 주민은 이번에도 굶주리게 되었지만, 산적들은 별로 죄책감을 느끼지 않았다.
>
> 하지만 이른바 '공범 원리'를 받아들이는 사람들은, 타인의 악행에 가담한 경우 결과에 얼마나 영향을 주었는지와 무관하게 도덕적 책임이 있다고 주장한다. 냉각제의 집단적 사용에서 한 사람의 가담 여부가 특정 개인에게 단지 미미한 해악만을 보탠 것이라서 별로 죄책감이 느껴지지 않는다고 하더라도, 그 사람은 단지 그 해악의 공범이라는 이유만으로 그에 따른 도덕적 책임을 져야 한다는 것이다. 그러므로 '공범 원리'에 따른다면, [   ]

① 갑훈은 두 번째 저지른 약탈 행위에 대해서 더 큰 죄책감을 느껴야 한다.

② 전체 해악의 크기가 커질수록 해악에 가담한 사람들의 도덕적 책임도 커진다.

③ 첫 번째 약탈과 두 번째 약탈에서 갑훈이 을훈에게 입힌 해악에는 차이가 없다.

정답 및 해설 p.166

④ 갑훈에게 도덕적 책임이 있다는 점에서 첫 번째 약탈과 두 번째 약탈은 차이가 없다.

⑤ 두 차례 약탈에서 갑훈이 빼앗은 전체 콩알의 수가 같기 때문에 갑훈이 져야 할 도덕적 책임에는 차이가 없다.

2020년 7급 PSAT 모의평가 언어논리 7번

독해 | 퇴고

34 다음 대화의 ㉠에 따라 〈계획안〉을 수정한 것으로 적절하지 않은 것은?

갑: 지금부터 회의를 시작하겠습니다. 이 자리는 '보고서 작성법 특강'의 개최계획 검토를 위한 자리입니다. 특강을 성공적으로 개최하기 위해서 어떻게 해야 하는지 각자의 의견을 자유롭게 말씀해주시기 바랍니다.

을: 특강 참석 대상을 명확하게 정하고 그에 따라 개최 일시가 조정되었으면 좋겠습니다. 주중에 계속 근무하는 현직 공무원인 경우, 아무래도 주말에는 특강 참석률이 저조합니다. 특강을 평일에 개최하되 참석 시간을 근무시간으로 인정해 준다면 참석률이 높아질 것 같습니다.

병: 공무원이 되기 위해 준비하고 있는 예비공무원들에게는 서울이 더 낫겠지만, 중앙부처 소속 공무원에게는 세종시가 접근성이 더 좋습니다. 특강 참석 대상이 누구인가에 따라 장소를 조정할 필요가 있습니다.

정: 주제가 너무 막연하게 표현되어 있습니다. 보고서의 형식이나 내용은 누구에게 보고하느냐에 따라 크게 달라집니다. 보고 대상이 명시적으로 드러날 수 있도록 주제를 더 구체적으로 표현하면 좋겠습니다.

무: 특강과 관련된 정보가 부족합니다. 강의에 관심이 있는 사람이라면 별도 비용이 있는지, 있다면 구체적으로 금액은 어떠한지 등이 궁금할 겁니다.

갑: 얼마 전에 비슷한 특강이 서울에서 개최되었으니 이번 특강은 현직 중앙부처 소속 공무원을 대상으로 진행하도록 하겠습니다. 참고로 특강 수강 비용은 무료입니다. ㉠ <u>오늘 회의에서 논의된 내용</u>을 반영하여 특강 계획을 수정하도록 하겠습니다. 감사합니다.

〈계획안〉

보고서 작성법 특강

- 주제: 보고서 작성 기법
- 일시: 2021. 11. 6.(토) 10:00~12:00
- 장소: 정부서울청사 본관 5층 대회의실
- 대상: 현직 공무원 및 공무원을 꿈꾸는 누구나

① 주제를 '효율적 정보 제시를 위한 보고서 작성 기법'으로 변경한다.
② 일시를 '2021. 11. 10.(수) 10:00~12:00(특강 참여 시 근무시간으로 인정)'으로 변경한다.
③ 장소를 '정부세종청사 6동 대회의실'로 변경한다.
④ 대상을 '보고서 작성 능력을 키우고 싶은 현직 중앙부처 공무원'으로 변경한다.
⑤ 특강을 듣기 위한 별도 부담 비용이 없다고 안내하는 항목을 추가한다.

2020년 7급 PSAT 모의평가 언어논리 8번

독해 내용 추론

35 다음 글의 〈표〉에 대한 판단으로 옳은 것만을 〈보기〉에서 모두 고르면?

우리 몸에는 세 종류의 중요한 근육이 있는데 이것들은 서로 다른 두 기준에 따라 각각 두 종류로 분류될 수 있다. 두 기준은 근육을 구성하는 근섬유에 줄무늬가 있는지의 여부와 근육의 움직임을 우리가 의식적으로 통제할 수 있는지의 여부이다.
세 종류의 중요한 근육 중 뼈대근육은 우리가 의식적으로 통제하여 사용할 수 있기 때문에 수의근이라고 하며 뼈에 부착되어 있다. 이 근육에 있는 근섬유에는 줄무늬가 있어서 줄무늬근으로 분류된다. 뼈대근육은 달리기, 들어 올리기와 같은 신체적 동작을 일으킨다. 우리가 신체적 운동을 통해 발달시키고자 하는 근육이 바로 뼈대근육이다.
뼈대근육과 다른 종류로서 내장근육이 있는데, 이 근육은 소화기관, 혈관, 기도에 있는 근육으로서 의식적인 통제하에 있는 것이 아니다. 내장근육에 있는 근섬유에는 줄무늬가 없어서 민무늬근으로 분류된다. 위나 다른 소화기관에 있는 근육은 꿈틀 운동을 일으킨다. 혈관에 있는 근육은 혈관의 직경을 변화시켜서 피의 흐름을 촉진시킨다. 기도에 있는 근육은 기도의 직경을 변화시켜서 공기의 움직임을 촉진시킨다.
심장근육은 심장에서만 발견되는데 심장근육에 있는 근섬유에는 줄무늬가 있다. 심장근육은 심장벽을 구성하고 있고 심장을 수축시키는 역할을 하는데, 이 근육은 우리가 의식적으로 통제할 수 있는 것이 아니기 때문에 불수의근으로 분류된다.
지금까지 기술한 내용을 정리하면 다음과 같다.

〈표〉 근육의 종류와 특징

기준 \ 종류	뼈대근육	내장근육	심장근육
A	㉠	㉡	㉢
B	㉣	㉤	㉥

계획안

ㄱ. ㉡과 ㉢이 같은 특징이라면, A에는 근섬유에 줄무늬가 있는지를 따지는 기준이 들어간다.
ㄴ. ㉣과 ㉥이 다른 특징이라면, B에는 근육의 움직임을 의식적으로 통제할 수 있는지를 따지는 기준이 들어간다.
ㄷ. ㉠에 '수의근'이 들어간다면, ㉤에는 '민무늬근'이 들어가야 한다.

① ㄱ
② ㄷ
③ ㄱ, ㄴ
④ ㄴ, ㄷ
⑤ ㄱ, ㄴ, ㄷ

2020년 7급 PSAT 모의평가 언어논리 15번

조건제시형 | 명제(조건명제)

36 다음 글의 내용이 참일 때, 반드시 참인 것은?

갑돌과 정순은 매일 커피를 마시는 흡연자이다. 을순과 병돌은 매년 치석을 없앤다. 그리고 치아의 색깔에 관한 다음의 사실이 알려져 있다.

- 치석을 매년 없애지 않고 매일 커피를 마시는 사람의 경우, 그의 이가 노랄 확률은 60% 이상이다.
- 치석을 매년 없애지 않는 흡연자의 경우, 그의 이가 노랄 확률은 80% 이상이다.
- 치석을 매년 없애지 않고 매일 커피를 마시는 흡연자의 경우, 그의 이가 노랄 확률은 90% 이상이다.
- 치석을 매년 없애는 사람의 경우, 그의 이가 노랄 확률은 그의 커피 섭취 및 흡연 여부와 무관하게 20% 미만이다.

① 갑돌의 이가 노랄 확률은 80% 이상이다.
② 을순의 이가 노랗지 않을 확률은 80% 미만이다.
③ 병돌이 흡연자라면, 그의 이가 노랄 확률은 20% 이상이다.
④ 병돌이 매일 커피를 마신다면, 그의 이가 노랄 확률은 20% 이상이다.
⑤ 정순이 치석을 매년 없애지 않는다면, 그의 이가 노랄 확률은 90% 이상이다.

2020년 7급 PSAT 모의평가 언어논리 16번

조건제시형 명제(조건명제)

37 다음 글의 내용이 참일 때, 반드시 참인 것만을 〈보기〉에서 모두 고르면?

인접한 지방자치단체인 ○○군을 △△시에 통합하는 안건은 △△시의 5개 구인 A, B, C, D, E 중 3개 구 이상의 찬성으로 승인된다. 안건에 관한 입장은 찬성하거나 찬성하지 않거나 둘 중 하나이다. 각 구의 입장은 다음과 같다.

- A가 찬성한다면 B와 C도 찬성한다.
- C는 찬성하지 않는다.
- D가 찬성한다면 A와 E 중 한 개 이상의 구는 찬성한다.

보기

ㄱ. B가 찬성하지 않는다면, 안건은 승인되지 않는다.
ㄴ. B가 찬성하는 경우 E도 찬성한다면, 안건은 승인된다.
ㄷ. E가 찬성하지 않는다면, D도 찬성하지 않는다.

① ㄱ ② ㄴ
③ ㄱ, ㄷ ④ ㄴ, ㄷ
⑤ ㄱ, ㄴ, ㄷ

2020년 7급 PSAT 모의평가 언어논리 17번

조건제시형 참 · 거짓

38 다음 글의 내용이 참일 때, 반드시 참인 것만을 〈보기〉에서 모두 고르면?

일반행정 직렬 주무관으로 새로 채용된 갑진, 을현, 병천은 행정안전부, 고용노동부, 보건복지부에 한 명씩 배치되는 것으로 정해졌다. 가인, 나운, 다은, 라연은 배치 결과를 궁금해 하며 다음과 같이 예측했는데, 이 중 한 명의 예측만 틀렸음이 밝혀졌다.

가인: 을현은 행정안전부에, 병천은 보건복지부에 배치될 거야.
나운: 을현이 행정안전부에 배치되면, 갑진은 고용노동부에 배치될 거야.
다은: 을현이 행정안전부에 배치되지 않으면, 병천이 행정안전부에 배치될 거야.
라연: 갑진은 고용노동부에, 병천은 행정안전부에 배치될 거야

보기

ㄱ. 갑진은 고용노동부에 배치된다.
ㄴ. 을현은 행정안전부에 배치된다.
ㄷ. 라연의 예측은 틀렸다.

① ㄱ ② ㄴ
③ ㄱ, ㄷ ④ ㄴ, ㄷ
⑤ ㄱ, ㄴ, ㄷ

2020년 7급 PSAT 모의평가 언어논리 13번

독해 빈칸 추론

39 다음 글을 읽고 물음에 답하시오.

개정 근로기준법이 적용되면서 일명 '52시간 근무제'에 사람들이 큰 관심을 보였다. 하지만 개정 근로기준법에는 1주 최대 근로시간을 52시간으로 규정하는 조문이 명시적으로 추가된 것이 아니다. 다만, 기존 근로기준법에 "1주'란 휴일을 포함한 7일을 말한다'는 문장 하나가 추가되었을 뿐이다. 이 문장이 말하는 바는 상식처럼 보이는데, 이를 추가해서 어떻게 52시간 근무제를 확보할 수 있었을까?

월요일에서 금요일까지 1일 8시간씩 소정근로시간 동안 일하는 근로자를 생각해보자. 여기서 '소정근로시간'이란 근로자가 사용자와 합의하여 정한 근로시간을 말한다. 사실 기존 근로기준법에서도 최대 근로시간은 52시간으로 규정되어 있는 것처럼 보인다. 1일의 최대 소정근로시간이 8시간, 1주의 최대 소정근로시간이 40시간이고, 연장근로는 1주에 12시간까지만 허용되어 있으므로, 이를 단순 합산하면 총 52시간이 되기 때문이다. 그러나 기존 근로기준법에서는 최대 근로시간이 68시간이었다. 이는 휴일근로의 성격을 무엇으로 보느냐에 달려 있다. 기존 근로기준법에서 휴일근로는 소정근로도 아니고 연장근로도 아닌 것으로 간주되었다. 그래서 소정근로 40시간과 연장근로 12시간을 시키고 나서 추가로 휴일근로를 시키더라도 법 위반이 아니었다.

그런데 일요일은 휴일이지만, 토요일은 휴일이 아니라 근로의무가 없는 휴무일이기에 특별한 규정이 없는 한 근로를 시킬 수가 없다. 따라서 기존 근로기준법하에서 더 근로를 시키고 싶던 기업들은 단체협약 등으로 '토요일을 휴일로 한다'는 특별규정을 두는 일종의 꼼수를 쓰는 경우가 많았다. 이렇게 되면 토요일과 일요일, 2일간 휴일근로를 추가로 시킬 수 있기에 최대 근로시간이 늘어나게 된다. 이것이 기존 판례의 입장이었다.

개정 근로기준법과 달리 왜 기존 판례는 ＿＿＿＿ 그 이유는 연장근로를 소정근로의 연장으로 보았고, 1주의 최대 소정근로시간을 정할 때 기준이 되는 1주를 5일에 입각하여 보았기 때문이다. 즉, 1주 중 소정근로일을 월요일부터 금요일까지의 5일로 보았기에 이 기간에 하는 근로만이 근로기준법상 소정근로시간의 한도에 포함된다고 본 것이다. 다만 이 입장에 따르더라도, 연장근로가 아닌 한 1일의 근로시간은 8시간을 초과할 수 없다고 기존 근로기준법에 규정되어 있기 때문에, 이미 52시간을 근로한 근로자에게 휴일에 1일 8시간을 넘는 근로를 시킬 수 없다. 그 결과 휴일근로로 가능한 시간은 16시간이 되어, 1주 68시간이 최대 근로시간이 된 것이다.

윗글의 빈칸에 들어갈 내용으로 가장 적절한 것은?

① 휴일근로가 연장근로가 아니라고 보았을까?
② 토요일에 연장근로를 할 수 있다고 보았을까?
③ 1주의 최대 소정근로시간을 40시간으로 인정하였을까?
④ 1일의 최대 소정근로시간은 8시간을 초과할 수 없다고 보았을까?
⑤ 휴일에는 근로자의 합의가 없는 한 연장근로를 할 수 없다고 보았을까?

2020년 7급 PSAT 모의평가 언어논리 14번

독해 | 내용 추론

40 다음 글을 읽고 물음에 답하시오.

개정 근로기준법이 적용되면서 일명 '52시간 근무제'에 사람들이 큰 관심을 보였다. 하지만 개정 근로기준법에는 1주 최대 근로시간을 52시간으로 규정하는 조문이 명시적으로 추가된 것이 아니다. 다만, 기존 근로기준법에 "1주'란 휴일을 포함한 7일을 말한다'는 문장 하나가 추가되었을 뿐이다. 이 문장이 말하는 바는 상식처럼 보이는데, 이를 추가해서 어떻게 52시간 근무제를 확보할 수 있었을까?

월요일에서 금요일까지 1일 8시간씩 소정근로시간 동안 일하는 근로자를 생각해보자. 여기서 '소정근로시간'이란 근로자가 사용자와 합의하여 정한 근로시간을 말한다. 사실 기존 근로기준법에서도 최대 근로시간은 52시간으로 규정되어 있는 것처럼 보인다. 1일의 최대 소정근로시간이 8시간, 1주의 최대 소정근로시간이 40시간이고, 연장근로는 1주에 12시간까지만 허용되어 있으므로, 이를 단순 합산하면 총 52시간이 되기 때문이다. 그러나 기존 근로기준법에서는 최대 근로시간이 68시간이었다. 이는 휴일근로의 성격을 무엇으로 보느냐에 달려 있다. 기존 근로기준법에서 휴일근로는 소정근로도 아니고 연장근로도 아닌 것으로 간주되었다. 그래서 소정근로 40시간과 연장근로 12시간을 시키고 나서 추가로 휴일근로를 시키더라도 법 위반이 아니었다.

그런데 일요일은 휴일이지만, 토요일은 휴일이 아니라 근로의무가 없는 휴무일이기에 특별한 규정이 없는 한 근로를 시킬 수가 없다. 따라서 기존 근로기준법하에서 더 근로를 시키고 싶던 기업들은 단체협약 등으로 '토요일을 휴일로 한다'는 특별규정을 두는 일종의 꼼수를 쓰는 경우가 많았다. 이렇게 되면 토요일과 일요일, 2일간 휴일근로를 추가로 시킬 수 있기에 최대 근로시간이 늘어나게 된다. 이것이 기존 판례의 입장이었다.

개정 근로기준법과 달리 왜 기존 판례는 [   ] 그 이유는 연장근로를 소정근로의 연장으로 보았고, 1주의 최대 소정근로시간을 정할 때 기준이 되는 1주를 5일에 입각하여 보았기 때문이다. 즉, 1주 중 소정근로일을 월요일부터 금요일까지의 5일로 보았기에 이 기간에 하는 근로만이 근로기준법상 소정근로시간의 한도에 포함된다고 본 것이다. 다만 이 입장에 따르더라도, 연장근로가 아닌 한 1일의 근로시간은 8시간을 초과할 수 없다고 기존 근로기준법에 규정되어 있기 때문에, 이미 52시간을 근로한 근로자에게 휴일에 1일 8시간을 넘는 근로를 시킬 수 없다. 그 결과 휴일근로로 가능한 시간은 16시간이 되어, 1주 68시간이 최대 근로시간이 된 것이다.

윗글의 내용을 바르게 적용한 사람만을 〈보기〉에서 모두 고르면?

〈보기〉

갑: 개정 근로기준법에 의하면, 1주 중 3일 동안 하루 15시간씩 일한 사람의 경우, 총 근로시간이 45시간으로 52시간보다 적으니 법에 어긋나지 않아.

을: 개정 근로기준법에 의하면, 월요일부터 목요일까지 매일 10시간씩 일한 사람의 경우, 금요일에 허용되는 최대 근로시간은 12시간이야.

병: 기존 근로기준법에 의하면, 일요일 12시간을 일했으면 12시간 전부가 휴일근로시간이지, 연장근로시간이 아니야.

① 갑　　② 을
③ 갑, 병　　④ 을, 병
⑤ 갑, 을, 병

2020년 7급 PSAT 모의평가 언어논리 21번

독해 강화 · 약화

41 다음 글의 실험 결과가 강화하는 것만을 〈보기〉에서 모두 고르면?

한 연구진은 자극 X가 뇌에 미치는 영향을 밝히기 위한 실험을 수행하였다. 그들은 자극 X가 있는 환경에서 성장한 동물과 자극 X가 없는 환경에서 성장한 동물을 비교했을 때 뇌에 차이가 있을 것이라고 추측했다.

실험을 위해 동일한 조건의 연구용 쥐 100마리를 절반씩 나누어 각각 A와 B 그룹으로 배정하였다. A 그룹의 쥐는 자극 X에 노출된 반면, B 그룹의 쥐는 자극 X에 노출되지 않았다. 자극 X를 제외한 다른 조건은 두 그룹에서 동일하였다. 일정 기간이 지나고 두 그룹 쥐의 뇌에 대해서 부위별로 무게 측정과 화학 분석이 이루어졌다. 그 결과 A 그룹의 쥐는 B 그룹의 쥐와 다른 점을 보여주었다.

두 그룹에서 나타난 가장 두드러진 차이점은 전체 뇌 무게에 대한 대뇌피질의 무게 비율이었다. 대뇌피질은 경험에 반응하고 운동, 기억, 학습, 감각적 입력을 관장하는 뇌의 한 부위이다. A 그룹 쥐의 대뇌피질은 B 그룹 쥐의 대뇌피질보다 더 무겁고 더 치밀했지만, 뇌의 나머지 부위의 무게에는 차이가 없었다.

또한 B 그룹의 쥐의 뇌보다 A 그룹의 쥐의 뇌에서는 크기가 큰 신경세포뿐만 아니라 신경교세포도 더 많이 발견되었다. 신경교세포는 뇌의 신경세포를 성장시켜 크기를 키우는 역할을 하는 세포이다. 세포의 DNA에 대한 RNA의 비율은 세포가 성장하지 않을 때보다 세포가 성장하여 크기가 커질 때 높아진다. 두 그룹의 쥐의 뇌를 분석한 결과, DNA에 대한 RNA의 비율이 높아진 뇌 신경세포가 B 그룹보다 A 그룹에 더 많이 있다는 사실이 확인되었다. A 그룹의 쥐의 뇌에서는 신경전달물질 α가 더 많이 분비되었는데, 신경전달물질 α의 양은 A 그룹 쥐의 뇌보다 B 그룹 쥐의 뇌에서 약 30% 이상 더 적은 것으로 확인되었다.

〈보기〉

ㄱ. 자극 X가 있으면 없을 때보다 신경교세포의 수와 신경전달물질 α의 분비량이 많아진다.

ㄴ. 자극 X가 있으면 없을 때보다 전체 뇌 무게에 대한 대뇌피질의 무게 비율이 높아지고 대뇌피질이 촘촘해진다.

ㄷ. 자극 X가 없으면 있을 때보다 뇌 신경세포의 크기와 수가 늘어난다.

① ㄱ ② ㄷ
③ ㄱ, ㄴ ④ ㄴ, ㄷ
⑤ ㄱ, ㄴ, ㄷ

2020년 7급 PSAT 모의평가 언어논리 24번

독해 일치・불일치・부합

42 다음 글의 ㉠의 내용으로 가장 적절한 것은?

2020년 7월 2일이 출산 예정일이었던 갑은 2020년 6월 28일 아이를 출산하여, 2020년 7월 10일에 ○○구 건강관리센터 산모・신생아 건강관리 서비스를 신청하였다. 2020년 1월 1일에 ○○구에 주민등록이 된 이후 갑은 주민등록지를 변경하지 않았으며, 실제로 ○○구에 거주하였다. 갑의 신청을 검토한 ○○구는 「○○구 산모・신생아 건강관리 지원에 관한 조례」(이하 "조례"라 한다)와 「○○구 건강관리센터 운영규정」(이하 "운영규정"이라 한다)이 불일치한다는 문제를 발견하였다. 이에 ㉠ 운영규정과 조례 중 무엇도 위반하지 않고 갑이 30만 원 이하의 본인 부담금만으로 해당 서비스를 이용할 수 있도록 조례 또는 운영규정을 일부 개정하였다.

「○○구 산모・신생아 건강관리 지원에 관한 조례」

제8조(산모・신생아 건강관리 지원) ① 구청장은 출산 예정일 또는 출산일을 기준으로 6개월 전부터 계속하여 ○○구에 주민등록을 두고 있는 산모와 출산 예정일 또는 출산일을 기준으로 1년 전부터 계속하여 ○○구를 국내 체류지로 하여 외국인 등록을 하고 ○○구에 체류하는 외국인 산모에게 산모・신생아 건강관리 서비스를 제공할 수 있다.

② 구청장은 제1항에 따른 서비스의 본인 부담금을 이용금액 기준에 따라 30만 원 한도 내에서 서비스 수급자에게 부과할 수 있다.

「○○구 건강관리센터 운영규정」

제21조(산모・신생아 건강관리 지원) ① 다음 각 호의 어느 하나에 해당하는 사람은 산모・신생아 건강관리 서비스를 이용할 수 있다.

1. 출산일을 기준으로 6개월 전부터 계속하여 ○○구에 주민등록을 두고 실제로 ○○구에 거주하고 있는 산모
2. 출산일을 기준으로 6개월 전부터 ○○구를 국내 체류지로 하여 외국인 등록을 하고 실제로 ○○구에 체류하고 있는 외국인 산모

② 제1항에 따른 서비스를 이용하는 경우 서비스 수급자에게 본인 부담금이 부과될 수 있다. 그 산정은 「○○구 산모・신생아 건강관리 지원에 관한 조례」의 기준에 따른다.

① 운영규정 제21조 제3항과 조례 제8조 제3항으로 '신청일은 출산일 기준 10일을 경과할 수 없다.'를 신설한다.

② 운영규정 제21조 제1항의 '실제로 ○○구에 거주하고'와 '실제로 ○○구에 체류하고'를 삭제한다.

③ 운영규정 제21조 제2항의 '본인 부담금'을 '30만 원 이하의 본인 부담금'으로 개정한다.

④ 운영규정 제21조 제1항의 '출산일'을 모두 '출산 예정일 또는 출산일'로 개정한다.

⑤ 조례 제8조 제1항의 '1년'을 '6개월'로 개정한다.

정답 및 해설 p.174

2020년 7급 PSAT 모의평가 언어논리 25번

독해 견해평가

43 다음 글의 〈논쟁〉에 대한 분석으로 적절한 것만을 〈보기〉에서 모두 고르면?

갑과 을은 M국의 손해사정을 업으로 하는 법인 A, B의 「보험업법」 위반 여부에 대해 논쟁하고 있다. 이 논쟁은 「보험업법」의 일부 규정 속 손해사정사가 상근인지 여부, 그리고 각 법인의 손해사정사가 상근인지 여부가 불분명함에서 비롯되었다. 해당 법의 일부 조항은 다음과 같다.

「보험업법」

제00조(손해사정업의 영업기준) ① 손해사정을 업으로 하려는 법인은 2명 이상의 상근 손해사정사를 두어야 한다. 이 경우 총리령으로 정하는 손해사정사의 구분에 따라 수행할 업무의 종류별로 1명 이상의 상근 손해사정사를 두어야 한다.

② 제1항에 따른 법인이 지점 또는 사무소를 설치하려는 경우에는 각 지점 또는 사무소별로 총리령으로 정하는 손해사정사의 구분에 따라 수행할 업무의 종류별로 1명 이상의 손해사정사를 두어야 한다.

〈논쟁〉

쟁점 1: 법인 A는 총리령으로 정하는 손해사정사의 구분에 따른 업무의 종류가 4개이고 각 종류마다 2명의 손해사정사를 두고 있는데, 갑은 법인 A가 「보험업법」 제00조 제1항을 어기고 있다고 주장하지만 을은 그렇지 않다고 주장한다.

쟁점 2: 법인 B의 지점 및 사무소 각각은 총리령으로 정하는 손해사정사의 구분에 따른 업무의 종류가 2개씩이고 각 종류마다 1명의 손해사정사를 두고 있는데, 갑은 법인 B가 「보험업법」 제00조 제2항을 어기고 있다고 주장하지만 을은 그렇지 않다고 주장한다.

보기

ㄱ. 쟁점 1과 관련하여, 법인 A에는 비상근 손해사정사가 2명 근무하고 있지만 이들이 수행하는 업무의 종류가 다르다는 사실이 밝혀진다면 갑의 주장은 옳지만 을의 주장은 옳지 않다.

ㄴ. 쟁점 2와 관련하여, 법인 B의 지점에 근무하는 손해사정사가 비상근일 경우에, 갑은 제00조 제2항의 '손해사정사'가 반드시 상근이어야 한다고 생각하지만 을은 비상근이어도 무방하다고 생각한다는 사실은 법인 B에 대한 갑과 을 사이의 주장 불일치를 설명할 수 있다.

ㄷ. 법인 A 및 그 지점 또는 사무소에 근무하는 손해사정사와 법인 B 및 그 지점 또는 사무소에 근무하는 손해사정사가 모두 상근이라면, 을의 주장은 쟁점 1과 쟁점 2 모두에서 옳지 않다.

① ㄱ ② ㄴ
③ ㄱ, ㄷ ④ ㄴ, ㄷ
⑤ ㄱ, ㄴ, ㄷ

2014년 5급 PSAT 상황판단 A책형 17번

조건 · 상황제시형 논리게임

44 다음 글을 근거로 판단할 때, 김 과장이 단식을 시작한 첫 주 월요일부터 일요일까지 한 끼만 먹은 요일(끼니때)은?

김 과장은 건강상의 이유로 간헐적 단식을 시작하기로 했다. 김 과장이 선택한 간헐적 단식 방법은 월요일부터 일요일까지 일주일 중에 2일을 선택하여 아침 혹은 저녁 한 끼 식사만 하는 것이다. 단, 단식을 하는 날 전후로 각각 최소 2일간은 정상적으로 세 끼 식사를 하고, 업무상의 식사 약속을 고려하여 단식일과 방법을 유동적으로 결정하기로 했다. 또한 단식을 하는 날 이외에는 항상 세 끼 식사를 한다.

간헐적 단식 2주째인 김 과장은 그동안 단식을 했던 날짜를 기록해두기 위해 아래와 같이 최근 식사와 관련된 기억을 떠올렸다.

- 2주차 월요일에는 단식을 했다.
- 지난주에 먹은 아침식사 횟수와 저녁식사 횟수가 같다.
- 지난주 월요일, 수요일, 금요일에는 조찬회의에 참석하여 아침식사를 했다.
- 지난주 목요일에는 업무약속이 있어서 점심식사를 했다.

① 월요일(저녁), 목요일(저녁)
② 화요일(아침), 금요일(아침)
③ 화요일(아침), 금요일(저녁)
④ 화요일(저녁), 금요일(아침)
⑤ 화요일(저녁), 토요일(아침)

2019년 민간경력자 채용 PSAT 상황판단 나책형 7번

조건제시형 논리게임(순서 · 위치)

45 다음 글을 근거로 판단할 때, B구역 청소를 하는 요일은?

甲레스토랑은 매주 1회 휴업일(수요일)을 제외하고 매일 영업한다. 甲레스토랑의 청소시간은 영업일 저녁 9시부터 10시까지이다. 이 시간에 A구역, B구역, C구역 중 하나를 청소한다. 청소의 효율성을 위하여 청소를 한 구역은 바로 다음 영업일에는 하지 않는다. 각 구역은 매주 다음과 같이 청소한다.

- A구역 청소는 일주일에 1회 한다.
- B구역 청소는 일주일에 2회 하되, B구역 청소를 한 후 영업일과 휴업일을 가리지 않고 이틀간은 B구역 청소를 하지 않는다.
- C구역 청소는 일주일에 3회 하되, 그중 1회는 일요일에 한다.

① 월요일과 목요일
② 월요일과 금요일
③ 월요일과 토요일
④ 화요일과 금요일
⑤ 화요일과 토요일

7급 PSAT 공개예시문항 상황판단 2번

조건제시형 | 경우의 수

46 다음 글과 〈○○시 지도〉를 근거로 판단할 때, ㉠에 들어갈 수 있는 것만을 〈보기〉에서 모두 고르면?

> ○○시는 지진이 발생하면 발생지점으로부터 일정 거리 이내의 시민들에게 지진발생문자를 즉시 발송하고 있다. X등급 지진의 경우에는 발생지점으로부터 반경 1km, Y등급 지진의 경우에는 발생지점으로부터 반경 2km 이내의 시민들에게 지진발생문자를 발송한다. 단, 수신차단을 해둔 시민에게는 지진발생문자를 보내지 않는다.
> 8월 26일 14시 정각 '가'지점에서 Y등급 지진이 일어났을 때 A~E 중 2명만 지진발생문자를 받았다. 5분 후 '나'지점에서 X등급 지진이 일어났을 때에는 C와 D만 지진발생문자를 받았다. 다시 5분 후 '나'지점에서 정서쪽으로 2km 떨어진 지점에서 Y등급 지진이 일어났을 때에는 (㉠)만 지진 발생문자를 받았다. A~E 중에서 지진발생문자 수신차단을 해둔 시민은 1명뿐이다.

〈○○시 지도〉

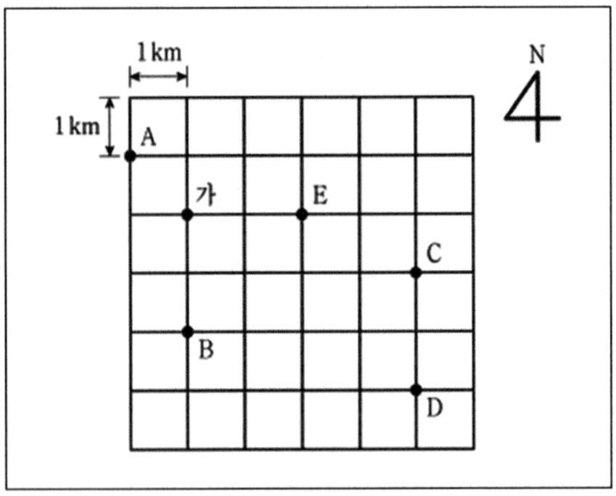

〈보기〉

ㄱ. A　　ㄴ. B
ㄷ. E　　ㄹ. A와 E
ㅁ. B와 E　　ㅂ. C와 E

① ㄱ, ㄷ　　② ㄱ, ㄹ
③ ㄹ, ㅂ　　④ ㄴ, ㄷ, ㅁ
⑤ ㄴ, ㅁ, ㅂ

2019년 민간경력자 채용 PSAT 상황판단 나책형 14번

독해 | 의미 추론

47 다음 글을 근거로 판단할 때, 〈보기〉에서 옳은 것만을 모두 고르면?

> 현대적 의미의 시력 검사법은 1909년 이탈리아의 나폴리에서 개최된 국제안과학회에서 란돌트 고리를 이용한 검사법을 국제 기준으로 결정하면서 탄생하였다. 란돌트 고리란 시력 검사표에서 흔히 볼 수 있는 C자형 고리를 말한다. 란돌트 고리를 이용한 시력 검사에서는 5m 거리에서 직경이 7.5 mm인 원형 고리에 있는 1.5mm 벌어진 틈을 식별할 수 있는지 없는지를 판단한다. 5m 거리의 1.5mm이면 각도로 따져서 약 1′(1분)에 해당한다. 1°(1도)의 1/60이 1′이고, 1′의 1/60이 1″(1초)이다.
> 이 시력 검사법에서는 구분 가능한 최소 각도가 1′일 때를 1.0의 시력으로 본다. 시력은 구분 가능한 최소 각도와 반비례한다. 예를 들어 구분할 수 있는 최소 각도가 1′의 2배인 2′이라면 시력은 1.0의 1/2배인 0.5이다. 만약 이 최소 각도가 0.5′이라면, 즉 1′의 1/2배라면 시력은 1.0의 2배인 2.0이다. 마찬가지로 최소 각도가 1′의 4배인 4′이라면 시력은 1.0의 1/4배인 0.25이다. 일반적으로 시력 검사표에는 2.0까지 나와 있지만 실제로는 이보다 시력이 좋은 사람도 있다. 천문학자 A는 5″까지의 차이도 구분할 수 있었던 것으로 알려져 있다.

〈보기〉

ㄱ. 구분할 수 있는 최소 각도가 10′인 사람의 시력은 0.1이다.
ㄴ. 천문학자 A의 시력은 12인 것으로 추정된다.
ㄷ. 구분할 수 있는 최소 각도가 1.25′인 甲은 구분할 수 있는 최소 각도가 0.1′인 乙보다 시력이 더 좋다.

① ㄱ　　② ㄱ, ㄴ
③ ㄴ, ㄷ　　④ ㄱ, ㄷ
⑤ ㄱ, ㄴ, ㄷ

2019년 민간경력자 채용 PSAT 상황판단 나책형 3번

조건 · 상황제시형 | 금액산정

48 다음 글과 〈상황〉을 근거로 판단할 때, 甲이 납부해야 할 수수료를 옳게 짝지은 것은?

특허에 관한 절차를 밟는 사람은 다음 각 호의 수수료를 내야 한다.

1. 특허출원료
   가. 특허출원을 국어로 작성된 전자문서로 제출하는 경우: 매건 46,000원. 다만 전자문서를 특허청에서 제공하지 아니한 소프트웨어로 작성하여 제출한 경우에는 매건 56,000원으로 한다.
   나. 특허출원을 국어로 작성된 서면으로 제출하는 경우: 매건 66,000원에 서면이 20면을 초과하는 경우 초과하는 1면마다 1,000원을 가산한 금액
   다. 특허출원을 외국어로 작성된 전자문서로 제출하는 경우: 매건 73,000원
   라. 특허출원을 외국어로 작성된 서면으로 제출하는 경우: 매건 93,000원에 서면이 20면을 초과하는 경우 초과하는 1면마다 1,000원을 가산한 금액
2. 특허심사청구료: 매건 143,000원에 청구범위의 1항마다 44,000원을 가산한 금액

〈상황〉

甲은 청구범위가 3개 항으로 구성된 총 27면의 서면을 작성하여 1건의 특허출원을 하면서, 이에 대한 특허심사도 함께 청구한다.

	국어로 작성한 경우	외국어로 작성한 경우
①	66,000원	275,000원
②	73,000원	343,000원
③	348,000원	343,000원
④	348,000원	375,000원
⑤	349,000원	375,000원

2019년 민간경력자 채용 PSAT 상황판단 나책형 8번

조건제시형 | 수리계산형

49 다음 글을 근거로 판단할 때, 〈보기〉에서 옳은 것만을 모두 고르면?

甲은 결혼 준비를 위해 스튜디오 업체(A, B), 드레스 업체(C, D), 메이크업 업체(E, F)의 견적서를 각각 받았는데, 최근 생긴 B업체만 정가에서 10% 할인한 가격을 제시하였다.

아래 <표>는 각 업체가 제시한 가격의 총액을 계산한 결과이다. (단, A~F 각 업체의 가격은 모두 상이하다)

〈표〉

스튜디오	드레스	메이크업	총액
A	C	E	76만 원
이용 안 함	C	F	58만 원
A	D	E	100만 원
이용 안 함	D	F	82만 원
B	D	F	127만 원

〈보기〉

ㄱ. A업체 가격이 26만 원이라면, E업체 가격이 F업체 가격보다 8만 원 비싸다.
ㄴ. B업체의 할인 전 가격은 50만 원이다.
ㄷ. C업체 가격이 30만 원이라면, E업체 가격은 28만 원이다.
ㄹ. D업체 가격이 C업체 가격보다 26만 원 비싸다.

① ㄱ　② ㄴ
③ ㄷ　④ ㄴ, ㄷ
⑤ ㄷ, ㄹ

2019년 민간경력자 채용 PSAT 상황판단 나책형 5번

조건제시형 | 수리퍼즐

50 다음 〈조건〉을 근거로 판단할 때, 〈보기〉에서 옳은 것만을 모두 고르면?

조건

- 한글 단어의 '단어점수'는 그 단어를 구성하는 자음으로만 결정된다.
- '단어점수'는 각기 다른 자음의 '자음점수'를 모두 더한 값을 그 단어를 구성하는 자음 종류의 개수로 나눈 값이다.
- '자음점수'는 그 자음이 단어에 사용된 횟수만큼 2를 거듭제곱한 값이다. 단, 사용되지 않는 자음의 '자음점수'는 0이다.
- 예를 들어 글자 수가 4개인 '셋방살이'는 ㅅ 3개, ㅇ 2개, ㅂ 1개, ㄹ 1개의 자음으로 구성되므로 '단어점수'는 $(2^3+2^2+2^1+2^1)/4$의 값인 4점이다.

※ 의미가 없는 글자의 나열도 단어로 인정한다.

보기

ㄱ. '각기'는 '논리'보다 단어점수가 더 높다.
ㄴ. 단어의 글자 수가 달라도 단어점수가 같을 수 있다.
ㄷ. 글자 수가 4개인 단어의 단어점수는 250점을 넘을 수 없다.

① ㄴ　② ㄷ
③ ㄱ, ㄴ　④ ㄱ, ㄷ
⑤ ㄱ, ㄴ, ㄷ

2019년 민간경력자 채용 PSAT 상황판단 나책형 21번

상황제시형 | 수리계산형

51 다음 글을 근거로 판단할 때, A시에서 B시까지의 거리는?

甲은 乙이 운전하는 자동차를 타고 A시에서 B시를 거쳐 C시로 가는 중이었다. A, B, C는 일직선 상에 순서대로 있으며, 乙은 자동차를 일정한 속력으로 운전하여 도시 간 최단 경로로 이동했다. A시를 출발한지 20분 후 甲은 乙에게 지금까지 얼마나 왔는지 물어보았다.
"여기서부터 B시까지 거리의 딱 절반만큼 왔어."
라고 乙이 대답하였다.
그로부터 75km를 더 간 후에 甲은 다시 물어보았다.
"C시까지는 얼마나 남았지?"
乙은 다음과 같이 대답했다.
"여기서부터 B시까지 거리의 딱 절반만큼 남았어."
그로부터 30분 뒤에 甲과 乙은 C시에 도착하였다.

① 35km　② 40km
③ 45km　④ 50km
⑤ 55km

2016년 5급 PSAT 상황판단 4책형 30번

조건제시형 수리퍼즐

52 **다음 〈규칙〉을 근거로 판단할 때, A와 B가 한 번의 게임에서 얻은 점수 합계의 최댓값과 최솟값은?**

규칙

- A와 B는 상자 안에 든 1~9까지의 숫자가 적힌 아홉 개의 공을 번갈아가며 하나씩 뽑는다. 단, 하나의 공에는 하나의 숫자만 적혀 있고, 중복되거나 누락된 숫자는 없다.
- 뽑은 공은 상자 안에 다시 넣지 않는다.
- 공은 A가 먼저 뽑고, 공을 모두 뽑으면 게임은 종료된다.
- 득점방식은 다음과 같다.
  - (n − 1)번째 뽑은 공에 적힌 숫자와 n번째 뽑은 공에 적힌 숫자를 더한다. (n = 2, 3, 4, 5, 6, 7, 8, 9)
  - 위 합산 값의 일의 자리 수가 n번째 공을 뽑은 사람의 득점이 된다. 즉 n이 홀수일 때 A가 득점하고, n이 짝수일 때 B가 득점한다.
  - A는 자신이 뽑은 첫 번째 공으로 득점할 수 없다.

	최댓값	최솟값
①	61	3
②	61	4
③	61	5
④	67	4
⑤	67	5

2006년 견습직원 선발시험 자료해석 역책형 17번

조건부확률

53 **다음 〈그림〉은 A도시 남성의 성인병과 비만에 대한 것이다. A도시 남성 가운데 20%가 성인병이 있다고 하면, 이 도시에서 비만인 남성 가운데 성인병이 있는 남성의 비율은?**

〈그림 1〉 성인병이 있는 남성의 비만 여부

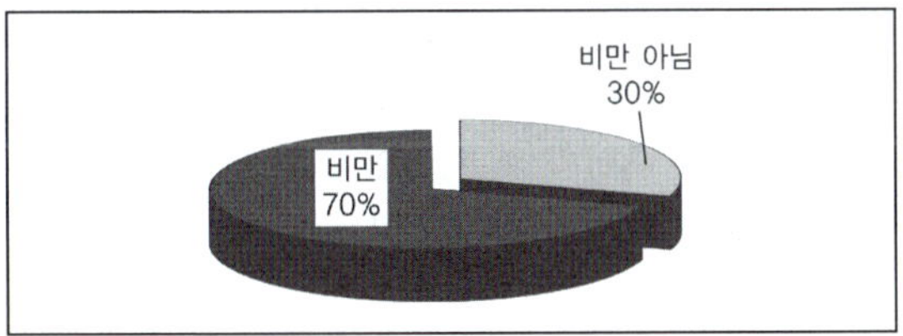

〈그림 2〉 성인병이 없는 남성의 비만 여부

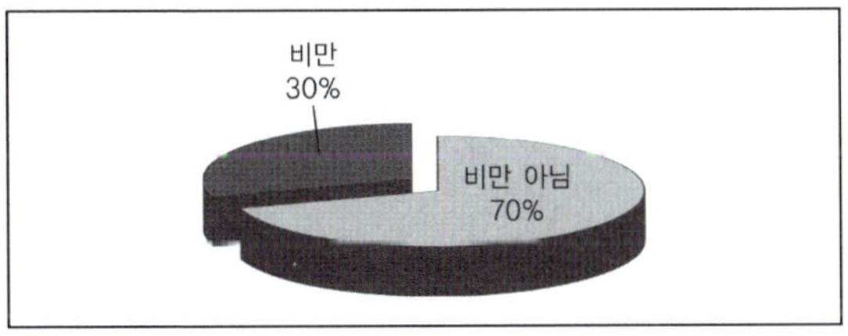

① 약 21%
② 약 30%
③ 약 37%
④ 약 53%
⑤ 약 70%

2014년 5급 PSAT 상황판단 A책형 4번

상황제시형 조건부확률

54 **다음 글을 근거로 판단할 때, [㉠]에 해당하는 값은? (단, 소수점 이하 반올림함)**

> 한 남자가 도심 거리에서 강도를 당했다. 그는 그 강도가 흑인이라고 주장했다. 그러나 사건을 담당한 재판부가 당시와 유사한 조건을 갖추고 현장을 재연했을 때, 피해자가 강도의 인종을 정확하게 인식한 비율이 80% 정도밖에 되지 않았다. 강도가 정말로 흑인일 확률은 얼마일까?
> 물론 많은 사람들이 그 확률은 80%라고 말할 것이다. 그러나 실제 확률은 이보다 상당히 낮을 수 있다. 인구가 1,000명인 도시를 예로 들어 생각해보자. 이 도시 인구의 90%는 백인이고 10%만이 흑인이다. 또한 강도짓을 할 가능성은 두 인종 모두 10%로 동일하며, 피해자가 백인을 흑인으로 잘못 보거나 흑인을 백인으로 잘못 볼 가능성은 20%로 똑같다고 가정한다. 이 같은 전제가 주어졌을 때, 실제 흑인강도 10명 가운데 ( )명만 정확히 흑인으로 인식될 수 있으며, 실제 백인강도 90명 중 ( )명은 흑인으로 오인된다. 따라서 흑인으로 인식된 ( )명 가운데 ( )명만이 흑인이므로, 피해자가 범인이 흑인이라는 진술을 했을 때 그가 실제로 흑인에게 강도를 당했을 확률은 겨우 ( )분의 ( ), 즉 약 [㉠]%에 불과하다.

① 18　② 21
③ 26　④ 31
⑤ 36

2022년 한국전력공사 NCS 직무능력검사 기출변형

상황제시형 시차

55 **A사원은 B과장과 함께 해외 지사로 출장을 가려고 한다. 행선지의 시간은 한국보다 7시간이 느리고, 비행시간은 9시간 30분이 소요된다. 해외 지사의 현지시각 7월 13일 오후 2시에 도착하는 비행기를 탈 때, 공항에 몇 시까지 도착해야 하는가? (단, 비행출발 2시간 전에는 탑승수속을 위해 공항에 도착해야 한다.)**

구분	출발날짜 및 시각	도착날짜 및 시각	비행시간
한국 → 해외 지사	7월 13일 / ? : ?	7월 13일 / 14:00	9시간 30분
해외 지사 → 한국	7월 17일 / 10:00	7월 18일 / 03:00	10시간

① 09:30　② 10:30
③ 11:30　④ 12:30
⑤ 13:30

2016년 5급 PSAT 상황판단 4책형 34번

조건 · 상황제시형 시간 · 요일 · 날짜

56 다음 글을 근거로 판단할 때, 2015년 9월 15일이 화요일이라면 2020년 이후 A국 ○○축제가 처음으로 18일 동안 개최되는 해는? (단, 모든 날짜는 양력 기준이다.)

> 1년의 개념은 지구가 태양을 한 바퀴 도는 데에 걸리는 시간으로, 그 시간은 정확히 365일이 아니다. 실제 그 시간은 365일보다 조금 긴 약 365.2422일이다. 따라서 다음과 같은 규칙을 순서대로 적용하여 1년이 366일인 윤년을 정한다.
> 규칙 1: 연도가 4로 나누어떨어지는 해는 윤년으로 한다. (2004년, 2008년, …)
> 규칙 2: '규칙 1'의 연도 중에서 100으로 나누어떨어지는 해는 평년으로 한다. (2100년, 2200년, 2300년, …)
> 규칙 3: '규칙 2'의 연도 중에서 400으로 나누어떨어지는 해는 윤년으로 한다. (1600년, 2000년, 2400년, …)

※ 평년: 윤년이 아닌, 1년이 365일인 해

> A국 ○○축제는 매년 9월 15일이 지나고 돌아오는 첫 번째 토요일에 시작하여 10월 첫 번째 일요일에 끝나는 일정으로 개최한다. 다만 10월 1일 또는 2일이 일요일인 경우, 축제를 A국 국경일인 10월 3일까지 연장한다. 따라서 축제는 최단 16일에서 최장 18일 동안 열린다.

① 2021년 ② 2022년
③ 2023년 ④ 2025년
⑤ 2026년

2015년 5급 PSAT 자료해석 재책형 36번

가중평균

57 다음 〈표〉는 군별, 연도별 A소총의 신규 배치량에 관한 자료이다. 이에 대한 〈보기〉의 설명 중 옳은 것만을 모두 고르면?

〈표〉 군별, 연도별 A소총의 신규 배치량

(단위: 정)

군 \ 연도	2011	2012	2013	2014
육군	3,000	2,450	2,000	0
해군	600	520	450	450
공군	0	30	350	150
전체	3,600	3,000	2,800	600

〈보기〉

ㄱ. 2011~2014년 육군의 A소총 신규 배치량이 매년 600정 더 많다면, 해당기간 육・해・공군 전체의 A소총 연평균 신규 배치량은 3,100정이다.
ㄴ. 연도별 육・해・공군 전체의 A소총 신규 배치량 중 해군의 A소총 신규 배치량이 차지하는 비중이 가장 작은 해는 2011년이다.
ㄷ. A소총 1정당 육군은 590만 원, 해군은 560만 원, 공군은 640만 원으로 매입하여 배치했다면, 육・해・공군 전체의 A소총 1정당 매입가격은 2011년이 2014년보다 낮다.

① ㄱ ② ㄴ
③ ㄱ, ㄴ ④ ㄱ, ㄷ
⑤ ㄴ, ㄷ

2005년 5급 PSAT 자료해석 5책형 20번

차잇값

58 **어느 회사에서 신입 사원의 월급은 〈보기〉와 같이 계산된다. 이 회사에 신입 사원 '갑'과 '을'이 입사하였다. '갑'은 군필자로 '을'보다 업무경력이 2년 많고 '을'은 군미필자로 '갑'보다 교육연수가 4년 많다. 이 경우 '갑'과 '을' 중 누가 얼마나 더 많은 월급을 받겠는가?**

보기

월급(단위: 만 원) $= 120 + 5.3 \times M + 2.2 \times E + 6 \times W$

M: 군필자일 경우 1, 군미필자일 경우 0의 값을 가짐

E: 교육연수(단위: 년)

W: 업무경력(단위: 년)

① 갑, 21,000원 ② 갑, 85,000원

③ 갑, 131,000원 ④ 을, 25,000원

⑤ 을, 143,000원

2011년 5급 PSAT 자료해석 인책형 37번

논리게임형

59 **다음 〈그림〉은 다양한 직급의 구성원으로 이루어진 어느 회사의 개인 간 관계를 도식화한 것이며, '관계 차별성'은 〈정의〉와 같이 규정된다. 아래 직급의 조합 중, A와 C의 관계 차별성과 B와 D의 관계 차별성이 같은 것은?**

〈그림〉

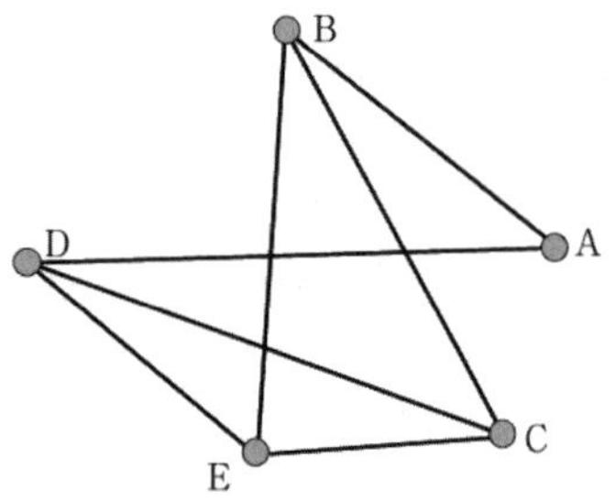

※ 점 A~E는 개인을 나타내며, 하나의 직선은 하나의 직접적인 관계를 의미함

정의

• 관계 차별성: 두 개인이 공통적으로 직접적인 관계를 맺고 있는 사람(들)의 직급 종류 수

– 예를 들어, P, Q, R, S 4명으로 구성된 조직의 개인 간 관계가 다음과 같을 때, P와 Q의 관계 차별성은 1임

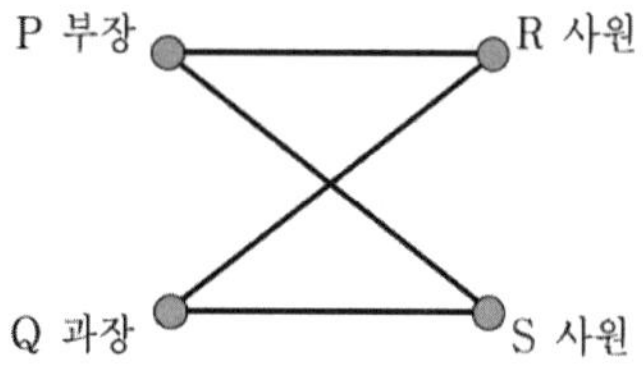

	A	B	C	D	E
①	부장	차장	사원	사원	과장
②	과장	과장	차장	부장	부장
③	과장	사원	부장	사원	과장
④	사원	과장	부장	과장	차장
⑤	사원	과장	과장	차장	사원

2009년 5급 PSAT 자료해석 가책형 22번

최적화

60 **다음 표와 그림은 연필 생산 공장의 입지 결정을 위한 자료이다. 이 자료를 이용하여 총 운송비를 최소로 할 수 있는 연필공장의 입지 지점을 고르면?**

〈표〉 연필 생산을 위한 원재료량과 공급에 필요한 운송비

구분	나무	흑연	연필
연필 1톤 생산에 필요한 양(톤)	3	2	–
1톤당 운송비(천 원/km×톤)	2	5	2

〈그림〉 공장입지 후보지 간 거리

(단위: km)

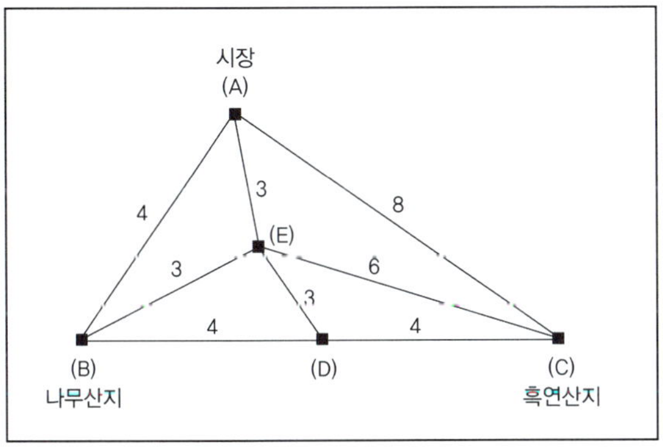

※ 1) 연필을 만드는 데는 나무와 흑연이 모두 필요함
2) 원재료 운송비는 산지에서 공장으로 공급하는 운송비만을 고려함
3) 최종제품인 연필의 운송비는 공장에서 시장으로 공급하는 운송비만을 고려함
4) 총 운송비 = 원재료 운송비 + 연필 운송비

① A ② B
③ C ④ D
⑤ E

2009년 5급 PSAT 자료해석 위책형 11번

최소교집합

61 **다음 〈표〉는 조선시대 함평 현감의 재임기간 및 출신에 대한 자료이다. 이에 대한 설명으로 옳지 않은 것은?**

〈표 1〉 함평 현감의 재임기간별 인원

(단위: 명)

재임기간	인원
1개월 미만	2
1개월 이상~3개월 미만	8
3개월 이상~6개월 미만	19
6개월 이상~1년 미만	50
1년 이상~1년 6개월 미만	30
1년 6개월 이상~2년 미만	21
2년 이상~3년 미만	22
3년 이상~4년 미만	14
4년 이상	5
계	171

〈표 2〉 함평 현감의 출신별 인원

(단위: 명)

구분	문과	무과	음사(陰仕)	합
인원	84	50	37	171

① 함평 현감 중 재임기간이 1년 미만인 현감의 비율은 전체의 50% 이하이다.
② 재임기간이 6개월 이상인 함평 현감 중에는 문과 출신자가 가장 많다.
③ 함평 현감의 출신별 통계를 보면 음사 출신자는 전체의 20%를 초과한다.
④ 재임기간이 3년 미만인 함평 현감 중에는 음사 출신자가 반드시 있다.
⑤ 재임기간이 1년 6개월 미만인 함평 현감 중 적어도 24명 이상이 문과 출신이다.

박민제 PSAT

Essential 7.5

PART

02

PSAT Essential + α

정답 및 해설 p.188

2020년 7급 PSAT 모의평가 상황판단 2번

규정 · 규칙형 내용 추론

01 다음 글을 근거로 판단할 때 옳은 것은?

제○○조(진흥기금의 징수) ① 영화위원회(이하 "위원회"라 한다)는 영화의 발전 및 영화·비디오물산업의 진흥을 위하여 영화상영관에 입장하는 관람객에 대하여 입장권 가액의 100분의 5의 진흥기금을 징수한다. 다만, 직전 연도에 제△△조 제1호에 해당하는 영화를 연간 상영일수의 100분의 60 이상 상영한 영화상영관에 입장하는 관람객에 대해서는 그러하지 아니하다.
② 영화상영관 경영자는 관람객으로부터 제1항의 규정에 따른 진흥기금을 매월 말일까지 징수하여 해당 금액을 다음 달 20일까지 위원회에 납부하여야 한다.
③ 위원회는 영화상영관 경영자가 제2항에 따라 관람객으로부터 수납한 진흥기금을 납부기한까지 납부하지 아니하였을 때에는 체납된 금액의 100분의 3에 해당하는 금액을 가산금으로 부과한다.
④ 위원회는 제2항에 따른 진흥기금 수납에 대한 위탁 수수료를 영화상영관 경영자에게 지급한다. 이 경우 수수료는 제1항에 따른 진흥기금 징수액의 100분의 3을 초과할 수 없다.

제△△조(전용상영관에 대한 지원) 위원회는 청소년 관객의 보호와 영화예술의 확산 등을 위하여 다음 각 호의 어느 하나에 해당하는 영화를 연간 상영일수의 100분의 60 이상 상영하는 영화상영관을 지원할 수 있다.
1. 애니메이션영화·단편영화·예술영화·독립영화
2. 제1호에 해당하지 않는 청소년관람가영화
3. 제1호 및 제2호에 해당하지 않는 국내영화

① 영화상영관 A에서 직전 연도에 연간 상영일수의 100분의 60 이상 청소년관람가 애니메이션영화를 상영한 경우 진흥기금을 징수한다.
② 영화상영관 경영자 B가 8월분 진흥기금 60만 원을 같은 해 9월 18일에 납부하는 경우, 가산금을 포함하여 총 61만 8천 원을 납부하여야 한다.
③ 관람객 C가 입장권 가액과 그 진흥기금을 합하여 영화상영관에 지불하는 금액이 12,000원이라고 할 때, 지불 금액 중 진흥기금은 600원이다.
④ 연간 상영일수가 매년 200일인 영화상영관 D에서 직전 연도에 단편영화를 40일, 독립영화를 60일 상영했다면 진흥기금을 징수하지 않는다.
⑤ 영화상영관 경영자 E가 7월분 진흥기금과 그 가산금을 합한 금액인 103만 원을 같은 해 8월 30일에 납부한 경우, 위원회는 E에게 최대 3만 원의 수수료를 지급할 수 있다.

2020년 7급 PSAT 모의평가 상황판단 5번

규정 · 규칙형 | 내용 추론

02 다음 글과 〈상황〉을 근거로 판단할 때, 〈보기〉에서 옳은 것만을 모두 고르면?

제00조 ① "주택담보노후연금보증"이란 주택소유자가 주택에 저당권을 설정하고 금융기관으로부터 제2항에서 정하는 연금 방식으로 노후생활자금을 대출(이하 "주택담보노후연금대출"이라 한다) 받음으로써 부담하는 금전채무를 주택금융공사가 보증하는 행위를 말한다. 이 경우 주택소유자 또는 주택소유자의 배우자는 60세 이상이어야 한다.
② 제1항의 연금 방식이란 다음 각 호의 어느 하나에 해당하는 방식을 말한다.
1. 주택소유자가 생존해 있는 동안 노후생활자금을 매월 지급받는 방식
2. 주택소유자가 선택하는 일정한 기간 동안 노후생활자금을 매월 지급받는 방식
3. 제1호 또는 제2호의 어느 하나의 방식과, 주택소유자가 다음 각 목의 어느 하나의 용도로 사용하기 위하여 일정한 금액(단, 주택담보노후연금대출 한도의 100분의 50 이내의 금액으로 한다)을 지급받는 방식을 결합한 방식
   가. 해당 주택을 담보로 대출받은 금액 중 잔액을 상환하는 용도
   나. 해당 주택의 임차인에게 임대차보증금을 반환하는 용도

〈상황〉

A주택의 소유자 甲(61세)은 A주택에 저당권을 설정하여 주택담보노후연금보증을 통해 노후생활자금을 대출받고자 한다. 甲의 A주택에 대한 주택담보노후연금대출 한도액은 3억 원이다.

〈보기〉

ㄱ. 甲은 A주택의 임차인에게 임대차보증금을 반환하는 용도로 1억 원을 지급받고, 생존해 있는 동안 노후생활자금을 매월 지급받을 수 있다.
ㄴ. 甲의 배우자의 연령이 60세 이상이어야 주택담보노후연금보증을 통해 노후생활자금을 대출받을 수 있다.
ㄷ. 甲은 A주택을 담보로 대출받은 금액 중 잔액을 상환하는 용도로 1억 5천만 원을 지급받고, 향후 10년간 노후생활자금을 매월 지급받을 수 있다.

① ㄱ
② ㄴ
③ ㄱ, ㄷ
④ ㄴ, ㄷ
⑤ ㄱ, ㄴ, ㄷ

2020년 7급 PSAT 모의평가 상황판단 7번

조건 · 상황제시형 스케쥴표

03 다음 글과 〈상황〉을 근거로 판단할 때, 甲~丁 가운데 근무계획이 승인될 수 있는 사람만을 모두 고르면?

〈유연근무제〉

□ 개념

주 40시간을 근무하되, 근무시간을 유연하게 관리하여 1주일에 5일 이하로 근무하는 제도

□ 복무관리

• 점심 및 저녁시간 운영
  - 근무 시작과 종료 시각에 관계없이 점심시간은 12:00~13:00, 저녁시간은 18:00~19:00의 각 1시간으로 하고 근무시간으로는 산정하지 않음
• 근무시간 제약
  - 근무일의 경우, 1일 최대 근무시간은 12시간으로 하고 최소 근무시간은 4시간으로 함
  - 하루 중 근무시간으로 인정하는 시간대는 06:00~24:00로 한정함

〈상황〉

다음은 甲~丁이 제출한 근무계획을 정리한 것이며 위의 <유연근무제>에 부합하는 근무계획만 승인된다.

요일 직원	월	화	수	목	금
甲	08:00 ~ 18:00	08:00 ~ 18:00	09:00 ~ 13:00	08:00 ~ 18:00	08:00 ~ 18:00
乙	08:00 ~ 22:00	08:00 ~ 22:00	–	08:00 ~ 22:00	08:00 ~ 12:00
丙	08:00 ~ 24:00	08:00 ~ 24:00	–	08:00 ~ 22:00	–
丁	06:00 ~ 16:00	08:00 ~ 22:00	–	09:00 ~ 21:00	09:00 ~ 18:00

① 乙　　② 甲, 丙
③ 甲, 丁　　④ 乙, 丙
⑤ 乙, 丁

2020년 7급 PSAT 모의평가 상황판단 8번

상황제시형 배수관계

04 다음 글을 근거로 판단할 때, ㉠과 ㉡에 들어갈 수를 옳게 짝지은 것은?

올림픽은 원칙적으로 4년에 한 번씩 개최되는 세계 최대 규모의 스포츠 대회이다. 제1회 하계 올림픽은 1896년 그리스 아테네에서, 제1회 동계 올림픽은 1924년 프랑스 샤모니에서 개최되었다. 그런데 두 대회의 차수(次數)를 계산하는 방식은 서로 다르다.

올림픽 사이의 기간인 4년을 올림피아드(Olympiad)라 부르는데, 하계 올림픽의 차수는 올림피아드를 기준으로 계산한다. 이전 대회부터 하나의 올림피아드만큼 시간이 흐르면 올림픽 대회 차수가 하나씩 올라가게 된다. 대회가 개최되지 못해도 올림피아드가 사라지는 것은 아니기 때문에 대회 차수에는 영향을 미치지 않는다. 실제로 하계 올림픽은 제1·2차 세계대전으로 세 차례(1916년, 1940년, 1944년) 개최되지 못하였는데, 1912년 제5회 스톡홀름 올림픽 다음으로 1920년에 벨기에 안트베르펜에서 개최된 올림픽은 제7회 대회였다. 마찬가지로 1936년 제11회 베를린 올림픽 다음으로 개최된 1948년 런던 올림픽은 제(㉠)회 대회였다. 반면에 동계 올림픽의 차수는 실제로 열린 대회만으로 정해진다. 동계 올림픽은 제2차 세계대전으로 두 차례(1940년, 1944년) 열리지 못하였는데, 1936년 제4회 동계 올림픽 다음 대회인 1948년 동계 올림픽은 제5회 대회였다. 이후 2020년 전까지 올림픽이 개최되지 않은 적은 없다.

1992년까지 동계·하계 올림픽은 같은 해 치러졌으나 그 이후로는 IOC 결정에 따라 분리되어 2년 격차로 개최되었다. 1994년 노르웨이 릴레함메르에서 열린 동계 올림픽 대회는 이 결정에 따라 처음으로 하계 올림픽에 2년 앞서 치러진 대회였다. 이를 기점으로 동계 올림픽은 지금까지 4년 주기로 빠짐없이 개최되고 있다.

대한민국은 1948년 런던 하계 올림픽에 처음 출전하여, 1976년 제21회 몬트리올 하계 올림픽과 1992년 제(㉡)회 알베르빌 동계 올림픽에서 각각 최초로 금메달을 획득하였다.

	㉠	㉡
①	12	16
②	12	21
③	14	16
④	14	19
⑤	14	21

2020년 7급 PSAT 모의평가 상황판단 9번

독해 내용 추론

05 다음 글을 근거로 판단할 때, 〈보기〉에서 옳은 것만을 모두 고르면?

기상예보는 일기예보와 기상특보로 구분할 수 있다. 일기예보는 단기예보, 중기예보, 장기예보 등 시간에 따른 것이고, 기상특보는 주의보, 경보 등 기상현상의 정도에 따른 것이다.

일기예보 중 가장 짧은 기간을 예보하는 단기예보는 3시간 예보와 일일예보로 나뉜다. 3시간 예보는 오늘과 내일의 날씨를 예보하며, 매일 0시 발표부터 시작하여 3시간 간격으로 1일 8회 발표한다. 일일예보는 오늘과 내일, 모레의 날씨를 1일 단위(0시~24시)로 예보하며 매일 5시, 11시, 17시, 23시에 발표한다. 다음으로 중기예보에는 주간예보와 1개월 예보가 있다. 주간예보는 일일예보를 포함하여 일일예보가 예보한 기간의 다음날부터 5일간의 날씨를 추가로 예보하며 매일 발표한다. 1개월 예보는 앞으로 한 달간의 기상전망을 발표한다. 마지막으로 장기예보는 계절예보로서 봄, 여름, 가을, 겨울의 각 계절별 기상전망을 발표한다.

기상특보는 주의보와 경보로 나뉜다. 주의보는 재해가 일어날 가능성이 있는 경우에, 경보는 중대한 재해가 예상될 때 발표하는 것이다. 주의보가 발표된 후 기상현상의 경과가 악화된다면 경보로 승격 발표되기도 한다. 또한 기상특보의 기준은 지역마다 다를 수도 있다. 대설주의보의 예보 기준은 24시간 신(新)적설량이 대도시일 때 5cm 이상, 일반지역일 때 10cm 이상, 울릉도일 때 20cm 이상이다. 대설경보의 예보 기준은 24시간 신적설량이 대도시일 때 20cm 이상, 일반지역일 때 30cm 이상, 울릉도일 때 50cm 이상이다.

상황

ㄱ. 월요일에 발표되는 주간예보에는 그 다음 주 월요일의 날씨가 포함된다.
ㄴ. 일일예보의 발표 시각과 3시간 예보의 발표 시각은 겹치지 않는다.
ㄷ. 오늘 23시에 발표된 일일예보는 오늘 5시에 발표된 일일예보보다 18시간 더 먼 미래의 날씨까지 예보한다.
ㄹ. 대도시 A의 대설경보 예보 기준은 울릉도의 대설주의보 예보 기준과 같다.

① ㄱ, ㄴ ② ㄱ, ㄷ ③ ㄷ, ㄹ
④ ㄱ, ㄴ, ㄹ ⑤ ㄴ, ㄷ, ㄹ

정답 및 해설 p.193

2020년 7급 PSAT 모의평가 상황판단 12번

조건제시형 최적안 선정

06 다음 글을 근거로 판단할 때, 〈보기〉에서 옳은 것만을 모두 고르면?

- 甲국은 매년 X를 100톤 수입한다. 甲국이 X를 수입할 수 있는 국가는 A국, B국, C국 3개국이며, 甲국은 이 중 한 국가로부터 X를 전량 수입한다.
- X의 거래조건은 다음과 같다.

국가	1톤당 단가	관세율	1톤당 물류비
A국	12달러	0%	3달러
B국	10달러	50%	5달러
C국	20달러	20%	1달러

- 1톤당 수입비용은 다음과 같다.
  1톤당 수입비용 = 1톤당 단가 + (1톤당 단가 × 관세율) + 1톤당 물류비
- 특정 국가와 FTA를 체결하면 그 국가에서 수입하는 X에 대한 관세율이 0%가 된다.
- 甲국은 지금까지 FTA를 체결한 A국으로부터만 X를 수입했다. 그러나 최근 A국으로부터 X의 수입이 일시 중단되었다.

보기

ㄱ. 甲국이 B국과도 FTA를 체결한다면, 기존에 A국에서 수입하던 것과 동일한 비용으로 X를 수입할 수 있다.

ㄴ. C국이 A국과 동일한 1톤당 단가를 제시하였다면, 甲국은 기존에 A국에서 수입하던 것보다 저렴한 비용으로 C국으로부터 X를 수입할 수 있다.

ㄷ. A국으로부터 X의 수입이 다시 가능해졌으나 1톤당 6달러의 보험료가 A국으로부터의 수입비용에 추가된다면, 甲국은 A국보다 B국에서 X를 수입하는 것이 수입비용 측면에서 더 유리하다.

① ㄱ　② ㄴ　③ ㄷ　④ ㄱ, ㄴ　⑤ ㄱ, ㄷ

2020년 7급 PSAT 모의평가 상황판단 15번

조건제시형 최적안 선정

07 다음 글을 근거로 판단할 때, 甲과 인사교류를 할 수 있는 사람만을 모두 고르면?

- 甲은 인사교류를 통해 ○○기관에서 타 기관으로 전출하고자 한다. 인사교류란 동일 직급 간 신청자끼리 1 : 1로 교류하는 제도로서, 각 신청자가 속한 두 기관의 교류 승인 조건을 모두 충족해야 한다.
- 기관별로 교류를 승인하는 조건은 다음과 같다.
  ○○기관: 신청자 간 현직급임용년월은 3년 이상 차이 나지 않고, 연령은 7세 이상 차이 나지 않는 경우
  □□기관: 신청자 간 최초임용년월은 5년 이상 차이 나지 않고, 연령은 3세 이상 차이나지 않는 경우
  △△기관: 신청자 간 최초임용년월은 2년 이상 차이 나지 않고, 연령은 5세 이상 차이 나지 않는 경우
- 甲(32세)의 최초임용년월과 현직급임용년월은 2015년 9월로 동일하다.
- 甲과 동일 직급인 인사교류 신청자(A~E)의 인사 정보는 다음과 같다.

신청자	연령(세)	현 소속 기관	최초임용 년월	현직급 임용년월
A	30	□□	2016년 5월	2019년 5월
B	37	□□	2009년 12월	2017년 3월
C	32	□□	2015년 12월	2015년 12월
D	31	△△	2014년 1월	2014년 1월
E	35	△△	2017년 10월	2017년 10월

① A, B　② B, E　③ C, D　④ A, B, D　⑤ C, D, E

2020년 7급 PSAT 모의평가 상황판단 17번

조건 · 상황제시형 최적안 도출

08 다음 글과 〈상황〉을 근거로 판단할 때, 2021년 포획 · 채취 금지 고시의 대상이 되는 수산자원은?

매년 A~H 지역에서 포획 · 채취 금지가 고시되는 수산자원은 아래 <기준>에 따른다.

〈기준〉

수산자원	금지기간	금지지역
대구	5월 1일 ~ 7월 31일	A, B
전어	9월 1일 ~ 12월 31일	E, F, G
꽃게	6월 1일 ~ 7월 31일	A, B, C
소라	3월 1일 ~ 5월 31일	E, F
	5월 1일 ~ 6월 30일	D, G
새조개	3월 1일 ~ 3월 31일	H

〈상황〉

정부는 경제상황을 고려해서 2021년에 한하여 다음 중 어느 하나에 해당하는 경우, <기준>에 따른 포획 · 채취 금지 고시의 대상에서 제외한다.

- 소비장려 수산자원: 전어
- 소비촉진 기간: 4월 1일~7월 31일
- 지역경제활성화 지역: C, D, E, F

① 대구　② 전어
③ 꽃게　④ 소라
⑤ 새조개

2020년 7급 PSAT 모의평가 상황판단 19번

조건제시형 최적안 선정

09 다음 글을 근거로 판단할 때, △△부가 2021년에 국가인증 농가로 선정할 곳만을 모두 고르면?

- △△부에서는 2021년 고품질 · 안전 농식품 생산을 선도하는 국가인증 농가를 3곳 선정하려고 한다. 선정 기준은 다음과 같다.
  - 친환경인증을 받으면 30점, 전통식품인증을 받으면 40점을 부여한다. 단, 두 인증을 모두 받은 경우 전통식품인증 점수만을 인정한다.
  - (나)와 (다) 지역 농가에는 친환경인증 또는 전통식품인증 유무에 의한 점수와 도농교류 활성화 점수 합의 10%를 가산점으로 부여한다.
  - 친환경인증 또는 전통식품인증 유무에 의한 점수, 도농교류 활성화 점수, 가산점을 합산하여 점수가 높은 순으로 선정한다.
  - 도농교류 활성화 점수가 50점 미만인 농가는 선정하지 않는다.
  - 동일 지역의 농가를 2곳 이상 선정할 수 없다.
- 2021년 선정후보 농가(A~F) 현황은 다음과 같다.

농가	친환경 인증 유무	전통식품 인증 유무	도농교류 활성화 점수	지역
A	○	○	80	(가)
B	×	○	60	(가)
C	×	○	55	(나)
D	○	○	40	(다)
E	○	×	75	(라)
F	○	○	70	(라)

① A, C, F　② A, D, E
③ A, E, F　④ B, C, E
⑤ B, D, F

정답 및 해설 p.196

2020년 7급 PSAT 모의평가 상황판단 20번

조건제시형 최적안 선정

10 다음 글을 근거로 판단할 때, 〈보기〉에서 옳은 것만을 모두 고르면?

- 甲주무관은 A법률 개정안으로 (가), (나), (다) 총 세 가지를 준비하고 있다.
- 이해관계자, 관계부처, 입법부의 수용가능성 및 국정과제 관련도의 4개 평가항목에 따라 평가점수를 부여하고 평가점수 총합이 가장 높은 개정안을 채택한다. 단, 다음의 사항을 고려한다.
  - 평가점수 총합이 동일한 경우, 국정과제 관련도 점수가 가장 높은 개정안을 채택한다.
  - 개정안의 개별 평가항목 점수 중 어느 하나라도 2점 미만인 경우, 해당 개정안은 채택하지 않는다.
- 수용가능성 평가점수를 높일 수 있는 추가 절차는 아래와 같다. 단, 각 절차는 개정안마다 최대 2회 진행할 수 있다.
  - 이해관계자 수용가능성: 관계자간담회 1회당 1점 추가
  - 관계부처 수용가능성: 부처간회의 1회당 2점 추가
  - 입법부 수용가능성: 국회설명회 1회당 0.5점 추가
- 수용가능성 평가항목별 점수를 높일 수 있는 추가 절차를 진행하지 않은 상태에서 개정안별 평가점수는 아래와 같다.

〈A법률 개정안 평가점수〉

개정안	수용가능성			국정과제 관련도	총합
	이해관계자	관계부처	입법부		
(가)	5	3	1	4	13
(나)	3	4	3	3	13
(다)	4	3	3	2	12

보기

ㄱ. 추가 절차를 진행하지 않는 경우, (나)가 채택된다.
ㄴ. 3개 개정안 모두를 대상으로 입법부 수용가능성을 높이는 절차를 최대한 진행하는 경우, (가)가 채택된다.
ㄷ. (나)에 대한 부처간회의를 1회 진행하고 (다)에 대한 관계자간담회를 2회 진행하는 경우, (다)가 채택된다.

① ㄱ ② ㄷ ③ ㄱ, ㄴ
④ ㄴ, ㄷ ⑤ ㄱ, ㄴ, ㄷ

2020년 7급 PSAT 모의평가 상황판단 21번

조건제시형 점수산정

11 다음 글을 근거로 판단할 때, 〈보기〉에서 옳은 것만을 모두 고르면?

- △△부는 적극행정 UCC 공모전에 참가한 甲~戊의 영상을 심사한다.
- 총 점수는 UCC 조회수 등급에 따른 점수와 심사위원 평가점수의 합이고, 총 점수가 높은 순위에 따라 3위까지 수상한다.
- UCC 조회수 등급에 따른 점수는 조회수에 따라 5등급(A, B, C, D, E)으로 나누어 부여된다. 최상위 A를 10점으로 하며 인접 등급 간의 점수 차이는 0.3점이다.
- 심사위원 평가점수는 심사위원 (가)~(마)가 각각 부여한 점수(1~10의 자연수)에서 최고점 및 최저점을 제외한 3개 점수의 평균으로 계산한다. 이때 최고점이 복수인 경우에는 그중 한 점수만 제외하여 계산한다. 최저점이 복수인 경우에도 이와 동일하다.
- 심사 결과는 다음과 같다.

참가자	조회수 등급	심사위원별 평가점수				
		(가)	(나)	(다)	(라)	(마)
甲	B	9	(㉠)	7	8	7
乙	B	9	8	7	7	7
丙	A	8	7	(㉡)	10	5
丁	B	5	6	7	7	7
戊	C	6	10	10	7	7

보기

ㄱ. ㉠이 5점이라면 乙의 총 점수가 甲의 총 점수보다 높다.
ㄴ. 丁은 ㉠과 ㉡에 상관없이 수상하지 못한다.
ㄷ. 戊는 조회수 등급을 D로 받았더라도 수상한다.
ㄹ. ㉠ > ㉡이면 甲의 총 점수가 丙의 총 점수보다 높다.

① ㄱ, ㄴ ② ㄱ, ㄷ
③ ㄴ, ㄷ ④ ㄴ, ㄹ
⑤ ㄷ, ㄹ

2020년 7급 PSAT 모의평가 자료해석 4번

자료확인

12 다음 〈표〉는 2015~2019년 A~D 지역의 해양수질, 해조류 군집 및 해양 저서동물 출현종수에 관한 자료이다. 이에 대한 설명으로 옳지 않은 것은?

〈표 1〉 A~D 지역의 해양수질

(단위: mg/L)

측정항목	지역 \ 연도	2015	2016	2017	2018	2019
용존 산소량 (DO)	A	8.22	8.13	7.95	8.40	7.60
	B	8.18	8.23	8.12	8.60	8.10
	C	10.20	8.06	8.73	8.10	8.50
	D	7.51	6.97	7.39	8.43	8.35
화학적 산소 요구량 (COD)	A	1.73	1.38	1.19	1.54	1.34
	B	1.38	1.40	1.26	1.47	1.54
	C	2.35	2.29	1.71	1.59	1.69
	D	0.96	0.82	0.70	1.30	1.59
총질소 (Total-N)	A	0.16	0.14	0.16	0.15	0.12
	B	0.16	0.13	0.20	0.15	0.12
	C	0.45	0.51	0.68	0.11	0.08
	D	0.20	0.06	0.05	0.57	0.07

※ 해양수질 등급은 아래 기준으로 판정함
- 1등급은 DO가 7.50mg/L 이상이고 COD는 1.00mg/L 이하이며 Total-N이 0.30mg/L 이하인 경우임
- 2등급은 1등급에 해당하지 않으면서 DO가 2.00mg/L 이상이고 COD는 2.00mg/L 이하이며 Total-N이 0.60 mg/L 이하인 경우임
- 등급 외는 1, 2등급에 해당하지 않는 경우임

〈표 2〉 A~D 지역의 해조류 군집 및 해양 저서동물 출현종수

(단위: 개)

항목	지역 \ 연도	2015	2016	2017	2018	2019
해조류 군집 출현종수	A	108	77	46	48	48
	B	102	77	49	49	52
	C	26	27	28	29	27
	D	102	136	199	86	87
해양 저서동물 출현종수	A	147	79	126	134	153
	B	90	73	128	142	141
	C	112	34	58	85	102
	D	175	351	343	303	304

① 2015~2019년 A와 B 지역의 총질소(Total-N)의 연간 증감방향은 매년 동일하다.

② 2016년 B 지역은 해조류 군집 출현종수의 전년 대비 증감률이 해양 저서동물 출현종수의 전년 대비 증감률보다 크다.

③ 2019년에는 해양 저서동물 출현종수가 가장 많은 지역이 총질소(Total-N)가 가장 낮다.

④ 2015년에 해양수질이 1등급인 지역은 D가 유일하다.

⑤ A와 C 지역의 해양수질은 2015년부터 2017년까지 2등급으로 일정하다.

2020년 7급 PSAT 모의평가 자료해석 10번

그래프 변환

13 다음 〈표〉는 2014~2018년 공공기관 신규채용 합격자 현황에 관한 자료이다. 이를 이용하여 작성한 그래프로 옳지 않은 것은?

〈표 1〉 공공기관 신규채용 합격자 현황

(단위: 명)

합격자 \ 연도	2014	2015	2016	2017	2018
전체	17,601	19,322	20,982	22,547	33,832
여성	7,502	7,664	8,720	9,918	15,530

〈표 2〉 공공기관 유형별 신규채용 합격자 현황

(단위: 명)

유형	합격자 \ 연도	2014	2015	2016	2017	2018
공기업	전체	4,937	5,823	5,991	6,805	9,070
	여성	1,068	1,180	1,190	1,646	2,087
준정부기관	전체	5,055	4,892	6,084	6,781	9,847
	여성	2,507	2,206	2,868	3,434	4,947
기타공공기관	전체	7,609	8,607	8,907	8,961	14,915
	여성	3,927	4,278	4,662	4,838	8,496

※ 공공기관은 공기업, 준정부기관, 기타공공기관으로만 구성됨

① 공공기관 유형별 신규채용 합격자 현황

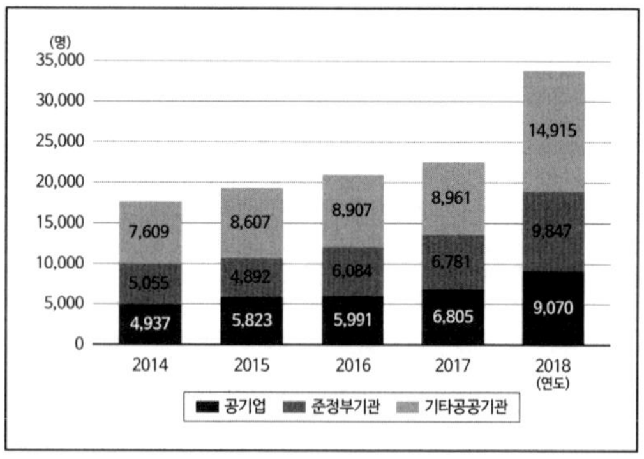

② 2016년 공공기관 유형별 신규채용 남성 합격자 현황

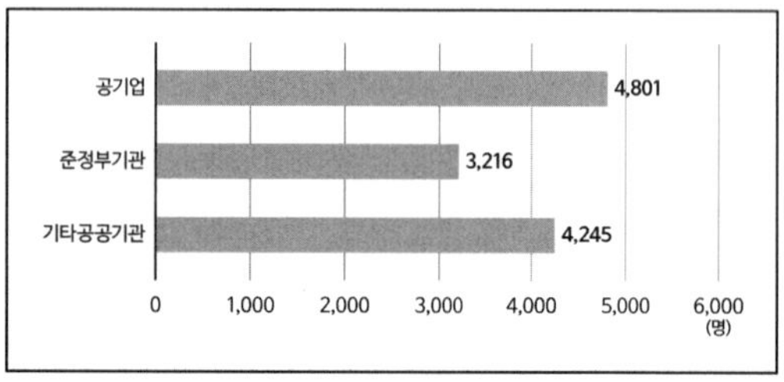

③ 공공기관 유형별 신규채용 합격자 중 여성 비중

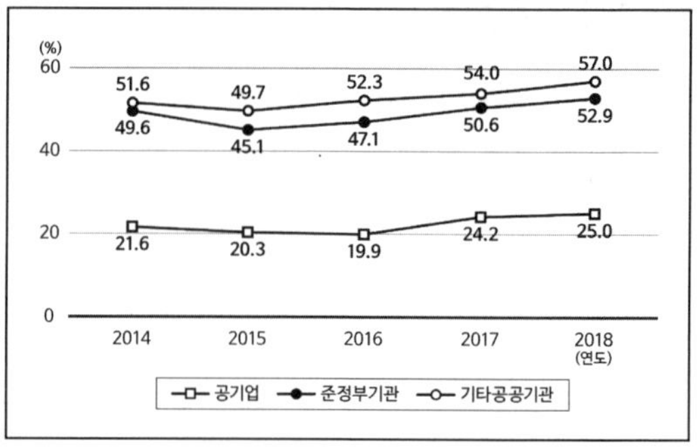

④ 공공기관 신규채용 합격자의 전년대비 증가율

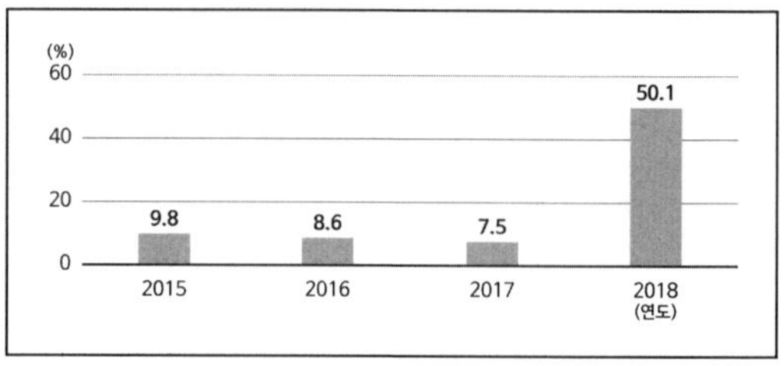

⑤ 2018년 공공기관 신규채용 합격자의 공공기관 유형별 구성비

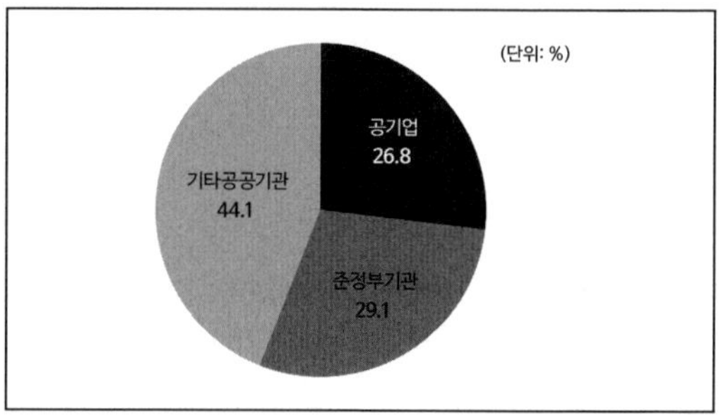

2020년 7급 PSAT 모의평가 자료해석 11번

매칭형

14 **다음 〈표〉는 2019년 기관 A~D 소속 퇴직예정공직자의 재취업을 위한 직무관련성 심사결과에 대한 자료이다. 〈표〉와 〈조건〉을 근거로 A~D에 해당하는 기관을 바르게 나열한 것은?**

〈표〉 직무관련성 심사결과

(단위: 건)

기관 \ 구분	관련있음	관련없음	각하	전체
A	8	33	4	45
B	17	77	3	97
C	99	350	59	508
D	0	9	0	9

조건

- 우주청의 전체 심사결과 중 '관련없음'의 비중은 혁신청의 전체 심사결과 중 '관련없음'의 비중보다 작다.
- 기관별 전체 심사결과 중 '관련없음'의 비중은 문화청이 가장 크다.
- '각하' 건수는 과학청이 혁신청보다 많다.
- '관련없음' 대비 '관련있음' 건수의 비는 과학청이 우주청보다 높다.

	A	B	C	D
①	과학청	문화청	혁신청	우주청
②	과학청	혁신청	우주청	문화청
③	문화청	혁신청	우주청	과학청
④	우주청	혁신청	과학청	문화청
⑤	혁신청	우주청	과학청	문화청

2020년 7급 PSAT 모의평가 자료해석 2번

평균

15 **다음 〈표〉는 2019년 10월 첫 주 '갑' 편의점의 간편식 A~F의 판매량에 관한 자료이다. 〈표〉와 〈조건〉을 이용하여 간편식 B, E의 판매량을 바르게 나열한 것은?**

〈표〉 간편식 A~F의 판매량

(단위: 개)

간편식	A	B	C	D	E	F	평균
판매량	95	( )	( )	( )	( )	43	70

조건

- A와 C의 판매량은 같다.
- B와 D의 판매량은 같다.
- E의 판매량은 D보다 23개 적다.

	B	E
①	70	47
②	70	57
③	83	47
④	83	60
⑤	85	62

정답 및 해설 p.202

2020년 7급 PSAT 모의평가 자료해석 12번

그래프 분석

16 다음 〈그림〉은 가구 A~L의 2020년 1월 주거비와 식비, 필수생활비에 관한 자료이다. 이에 대한 설명으로 옳은 것은?

〈그림 1〉 가구 A~L의 주거비와 식비

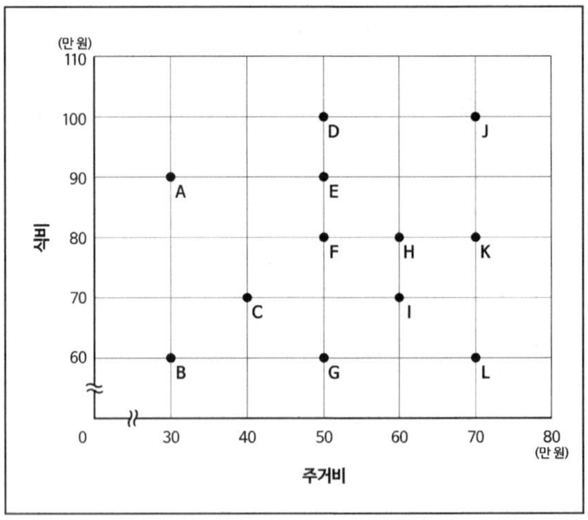

〈그림 2〉 가구 A~L의 식비와 필수생활비

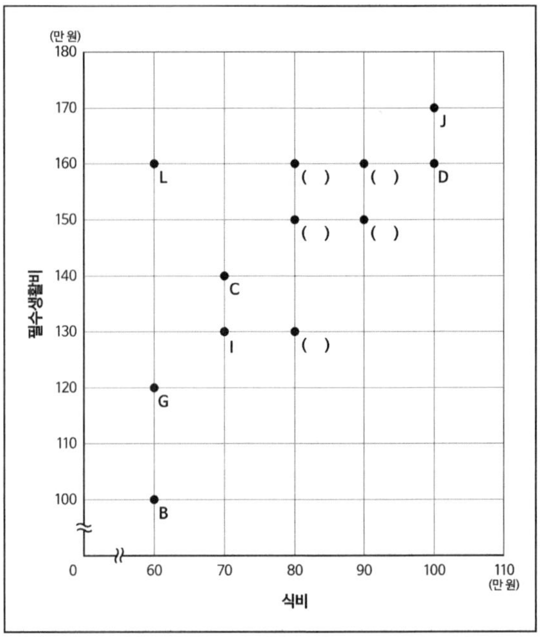

※ 필수생활비 = 주거비 + 식비 + 의복비

① 의복비는 가구 A가 가구 B보다 작다.

② 의복비가 0원인 가구는 1곳이다.

③ 주거비가 40만 원 이하인 가구의 의복비는 각각 10만 원 이상이다.

④ 식비 하위 3개 가구 의복비의 합은 60만 원 이상이다.

⑤ 식비가 80만 원이면서 필수생활비가 130만 원인 가구는 K이다.

2020년 7급 PSAT 모의평가 자료해석 14번

자료확인

17 **다음 〈표〉는 '갑'국의 2020년 3월 1~15일 기상상황과 드론 비행 및 촬영 허가신청 결과에 관한 자료이다. 〈표〉와 〈조건〉에 근거한 〈보기〉의 설명으로 옳은 것만을 모두 고르면?**

〈표〉 기상상황과 드론 비행 및 촬영 허가신청 결과

구분 / 항목 / 날짜	기상상황			허가신청 결과	
	지자기지수	풍속(m/s)	날씨	비행	촬영
3월 1일	1	3	🌧	불허	불허
3월 2일	2	2	☼	불허	불허
3월 3일	3	3	☁	허가	허가
3월 4일	4	1	🌧	허가	허가
3월 5일	5	7	☁	허가	허가
3월 6일	5	12	☁	허가	허가
3월 7일	5	5	☼	허가	허가
3월 8일	4	3	☼	허가	허가
3월 9일	6	6	☼	허가	허가
3월 10일	3	4	☁	허가	불허
3월 11일	4	3	☁	허가	불허
3월 12일	2	2	☼	허가	허가
3월 13일	2	13	☼	허가	허가
3월 14일	3	5	🌧	허가	허가
3월 15일	1	3	☼	허가	허가

〈조건〉

• 기상상황 항목별 드론 비행 및 촬영 기준

구분 / 항목	비행	촬영
지자기지수	5 미만	10 미만
풍속(m/s)	10 미만	5 미만
날씨	☼ 또는 ☁	☼ 또는 ☁

• 기상상황 항목별 비행 기준을 모두 충족하고 비행 허가신청 결과가 '허가'일 때, 비행에 적합함

• 기상상황 항목별 촬영 기준을 모두 충족하고 촬영 허가신청 결과가 '허가'일 때, 촬영에 적합함

• 기상상황 항목별 비행 및 촬영 기준을 모두 충족하고 비행 및 촬영 허가신청 결과가 모두 '허가'일 때, 항공촬영에 적합함

〈보기〉

ㄱ. 비행에 적합한 날은 총 6일이다.

ㄴ. 촬영에 적합한 날은 총 5일이다.

ㄷ. 항공촬영에 적합한 날은 총 4일이다.

① ㄱ
② ㄷ
③ ㄱ, ㄴ
④ ㄱ, ㄷ
⑤ ㄴ, ㄷ

2020년 7급 PSAT 모의평가 자료해석 21번

기본연산

18 **다음 〈표〉는 2017년 부산항 해운항만산업 사업실적에 관한 자료이다. 이에 대한 〈보고서〉의 내용 중 업종 A~D에 해당하는 사업체 수의 합은?**

〈표〉 2017년 부산항 해운항만산업 사업실적

(단위: 억 원, 개)

업종 \ 구분	매출액	영업비용	영업이익	사업체 수
여객운송업	957	901	56	18
화물운송업	58,279	56,839	1,440	359
대리중개업	62,276	59,618	2,658	1,689
창고업	14,480	13,574	906	166
하역업	15,298	12,856	2,442	65
항만부대업	14,225	13,251	974	323
선용품공급업	58,329	54,858	3,471	1,413
수리업	8,275	7,493	782	478
전체	232,119	219,390	12,729	4,511

※ 영업이익률(%) $= \frac{\text{영업이익}}{\text{매출액}} \times 100$

보고서

2017년 부산항 해운항만산업 전체 매출액은 232,119억 원이다. 업종별로 보면, 매출액은 대리중개업이 가장 많고, 영업이익은 [A]이 가장 많다.

2017년 부산항 해운항만산업 전체의 영업이익률은 약 5.5%이다. [B]을 제외한 모든 업종이 10% 이하의 영업이익률을 기록하여 해운항만산업 고도화를 통한 부가가치 증대의 필요성을 보여준다.

2017년 부산항 해운항만산업 전체의 사업체당 매출액은 51억 원 이상이다. [C]은 사업체당 매출액이 부산항 해운항만산업 전체의 사업체당 매출액보다 적지만, 사업체당 영업이익이 3억 원을 초과한다. 반면, [D]은 부산항 해운항만산업 업종 중 사업체당 영업비용과 사업체당 매출액이 모두 가장 적다.

① 1,032
② 1,967
③ 2,232
④ 2,279
⑤ 3,333

2020년 7급 PSAT 모의평가 자료해석 22번

매칭형

19 **다음 〈표〉는 제품 A~E의 회수 시점의 평가 항목별 품질 상태를 나타낸 자료이다. 〈정보〉에 근거하여 재사용 또는 폐기까지의 측정 및 가공 작업에 소요되는 비용이 가장 적은 제품과 가장 많은 제품을 바르게 나열한 것은?**

〈표〉 제품 A~E의 회수 시점의 평가 항목별 품질 상태

제품 \ 평가 항목	오염도	강도	치수
A	12	11	12
B	6	8	8
C	5	11	7
D	5	3	8
E	10	9	12

정보

• 제품 품질 측정 및 가공 작업 공정

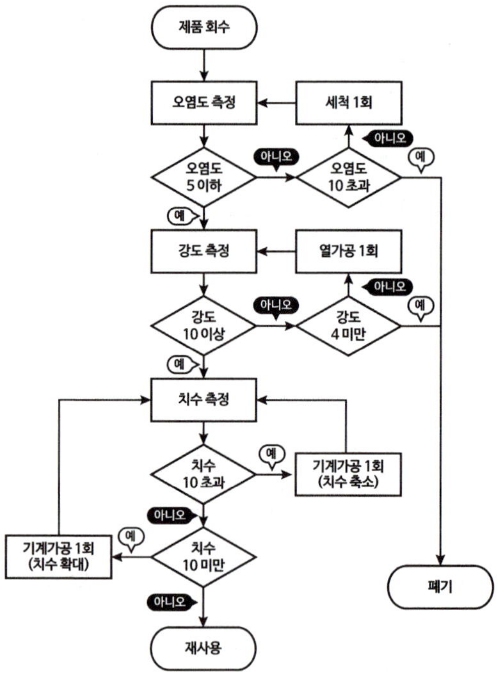

• 단위작업별 내용 및 1회당 비용

(단위: 천 원)

단위작업	내용		비용
측정 작업	오염도 측정		5
	강도 측정		10
	치수 측정		2
가공 작업	세척		5
	열가공		50
	기계가공	치수 확대	20
		치수 축소	10

※ 세척 1회 시 오염도 1 감소, 열가공 1회 시 강도 1 증가, 기계가공 1회 시 치수 1만큼 확대 또는 축소됨

	비용이 가장 적은 제품	비용이 가장 많은 제품
①	A	B
②	A	C
③	C	E
④	D	B
⑤	D	C

2020년 7급 PSAT 모의평가 자료해석 17번

평균 · 편차

20 **다음 〈표〉는 소프트웨어 경쟁력 종합점수 산출을 위한 영역별 가중치와 소프트웨어 경쟁력 종합순위 1~10위 국가의 영역별 순위 및 원점수에 관한 자료이다. 이에 대한 설명으로 옳지 않은 것은?**

〈표 1〉 소프트웨어 경쟁력 종합점수 산출을 위한 영역별 가중치

영역	환경	인력	혁신	성과	활용
가중치	0.15	0.20	0.25	0.15	0.25

〈표 2〉 소프트웨어 경쟁력 평가대상 국가 중 종합순위 1~10위 국가의 영역별 순위 및 원점수

(단위: 점)

종합순위	종합점수	국가	환경		인력		혁신		성과		활용	
			순위	원점수	순위	원점수	순위	원점수	순위	원점수	순위	원점수
1	72.41	미국	1	67.1	1	89.6	1	78.5	2	54.8	2	66.3
2	47.04	중국	28	20.9	8	35.4	2	66.9	18	11.3	1	73.6
3	41.48	일본	6	50.7	10	34.0	3	44.8	19	10.5	7	57.2
4	( )	호주	5	51.6	6	37.9	7	33.1	22	9.2	3	62.8
5	( )	캐나다	17	37.7	15	29.5	4	42.9	16	13.3	6	57.6
6	38.35	스웨덴	9	42.6	5	38.9	8	28.1	3	26.5	10	52.7
7	38.12	영국	12	40.9	3	46.3	12	20.3	6	23.3	8	56.6
8	( )	프랑스	11	41.9	2	53.6	11	22.5	15	13.8	11	49.3
9	( )	핀란드	10	42.5	14	30.5	10	22.6	4	24.9	4	59.4
10	( )	한국	2	62.9	19	27.5	5	41.5	25	6.7	21	41.1

※ 1) 점수가 높을수록 순위가 높음
2) 영역점수 = 영역 원점수 × 영역 가중치
3) 종합점수는 5개 영역점수의 합임

① 종합순위가 한국보다 낮은 국가 중에 '성과' 영역 원점수가 한국의 8배 이상인 국가가 있다.

② 종합순위 3~10위 국가의 종합점수 합은 320점 이하이다.

③ 소프트웨어 경쟁력 평가대상 국가는 28개국 이상이다.

④ 한국은 5개 영역점수 중 '혁신' 영역점수가 가장 높다.

⑤ 일본의 '활용' 영역 원점수가 중국의 '활용' 영역 원점수로 같아지면 국가별 종합순위는 바뀐다.

2020년 7급 PSAT 모의평가 자료해석 18번

가중평균

21 **다음 〈표〉는 2019년 주요 7개 지역(A~G)의 재해 피해 현황이다. 이에 대한 설명으로 옳지 않은 것은?**

〈표〉 2019년 주요 7개 지역의 재해 피해 현황

구분 지역	피해액 (천 원)	행정면적 (km^2)	인구 (명)	1인당 피해액(원)
전국	187,282,994	100,387	51,778,544	3,617
A	2,898,417	1,063	2,948,542	983
B	2,883,752	10,183	12,873,895	224
C	3,475,055	10,540	3,380,404	1,028
D	7,121,830	16,875	1,510,142	4,716
E	24,482,562	8,226	2,116,770	11,566
F	86,648,708	19,031	2,691,706	32,191
G	(　)	7,407	1,604,432	36,199

※ 피해밀도(원/km^2) = $\frac{\text{피해액}}{\text{행정면적}}$

① G지역의 피해액은 전국 피해액의 35% 이하이다.
② 주요 7개 지역을 합친 지역의 1인당 피해액은 나머지 전체 지역의 1인당 피해액보다 크다.
③ D지역과 F지역을 합친 지역의 1인당 피해액은 전국 1인당 피해액의 5배 이상이다.
④ 피해밀도는 A지역이 B지역의 9배 이상이다.
⑤ 주요 7개 지역 중 피해밀도가 가장 낮은 지역은 D지역이다.

2020년 7급 PSAT 모의평가 언어논리 5번

독해 일치 · 불일치 · 부합

22 **다음 글에서 알 수 있는 것은?**

갑: 사전연명의료의향서를 제출하여 연명의료 거부 의사를 표명한 사람에 대해서 병원이 연명의료를 실행하지 않는다는 제도가 2018년 2월부터 도입되었습니다. 이 제도 도입 후에 실제로 사전연명의료의향서를 내는 사람이 날로 늘어나고, 민원을 제기하는 사람도 많아지는 것 같습니다. 어떤 민원들이 들어오고 있습니까?

을: 자신이 사는 곳에 사전연명의료의향서를 접수하는 곳이 없어 불편하다는 민원이 많았습니다. 연명의료 전문 상담사의 수가 적어 접수 현장에서 너무 오래 기다렸다고 불만을 표시하는 사람도 많습니다. 이러한 민원에 대응해 2020년 1월 1일부터 전화로 상담을 예약할 수 있는 시스템을 도입해 지금까지 원활하게 운영하고 있으며, 2020년 4월 1일부터 전국 모든 보건소에서 사전연명의료의향서를 받도록 조치했습니다. 더 말씀드리자면, 어떤 사람은 연명의료 전문 상담사로부터 상담을 받지 않아도 사전연명의료의향서를 낼 수 있게 해 달라고 요청했습니다.

갑: 연명의료를 거부하는 것은 중대한 사안이니 신중히 사전연명의료의향서를 작성하게 해야 합니다. 지금까지 한 것처럼 연명의료 전문 상담사의 상담을 받게 하는 조치를 유지해 주시기 바랍니다. 한 가지 더 확인하고자 합니다. 전국 모든 보건소에서 사전연명의료의향서를 받기로 했지만, 연명의료 전문 상담사를 모든 보건소에 배치할 수 있는 것은 아니라고 합니다. 혹시 그에 대한 대책을 마련했습니까?

을: 연명의료 전문 상담사 배치가 어려운 보건소의 직원들을 대상으로 연명의료 관련 기본 필수교육을 실시하고, 그 교육을 이수한 직원이 민원인에게 연명의료에 대해 간단히 설명하게 할 방침입니다. 민원인들이 보건소 직원으로부터 설명을 들은 후 그 자리에서 전화로 연명의료 전문 상담사로부터 구체적인 내용을 상담받을 수 있도록 하겠습니다.

① 2018년 2월부터 전국 모든 보건소에서 연명의료 전문 상담사가 사전연명의료의향서를 접수하기 시작했다.
② 2020년 4월부터 연명의료를 실행하지 않고자 하는 병원은 보건소에 사전연명의료의향서를 제출해야 한다.
③ 연명의료를 받고자 하는 사람은 주소지 관할 보건소가 지정한 연명의료 전문 상담사로부터 기본 필수교육을 받아야 한다.
④ 사전연명의료의향서 접수기관이 있는 곳의 거주자 중 연명의료 전문 상담사의 상담을 받으려는 사람은 전화예약 시스템을 이용해야 한다.
⑤ 연명의료 거부 의사가 있는 사람이 연명의료 전문 상담사의 상담을 받지 않은 상태에서 작성한 사전연명의료의향서는 받아들여지지 않는다.

2020년 7급 PSAT 모의평가 언어논리 6번

독해 빈칸 추론

23 **다음 대화의 빈칸에 들어갈 내용으로 가장 적절한 것은?**

갑: 아시는 바와 같이 코로나 19로 인한 위기 상황 속에서 어려움을 겪는 국민의 생계를 지원하기 위해 정부가 지난 5월에 전 국민을 대상으로 긴급재난지원금을 지급했습니다. 그런데 정부는 코로나 19로 영업이 어려워진 소상공인 및 자영업자, 생계가 어려운 가구 등을 대상으로 지원금을 다시금 지급하기로 8월에 결정했습니다. 이 소식을 듣고 지원금 수령 가능 여부를 문의하는 민원인들이 많습니다. 문구점을 운영하는 A씨는 소상공인 및 자영업자에게 주는 지원금을 신청할 수 있는지 문의했습니다.

을: 이번에는 소상공인 및 자영업자의 일부, 생계 위기 가구 등에 지원금을 주게 되어 있습니다. 사회적 거리두기 2단계의 실시로 출입이 금지된 집합금지 및 집합제한업종의 자영업자는 특별한 증빙서류 없이 소상공인 및 자영업자 대상 지원금을 받을 수 있습니다. 또 사회적 거리두기 2.5단계부터 운영이 제한된 수도권의 카페나 음식점 등도 집합제한업종에 해당하여 지원금을 받을 수 있습니다. 집합금지 및 집합제한업종에 속하지 않더라도 연 매출 4억 원 이하라는 사실을 증명할 수 있는 자료와 함께 코로나 19 확산으로 매출이 감소했음을 증빙하는 자료를 제출하면 지원금을 받을 수도 있습니다. A씨가 운영하는 가게가 집합금지 및 집합제한업종에 해당하는지 확인하셨습니까?

갑: 네, A씨가 운영하는 문구점은 집합금지 및 집합제한업종에 해당하지 않는 것으로 확인되었습니다.

을: 그렇다면 제가 말씀드린 내용을 바탕으로 A씨에게 적절한 답변을 해주시기 바랍니다.

갑: 잘 알겠습니다. 민원인 A씨에게 [　　　　] 고 말씀 드리겠습니다.

① 문구점은 일반 업종에 해당하지 않으므로 긴급재난지원금을 신청할 수 없다
② 지난 5월에 긴급재난지원금을 받았다는 사실을 증명하는 서류를 제출해야 한다
③ 문구점은 집합금지 및 집합제한업종에 해당하지 않는 것으로 확인되었기 때문에 지원금을 받을 수 없다
④ 사회적 거리두기 2.5단계부터 운영이 제한되거나 금지된 업종이 아니면 긴급재난지원금을 받을 수 없다
⑤ 연 매출 4억 원에 미치지 못하고 코로나 19로 매출이 감소한 자영업자라면 증빙서류를 갖추어 신청할 수 있다

2020년 7급 PSAT 모의평가 언어논리 9번

독해 | 의미 추론

24 다음 글의 ㉠~㉤에 대한 설명으로 가장 적절한 것은?

세균은 산소에 대한 요구성과 내성에 따라 구분된다. '절대 호기성 세균'은 산소에 대한 내성이 있고 대사 과정에서 산소 호흡을 하기 때문에 산소의 농도가 높은 곳에서 잘 자랄 수 있다. 반면에 '미세 호기성 세균'은 산소 호흡을 하지만 산소에 대한 내성이 '절대 호기성 세균'보다 낮아서 '절대 호기성 세균'이 살아가는 환경의 산소 농도보다 낮은 농도의 산소에서만 살 수 있다. 두 종류의 세균은 모두 산소를 이용하는 호흡이 필수적이므로 산소가 없거나 너무 낮은 농도에서는 살 수 없다. '통성 세균'은 산소에 대한 내성이 있고, 산소가 있는 곳에서는 산소 호흡을 하고 산소가 없거나 너무 낮은 농도에서는 산소 호흡 대신 발효 과정을 통해 에너지를 만들어낼 수 있기 때문에 산소가 있는 환경과 없는 환경 모두에서 자랄 수 있다. 그러나 산소 호흡이 발효 과정보다 많은 에너지를 만들어내기 때문에 산소 농도가 높은 환경에서 더 잘 자란다. '혐기성 세균'은 산소 호흡을 할 수 없는 세균으로 발효 과정만을 통해 에너지를 만들어낸다. '혐기성 세균'은 산소에 대한 내성을 가지고 있어 산소가 있어도 자랄 수 있는 '내기 혐기성 세균'과 산소에 대한 내성이 없어 일정 농도 이상의 산소에 노출되면 사멸하는 '절대 혐기성 세균'으로 나뉜다. '내기 혐기성 세균'의 생장은 산소 농도와는 무관하다.

티오글리콜레이트 배양액을 담고 있는 시험관에서 배양액의 위쪽은 공기와 접하고 있어 산소가 충분하다. 시험관 배양액의 산소 농도는 시험관 아래쪽으로 갈수록 감소하며, 시험관의 맨 아래쪽에는 산소가 거의 없다. 아래 그림은 티오글리콜레이트 배양액을 담고 있는 5개의 시험관(㉠~㉤)에 '절대 호기성 세균', '미세 호기성 세균', '통성 세균', '내기 혐기성 세균', '절대 혐기성 세균' 중 하나를 배양한 결과를 나타내며, 각 시험관에는 서로 다른 세균이 배양되었다. 그림에서 검은색 점 각각은 살아있는 하나의 세균을 나타낸다.

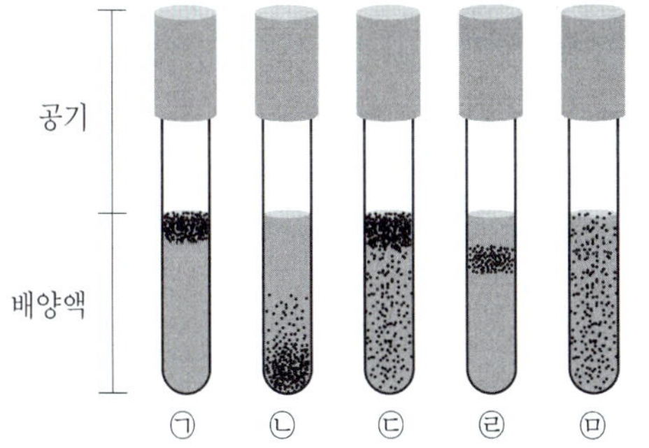

① ㉠은 '통성 세균'이 자란 시험관이다.
② ㉡에서 자란 세균은 발효 과정으로 에너지를 만들어 낸다.
③ ㉢에서 자란 세균은 산소에 대한 내성이 없다.
④ ㉣에서 자란 세균은 산소 호흡을 할 수 없다.
⑤ ㉣과 ㉤은 모두 '혐기성 세균'이 자란 시험관이다.

2020년 7급 PSAT 모의평가 언어논리 10번

독해 | 빈칸 추론

25 다음 글의 ㉠과 ㉡에 들어갈 진술로 가장 적절한 것은?

A학파의 가장 큰 특징은 토지 문제를 토지 시장에 국한시키지 않고 경제 전체의 흐름과 밀접하게 연결해서 파악한다는 점이다. A학파의 주장에 따르면, 토지 문제는 이용의 효율에만 관련되는 단순한 문제가 아니라 경제 성장, 실업, 물가 등의 거시경제적 변수를 함께 고려해야만 하는 복잡한 문제이다. 그런 점에서 A학파는 토지 문제가 경기 변동과 직결될 뿐만 아니라 사회 정의와도 관련되는 것이라고 주장한다.
이와 달리 B학파는 다른 모든 종류의 상품과 마찬가지로 토지 문제 역시 수요·공급의 법칙에 따라 시장이 자율적으로 조정하도록 맡겨 두면 된다고 주장한다. B학파의 관점에 따르면, [㉠] 토지는 귀금속, 주식, 채권, 은행 예금만큼이나 좋은 투자 대상이다. 부동산의 자본 이득이 충분히 클 경우, 좋은 투자 대상이 되어 막대한 자금이 금융권으로부터 부동산 시장으로 흘러 들어간다. 반대로 자본 이득이 떨어지면 부동산에 투입되었던 자금이 금융권을 통해 회수되어 다른 시장으로 흘러 들어간다. 이와 같이 부동산의 자본 이득은 부동산 시장과 금융권 사이의 연결고리 역할을 한다.
A학파는 B학파와 달리 상품 투자와 토지 투자를 엄격히 구분한다. 상품 투자는 해당 상품의 가격을 상승시켜 상품 공급을 증가시킨다. 공급 증가는 다시 상품 투자의 억제 요인으로 작용하기 때문에 상품 투자에는 내재적 한계가 있기 마련이다. 그러나 [㉡] 그러므로 토지 투자의 경우에는 지가 상승이 투자를 조장하고 투자는 지가 상승을 더욱 부채질하는 악순환이 반복된다. A학파는 이런 악순환의 결과로 토지를 포함한 부동산 가격에 거품이 잔뜩 끼게 된다고 주장한다.

① ㉠: 토지에 대한 투자는 상품 투자의 일종으로 이해된다.
　㉡: 토지 공급은 한정되어 있으므로 토지 투자는 상품 투자의 경우와는 달리 제어장치가 없다.

② ㉠: 토지에 대한 투자는 상품 투자의 일종으로 이해된다.
　 ㉡: 토지 투자는 다른 상품의 생산 비용을 상승시켜 상품의 가격 상승으로 이어진다.
③ ㉠: 토지에 대한 투자는 상품 생산의 수단으로 활용된다.
　 ㉡: 토지 공급은 한정되어 있으므로 토지 투자는 상품 투자의 경우와는 달리 제어장치가 없다.
④ ㉠: 토지 투자와 상품 투자는 거시경제적인 관점에서 상호 보완적 역할을 수행한다.
　 ㉡: 토지 투자는 다른 상품의 생산 비용을 상승시켜 상품의 가격 상승으로 이어진다.
⑤ ㉠: 토지 투자와 상품 투자는 거시경제적인 관점에서 상호 보완적 역할을 수행한다.
　 ㉡: 토지 공급은 한정되어 있으므로 토지 투자는 상품 투자의 경우와는 달리 제어장치가 없다.

2020년 7급 PSAT 모의평가 언어논리 11번

독해 내용 추론

26 다음 글로부터 추론할 수 있는 것은?

사람의 혈액은 적혈구, 백혈구, 혈소판처럼 혈액 내에 존재하는 세포인 혈구 성분과 이러한 혈구 성분을 제외한 나머지 액상 성분인 혈장으로 나뉜다. 사람의 혈액을 구별하는 대표적인 방법은 혈액의 성분을 기준으로 삼는 ABO형 방법이다. 이에 따르면, 혈액은 적혈구의 표면에 붙어 있는 응집원과 혈장에 들어 있는 응집소의 유무 또는 종류를 기준으로 다음 표와 같이 구분할 수 있다.

혈액형	응집원	응집소
A	A형 응집원	응집소 β
B	B형 응집원	응집소 α
AB	A형 응집원 및 B형 응집원	없음
O	없음	응집소 α 및 응집소 β

이때, A형 응집원이 응집소 α와 결합하거나 B형 응집원이 응집소 β와 결합하면, 응집 반응이 일어난다. 이 반응은 혈액의 응고를 일으키는데, 혈액이 응고되면 혈액의 정상적인 흐름이 방해되어 심각한 문제가 발생할 수 있다. 혈액의 이러한 특성을 활용하면 수혈도를 작성할 수 있다.

① A형 응집원만을 선택적으로 제거한 A형 적혈구를 B형인 사람에게 수혈해도 응집 반응이 일어나지 않는다.
② B형 응집원만을 선택적으로 제거한 AB형 적혈구를 A형인 사람에게 수혈하면 응집 반응이 일어난다.
③ 응집소를 선택적으로 제거한 O형 혈장을 A형인 사람에게 수혈해도 응집 반응이 일어나지 않는다.
④ AB형인 사람은 어떤 혈액을 수혈 받아도 응집 반응이 일어나지 않는다.
⑤ O형인 사람은 어떤 적혈구를 수혈 받아도 응집 반응이 일어나지 않는다.

2020년 7급 PSAT 모의평가 언어논리 12번

논리 전제 추론

27 **다음 글의 ㉠을 이끌어내기 위해 추가해야 할 전제로 가장 적절한 것은?**

A국에서는 교육 제도 개선을 추진하고 있다. 이와 관련하여 현재 거론되고 있는 방안 중 다음 네 조건을 모두 충족시키는 방안이 있다면, 정부는 그 방안을 추진해야 한다. 첫째, 공정한 기회 균등과 교육의 수월성을 함께 이룩할 수 있는 방안이어야 한다. 둘째, 신뢰할 수 있는 실문 조사에서 가장 많은 국민이 선호하는 방안으로 선택한 것이어야 한다. 셋째, 정부의 기존 교육 재정만으로 실행될 수 있는 방안이어야 한다. 넷째, 가계의 교육 부담을 줄일 수 있는 방안이어야 한다.

현재 거론되고 있는 방안들 중 선호하는 것에 대하여 국민 2,000명을 대상으로 한 설문 조사 결과, 300명이 대학교 평준화 도입을 꼽았고, 400명이 고등학교 자체 평가 확대를 꼽았으며, 600명이 대입 정시 확대와 수시 축소를 꼽았고, 700명이 고교 평준화 강화를 꼽았다. 이 설문 조사는 표본을 치우치지 않게 잡아 신뢰할 수 있다.

현재 거론된 방안들 가운데 정부의 기존 교육 재정만으로 실행될 수 없는 것은 대학교 평준화 도입 방안뿐이다. 대입 정시 확대와 수시 축소 방안은 가계의 교육 부담을 감소시키지 못하지만 다른 방안들은 그렇지 않다. 고교 평준화 강화 방안은 공정한 기회 균등을 이룰 수 있는 방안임이 분명하다. 따라서 ㉠ 정부는 고교 평준화 강화 방안을 추진해야 한다.

① 고교 평준화 강화는 가장 많은 국민이 선호하는 방안이다.
② 고교 평준화 강화는 교육의 수월성을 이룩할 수 있는 방안이다.
③ 고교 평준화 강화는 가계의 교육 부담을 줄일 수 있는 방안이다.
④ 고교 평준화 강화는 정부의 기존 교육 재정만으로도 실행될 수 있는 방안이다.
⑤ 정부가 고교 평준화 강화 방안을 추진하지 않아도 된다면, 그 방안은 공정한 기회 균등과 교육의 수월성을 함께 이룩할 수 없는 방안이다.

2020년 7급 PSAT 모의평가 언어논리 18번

상황제시형 대응관계

28 **다음 글의 ㉠에 대한 판단으로 적절한 것만을 〈보기〉에서 모두 고르면?**

어떤 회사가 소비자들을 A부터 H까지 8개의 동질적인 집단으로 나누어, 이들을 대상으로 마케팅 활동의 효과를 살펴보는 실험을 하였다. 마케팅 활동은 구매 전 활동과 구매 후 활동으로 구성되는데, 구매 전 활동에는 광고와 할인 두 가지가 있고 구매 후 활동은 사후 서비스 한 가지뿐이다. 구매 전 활동이 끝난 뒤 구매율을 평가하고, 구매 후 활동까지 모두 마친 뒤 구매 전과 구매 후의 마케팅 활동을 종합하여 마케팅 만족도를 평가하였다. 구매율과 마케팅 만족도는 모두 a, b, c, d로 평가하였는데, a가 가장 높고 d로 갈수록 낮다. 이 회사가 수행한 ㉠ 실험의 결과는 다음과 같다.

- A와 B를 대상으로는 구매 전 활동을 실시하지 않았는데 구매율은 d였다. 이 중 A에 대해서는 사후 서비스를 하였고 B에 대해서는 하지 않았는데, 마케팅 만족도는 각각 c와 d였다.
- C와 D를 대상으로 구매 전 활동 중 광고만 하였더니 구매율은 c였다. 이 중 C에 대해서는 사후 서비스를 하였고 D에 대해서는 하지 않았는데, 마케팅 만족도는 각각 b와 c였다.
- E와 F를 대상으로 구매 전 활동 중 할인 기회만 제공하였더니 구매율은 b였다. 이 중 E에 대해서는 사후 서비스를 하였고 F에 대해서는 하지 않았는데, 마케팅 만족도는 모두 b였다.
- G와 H를 대상으로 구매 전 활동으로 광고와 함께 할인 기회를 제공하였더니 구매율은 b였다. 이 중 G에 대해서는 사후 서비스를 하였고 H에 대해서는 하지 않았는데, 마케팅 만족도는 각각 a와 b였다.

보기

ㄱ. 할인 기회를 제공한 경우가 제공하지 않은 경우보다 구매율이 높다.
ㄴ. 광고를 할 때, 사후 서비스를 한 경우가 하지 않은 경우보다 마케팅 만족도가 낮지 않다.
ㄷ. 사후 서비스를 하지 않을 때, 광고를 한 경우가 하지 않은 경우보다 마케팅 만족도가 높다.

① ㄱ ② ㄷ
③ ㄱ, ㄴ ④ ㄴ, ㄷ
⑤ ㄱ, ㄴ, ㄷ

2020년 7급 PSAT 모의평가 언어논리 19번

독해 견해평가

29 다음 글의 갑~병의 견해에 대한 분석으로 적절한 것만을 〈보기〉에서 모두 고르면?

우리는 'A라는 성질을 가진 대상이 모두 B라는 성질을 가진다.'고 주장할 때 'A는 모두 B이다.'라는 형식의 진술 U를 사용한다. A라는 성질을 가진 대상이 존재할 때, U가 언제 참이고 언제 거짓인지에 대한 어떤 의견 차이도 없다. 즉 A라는 성질을 가진 대상이 존재할 때, 그 대상들이 모두 B라는 성질을 가진다면 U는 참이고, 그 대상들 중 B라는 성질을 가지지 않는 대상이 있다면 U는 거짓이다. 하지만 A라는 성질을 가진 대상이 존재하지 않을 때, U가 언제 참이고 언제 거짓인지를 둘러싸고 여러 견해가 있다.

갑: U는 'A이면서 B가 아닌 대상은 하나도 없다.'는 주장으로 이해해야 한다. 만약 A인 대상이 존재하지 않는다면, A이면서 B가 아닌 대상은 당연히 존재하지 않는다. 따라서 A인 대상이 존재하지 않는 경우, U는 참이다.

을: U에는 'A이면서 B가 아닌 대상은 하나도 없다.'는 주장과 더불어 'A인 대상이 존재한다.'는 주장까지 담겨 있다. 그러므로 A인 대상이 존재하지 않는다면, 후자의 주장이 거짓이 되므로 U 역시 거짓이다.

병: A인 대상이 존재하지 않는다는 사실만 갖고 U가 참이라거나 거짓이라고 말해서는 안 된다. 오히려 A인 대상이 존재해야 한다는 것은 U를 참이나 거짓으로 판단하기 위해 먼저 성립해야 할 조건이다. 그러므로 A인 대상이 존재하지 않는다면, 이 조건을 충족하지 못한 것이므로 U는 참도 거짓도 아니다.

보기

ㄱ. 갑과 을은 'A인 대상이 존재하지만 B인 대상이 존재하지 않는다면, U는 거짓이다.'라는 것에 동의한다.

ㄴ. 을과 병은 'U가 참이라면, A인 대상이 존재한다.'는 것에 동의한다.

ㄷ. 갑과 병은 'U가 거짓이라면, A인 대상이 존재한다.'는 것에 동의한다.

① ㄱ　② ㄷ
③ ㄱ, ㄴ　④ ㄴ, ㄷ
⑤ ㄱ, ㄴ, ㄷ

2020년 7급 PSAT 모의평가 언어논리 20번

독해 사례적용

30 다음 글의 내용을 적용한 것으로 가장 적절한 것은?

연역논증은 전제를 통해 결론이 참이라는 사실을 100% 보장하려는 논증인데, 이 가운데 결론의 참을 100% 보장하는 논증을 '타당한 논증'이라 한다. 반면 귀납논증은 전제를 통해 결론을 개연적으로 뒷받침하려는 논증이다. 귀납논증 중에는 뒷받침하는 정도가 강한 것도 있고 약한 것도 있다. 귀납논증은 형식의 측면에서도 여러 가지로 분류될 수 있는데, 이 중 우리가 자주 쓰는 귀납논증은 다음과 같은 것이다.

- 보편적 일반화: 유형 I에 속하는 n개의 개체를 조사해 보니 이들 모두에서 속성 P를 발견하였다. 따라서 유형 I에 속하는 모든 개체들은 속성 P를 가질 것이다.
- 통계적 일반화: 유형 I에 속하는 n개의 개체를 조사해 보니 이들 가운데 m개에서 속성 P를 발견하였다. 따라서 유형 I에 속하는 모든 개체 중 m/n이 속성 P를 가질 것이다. 단, m/n은 0보다 크고 1보다 작다.
- 통계적 삼단논법: 유형 I에 속하는 개체 중 m/n에서 속성 P를 발견하였다. 개체 α는 유형 I에 속한다. 따라서 개체 β는 속성 P를 가질 것이다. 단, m/n은 0보다 크고 1보다 작다.
- 유비추론: 유형 I에 속하는 개체 α가 속성 P_1, P_2, P_3을 갖고, 유형 II에 속하는 개체 β도 똑같이 속성 P_1, P_2, P_3을 갖는다. 개체 α가 속성 P_4를 가진다는 사실이 발견되었다. 따라서 개체 β는 속성 P_4를 가질 것이다.

① '우리나라 공무원 중 여행과 음악을 모두 좋아하는 이들의 비율은 전체의 80%를 넘지 않는다. 따라서 우리나라 공무원 중 여행을 좋아하는 이들의 비율은 전체의 80%를 넘지 않을 것이다.'는 타당한 논증으로 분류된다.

② '우리나라 전체 공무원 중 100명을 조사해 보니 이들은 업무의 70% 이상을 효과적으로 수행하고 있다. 따라서 우리나라 전체 공무원들은 업무의 70% 이상을 효과적으로 수행하고 있을 것이다.'는 보편적 일반화로 분류된다.

③ '우리나라 공무원 중 30%가 운동을 좋아한다. 따라서 우리나라 20대 공무원 중 30%는 운동을 좋아할 것이다.'는 통계적 일반화로 분류된다.

④ '해외연수를 다녀온 공무원의 95%가 정부 정책을 지지한다. 공무원 갑은 정부 정책을 지지하고 있다. 따라서 갑은 해외연수를 다녀왔을 것이다.'는 통계적 삼단논법으로 분류된다.
⑤ '임신과 출산으로 태어난 을과 그를 복제하여 만든 병은 유전자와 신경 구조가 똑같다. 따라서 을과 병은 둘 다 80세 이상 살 것이다.'는 유비추론으로 분류된다.

1 언어논리

2 자료해석

3 상황판단

박민제 PSAT

Essential 7.5

PART

03

2024 국가직 7급 PSAT 기출문제

(2024년 7월 시행)

1 언어논리

정답 및 해설 p.217

01 다음 글의 내용과 부합하는 것은?

현재 서울의 청량리 근처에는 홍릉이라는 곳이 있다. 을미사변으로 일본인들에게 시해된 명성황후의 능이 조성된 곳이다. 고종은 홍릉을 자주 찾아 참배했는데, 그때마다 대규모로 가마꾼을 동원하는 등 불편이 작지 않았다. 개항 직후 우리나라에 들어와 경인철도회사를 운영하던 미국인 콜브란은 이 점을 거론하며 서대문에서 청량리까지 전차 노선을 부설해야 한다고 주장했다.

이전부터 전기와 전차 사업에 관심이 많았던 고종은 콜브란의 주장을 받아들여 전차 사업을 목적으로 하는 회사를 설립하기로 결심했다. 고종은 황실이 직접 회사를 설립하는 대신 민간인인 김두승과 이근배로 하여금 농상공부에 회사를 만들겠다는 청원서를 내도록 권유했다. 이에 따라 김두승 등은 전기회사 설립 청원서를 농상공부에 제출한 뒤 허가를 받아 한성전기회사를 설립했다. 한성전기회사는 서울 시내 각지에 전기등을 설치하는 한편 전차 노선 부설 사업을 추진했다. 한성전기회사는 당초 남대문에서 청량리까지 전차 노선을 부설하기로 했으나 당시 부설 중이던 경인철도의 종착역이 서대문역으로 정해졌기 때문에 이와 연결하기 위해 계획을 수정해 서대문에서 청량리까지 부설하기로 변경했다. 이후, 변경된 계획대로 전차 노선이 부설되었으며, 1899년 5월에 정식 개통식이 거행되었다.

한성전기회사는 고종이 단독 출자한 자본금을 바탕으로 설립되고 운영되었지만, 전차 노선 부설에 필요한 공사비가 부족해지자 회사 재산을 담보로 콜브란으로부터 부족분을 빌려 공사를 마무리할 수 있었다. 콜브란은 1902년에 그 상환 기일이 돌아오자 회사 운영을 지원하기 위해 상환 기일을 2년 연장해주었다. 이후 1904년 상환 기일이 다가오자, 고종은 콜브란과 협의하여 채무액의 절반인 75만 원만 상환하고 나머지 금액만큼의 회사 자산을 콜브란에게 넘겨주었다. 이로써 콜브란은 고종과 함께 회사의 대주주가 되어 경영에 참여할 수 있게 되었다. 이때 고종과 콜브란은 한성전기회사를 한미전기회사로 재편하였고, 한미전기회사가 전차 및 전기등 사업을 이어받았다.

① 한성전기회사가 경인철도회사보다 먼저 설립되었다.

② 전차 노선의 시작점은 원래 서대문이었으나 나중에 남대문으로 바뀌었다.

③ 한성전기회사가 전차 노선을 부설하는 데 부족한 자금은 미국인 콜브란이 빌려주었다.

④ 서울 시내에 처음으로 전차 노선을 부설한 회사는 황실이 주도해 농상공부가 설립하였다.

⑤ 서울 시내에서 전기등 설치 사업을 벌인 한미전기회사는 김두승과 이근배의 출자로 설립되었다.

02 다음 글에서 알 수 있는 것은?

사고(史庫)는 실록을 비롯한 국가의 귀중한 문헌을 보관하는 곳이었으므로 아무나 열 수 없었고, 반드시 중앙 정부에서 파견된 사관이 여는 것이 원칙이었다. 하지만 사관은 그 수가 얼마 되지 않아 사관만으로는 실록 편찬이나 사고의 도서 관리에 관한 모든 일을 담당하기에 벅찼다. 이에 중종 때에 사관을 보좌하기 위해 중앙과 지방에 겸직사관을 여러 명 두었다.

사고에 보관된 도서는 해충이나 곰팡이 피해를 입을 수 있었으므로 관리가 필요했다. 당시 도서를 보존, 관리하는 가장 효과적인 방법은 포쇄였다. 포쇄란 책을 서가에서 꺼내 바람과 햇볕에 일정 시간 노출시켜 책에 생길 수 있는 해충이나 곰팡이 등을 방지하거나 제거하는 것을 말한다. 사고 도서의 포쇄는 3년마다 정기적으로 실시되었다.

사고 도서의 포쇄를 위해서는 사고를 열어 책을 꺼내야 했고, 이 과정에서 귀중한 도서가 분실되거나 훼손될 수 있었다. 따라서 책임 있는 관리가 이 일을 맡아야 했고, 그래서 중앙 정부에서 사관을 파견토록 되어 있었다. 그런데 중종 14년 중종은 사관을 보내는 것은 비용이 많이 드는 등의 폐단이 있다고 하며, 지방 사고의 경우 지방 거주 겸직사관에게 포쇄를 맡기는 것이 효율적이라고 주장했다. 이에 대해 사고 관리의 책임 관청이었던 춘추관이 반대했다. 춘추관은 정식 사관이 아닌 겸직사관에게 포쇄를 맡기는 것은 문헌 보관의 일을 가벼이 볼 수 있는 계기가 될 거라고 주장했다. 그러나 중종은 이 의견을 따르지 않고 사고 도서의 포쇄를 겸직사관에게 맡겼다. 하지만 중종 23년에는 춘추관의 주장에 따라 사관을 파견하는 것으로 결정되었다.

포쇄 때는 반드시 포쇄 상황을 기록한 포쇄형지안이 작성되었다. 포쇄형지안에는 사고를 여닫을 때 이를 책임진 사람의 이름, 사고에서 꺼낸 도서의 목록, 포쇄에 사용한 약품 등을 자세하게 기록했다. 포쇄 때마다 포쇄형지안을 철저하게 작성하여, 사고에 보관된 문헌의 분실이나 훼손을 방지하고 책임 소재를 명확하게 함으로써 귀중한 문헌이 후세에 제대로 전달되도록 했다.

① 겸직사관은 포쇄의 전문가 중에서 선발되어 포쇄의 효율성이 높았다.
② 중종은 포쇄를 위해 사관을 파견하면 문헌이 훼손되는 폐단이 생긴다고 주장했다.
③ 춘추관은 겸직사관이 사고의 관리 책임을 맡으면 문헌 보관의 일을 경시할 수 있게 된다고 하며 겸직사관의 폐지를 주장했다.
④ 사고 도서의 포쇄 상황을 기록한 포쇄형지안은 3년마다 정기적으로 작성되었다.
⑤ 도서에 피해를 입히는 해충을 막기 위해 사고 안에 약품을 살포했다.

PART 3

03 다음 글에서 알 수 있는 것은?

미국 헌법의 전문은 “우리 미합중국의 사람들은”이라는 구절로 시작한다. 여기서 ‘사람들’에 해당하는 대한민국 헌법상의 용어는 헌법 제정 주체로서의 ‘국민’이다. 대한민국 헌법의 전문은 “유구한 역사와 전통에 빛나는 우리 대한국민은”으로 시작한다. 이 구절들에서 ‘사람들’과 ‘국민’은 맥락상 동일한 의미를 지닌다. 그러나 이 단어들의 사전적 의미 사이에는 간극이 크다. ‘사람’은 보편적 인간을, ‘국민’은 국가의 구성원을 의미하기 때문이다. 그래서 ‘인민’이 ‘국민’보다 더 적절한 표현이라는 주장이 종종 제기되는데, 사실 대한민국의 제헌헌법 초안에서는 이 단어가 사용되었다.

대한민국 역사에서 ‘인민’은 개화기부터 통용된 자연스러운 말이며 정부 수립 전까지의 헌법 관련 문헌들 대부분에 빈번히 등장한다. 법학자 유진오가 기초한 제헌헌법의 초안도 “유구한 역사와 전통에 빛나는 우리들 조선 인민은”으로 시작한다. 그러나 ‘인민’은 공산당의 용어인데 어째서 그러한 말을 쓰려고 하느냐는 공박을 당했고, ‘인민’은 결국 제정된 제헌헌법에서 ‘국민’으로 대체되었다.

이에 유진오는 ‘인민’이 예부터 흔히 사용되어 온 말로 ‘국민’으로 환원될 수 없는 의미를 지니며, 미국 헌법에서도 국적을 가진 자들로 한정될 수 없는 경우에 ‘사람들’이 사용되었다고 지적했다. 또한 ‘국민’은 국가의 구성원이라는 점이 강조된 국가 우월적 표현이기 때문에, 국가조차도 함부로 침범할 수 없는 자유와 권리의 주체로서의 보편적 인간까지 함의하기에는 적절하지 못하다고 비판했다.

‘인민’이 모두 ‘국민’으로 대체되면서 대한민국 헌법에서 혼란의 여지가 생긴 것은 사실이다. ‘국민’이 국적을 가진 자뿐만 아니라 천부인권을 지니는 보편적 인간까지 지칭하게 되었기 때문이다. 예를 들어 대한민국으로 여행을 온 외국인은 전자에 해당하지 않지만 후자에 속하는 것이 명백하다. 따라서 선거권, 사회권 등 국적을 기반으로 하는 권리까지 주어지는 것은 아니지만, 헌법상의 평등권, 자유권 등 기본적 인권은 보장되는 것이다. 이에 향후 헌법 개정이 있다면 그 기회에 보편적 인간을 의미하는 경우의 ‘국민’을 ‘사람들’로 바꾸자는 제안도 있다.

① 대한민국 역사에서 ‘인민’은 분단 후 공산주의 사상이 금기시되면서 사용되기 시작한 말이다.
② 대한민국으로 여행을 온 외국인은 대한민국 헌법상의 자유권을 보장받지 못한다.
③ 미국 헌법에서 ‘사람들’은 보편적 인간이 아니라 미국 국적을 가진 자를 의미한다.
④ 법학자 유진오는 ‘국민’이 보편적 인간을 의미하기에는 적절하지 않다고 비판했다.
⑤ 대한민국 제헌헌법에서는 ‘인민’이 사용되었으나 비판을 받아 이후의 개정을 통해 헌법에서 삭제되었다.

04 다음 글에서 알 수 있는 것은?

필사문화와 초기 인쇄문화에서 독서는 대개 한 사람이 자신이 속한 집단 내에서 다른 사람들에게 책을 읽어서 들려주는 사회적 활동을 의미했다. 개인이 책을 소유하고 혼자 눈으로 읽는 묵독과 같은 오늘날의 독서 방식은 당시 대다수 사람에게 익숙한 일이 아니었다. 근대 초기만 해도 문맹률이 높았기 때문에 공동체적 독서와 음독이 지속되었다.

'공동체적 독서'는 하나의 읽을거리를 가족이나 지역·직업공동체가 공유하는 것을 의미한다. 이는 같은 책을 여러 사람이 돌려 읽는 윤독이 이루어졌을 뿐 아니라, 구연을 통하여 특정 공간에 모인 사람들이 책의 내용을 공유했음을 알려준다. 여기에는 도시와 농촌의 여염집 사랑방이나 안방에서 소규모로 이루어진 가족 구성원들의 독서, 도시와 촌락의 장시에서 주로 이루어진 구연을 통한 독서가 포함된다. 공동체적 독서의 목적은 독서에 참여한 사람들로 하여금 책의 사상과 정서에 공감하게 하는 데 있다.

음독은 '소리 내어 읽음'이라는 의미로서 낭송, 낭독, 구연을 포함한다. 낭송은 혼자서 책을 읽으며 암기와 감상을 위하여 읊조리는 행위를, 낭독은 다른 사람들에게 들려주기 위하여 보다 큰 소리로 책을 읽는 행위를 의미한다. 이에 비해 구연은 좀 더 큰 규모의 청중을 상대로 하며 책을 읽는 행위가 연기의 차원으로 높아진 것을 일컫는다. 이런 점에서 볼 때 음독은 공동체적 독서와 긴밀한 연관을 가질 수밖에 없지만, 음독이 꼭 공동체적 독서라고는 할 수 없다.

전근대 사회에서는 개인적 독서의 경우에도 묵독보다는 낭송이 더 일반적인 독서 형태였다. 그렇다고 해서 도식적으로 공동체적 독서와 음독을 전근대 사회의 독서 형태라 간주하고, 개인적 독서를 근대 이후의 독서 형태라 보는 것은 곤란하다. 현대 사회에서도 필요에 따라 공동체적 독서와 음독이 많이 행해지며, 반대로 전근대 사회에서도 지배계급이나 식자층의 독서는 자주 묵독으로 이루어졌을 것이기 때문이다. 다만 '공동체적 독서'에서 '개인적 독서'로의 이행은 전근대 사회에서 근대 사회로 이행하는 과정에서 확인되는 독서 문화의 추이라고 볼 수 있다.

① 필사문화를 통해 묵독이 유행하기 시작했다.
② 전근대 사회에서 낭송은 공동체적 독서를 의미한다.
③ 공동체적 독서와 개인적 독서 모두 현대사회에서 행해지는 독서 형태이다.
④ 근대 초기 식자층의 독서 방식이었던 음독은 높은 문맹률로 인해 생겨났다.
⑤ 근대 사회에서 윤독은 주로 도시와 촌락의 장시에서 이루어진 독서 형태였다.

05 다음 글에서 알 수 없는 것은?

> 의학적 원리만을 놓고 볼 때 '인두법'과 '우두법'은 전혀 차이가 없다. 둘 다 두창을 이미 앓은 개체에서 미량의 딱지나 고름을 취해서 앓지 않은 개체에게 접종하는 방식이다. 그렇지만 인두법 저작인 정약용의 『종두요지』와 우두법 저작인 지석영의 『우두신설』을 비교하면 접종대상자의 선정, 사후 관리, 접종 방식 등 세부적인 측면에서 적지 않은 차이가 발견된다.
>
> 먼저, 접종대상자의 선정 과정을 보면 인두법이 훨씬 까다롭다. 접종대상자는 반드시 생후 12개월이 지난 건강한 아이여야 했다. 중병을 앓고 얼마 되지 않은 아이, 몸이 허약한 아이, 위급한 증세가 있는 아이는 제외되었다. 이렇게 접종대상자의 몸 상태에 세심하게 신경을 쓰는 까닭은 비록 소량이라고 하더라도 사람에게서 취한 두(痘)의 독이 강력했기 때문이다. 한편, 『우두신설』에서는 생후 70~100일 정도의 아이를 접종대상자로 하며, 아이의 몸 상태에 특별히 신경을 쓰지 않는다. 이는 우두의 독력이 인두보다 약한 데서 기인한다. 우두법은 접종 시기를 크게 앞당김으로써 두창 감염에 따른 위험을 줄였고, 아이의 몸 상태에 크게 좌우되지 않는다는 장점이 있었다.
>
> 인두와 우두의 독력 차이로 사후 관리 또한 달랐음을 위 저작들에서 발견할 수 있다. 정약용은 접종 후에 나타나는 각종 후유증을 치료하기 위한 처방을 상세히 기재하고 있는 데 반해, 지석영은 그런 처방을 매우 간략하게 제시하거나 전혀 언급하지 않는다.
>
> 접종 방식의 차이도 두드러진다. 『종두요지』의 대표적인 접종 방식으로 두의 딱지를 말려 코 안으로 불어넣는 한묘법, 두의 딱지를 적셔 코 안에 접종하는 수묘법이 있다. 한묘법은 위험성이 높아서 급하게 효과를 보려고 할 때만 쓴 반면, 수묘법은 일반적으로 통용되었고 안전성 면에서도 보다 좋은 방법이었다. 이에 반해 우두 접종은 의료용 칼을 사용해서 팔뚝 부위에 일부러 흠집을 내어 접종했다. 종래의 인두법에서 코의 점막에 불어넣거나 묻혀서 접종하는 방식은 기도를 통한 발병 위험이 매우 높았기 때문이다.

① 우두법은 접종을 시작할 수 있는 나이가 인두법보다 더 어리다.
② 인두 접종 방식 가운데 수묘법이 한묘법보다 일반적으로 통용되는 접종 방식이었다.
③ 『종두요지』에는 접종 후에 나타나는 후유증을 치료하기 위한 처방이 제시되어 있었다.
④ 인두법은 의료용 칼을 사용하여 팔뚝 부위에 흠집을 낸 후 접종하는 방식이었다.
⑤ 『우두신설』에 따르면 몸이 허약한 아이에게도 접종할 수 있었다.

06 다음 글에서 알 수 있는 것은?

> 과학자가 고안한 새로운 이론이 과학적 진보에 기여하는지를 평가할 때, 다음의 세 가지 조건이 고려된다.
>
> 첫째는 통합적 설명 조건이다. 새로운 이론은 여러 현상들을 통합하여 설명할 수 있는 단순한 개념 틀을 제공해야 한다. 예컨대 뉴턴의 새로운 이론은 오랫동안 서로 다르다고 여겨졌던 지상계의 운동과 천상계의 운동을 단지 몇 가지 개념을 통해 설명할 방법을 제시하였다. 하지만 통합적 설명 조건만을 만족한다고 해서 과학적 진보에 기여한다고 보기는 어렵다.
>
> 둘째는 새로운 현상의 예측 조건이다. 새로운 이론은 기존의 이론이 예측할 수 없는 새로운 현상을 예측해야 한다. 새로운 현상을 예측하면, 과학자들은 그 예측이 맞는지 확인하기 위해 다양한 반증 시도를 하게 된다. 그 과정에서 과학자들은 기존에 관심을 두지 않았던 영역을 탐구하게 되고 새로운 관측 방법을 개발한다. 통합적 설명 조건을 만족하면서 동시에 새로운 현상을 예측하여 반증 시도를 허용하는 이론이 과학적 진보에 기여하게 되는 것이다.
>
> 셋째는 통과 조건이다. 이 조건은 위 두 조건을 모두 만족하는 이론이 제시한 새로운 예측이 실제 관측이나 실험 결과에 들어맞아야 한다는 것을 뜻한다. 혹자는 통과 조건을 만족하지 못하고 반증된 이론은 실패한 이론이고 과학적 진보에 기여하지 못한다고 생각하지만, 그렇지 않다. 그런 이론도 새로운 이론을 고안하도록 과학자를 추동하는 역할을 하기 때문이다. 따라서 통과 조건을 만족하지 못하더라도 통합적 설명 조건과 새로운 현상의 예측 조건을 모두 만족하는 이론은 과학적 진보에 기여하는 것으로 평가할 수 있다.

① 단순하면서 통합적인 개념 틀을 제공하는 이론은 통과 조건을 만족한다.

② 통과 조건을 만족하지 못하더라도 과학적 진보에 기여하는 이론이 있을 수 있다.

③ 반증된 이론은 과학자들이 새로운 이론을 고안하도록 추동하는 역할을 하지 못한다.

④ 새로운 현상의 예측 조건을 만족하지 못하는 이론은 통합적 설명 조건을 만족하지 못한다.

⑤ 통합적 설명 조건과 새로운 현상의 예측 조건 중 하나만 만족하는 이론도 과학적 진보에 기여한다.

07 다음 글의 ㉠~㉤을 문맥에 맞게 수정한 것으로 가장 적절한 것은?

> 『논어』「자한」편 첫 문장은 일반적으로 "공자께서는 이익, 천명, 인(仁)에 대해서 드물게 말씀하셨다."라고 해석된다. 그런데 『논어』 전체에서 인이 총 106회 언급되었다는 사실과 이 문장 안에 포함된 '드물게(罕)'라는 말은 상충하는 것처럼 보인다. 이러한 충돌을 해결하기 위한 시도는 크게 두 가지 방향에서 이루어졌다. 먼저 해당 한자의 의미를 ㉠ <u>기존과 다르게 해석하여 이 문장에 대한 일반적 해석을 변경하는 방식</u>으로 이를 해결하려는 시도가 있다. 하지만 이와 다른 방식으로 충돌을 해결할 수 있다고 믿었던 이들도 있다. 그들은 이 문장의 일반적 해석을 바꾸지 않고 다음과 같은 방법들로 문제를 풀려고 시도했다.
>
> 첫째, 어떤 이들은 정도를 나타내는 표현이 상대성을 가질 수 있다는 점에 주목했다. 사실, '드물게'라는 것이 과연 어느 정도의 횟수를 의미하는지는 분명하지 않다. '드물다'는 표현은 동일 선상에 있는 다른 것과의 비교를 염두에 둔 것이다. 따라서 ㉡ <u>인이 106회 언급되었다고 해도 다른 것에 비해서는 드물다고 평가할 수 있다</u>.
>
> 둘째, 다른 이들은 텍스트의 형성 과정에 주목했다. 『논어』는 발화자와 기록자가 서로 다른데, 공자 사후 공자의 제자들은 각자가 기억하는 스승의 말이나 스승에 대한 그간의 기록을 모아서 『논어』를 편찬하였다. 이를 염두에 둔다면 다음과 같은 상황을 상상할 수 있다. 공자는 인에 대해 실제로 드물게 말했다. 공자가 인을 중시하면서도 그에 대해 드물게 언급하다 보니 제자들이 자주 물을 수밖에 없었다. 그 대화의 결과들을 끌어모은 것이 『논어』인 까닭에, 『논어』에는 ㉢ <u>인에 대한 기록이 많아질 수밖에 없었다</u>.
>
> 셋째, ㉣ <u>이 문장을 기록한 제자의 개별적 특성</u>에 주목했던 이들도 있다. 즉, 다른 제자들은 인에 대해 여러 차례 들었지만, 이 문장의 기록자만 드물게 들었을 수 있다. 공자는 질문하는 제자가 어떤 사람인지에 따라 각 제자에게 주는 가르침을 달리했다. 그렇다면 '드물게'는 이 문장을 기록한 제자의 어떤 특성 때문에 나타난 결과일 수 있다.
>
> 넷째, 어떤 이들은 시간의 변수를 도입했다. 기록자가 공자의 가르침을 돌아보면서 ㉤ <u>이 문장을 기록한 시점 이후에</u> 공자는 정말로 인에 대해 드물게 말했는지도 모른다. 그리고 그 뒤 어느 시점부터 공자가 빈번하게 인에 대해 설파하기 시작했으며, 『논어』에 보이는 인에 대한 106회의 언급은 그 결과일 수 있다.

① ㉠을 "기존과 동일하게 해석하여 이 문장에 대한 일반적 해석을 준수하는 방식"으로 고친다.
② ㉡을 "인이 106회 언급되었다면 다른 어떤 것에 비해서도 드물다고 평가할 수 없다"로 고친다.
③ ㉢을 "인에 대한 기록이 적어질 수밖에 없었다"로 고친다.
④ ㉣을 "『논어』를 편찬한 공자 제자들의 공통적 특성"으로 고친다.
⑤ ㉤을 "이 문장을 기록했던 시점까지"로 고친다.

08 다음 글의 (가)와 (나)에 들어갈 말을 짝지은 것으로 가장 적절한 것은?

오늘날 우리는 끊임없이 무엇인가를 전시하고 이에 대한 주변인의 반응을 기다린다. 특히 전시의 공간이 온라인 플랫폼으로 확장되면서 우리의 삶 자체가 전시물이 되는 시대에 살고 있다. 전시된 삶에 공감하는 익명의 사람들은 '좋아요' 버튼을 누른다. '좋아요'의 수가 많을수록 전시된 콘텐츠의 가치가 높아진다. 이제 얼마나 많은 수의 '좋아요'를 확보하느냐가 관건이 된다.

그러다 보니 우리는 손에 잡히지 않지만 눈으로 확인할 수 있는 누군가의 '좋아요'를 좇게 된다. '좋아요'는 전시된 콘텐츠에 대한 공감의 표현 방식이었지만, 어느 순간 관계가 역전되어 '좋아요'를 얻기 위해 콘텐츠를 가상 공간에 전시하기 시작한다. 이제 우리는 '좋아요'를 많이 얻을 수 있는 콘텐츠를 만들어내는 데 최선의 노력을 기울이게 된다.

이 관계의 역전은 문제를 일으킨다. '좋아요'의 선택을 받기 위해 노력하다 보면 어느 순간 현실에 존재하는 '나'가 사라지고 만다. 타인이 좋아할 만한 일상과 콘텐츠를 선별하거나 심지어 만들어서라도 전시하기 때문이다. (가) . 타인의 '좋아요'를 얻기 위해 현실에 존재하는 내가 사라지고 마는 아이러니를 직면하는 순간이다.

'좋아요'의 공동체 안에서는 타자도 존재하지 않는다. 이 공동체는 '좋아요'를 매개로 모인 서로 '같음'을 공유하는 사람들로 구성된다. 그래서 같은 것을 좋아하고 긍정하는 '좋아요'의 공동체 안에서 각자의 '다름'은 점차 사라진다. (나) . 이제 공동체에서 그러한 타자를 환대하거나 그의 말을 경청하려는 사람은 점점 줄어들고, '다름'은 '좋아요'가 용납하지 않는 별개의 언어가 된다.

'좋아요'는 그 특유의 긍정성 덕분에 뿌리치기 힘든 유혹으로 다가온다. 하지만 '좋아요'에 함몰되는 순간 나와 타자를 동시에 잃어버릴 수 있다. 우리는 '좋아요'를 거부하는 타자들을 인정하고 그들의 말에 귀를 기울여야 한다. 이렇게 '좋아요'가 축출한 '다름'의 언어를 되찾아오기 시작할 때 '좋아요'의 아이러니에서 벗어날 수 있을 것이다.

① (가) : '좋아요'를 얻기 위해 현실의 나와 다른 전시용 나를 제작하는 셈이다
(나) : '좋아요'를 거부하고 다른 의견을 내는 사람은 불편한 대상이자 배제의 대상이 된다
② (가) : '좋아요'를 얻기 위해 현실의 나와 다른 전시용 나를 제작하는 셈이다
(나) : '좋아요'의 공동체에서는 어떠한 갈등이나 의견 대립도 발생하지 않는다
③ (가) : '좋아요'를 얻기 위해 나의 내면과 사생활까지도 타인에게 적극적으로 개방한다
(나) : '좋아요'를 거부하고 다른 의견을 내는 사람은 불편한 대상이자 배제의 대상이 된다
④ (가) : '좋아요'를 얻기 위해 나의 내면과 사생활까지도 타인에게 적극적으로 개방한다
(나) : '좋아요'의 공동체에서는 어떠한 갈등이나 의견 대립도 발생하지 않는다
⑤ (가) : '좋아요'를 얻기 위해 현실의 내가 가진 매력적 콘텐츠를 더욱 많이 발굴하는 것이다
(나) : '좋아요'의 공동체에서는 어떠한 갈등이나 의견 대립도 발생하지 않는다

09 다음 글의 빈칸에 들어갈 내용으로 가장 적절한 것은?

> 여행가들은 종종 여행으로 세계에 대한 새로운 지식을 얻었을 뿐만 아니라 차별과 편견을 제거할 수 있었다고 말한다. 이 깨달음은 신경과학자들 덕분에 사실로 입증되었다. 신경과학자들은 여행이 뇌의 전측대상피질(ACC)을 자극한다는 것을 알아냈다. ACC는 자신이 가진 세계 모델을 기초로 앞으로 들어올 지각 정보의 기대치를 결정하고 새로 들어오는 지각 정보들을 추적한다. 새로 들어온 정보가 기대치에 맞지 않으면 ACC는 경보를 발령하고, 이 정보에 대한 판단을 지연시켜 새로운 정보를 분석할 시간을 제공한다. 정보에 대한 판단이 지연되면, 그에 대한 말과 행동 또한 미뤄진다. ACC의 경보가 발령되면 우리는 어색함을 느끼고 멈칫한다. 결국 ACC는 주변 환경을 더 면밀히 관찰하라고 촉구한다.
> 우리의 뇌는 의식적으로든 반사적으로든 끊임없이 판단을 내린다. 이와 관련하여 인지과학자들은 판단을 늦출수록 판단이 정확성이 높아진다는 사실을 발견했다. 오랜 시간을 들여 더 많은 관련 정보를 파악하는 것이 정확한 판단의 핵심이기 때문이다. 최후의 순간까지 정보에 대한 판단을 유보할수록 정확한 판단을 내릴 가능성이 커진다.
> 낯선 장소를 방문할 때 우리는 늘 어색함을 느낀다. 음식, 지리, 날씨 등 모든 게 기존의 세계 모델과 일치하지 않기 때문이다. 여행은 ACC를 자극하고, ACC의 경보 발령으로 우리는 신속한 판단이나 반사적 행동을 자제하게 된다. 따라서 더 이질적인 문화를 경험하면, 우리의 뇌는 [　　　　].

① ACC를 덜 활성화시킨다
② 더 적은 정보를 처리한다
③ 주변 환경에 더 친숙해진다
④ 기존의 세계 모델을 더 확신한다
⑤ 정보에 대한 판단을 더 지연시킨다

10 **다음 글의 빈칸에 들어갈 내용으로 가장 적절한 것은?**

> 갑은 이번에 들어온 신입 사원 민철에 대해서 '그는 결혼하지 않았다.'라는 정보와 '그는 비혼이다.'라는 정보를 획득했다. 한편 을은 민철에 대해서 '그는 결혼하지 않았다.'라는 정보와 '그에게는 아이가 있다.'라는 정보를 획득했다. 갑이 획득한 정보 집합과 을이 획득한 정보 집합 중에서 무엇이 더 정합적인가? 다르게 말해 어떤 집합 내 정보들이 서로 더 잘 들어맞는가? 갑의 정보 집합이 더 정합적이라고 여기는 것이 상식적이다.
> 그렇다면 이런 정보 집합의 정합성은 어떻게 측정할 수 있을까? 그 방법 중 하나인 C는 확률을 이용해 그 정합성의 정도, 즉 정합도를 측정한다. 여러 정보로 이루어진 정보 집합 S가 있다고 해보자. 방법 C에 따르면, S의 정합도는 [   ] 으로 정의된다.
> 그 정의에 따라 정합도를 측정하면, 위 갑과 을이 획득한 정보 집합의 정합성을 우리의 상식에 맞춰 비교할 수 있다. 갑이 획득한 정보에서 '그가 결혼하지 않았으며 비혼일 확률'과 '그가 결혼하지 않았거나 비혼일 확률'은 모두 '그가 비혼일 확률'과 같다. 왜냐하면 결혼하지 않았다는 것과 비혼이라는 것은 서로 같은 말이기 때문이다. 따라서 방법 C에 따르면 갑이 획득한 정보 집합의 정합도는 1이다. 한편, '그가 결혼하지 않았으며 아이가 있을 확률'은 '그가 결혼하지 않았거나 아이가 있을 확률'보다 낮다. 왜냐하면 그가 결혼하지 않았거나 아이가 있는 경우에 비해, 그가 결혼하지 않고 아이가 있는 경우는 드물기 때문이다. 따라서 방법 C에 따르면 을의 정보 집합의 정합도는 1보다 작다. 이런 식으로 방법 C는 갑의 정보 집합의 정합도가 을의 정보 집합의 정합도보다 크다고 말해 준다. 그리고 그 점에서 갑의 정보 집합이 을의 정보 집합보다 더 정합적이라고 판단한다. 이는 우리 상식에 부합하는 결과이다.

① S의 정보 중 적어도 하나가 참일 확률을 S의 모든 정보가 참일 확률로 나눈 값
② S의 모든 정보가 참일 확률을 S의 정보 중 적어도 하나가 참일 확률로 나눈 값
③ S의 정보 중 기껏해야 하나가 참일 확률을 S의 모든 정보가 참일 확률로 나눈 값
④ S의 모든 정보가 참일 확률을 S의 정보 중 기껏해야 하나가 참일 확률로 나눈 값
⑤ S의 정보 중 기껏해야 하나가 참일 확률을 S의 정보 중 적어도 하나가 참일 확률로 나눈 값

11 **다음 글의 ㉠을 이끌어내기 위해 추가해야 할 전제로 가장 적절한 것은?**

> 우리는 보고, 듣고, 냄새를 맡는 등 지각적 경험을 한다. 우리가 지각적 경험이 가능한 이유는 이러한 지각을 야기하는 원인이 존재하기 때문이다. 나는 ㉠ <u>신의 마음이 바로 나의 지각을 야기하는 원인임</u>을 논증을 통해 보이고자 한다.
> 이 세상에 존재하는 모든 것은 지각되는 것이고, 그러한 지각을 야기하는 원인이 존재한다. 그러한 원인이 존재한다면 그 원인은 내 마음속 관념이거나 나의 마음이거나 나 이외의 다른 마음 중 하나일 것이다. 하지만 나의 지각을 야기하는 원인은 내 마음속 관념이 아니다. 왜냐하면 지각이 관념의 원인이 될 수는 있지만 관념이 지각을 야기할 수는 없기 때문이다.
> 나의 지각을 야기하는 원인은 내 마음도 아니다. 왜냐하면 내 마음이 내 지각의 원인이라면 나는 내가 지각하는 바를 조종할 수 있어야 한다. 예를 들어, 내가 내 앞의 빨간 사과를 보고 있다고 해보자. 나는 이 사과를 빨간색으로 지각할 수밖에 없다. 아무리 내가 이 사과 색깔을 빨간색 대신 노란색으로 지각하려고 안간힘을 쓰더라도 이를 내 마음대로 바꿀 수는 없다. 그러므로 나의 지각을 야기하는 원인은 나 이외의 다른 마음이다.
> 나 이외의 다른 마음은 나 이외의 다른 사람의 마음이거나 사람이 아닌 다른 존재의 마음이다. 다른 사람의 마음이 내 지각을 야기하는 원인이 될 수 없다. 그들이 내가 지각하는 바를 조종할 수는 없기 때문이다. 그러므로 나의 지각을 야기하는 원인은 사람이 아닌 다른 존재의 마음이다.

① 내 마음속 관념이 곧 신이다.
② 사람과 신 이외에 마음을 지닌 존재는 없다.
③ 신의 마음은 나의 마음을 야기하는 원인이다.
④ 감각기관을 통한 지각적 경험은 신뢰할 수 있다.
⑤ 나 이외의 다른 마음만이 내가 지각하는 바를 조종할 수 있다.

12 다음 글의 내용이 참일 때 반드시 참인 것은?

A부서에서는 새로 시작된 프로젝트에 다섯 명의 주무관 가은, 나은, 다은, 라은, 마은의 참여 여부를 점검하고 있다. 주무관들의 업무 전문성을 고려할 때, 다음과 같은 예측을 할 수 있었고 그 예측들은 모두 옳은 것으로 밝혀졌다.

- 가은이 프로젝트에 참여하면 나은과 다은도 프로젝트에 참여한다.
- 나은이 프로젝트에 참여하지 않으면 라은이 프로젝트에 참여한다.
- 가은이 프로젝트에 참여하거나 마은이 프로젝트에 참여한다.

① 가은이 프로젝트에 참여하지 않으면 나은이 프로젝트에 참여한다.
② 다은이 프로젝트에 참여하면 마은이 프로젝트에 참여한다.
③ 다은이 프로젝트에 참여하거나 마은이 프로젝트에 참여한다.
④ 라은이 프로젝트에 참여하면 마은이 프로젝트에 참여한다.
⑤ 라은이 프로젝트에 참여하거나 마은이 프로젝트에 참여한다.

13 다음 글의 내용이 참일 때 반드시 참인 것은?

가훈은 모든 게임에서 2인 1조로 다른 조를 상대해야 한다. 게임은 구슬치기, 징검다리 건너기, 줄다리기, 설탕 뽑기 순으로 진행되며 다른 게임은 없다. 이에 가훈은 남은 참가자 갑, 을, 병, 정, 무 중 각각의 게임에 적합한 서로 다른 인물을 한 명씩 선택하여 조를 구성할 계획을 세웠다. 게임의 총괄 진행자는 가훈의 선택에 대해 다음과 같이 예측하였다.

- 갑은 설탕 뽑기에 선택되고 무는 징검다리 건너기에 선택된다.
- 을이 구슬치기에 선택되거나 정이 줄다리기에 선택된다.
- 을은 구슬치기에 선택되지 않고 무는 징검다리 건너기에 선택되지 않는다.
- 병은 어떤 게임에도 선택되지 않고 정은 줄다리기에 선택된다.
- 무가 징검다리 건너기에 선택되거나 정이 줄다리기에 선택되지 않는다.

가훈의 조 구성 결과 이 중 네 예측은 옳고 나머지 한 예측은 그른 것으로 밝혀졌다.

① 갑이 어느 게임에도 선택되지 않았다.
② 을이 구슬치기에 선택되었다.
③ 병이 줄다리기에 선택되었다.
④ 정이 징검다리 건너기에 선택되었다.
⑤ 무가 설탕 뽑기에 선택되었다.

14 다음 글의 빈칸에 들어갈 말로 적절한 것은?

> 문 주무관과 공 주무관은 하나의 팀을 이루어 문공 팀 제안서를 제출하였다. 이와 관련하여 공 주무관은 자신이 수집, 정리한 인사 관련 정보를 문 주무관과 다음과 같이 공유하였다. "강 주무관이 업무 평가에서 S등급을 받았다고 가정하면, 남 주무관이 업무 평가에서 S등급을 받은 경우 문공 팀 제안서가 폐기될 것입니다. 그런데 문공 팀 제안서가 폐기되는 일과 도 주무관이 전보 발령 대상이 되는 일, 둘 중 적어도 하나는 일어날 것입니다. 강 주무관과 남 주무관 둘 중 적어도 한 사람은 S등급을 받은 것이 분명합니다. 그런데 강 주무관만 S등급을 받고 남 주무관은 못 받는 그런 일은 없습니다. 다행히도, 문공 팀 제안서가 폐기되지 않고 심층 검토될 예정이라는 소식입니다."
> 그러나 공 주무관이 공유한 정보를 살펴보던 문 주무관은 자신이 입수한 정보를 공유하면서 공 주무관에게 말하였다. "공 주무관님, 그런데 조금 전 확인된 바로, ＿＿＿＿. 그렇다고 보면, 공 주무관님이 말씀하신 정보는 내적 일관성이 없고 따라서 전부 참일 수는 없습니다. 어딘가 최소한 한 군데는 잘못된 정보라는 말이지요. 지금으로선 어느 부분이 문제인지 알 수 없으니, 수고스럽더라도 어느 부분에 문제가 있는지 다시 확인해주셔야 하겠습니다."

① 남 주무관은 업무 평가에서 S등급을 받았습니다
② 강 주무관은 업무 평가에서 S등급을 받지 못했습니다
③ 도 주무관이 전보 발령 대상이 아닌 경우, 문공 팀 제안서가 폐기됩니다
④ 남 주무관이 업무 평가에서 S등급을 받은 경우, 도 주무관은 전보 발령 대상이 아닙니다
⑤ 강 주무관이 업무 평가에서 S등급을 받은 경우, 남 주무관도 업무 평가에서 S등급을 받습니다

15 다음 글에서 추론할 수 있는 것만을 〈보기〉에서 모두 고르면?

> 종이와 같이 전류가 흐르지 않는 성질을 가진 물질을 절연체라 한다. 절연체는 전기적으로 중성이며 전하를 띠지 않는다. 그러나 어떤 상황에서는 전하 사이에 작용하는 힘인 전기력에 의한 운동이 가능하다. 어떻게 이러한 절연체의 운동이 가능한가를 알아보자.
> 절연체는 전기적으로 중성이지만 그 안에는 무수히 많은 전하가 존재한다. 다만, 음전하와 양전하가 똑같은 숫자로 존재하며 물체에 균일하게 분포되어 있다. 이들에게 외부의 전하가 작용할 때 발생하는 전기력인 척력과 인력이 서로 상쇄되어 아무런 힘이 작용하지 않을 것처럼 보인다.
> 그런데 외부에서 전기력이 작용하면 절연체 내부의 전하들은 개별적으로 그 힘에 반응한다. 가령, 양으로 대전된 물체에 의해서 절연체에 전기력이 작용하는 경우, 절연체 내부의 음전하는 대전된 물체 방향으로 끌려가는 힘인 인력을 받고, 양전하는 밀려나는 힘인 척력을 받는다.
> 절연체 내부의 전하들은 이러한 전기력에 의해 미세하게 이동할 수 있는데, 음전하는 양으로 대전된 물체와 가까워지는 방향으로, 양전하는 멀어지는 방향으로 이동하게 된다. 그 결과 대전된 물체의 양전하와 절연체의 음전하 간의 인력이 대전된 물체의 양전하와 절연체의 양전하 간의 척력보다 커져 절연체는 대전된 물체 방향으로 끌려가게 된다. 전기력은 전하 간 거리가 멀수록 작아지는 특성이 있기 때문이다. 다만 절연체의 무게가 충분히 작아야만 이러한 전기력이 절연체의 무게를 극복하고 절연체를 끌어당길 수 있다.

보기

ㄱ. 절연체 내부 전하의 위치는 절연체 외부의 영향에 의해서 변할 수 있다.
ㄴ. 대전된 물체는 절연체 내 음전하와 양전하의 구성 비율을 변화시킬 수 있다.
ㄷ. 음으로 대전된 물체를 특정 무게 이하의 절연체에 가까이함으로써 절연체를 밀어내는 것이 가능하다.

① ㄱ　② ㄴ
③ ㄱ, ㄷ　④ ㄴ, ㄷ
⑤ ㄱ, ㄴ, ㄷ

16 **다음 글에서 추론할 수 있는 것은?**

> 사람의 근육 운동은 근육 세포의 수축과 이완이 반복되면서 일어나며, 근육 세포의 수축과 이완이 정상적으로 일어나지 않으면 근육 마비가 일어난다. 근육 세포의 수축과 이완은 근육 세포와 인접해 있는 운동 신경 세포에서 아세틸콜린의 방출을 조절함으로써 일어날 수 있다.
>
> 운동 신경 세포에 작용하는 신호에 의해 운동 신경 세포에서 아세틸콜린이 방출된다. 방출된 아세틸콜린은 근육 세포의 막에 있는 아세틸콜린 결합 단백질에 결합하고 이 근육 세포가 수축되게 한다. 뇌의 운동피질에서 유래한 신호가 운동 신경 세포에 작용하여 이와 같은 현상을 일으킬 수 있다.
>
> 운동 신경 세포에서 아세틸콜린의 방출은 운동 신경 세포와 접하고 있는 억제성 신경 세포에 의해서도 조절될 수 있다. 억제성 신경 세포는 글리신을 방출하는데, 이 글리신은 운동 신경 세포에 작용하여 아세틸콜린의 방출을 막음으로써 근육 세포가 이완되게 한다
>
> 사람의 근육 운동에 영향을 미치는 물질 중에는 보툴리눔 독소와 파상풍 독소가 있다. 두 독소는 각각 병원균인 보툴리눔균과 파상풍균이 분비하는 독성 단백질이다. 보툴리눔 독소는 운동 신경 세포에 작용하여 아세틸콜린이 방출되는 것을 막아 근육 세포가 이완된 상태로 있게 하여 근육 마비를 일으킨다. 파상풍 독소는 억제성 신경 세포에 작용하여 글리신이 방출되는 것을 막아 근육 세포가 수축된 상태로 있게 하여 근육 마비를 일으킨다.

① 근육 세포의 막에는 글리신 결합 단백질이 있다.
② 보툴리눔 독소는 근육 세포의 수축이 일어나지 않게 하여 근육 마비를 일으킨다.
③ 운동 신경 세포에서 방출된 아세틸콜린은 억세성 신경 세포에서 글리신의 방출을 막는다.
④ 뇌의 운동피질에서 유래된 신호는 운동 신경 세포에서 아세틸콜린의 방출을 막아서 근육의 수축을 일으킨다.
⑤ 파상풍 독소는 운동 신경 세포에서 방출된 아세틸콜린이 근육 세포의 막에 있는 결합 단백질에 결합할 수 없게 한다.

17 **다음 글의 (가)와 (나)에 들어갈 말을 짝지은 것으로 가장 적절한 것은?**

> 진공 상태에서 금속이나 반도체 물질에 높은 전압을 가하면 그 표면에서 전자가 방출된다. 방출된 전자가 형광체에 충돌하면 빛이 발생하는데, 이 빛을 이용하여 디스플레이를 만들 수 있다. 이런 디스플레이를 만들기 위해, 금속이나 반도체 물질로 만들어진 원기둥 형태의 나노 구조체가 기판에 고밀도로 존재하도록 제작하는 기술이 개발되고 있다.
>
> 고밀도의 나노 구조체가 있는 기판을 제작하려는 것은 나노 구조체의 밀도가 높을수록 단위 면적당 더 많은 양의 전자가 방출될 것이라는 가설 H1에 근거하고 있다. 그러나 기판의 단위 면적당 방출되는 전자의 양은 나노 구조체의 밀도가 일정 수준 이상으로 높아지면 오히려 줄어들게 될 것이라는 가설 H2를 주장하는 과학자들의 수가 많아지고 있다. 이는 나노 구조체가 너무 조밀하게 모여 있으면 나노 구조체 각각에 가해지는 실제 전압이 오히려 감소한다는 사실에 기반을 두고 있다.
>
> 과학자 L은 가설 H1과 가설 H2를 확인하기 위한 원기둥 형태의 금속 재질의 나노 구조체 X가 있는 기판을 제작하였다. 이 기판에 동일 거리에서 동일 전압을 가하여 다음의 실험을 수행하였다.
>
> 〈실험〉
>
> 실험 1: X가 있는 기판 A와 A보다 면적이 두 배이고 X의 개수가 네 배인 기판 B를 제작하였다. 이때 단위 면적당 방출된 전자의 양은 기판 A와 기판 B가 같았다.
>
> 실험 2: 단위 면적당 방출된 전자의 양은, 기판 C에 10,000개의 X가 있을 때보다 20,000개의 X가 있을 때 더 많았고, 기판 C에 20,000개의 X가 있을 때보다 30,000개의 X가 있을 때 더 적었다.
>
> 두 실험 중 실험 1은 가설 H1을 [(가)], 실험 2는 가설 H2를 [(나)].

	(가)	(나)
①	강화하고	강화한다
②	강화하고	약화한다
③	약화하지 않고	약화한다
④	약화하고	약화한다
⑤	약화하고	강화한다

18 다음 글의 실험 결과를 가장 잘 설명하는 것은?

광검출기는 빛을 흡수하고 이를 전기 신호인 광전류로 변환하여 빛의 세기를 측정하는 장치로, 얼마나 넓은 범위의 세기를 측정할 수 있는지가 광검출기의 성능을 결정하는 주요 지표이다.
광검출기에서는 빛이 조사되지 않아도 열에너지의 유입 등 외부 요인에 의해 미세한 전류가 발생할 수 있는데, 이러한 전류를 암전류라 한다. 그런데 어떤 광검출기에 세기가 매우 작은 빛이 입력되어 암전류보다 작은 광전류가 발생한다면, 발생한 전류가 암전류에 의한 것인지 빛의 조사에 의한 것인지 구분할 수 없다. 따라서 이 빛의 세기는 이 광검출기에서 측정할 수 없다.
한편, 광검출기에는 광포화 현상이 발생하는데, 이는 광전류의 크기가 빛의 세기에 따라 증가하다가 특정 세기 이상의 빛이 입력되어도 광전류의 크기가 더 이상 증가하지 않고 일정하게 유지되는 것을 뜻한다. 광포화가 일어나기 위한 빛의 최소 세기를 광포화점이라 하고, 광검출기는 광포화점 이상의 세기를 갖는 서로 다른 빛에 대해서는 각각의 세기를 측정할 수 없다. 결국, 어떤 광검출기가 측정할 수 있는 빛의 최소 세기를 결정하는 암전류의 크기와 빛의 최대 세기를 결정하는 광포화점의 크기는 광검출기의 성능을 결정하는 주요 지표이다.
한 과학자는 세기가 서로 다른 빛 A~D를 이용하여 광검출기 I과 II의 성능 비교 실험을 하였다. 이때 빛의 세기는 A > B > C이며 D > C이다. 광검출기 I과 II로 A~D 각각의 빛의 세기를 측정할 수 있는 경우를 ○, 측정할 수 없는 경우를 ×로 정리하여 실험 결과를 아래 표에 나타내었다.

광검출기 \ 빛	A	B	C	D
I	○	○	×	×
II	×	○	×	○

① 두 광검출기가 각각 검출할 수 있는 빛의 최소 세기는 I과 II가 같고, 광포화점은 I이 II보다 작다.
② 두 광검출기가 각각 검출할 수 있는 빛의 최소 세기는 I이 II보다 크고, 광포화점은 I이 II보다 작다.
③ 두 광검출기가 각각 검출할 수 있는 빛의 최소 세기는 I이 II보다 작고, 광포화점은 I이 II보다 작다.
④ 두 광검출기가 각각 검출할 수 있는 빛의 최소 세기는 I이 II보다 작고, 광포화점은 I이 II보다 크다.
⑤ 두 광검출기가 각각 검출할 수 있는 빛의 최소 세기는 I이 II보다 크고, 광포화점은 I이 II보다 크다.

[19~20] 다음 글을 읽고 물음에 답하시오.

우리가 임의의 명제 p를 지지하는 증거를 지니면 p에 대한 우리의 믿음은 인식적으로 정당화되고, p를 지지하는 증거를 지니지 않으면 p에 대한 우리의 믿음은 인식적으로 정당화되지 않는다. p에 대한 믿음이 인식적으로 정당화된 상황에서 p를 믿는 것은 우리의 인식적 의무일까? p를 믿는 것이 우리의 인식적 의무라면 이와 관련해 발생하는 문제는 없을까? 이 질문들과 관련해 의무론 논제, 비의지성 논제, 자유주의 논제를 고려해보자.

- 의무론 논제 : ㉠ 만약 우리가 p를 믿는다는 것이 인식적으로 정당화된다면 그것을 믿어야 하고, 만약 우리가 p를 믿는다는 것이 인식적으로 정당화되지 않는다면 그것을 믿어야 하는 것은 아니다. 즉 우리가 p를 믿어야 한다는 것은 우리가 p를 믿는다는 것이 인식적으로 정당화되기 위한 필요충분조건이다. 이것이 의무론 논제라 불리는 이유는 '우리가 p를 믿어야 한다.'는 것을 인식적 의무로 간주하기 때문이다.
- 비의지성 논제 : ㉡ 우리가 p를 믿는다는 것은 자유롭게 선택할 수 있는 것이 아니다. 즉 믿음은 선택의 대상이 아니다. 예를 들어, 갑이 창밖에 있는 나무를 바라보며 창밖에 나무가 있다는 것을 믿는다고 해보자. 이때 갑이 이를 믿지 않으려고 해도 그는 그럴 수 없다.
- 자유주의 논제 : ㉢ 만약 우리가 p를 믿는다는 것이 자유롭게 선택할 수 있는 것이 아니라면, 우리에게 p를 믿어야 할 인식적 의무는 없다. 예를 들어, 창밖에 나무가 있다는 갑의 믿음이 비의지적이라면, 갑에게는 창밖에 나무가 있다는 것을 믿어야 할 인식적 의무가 없다.

그런데 의무론 논제, 비의지성 논제, 자유주의 논제를 모두 받아들이면 ㉣ 우리가 p를 믿는다는 것은 인식적으로 정당화되지 않는다는 받아들이기 힘든 결론을 얻는다. 왜 그러한가? 이 논증은 다음과 같이 구성된다. 우선 우리가 p를 믿는다는 것이 자유롭게 선택할 수 있는 것이 아니라고, 즉 우리의 p에 대한 믿음이 비의지적이라고 하자. 그렇다면 자유주의 논제에 따라, 우리에게 p를 믿어야 할 인식적 의무는 없다. 그리고 의무론 논제에 따라, 우리가 p를 믿는다는 것은 인식적으로 정당화되지 않는다. 이러한 결론을 거부하려면 위 세 논제 중 적어도 하나를 거부해야 한다.

철학자 A는 자유주의 논제와 비의지성 논제는 받아들이면서 의무론 논제를 거부하여 위 논증의 결론을 거부한다. A에 따르면 위 논증에서 우리에게 p를 믿어야 할 인식적 의무가 없다는 것은 성립하지만, 우리에게 인식적 의무가 없더라도 그 믿음이 인식적으로 정당화될 수 있는 그런 경우가 있다. 위 예처럼 창밖에 나무가 있다는 것을 믿어야 할 인식적 의무가 없더라도, 창밖의 나무를 실제로 보고 있다는 것으로부터 그 믿음은 충분히 인식적으로 정당화될 수 있다. 따라서 위 논증의 결론은 거부된다.

철학자 B는 의무론 논제와 비의지성 논제는 받아들이면서 자유주의 논제를 거부하여 위 논증의 결론을 거부한다. B에 따르면 위 논증에서 우리의 p에 대한 믿음이 비의지적이더라도 그 믿음에 대한 인식적 의무는 있을 수 있다. 비유적으로 생각해 보자. 돈이 없어서 빚을 갚을지 말지에 대해 선택의 여지가 없다고 하더라도 빚을 갚아야 한다는 의무는 있다. B에 따르면 이러한 방식으로 비의지적인 믿음에 대한 인식적 의무에 대해 말할 수 있다.

19 **윗글의 ㉠~㉣에 대한 분석으로 적절한 것만을 〈보기〉에서 모두 고르면?**

보기

ㄱ. ㉠과 ㉢만으로는 ㉣이 도출되지 않는다.
ㄴ. ㉡의 부정으로부터 ㉢의 부정이 도출된다.
ㄷ. ㉢과 "'지금 비가 오고 있다.'를 믿는다는 것이 비의지적이다."라는 전제로부터 "우리에게 '지금 비가 오고 있다.'를 믿어야 할 인식적 의무가 없다."는 것이 도출된다.

① ㄱ　② ㄴ
③ ㄱ, ㄷ　④ ㄴ, ㄷ
⑤ ㄱ, ㄴ, ㄷ

20 윗글에 대한 평가로 적절한 것만을 〈보기〉에서 모두 고르면?

보기

ㄱ. "우리가 p를 믿는다는 것은 자유롭게 선택할 수 있는 것이다."는 것이 사실이면, 철학자 A의 입장은 약화된다.

ㄴ. "우리에게 p를 믿어야 할 인식적 의무가 있다면 우리의 p에 대한 믿음이 인식적으로 정당화된다."는 것이 사실이면, 철학자 B의 입장은 강화된다.

ㄷ. "우리가 p를 믿는다는 것이 자유롭게 선택할 수 있는 것이 아니더라도 우리에게 p를 믿어야 할 인식적 의무가 있다."는 것이 사실이면, 철학자 A와 B의 입장은 약화된다.

① ㄱ　② ㄷ
③ ㄱ, ㄴ　④ ㄴ, ㄷ
⑤ ㄱ, ㄴ, ㄷ

21 다음 대화의 ㉠으로 적절한 것만을 〈보기〉에서 모두 고르면?

갑: 현재 지방자치단체들에서는 아동학대 피해자들을 위해 아동보호 전문기관과 연계하여 적극적인 보호조치를 취하는 대응체계를 구축하고 있는데요. 그럼에도 불구하고 아동학대로부터 제대로 보호 받지 못하는 피해자들이 여전히 많은 이유는 무엇일까요?

을: 제 생각에는 신속한 보호조치가 미흡한 것 같습니다. 현행 대응체계에서는 신고가 접수된 이후부터 실제 아동학대로 판단되어 보호조치가 취해지기까지 긴 시간이 소요됩니다. 신고를 해 놓고 보호조치를 기다리는 동안 또다시 학대를 받는 아동이 많은 것은 아닐까요?

병: 글쎄요. 저는 다른 이유가 있다고 생각합니다. 현행 대응체계에서는 일단 아동학대 신고가 접수되면 실제 아동학대로 판단될 수 있는 사례인지를 조사합니다. 그 결과 아동학대로 판단되지 않은 사례에 대해서는 보호조치가 취해지지 않는데요. 당장은 직접적인 학대 정황이 포착되지 않아 아동학대로 판단되지 않았으나, 실제로는 아동학대였던 경우가 많았을 것이라고 생각합니다.

정: 옳은 지적이긴 합니다. 하지만 저는 더 근본적인 문제가 있다고 생각합니다. 아동학대가 가까운 친인척에 의해 발생한다는 점, 그리고 피해자가 아동이라는 점 등으로 인해 신고 자체가 어려운 경우가 많습니다. 애당초 신고를 하기 어려우니 보호조치가 취해질 가능성 또한 낮은 것이지요.

갑: 모두들 좋은 의견 감사합니다. 오늘 회의에서 제시하신 의견을 뒷받침할 수 있는 ㉠<u>자료 조사</u>를 수행해 주세요.

보기

ㄱ. 을의 주장을 뒷받침하기 위해, 신고가 접수된 시점과 아동학대 판단 후 보호조치가 시행된 시점 사이에 아동학대가 재발한 사례의 수를 조사한다.

ㄴ. 병의 주장을 뒷받침하기 위해, 아동학대로 판단되지 않은 신고 사례 가운데 보호조치가 취해지지 않은 사례가 차지하는 비중을 조사한다.

ㄷ. 정의 주장을 뒷받침하기 위해, 아동학대 피해자 가운데 친인척과 동거하지 않으며 보호조치를 받지 못한 사례의 수를 조사한다.

① ㄱ　② ㄴ　③ ㄱ, ㄷ
④ ㄴ, ㄷ　⑤ ㄱ, ㄴ, ㄷ

22 다음 글에서 추론할 수 있는 것은?

현재 갑국의 소매업자가 상품을 판매할 수 있는 방식을 정리하면 <표>와 같다.

〈표〉 판매 유형 및 방법에 따른 구분

유형＼방법	주문 방법	결제 방법	수령 방법
대면	영업장 방문	영업장 방문	영업장 방문
예약 주문	온라인	영업장 방문	영업장 방문
스마트 오더	온라인	온라인	영업장 방문
완전 비대면	온라인	온라인	배송

갑국은 주류에 대하여 국민 건강 증진 및 청소년 보호를 이유로 스마트 오더 및 완전 비대면 방식으로 판매하는 것을 금지해 왔다. 단, 전통주 제조자가 관할 세무서장의 사전 승인을 받은 경우, 그리고 음식점을 운영하는 음식업자가 주문 받은 배달 음식과 함께 소량의 주류를 배달하는 경우에 예외적으로 주류의 완전 비대면 판매가 가능했다.

그러나 IT 기술 발전으로 인터넷 상점이나 휴대전화 앱 등을 이용한 재화 및 서비스의 구매 비중이 커져 주류 판매 관련 규제도 변해야 한다는 각계의 요청이 있었다. 이에 갑국 국세청은 관련 고시를 최근 개정하여 주류 소매업자가 이전과 다른 방식으로 주류를 판매하는 것도 허용했다.

이전에는 슈퍼마켓, 편의점 등을 운영하는 주류 소매업자는 대면 및 예약 주문 방식으로만 주류를 판매할 수 있었다. 그러나 개정안에 따르면 주류 소매업자가 스마트 오더 방식으로도 소비자에게 주류를 판매할 수 있게 되었다. 다만 완전 비대면 판매는 이전처럼 예외적인 경우에만 허용된다.

① 고시 개정과 무관하게 음식업자는 주류만 완전 비대면으로 판매할 수 있다.

② 고시 개정 이전에는 슈퍼마켓을 운영하는 주류 소매업자는 온라인으로 주류 주문을 받을 수 없었다.

③ 고시 개정 이전에는 주류를 구매하는 소비자는 반드시 영업장을 방문하여 상품을 대면으로 수령해야 했다.

④ 고시 개정 이전에는 편의점을 운영하는 주류 소매업자는 주류 판매 대금을 온라인으로 결제 받을 수 없었다.

⑤ 고시 개정 이후에는 전통주를 구매하는 소비자는 전통주 제조자의 영업장에 방문하여 주류를 구입할 수 없다.

23 다음 글의 〈표〉에 대한 판단으로 적절한 것만을 〈보기〉에서 모두 고르면?

갑 부처는 민감정보 및 대규모 개인정보를 처리하는 공공기관에 대해 매년 「공공기관 개인정보 보호수준 평가」(이하 '보호수준 평가')를 실시한다. 갑 부처는 공공기관의 개인정보 보호 업무에 대한 관심도와 관리 수준을 평가하여 우수기관은 표창하고 취약기관에는 과태료를 부과할 수 있다.

보호수준 평가는 접근권한 관리, 암호화 조치, 접속기록 점검의 총 세 항목에 대해서 이루어진다. 각 항목에 대해 '상', '중', '하' 중 하나의 등급을 부여하며, 평가 대상 기관이 세 항목 모두 하 등급을 받으면 취약기관으로 지정된다. 평가 대상 기관이 두 항목에서 하 등급을 받는다면, 그것만으로는 취약기관으로 지정되지 않는다. 그러나 하 등급을 받은 항목의 수가 2년 연속 둘이라면, 그 기관은 취약기관으로 지정된다.

우수기관으로 지정되기 위해서는 당해 연도와 전년도에 각각 둘 이상의 항목에서 상 등급을 받고 당해 연도에는 하 등급을 받은 항목이 없어야 한다.

A기관과 B기관은 2023년과 2024년에 보호수준 평가를 받았으며, 각 항목에 대한 평가 결과는 <표>와 같다.

〈표〉 2023년과 2024년 보호수준 평가 결과

기관	연도＼항목	접근권한 관리	암호화 조치	접속기록 점검
A	2023	㉠	중	㉡
	2024	㉢	하	상
B	2023	㉣	상	하
	2024	중	㉤	㉥

〈보기〉

ㄱ. ㉠과 ㉢이 다르면 A기관은 2024년에 우수기관으로도 취약기관으로도 지정되지 않는다.

ㄴ. ㉤과 ㉥이 모두 '하'라면 B기관은 2024년에 취약기관으로 지정된다.

ㄷ. 2024년에 A기관은 취약기관으로 지정되었고 B기관은 우수기관으로 지정되었다면, ㉡과 ㉣은 같지 않다.

① ㄱ　② ㄴ　③ ㄱ, ㄷ　④ ㄴ, ㄷ　⑤ ㄱ, ㄴ, ㄷ

24 다음 갑~무의 대화에 대한 분석으로 적절하지 않은 것은?

> 갑: 2017년부터 우리 A시에 주민등록을 하여 거주해 오는 주민이 출산 직후인 2024년 4월 22일에 출산장려금과 산후관리비의 지원을 신청했습니다. 그런데 그 주민은 2023년 8월 30일부터 2023년 9월 8일까지 다른 지역으로 주민등록을 옮겨서 거주한 일이 있어서, 지원 대상이 될 수 없다고 통보하자 민원을 제기했습니다.
>
> 을: 안타까운 일이군요. 민원인은 요건상의 기간 중에 배우자의 직장 문제로 열흘 정도 다른 지역에 계셨을 뿐, 줄곧 우리 A시에 살고 계십니다.
>
> 갑: 「A시 산후관리비 및 출산장려금 지원에 관한 조례」(이하 ‘A시 조례’) ㉠ <u>제3조의 산후관리비 지원 자격 요건</u>은 “출산일 기준으로 12개월 전부터 신청일 현재까지 계속하여 A시에 주민등록을 둔 산모”라고 규정합니다. 어쩔 수 없습니다.
>
> 을: ㉡ <u>제7조의 출산장려금 지원 자격 요건</u>은 제3조에서와 동일하게 규정되어 있는데 “계속하여”라는 문구는 없습니다. 그러니 출산장려금은 지급했어야 하는 것 아닙니까?
>
> 병: 그것도 또한 계속성을 요구한다고 해석해야 합니다. 우리와 인접한 B시의 「B시 출산장려금 지원 조례」(이하 ‘B시 조례’) ㉢ <u>제2조의 출산장려금 지원 자격 요건</u>은 A시 조례 제7조와 같은 취지와 형식의 문구로 되어 있으면서 계속성을 명시합니다. 다른 지방자치단체들의 조례도 마찬가지입니다.
>
> 정: 그러나 B시 조례를 잘 보면 출산 전 주민등록의 기간은 우리의 절반밖에 되지 않습니다. 이 점을 고려하면, 둘을 동일 선상에 놓고 보아서는 안 됩니다.
>
> 무: 판례를 고려하여 해석하는 것이 적절해 보입니다. 갱신되거나 반복된 근로계약에서는 그 사이 일부 공백 기간이 있더라도 근로관계의 계속성을 인정해야 한다는 판결이 있습니다. 근로자를 보호하는 취지인데요, 자녀를 두는 가정을 보호하려는 A시 조례의 두 지원 사업은 그와 일맥상통합니다. 계속성은 유연하게 해석합시다.

① 갑은 민원인이 ㉠을 갖추었는지 여부에 대한 판단에서 병과는 같고 무와는 다르다.

② 을은 ㉠에 관한 조항에 나오는 “계속하여”라는 문구의 의미를 갑, 병과 달리 이해한다.

③ 병은 ㉢에서처럼 주민등록의 계속성을 명시하는 것이 ㉡과 같은 경우보다 일반적이라고 이해한다.

④ 정은 조문의 해석에서 ㉢에서의 주민등록 기간이 ㉡에서와 다르다는 점을 고려할 수 있다고 본다.

⑤ 무는 ㉠과 관련하여 일시적인 단절이 있어도 계속성의 요건이 충족될 수 있다고 본다.

25 다음 글의 〈논쟁〉에 대한 분석으로 적절한 것만을 〈보기〉에서 모두 고르면?

K국의 「형법」 제7조(이하 '현행 조항')는 다음과 같다.

> 제7조 죄를 지어 외국에서 형의 전부 또는 일부가 집행된 사람에 대해서는 선고하는 형을 감경 또는 면제할 수 있다.

최근 K국 의회에서는 현행 조항에서 "할 수 있다"의 문구를 "해야 한다"(이하 '개정 문구')로 개정하려 한다. 이에 대하여 갑과 을이 논쟁한다.

〈논쟁〉

쟁점 1: 갑은, 이중처벌 금지의 원칙에 따르면 외국에서 받은 형 집행은 K국에서 반드시 반영되어야 하는 것인데도 현행 조항은 법관이 그것을 아예 반영하지 않을 수 있는 재량까지 부여하기 때문에 어떻게든 개정은 해야 한다고 주장한다. 그러나 을은, 현행 조항은 이중처벌 금지의 원칙과 무관하기 때문에 개정 문구가 타당한지를 따질 것도 없이 그 원칙을 개정의 논거로 삼을 수 없다고 주장한다.

쟁점 2: 갑은, 현행 조항은 신체의 자유를 과도하게 제한하는 위헌적 조문이라서 향후 국민 기본권의 침해를 피할 수 없으므로 개정이 필요하다고 주장한다. 그러나 을은, 현재 K국 법원은 법률상의 재량을 합리적으로 행사하여 위헌의 사례 없이 사실상 개정 문구대로 운영하므로 현행 조항을 유지해도 된다고 맞선다.

〈보기〉

ㄱ. 쟁점 1과 관련하여, 을은 이중처벌 금지가 하나의 범죄행위에 대해 동일한 국가가 형벌권을 거듭 행사해서는 안 된다는 의미라고 해석하는 것이라면, 갑과 을 사이의 주장 불일치를 설명할 수 있다.

ㄴ. 쟁점 2와 관련하여, 갑은 현행 조항으로 말미암아 헌법상 신체의 자유가 침해될 것이라고 전망하지만, 을은 그러한 전망에 동의하지 않는다.

ㄷ. '외국에서 형의 집행을 받은 피고인에게 K국 법원이 형을 선고할 때에는 이미 집행된 형량을 공제해야 한다.'는 내용으로 K국 의회가 현행 조항을 개정한다면, 갑과 을은 개정에 반대할 것이다.

① ㄱ　② ㄷ
③ ㄱ, ㄴ　④ ㄴ, ㄷ
⑤ ㄱ, ㄴ, ㄷ

2 자료해석

정답 및 해설 p.240

01 다음 〈표〉는 2023년 도시 A~E의 '갑' 감염병 현황에 관한 자료이다. 이를 근거로 치명률이 가장 높은 도시와 가장 낮은 도시를 바르게 연결한 것은?

〈표〉 2023년 도시 A~E의 '갑' 감염병 현황

(단위 : 명)

구분 / 도시	환자 수	사망자 수
A	300	16
B	20	1
C	50	2
D	100	6
E	200	9

※ 치명률(%) $= \frac{\text{사망자 수}}{\text{환자 수}} \times 100$

	가장 높은 도시	가장 낮은 도시
①	A	C
②	A	E
③	D	B
④	D	C
⑤	D	E

02 다음 〈그림〉은 2023년 A~C구 공사 건수 및 평균 공사비를 나타낸 자료이다. 이를 근거로 계산한 2023년 A~C구 전체 공사의 평균 공사비는?

〈그림〉 2023년 A~C구 공사 건수 및 평균 공사비

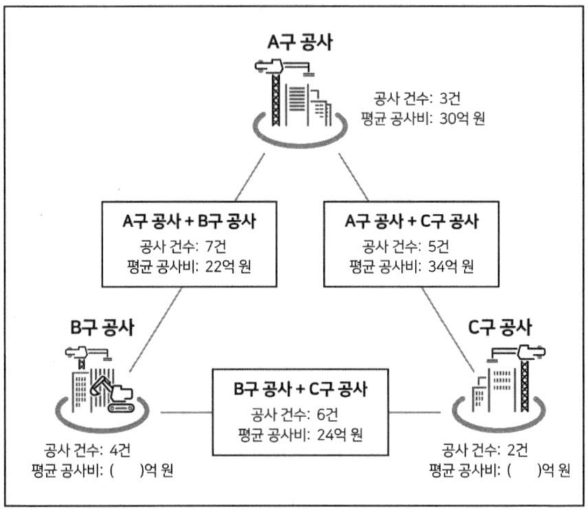

① 26억 원　② 27억 원
③ 28억 원　④ 29억 원
⑤ 30억 원

03 **다음 〈보고서〉는 '갑'시 시민의 2023년 문화예술 교육 수강 현황에 관한 자료이다. 〈보고서〉를 작성하는 데 사용되지 않은 자료는?**

보고서

'갑'시 시민 1,000명을 대상으로 2023년 한 해 동안의 문화예술교육 수강 현황을 조사한 결과, 316명이 수강 경험이 있다고 응답하였다. 문화예술교육 수강 경험이 있는 응답자가 가장 많이 수강한 상위 5개 분야는 기타를 제외하고 영화, 사진, 음악, 공예, 미술 순이었다. 문화예술교육 수강자의 평균 지출 비용은 38만 8천 원이었는데, 연령대별로는 40대가 48만 4천 원으로 가장 많았다. 또한 문화예술교육 수강자의 동반자 유형 구성을 살펴보면, '혼자(동반자 없음)' 수강한 비율은 50% 이상이었고, '친구 및 연인'과 함께 수강한 비율은 18.4%였다. 문화예술교육 인지 경로는 '인터넷 검색'이 33.2%로 가장 높았고, 다음으로 '주변 지인'이 19.0%였다. 수강한 문화예술교육의 교육방식은 '예술적 기량 향상을 위한 강습'이 27.5%로 가장 높았다. 문화예술교육 수강 장소별 만족도는 미술관이 가장 높았고, 그 다음으로 박물관, 공연장, 지역문화재단의 순이었다.

① 문화예술교육 수강 경험 유무 및 수강 분야 구성비

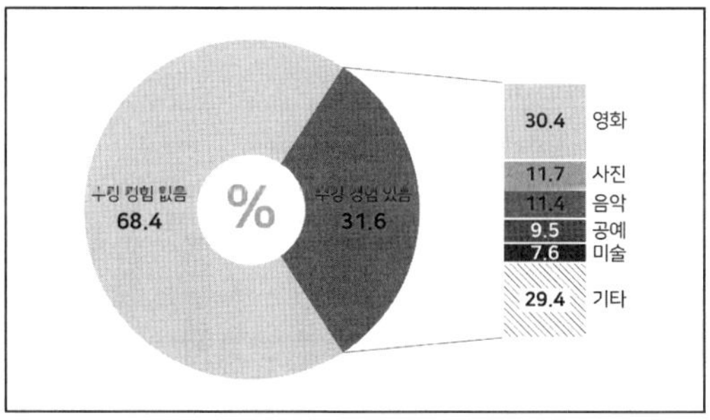

② 문화예술교육 수강자의 연령대별 평균 지출 비용

(단위: 만 원)

연령대	20대 이하	30대	40대	50대	60대 이상	전체
평균 지출 비용	36.8	46.9	48.4	39.5	19.9	38.8

③ 문화예술교육 수강자의 동반자 유형 구성비

(단위: %)

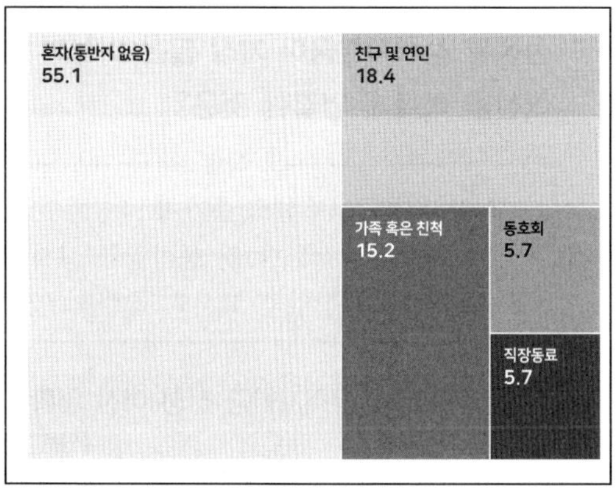

④ 문화예술교육 인지 경로 상위 5개 비율

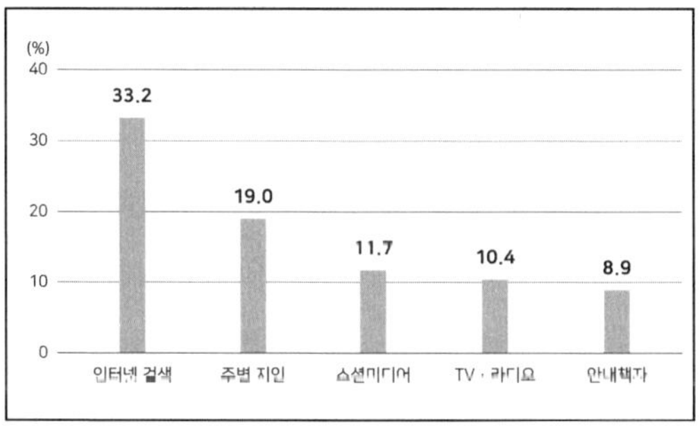

⑤ 문화예술교육 수강 이유 상위 5개 비율

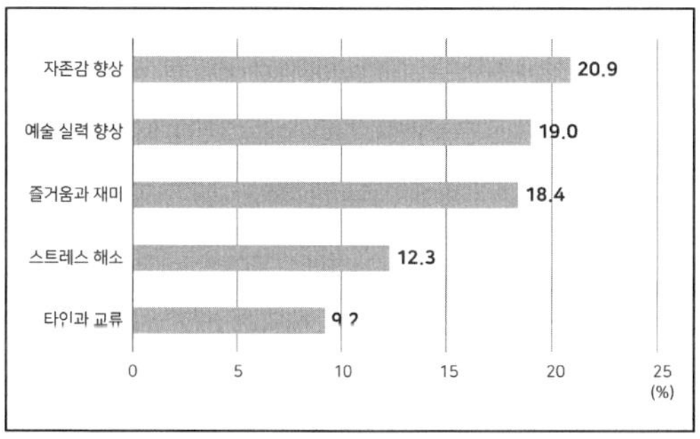

04 **다음은 2023년 '갑'국의 연근해 어선 감척지원금 산정에 관한 자료이다. 이를 근거로 어선 A~D 중 산정된 감척지원금이 가장 많은 어선과 가장 적은 어선을 바르게 연결한 것은?**

정보

- 감척지원금 = 어선 잔존가치+(평년수익액×3)+(선원 수×선원당 월 통상임금 고시액×6)
- 선원당 월 통상임금 고시액: 5백만 원/명

〈표〉 감척지원금 신청 어선 현황

(단위: 백만 원, 명)

어선	어선 잔존가치	평년수익액	선원 수
A	170	60	6
B	350	80	8
C	200	150	10
D	50	40	3

	가장 많은 어선	가장 적은 어선
①	A	B
②	A	C
③	B	A
④	B	D
⑤	C	D

05 **다음은 2022년과 2023년 '갑'국 주택소유통계에 관한 자료이다. 제시된 〈표〉와 〈정보〉 이외에 〈보고서〉를 작성하기 위해 추가로 필요한 자료만을 〈보기〉에서 모두 고르면?**

〈표〉 2022년과 2023년 주택소유 가구 수

(단위: 만 가구)

연도	2022	2023
주택소유 가구 수	1,146	1,173

정보

$$\text{가구 주택소유율}(\%) = \frac{\text{주택소유 가구 수}}{\text{가구 수}} \times 100$$

보고서

'갑'국의 주택 수는 2022년 1,813만 호에서 2023년 1,853만 호로 2.2% 증가하였다. 개인소유 주택 수는 2022년 1,569만 호에서 2023년 1,597만 호로 1.8% 증가하였다. 주택소유 가구 수는 2022년 1,146만 가구에서 2023년 1,173만 가구로 2.4% 증가하였지만, 가구 주택소유율은 2022년 56.3%에서 2023년 56.0%로 감소하였다. 2023년 지역별 가구 주택소유율을 살펴보면, 상위 3개 지역은 A(64.4%), B(63.0%), C(61.0%)로 나타났다.

보기

ㄱ. 2019~2023년 '갑'국 주택 수 및 개인소유 주택 수

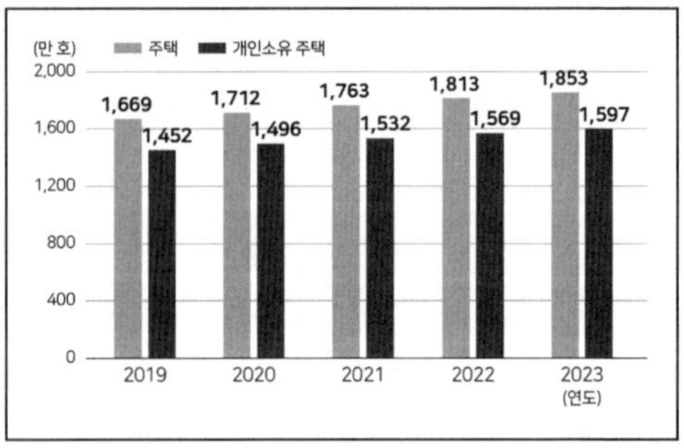

ㄴ. 2022년과 2023년 '갑'국 가구 수

(단위: 만 가구)

연도	2022	2023
가구 수	2,034	2,093

ㄷ. 2023년 '갑'국 지역별 가구 주택소유율 상위 3개 지역

(단위: %)

지역	A	B	C
가구 주택소유율	64.4	63.0	61.0

ㄹ. 2023년 '갑'국 가구주 연령대별 가구 주택소유율

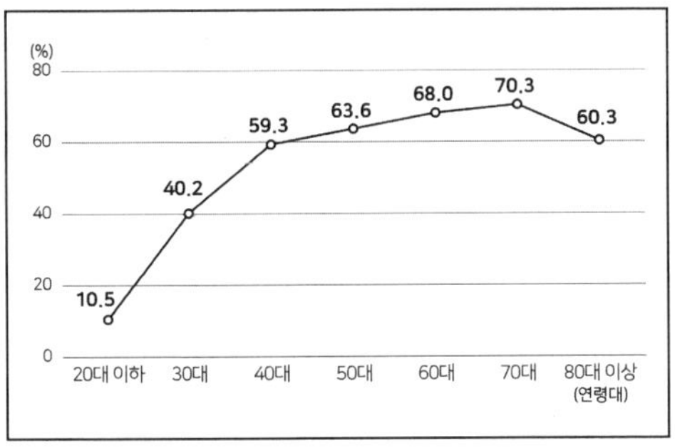

① ㄱ, ㄴ ② ㄱ, ㄹ
③ ㄴ, ㄷ ④ ㄴ, ㄹ
⑤ ㄱ, ㄴ, ㄷ

06 **다음은 '갑'국이 구매를 고려 중인 A~E 전투기의 제원과 평가방법에 관한 자료이다. 이를 근거로 A~E 중 '갑'국이 구매할 전투기를 고르면?**

〈표〉 A~E 전투기의 평가항목별 제원

(단위: 마하, 개, km, 억 달러)

평가항목 \ 전투기	A	B	C	D	E
최고속력	3.0	1.5	2.5	2.0	2.7
미사일 탑재 수	12	14	9	10	8
항속거리	1,400	800	1,200	1,250	1,500
가격	1.4	0.8	0.9	0.7	1.0
공중급유	가능	가능	불가능	가능	불가능
자체수리	불가능	가능	불가능	가능	가능

평가방법

- 평가항목 중 최고속력, 미사일 탑재 수, 항속거리, 가격은 평가항목별로 전투기 간 상대평가를 하여 가장 우수한 전투기부터 5점, 4점, 3점, 2점, 1점 순으로 부여한다.
- 최고속력은 높을수록, 미사일 탑재 수는 많을수록, 항속거리는 길수록, 가격은 낮을수록 전투기가 우수하다고 평가한다.
- 평가항목 중 공중급유와 자체수리는 평가항목별로 '가능'이면 1점, '불가능'이면 0점을 부여한다.
- '갑'국은 평가항목 점수의 합이 가장 큰 전투기를 구매한다. 단, 동점일 경우 그중에서 가격이 가장 낮은 전투기를 구매한다.

① A ② B
③ C ④ D
⑤ E

07 **다음 〈표〉는 2023년 '갑'국에서 배달대행과 퀵서비스 업종에 종사하는 운전자 실태에 관한 자료이다. 제시된 〈표〉 이외에 〈보고서〉를 작성하기 위해 추가로 필요한 자료만을 〈보기〉에서 모두 고르면?**

〈표 1〉 운전자 연령대 구성비 및 평균 연령

(단위: %, 세)

구분 \ 업종	연령대					평균 연령
	20대 이하	30대	40대	50대	60대 이상	
배달대행	40.0	36.1	17.8	5.4	0.7	33.2
퀵서비스	0.0	3.1	14.1	36.4	46.4	57.8

〈표 2〉 이륜자동차 운전 경력 및 서비스 제공 경력의 평균

(단위: 년)

구분 \ 업종	배달대행	퀵서비스
이륜자동차 운전 경력	7.4	19.8
서비스 제공 경력	2.8	13.7

〈표 3〉 일평균 근로시간 및 배달건수

(단위: 시간, 건)

구분 \ 업종	배달대행	퀵서비스
근로시간	10.8	9.8
운행시간	8.5	6.1
운행 외 시간	2.3	3.7
배달건수	41.5	15.1

보고서

'갑'국에서 배달대행과 퀵서비스 업종에 종사하는 운전자 실태를 조사한 결과는 다음과 같다. 두 업종 모두 이륜자동차를 이용하여 유사한 형태의 서비스를 제공하지만, 운전자 특성에는 큰 차이가 있었다. 우선, 운전자 평균 연령은 퀵서비스가 57.8세로 배달대행 33.2세보다 높았다. 이는 배달대행은 30대 이하 운전자 비중이 전체의 70% 이상이지만 퀵서비스는 50대 이상 운전자가 전체의 80% 이상을 차지하기 때문이다. 운전자의 이륜자동차 운전 경력의 평균과 서비스 제공 경력의 평균도 각각 퀵서비스가 배달대행에 비해 10년 이상 길었다. 한편, 운전자가 배달대행이나 퀵서비스 시장에 진입하기 위해서는 이륜자동차 구입 비용이 소요되는데, 신차와 중고차 구입 각각에서 배달대행이 퀵서비스보다 평균 구입 비용이 높았다. 또한, 운행시간과 운행 외 시간을 합한 일평균 근로시간은 배달대행이 퀵서비스보다 1.0시간 길었고, 월평균 근로일수도 배달대행이 퀵서비스보다 3일 이상 많은 것으로 나타났다.

보기

ㄱ. 이륜자동차 운전 경력 구성비

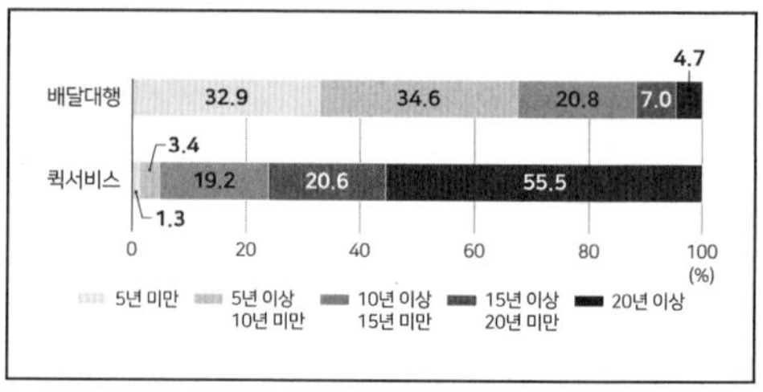

ㄴ. 서비스 제공 경력 구성비

업종 \ 경력	5년 미만	5년 이상 10년 미만	10년 이상 15년 미만	15년 이상 20년 미만	20년 이상	전체
배달대행	81.9	15.8	2.3	0.0	0.0	100
퀵서비스	14.8	11.3	26.8	14.1	33.0	100

ㄷ. 배달대행 및 퀵서비스 시장 진입을 위한 이륜자동차 평균 구입 비용

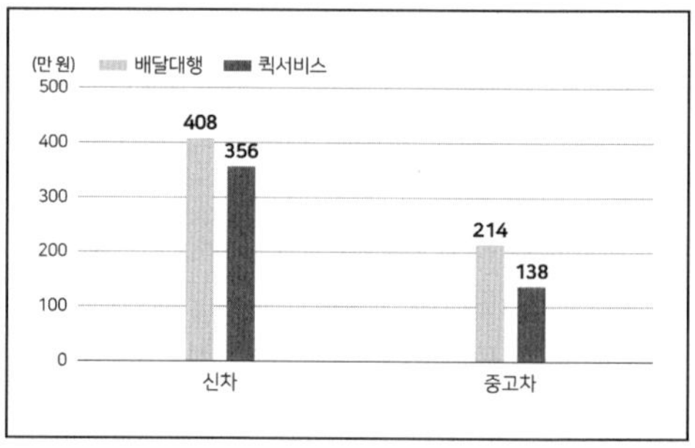

ㄹ. 월평균 근로일수

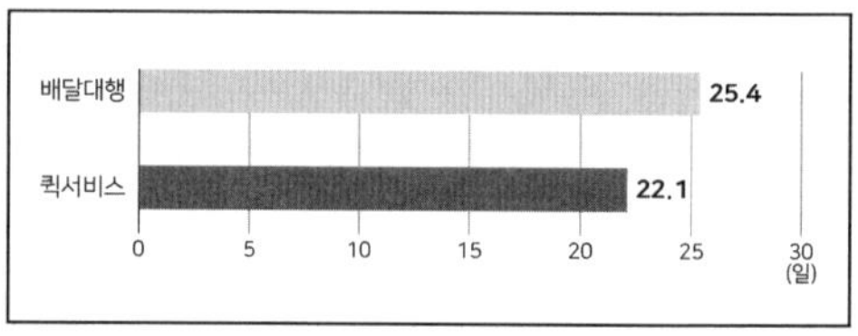

① ㄱ, ㄴ
② ㄴ, ㄷ
③ ㄷ, ㄹ
④ ㄱ, ㄴ, ㄹ
⑤ ㄱ, ㄷ, ㄹ

08 다음은 2023년 '갑'국 주요 10개 업종의 특허출원 현황에 관한 자료이다. 이를 근거로 A~C에 해당하는 업종을 바르게 연결한 것은?

〈표〉 주요 10개 업종의 기업규모별 특허출원건수 및 특허출원기업 수

(단위: 건, 개)

업종 \ 구분	기업규모별 특허출원건수			특허출원 기업 수
	대기업	중견기업	중소기업	
A	25,234	1,575	4,730	1,725
전기장비	6,611	501	3,265	1,282
기계	1,314	1,870	5,833	2,360
출판	204	345	8,041	2,550
자동차	5,460	1,606	1,116	617
화학제품	2,978	917	2,026	995
의료	52	533	2,855	1,019
B	18	115	3,223	1,154
건축	113	167	2,129	910
C	29	7	596	370

※ 기업규모는 '대기업', '중견기업', '중소기업'으로만 구분됨

정보

- '중소기업' 특허출원건수가 해당 업종 전체 기업 특허출원건수의 90% 이상인 업종은 '연구개발', '전문서비스', '출판'이다.
- '대기업' 특허출원건수가 '중견기업'과 '중소기업' 특허출원건수 합의 2배 이상인 업종은 '전자부품', '자동차'이다.
- 특허출원기업당 특허출원건수는 '연구개발'이 '전문서비스'보다 많다.

	A	B	C
①	연구개발	전자부품	전문서비스
②	전자부품	연구개발	전문서비스
③	전자부품	전문서비스	연구개발
④	전문서비스	연구개발	전자부품
⑤	전문서비스	전자부품	연구개발

09 다음 〈표〉는 2018~2023년 짜장면 가격 및 가격지수와 짜장면 주재료 품목의 판매단위당 가격에 관한 자료이다. 이에 대한 설명으로 옳은 것은?

〈표 1〉 2018~2023년 짜장면 가격 및 가격지수

(단위: 원)

구분 \ 연도	2018	2019	2020	2021	2022	2023
가격	5,011	5,201	5,276	5,438	6,025	( )
가격지수	95.0	98.6	100	103.1	114.2	120.6

※ 가격지수는 2020년 짜장면 가격을 100으로 할 때, 해당 연도 짜장면 가격의 상대적인 값임

〈표 2〉 2018~2023년 짜장면 주재료 품목의 판매단위당 가격

(단위: 원)

품목	판매단위 \ 연도	2018	2019	2020	2021	2022	2023
춘장	14kg	26,000	27,500	27,500	33,000	34,500	34,500
식용유	900mL	3,890	3,580	3,980	3,900	4,600	5,180
밀가루	1kg	1,280	1,280	1,280	1,190	1,500	1,880
설탕	1kg	1,630	1,680	1,350	1,790	1,790	1,980
양파	2kg	2,250	3,500	5,000	8,000	5,000	6,000
청오이	2kg	4,000	8,000	8,000	10,000	10,000	15,000
돼지고기	600g	10,000	10,000	10,000	13,000	15,000	13,000

※ 짜장면 주재료 품목은 제시된 7개뿐임

① 짜장면 가격지수가 80.0이면 짜장면 가격은 4,000원 이하이다.

② 2023년 짜장면 가격은 2018년에 비해 20% 이상 상승하였다.

③ 2018년에 비해 2023년 판매단위당 가격이 2배 이상인 짜장면 주재료 품목은 1개이다.

④ 2020년에 식용유 1,800mL, 밀가루 2kg, 설탕 2kg의 가격 합계는 15,000원 이상이다.

⑤ 매년 판매단위당 가격이 상승한 짜장면 주재료 품목은 2개 이상이다.

PART 3

10 다음 〈표〉는 2017~2023년 '갑'국의 '어린이 안전 체험 교실' 사업 운영 현황에 관한 자료이다. 이를 바탕으로 작성한 〈보고서〉의 A~C에 해당하는 내용을 바르게 연결한 것은?

〈표〉 2017~2023년 '어린이 안전 체험 교실' 사업 운영 현황

(단위: 개, 회, 명)

구분 \ 연도	참여 자치 단체 수	운영 횟수	교육 참여		자원 봉사자 수
			어린이 수	학부모 수	
2017	9	11	10,265	6,700	2,083
2018	15	30	73,060	19,465	1,600
2019	14	38	55,780	15,785	2,989
2020	18	35	58,680	13,006	2,144
2021	19	39	61,380	11,660	2,568
2022	17	38	59,559	9,071	2,406
2023	18	40	72,261	8,619	2,071

보고서

안전 체험 시설이 없는 지역으로 찾아가는 '어린이 안전 체험 교실' 사업이 2017년부터 2023년까지 운영되었다. 해당 기간 동안 참여 자치 단체 수, 운영 횟수 등이 변화하였는데 그중 참여 자치 단체 수와 교육 참여 [A] 수의 전년 대비 증감 방향은 매년 같았다.

2021년은 사업 기간 중 참여 자치 단체 수가 가장 많았던 해로 2020년보다 운영 횟수와 교육 참여 어린이 수가 늘었다. 운영 횟수당 교육 참여 어린이 수는 2021년이 2020년보다 [B].

본 사업에 자원봉사자도 꾸준히 참여하였다. 2019년에는 사업 기간 중 가장 많은 자원봉사자가 참여하였다. 자원봉사자당 교육 참여 어린이 수는 2019년이 2017년보다 [C].

	A	B	C
①	어린이	많았다	많았다
②	어린이	적었다	많았다
③	어린이	적었다	적었다
④	학부모	많았다	적었다
⑤	학부모	적었다	적었다

11 다음 〈표〉는 2019~2023년 '갑'국의 항공편 지연 및 결항에 관한 자료이다. 이에 대한 〈보기〉의 설명 중 옳은 것만을 모두 고르면?

〈표 1〉 2019~2023년 항공편 지연 현황

(단위: 편)

분기	월 \ 구분·연도	국내선 2019	국내선 2020	국내선 2021	국내선 2022	국내선 2023	국제선 2019	국제선 2020	국제선 2021	국제선 2022	국제선 2023
1	1	0	0	0	0	0	1	0	0	1	0
	2	0	0	0	0	0	0	0	0	0	2
	3	0	0	0	0	0	6	0	0	0	0
2	4	0	0	0	0	0	0	0	2	0	1
	5	1	0	0	0	0	5	0	0	1	0
	6	0	0	0	0	0	0	0	10	11	1
3	7	40	0	0	3	68	53	23	11	83	55
	8	3	0	0	3	1	27	58	61	111	50
	9	0	0	0	0	161	7	48	46	19	368
4	10	0	93	0	23	32	21	45	44	98	72
	11	0	0	0	1	0	0	0	0	5	11
	12	0	0	0	0	0	2	1	6	0	17
전체		44	93	0	30	262	122	175	180	329	577

〈표 2〉 2019~2023년 항공편 결항 현황

(단위: 편)

분기	월 \ 구분·연도	국내선 2019	국내선 2020	국내선 2021	국내선 2022	국내선 2023	국제선 2019	국제선 2020	국제선 2021	국제선 2022	국제선 2023
1	1	0	0	0	0	0	0	0	0	0	0
	2	0	0	0	0	0	0	0	0	0	14
	3	0	0	0	0	0	0	0	0	0	0
2	4	1	0	0	0	0	0	0	0	0	0
	5	6	0	0	0	0	10	0	0	0	0
	6	0	0	0	0	0	0	0	0	1	0
3	7	311	0	0	187	507	93	11	5	162	143
	8	62	0	0	1,008	115	39	11	71	127	232
	9	0	0	4	0	1,351	16	30	42	203	437
4	10	0	85	0	589	536	4	48	49	112	176
	11	0	0	0	0	0	0	0	0	0	4
	12	0	0	0	0	0	0	4	4	0	22
전체		380	85	4	1,784	2,509	162	104	171	605	1,028

보기
ㄱ. 2022년 3분기 국제선 지연편수는 전년 동기 대비 100편 이상 증가하였다. ㄴ. 2023년 9월의 결항편수는 국내선이 국제선의 3배 이상이다. ㄷ. 매년 1월과 3월에는 항공편 결항이 없었다.

① ㄱ　② ㄷ
③ ㄱ, ㄴ　④ ㄴ, ㄷ
⑤ ㄱ, ㄴ, ㄷ

12 **다음 〈표〉는 2022학년도 '갑'대학교 졸업생의 취업 및 진학 현황에 관한 자료이다. 이에 대한 설명으로 옳지 않은 것은?**

〈표〉 2022학년도 '갑'대학교 졸업생의 취업 및 진학 현황

(단위: 명, %)

구분 \ 계열	졸업생 수	취업자 수	취업률	진학자 수	진학률
A	800	500	( )	60	7.5
B	700	400	57.1	50	7.1
C	500	200	40.0	40	( )
전체	2,000	1,100	55.0	150	7.5

※ 1) 취업률(%) $= \frac{\text{취업자 수}}{\text{졸업생 수}} \times 100$

2) 진학률(%) $= \frac{\text{진학자 수}}{\text{졸업생 수}} \times 100$

3) 진로 미결정 비율(%) = 100−(취업률 + 진학률)

① 취업률은 A 계열이 B 계열보다 높다.
② 진로 미결정 비율은 B 계열이 C 계열보다 낮다.
③ 진학자 수만 계열별로 20%씩 증가한다면, 전체의 진학률은 10% 이상이 된다.
④ 취업자 수만 계열별로 10%씩 증가한다면, 전체의 취업률은 60% 이상이 된다.
⑤ 진학률은 A~C 계열 중 C 계열이 가장 높다.

13 **다음 〈그림〉은 오이와 고추의 재배방식별 파종, 정식, 수확 가능 시기에 관한 자료이다. 이에 대한 설명으로 옳지 않은 것은?**

〈그림〉 오이와 고추의 재배방식별 파종, 정식, 수확 가능 시기

작물	재배방식	1	2	3	4	5	6	7	8	9	10	11	12
오이	촉성	정식	수확	수확	수확	수확						파종	정식
	반촉성	파종	정식	수확	수확	수확	수확						
	조숙			파종	정식	수확	수확	수확	수확				
	보통				파종	정식	수확	수확	수확				
	억제					파종	정식	수확	수확	수확	수확	수확	
고추	촉성	수확	수확	수확	수확	수확					파종		정식
	반촉성		정식	수확	수확	수확	수확	수확				파종	
	조숙		파종		정식	수확	수확	수확	수확	수확	수확		
	보통			파종		정식	수확	수확	수확	수확	수확		
	억제				파종		정식	수확	수확	수확	수확	수확	

(범례: 파종, 정식, 수확 / 월)

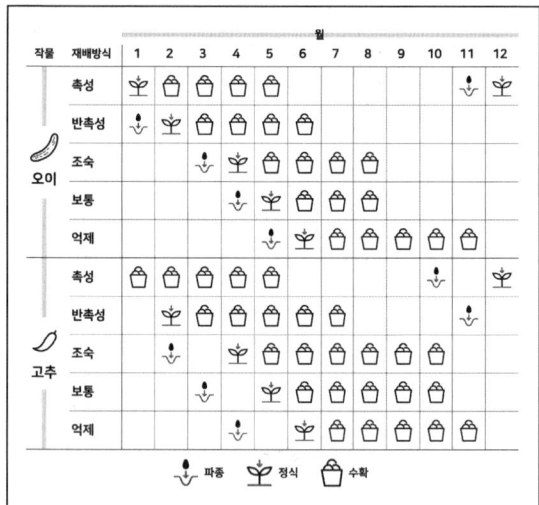

① '촉성' 재배방식에서 정식이 가능한 달의 수는 오이가 고추보다 많다.

② 고추의 각 재배방식에서 파종 가능 시기와 정식 가능 시기의 차이는 1개월 이상이다.

③ 오이는 고추보다 정식과 수확이 모두 가능한 달의 수가 더 많다.

④ 고추의 경우, 수확이 가능한 재배방식의 수는 7월이 가장 많다.

⑤ 오이의 재배방식 중 수확이 가능한 달의 수가 가장 적은 것은 '보통'이다.

14 **다음 〈표〉는 2019~2023년 '갑'국의 양식 품목별 면허어업 건수에 관한 자료이다. 이에 대한 설명으로 옳은 것은?**

〈표〉 2019~2023년 양식 품목별 면허어업 건수

(단위: 건)

연도 / 양식 품목	2019	2020	2021	2022	2023
김	781	837	853	880	812
굴	1,292	1,314	1,317	1,293	1,277
새고막	1,076	1,093	1,096	1,115	1,121
바지락	570	587	576	582	565
미역	802	920	898	882	678
전체	4,521	4,751	4,740	4,752	4,453

※ 양식 품목은 '김', '굴', '새고막', '바지락', '미역'뿐임

① '김' 면허어업 건수는 매년 증가한다.

② '굴'과 '새고막'의 면허어업 건수 합은 매년 전체의 50% 이상이다.

③ '바지락' 면허어업 건수의 전년 대비 증가율은 2020년이 2022년보다 낮다.

④ '미역' 면허어업 건수는 2023년이 2020년보다 많다.

⑤ 2023년에 면허어업 건수가 전년 대비 증가한 양식 품목은 2개이다.

15 다음은 2019~2022년 우리나라의 원산지별 목재펠릿 수입량에 관한 자료이다. 이를 근거로 A~E국 중 우리나라에 해당하는 국가를 고르면?

보고서

목재펠릿은 작은 원통형으로 성형한 목재 연료로, 재생 가능한 청정에너지원이며 바이오매스 발전에 사용되고 있다. 2022년 기준 국내 목재펠릿 이용량의 84%가 수입산으로, 전체 수입량은 전년 대비 10% 이상 증가하였다. 매년 전체 목재펠릿 수입량의 절반 이상이 베트남산으로, 베트남에 대한 과도한 의존이 지속되고 있다. 2021년부터 충청남도 서산과 당진에 있는 바이오매스 발전소에 캐나다산 목재펠릿을 공급하면서 캐나다산 목재펠릿 수입이 증가하여 2022년 캐나다산 목재펠릿 수입량은 2019년 대비 30배 이상이 되었다. 또한, 2022년에는 유럽 시장에 수출길이 막힌 러시아산 목재펠릿의 수입량이 크게 증가하여 2022년 기준 러시아산이 우리나라 목재펠릿 수입량 2위를 차지하였다. 인도네시아산 목재펠릿 수입량은 2019년 이후 꾸준히 증가해 2022년에는 말레이시아산 목재펠릿 수입량을 추월하였다.

〈표 1〉 2019~2021년 우리나라의 원산지별 목재펠릿 수입량

(단위: 천 톤)

원산지 / 연도	베트남	말레이시아	캐나다	인도네시아	러시아	기타	전체
2019	1,941	520	11	239	99	191	3,001
2020	1,912	508	52	303	165	64	3,004
2021	2,102	406	329	315	167	39	3,358

〈표 2〉 2022년 A~E국의 원산지별 목재펠릿 수입량

(단위: 천 톤)

원산지 / 국가	베트남	말레이시아	캐나다	인도네시아	러시아	기타	전체
A	2,201	400	348	416	453	102	3,920
B	2,245	453	346	400	416	120	3,980
C	2,264	416	400	346	453	106	3,985
D	2,022	322	346	416	400	40	3,546
E	2,010	346	322	400	416	142	3,636

① A　　② B
③ C　　④ D
⑤ E

16 다음 〈표〉는 2017 ~ 2022년 '갑'시 공공한옥시설의 유형별 현황에 관한 자료이다. 이에 대한 〈보기〉의 설명 중 옳은 것만을 모두 고르면?

〈표〉 2017 ~ 2022년 '갑'시 공공한옥시설의 유형별 현황

(단위: 개소)

연도 / 유형	2017	2018	2019	2020	2021	2022
문화전시시설	8	8	10	11	12	12
전통공예시설	14	14	11	10	( )	9
주민이용시설	3	3	5	6	8	8
주거체험시설	0	0	1	3	4	( )
한옥숙박시설	2	2	( )	0	0	0
전체	27	27	28	30	34	34

※ 공공한옥시설의 유형은 '문화전시시설', '전통공예시설', '주민이용시설', '주거체험시설', '한옥숙박시설'로만 구분됨

보기

ㄱ. '전통공예시설'과 '한옥숙박시설'의 전년 대비 증감 방향은 매년 같다.
ㄴ. 전체 공공한옥시설 중 '문화전시시설'의 비율은 매년 20% 이상이다.
ㄷ. 2020년 대비 2022년 공공한옥시설의 유형별 증가율은 '주거체험시설'이 '주민이용시설'의 2배이다.
ㄹ. '한옥숙박시설'이 '주거체험시설'보다 많은 해는 2017년과 2018년뿐이다.

① ㄱ, ㄴ　　② ㄴ, ㄷ
③ ㄴ, ㄹ　　④ ㄱ, ㄷ, ㄹ
⑤ ㄴ, ㄷ, ㄹ

17 **다음 〈그림〉은 2015~2023년 '갑'국의 해외직접투자 규모와 최저개발국 직접투자 비중에 관한 자료이다. 이에 대한 설명으로 옳은 것은?**

〈그림〉 해외직접투자 규모와 최저개발국 직접투자 비중

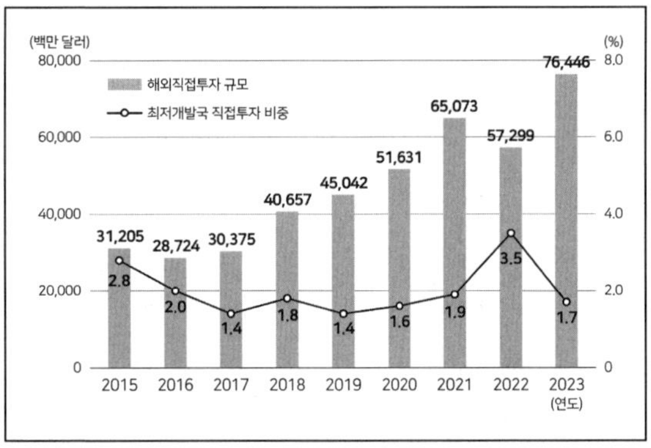

※ 최저개발국 직접투자 비중(%)

$$= \frac{\text{최저개발국 직접투자 규모}}{\text{해외직접투자 규모}} \times 100$$

① 최저개발국 직접투자 규모는 2023년이 2015년보다 크다.

② 2021년 최저개발국 직접투자 비중은 전년보다 감소하였다.

③ 2018년 최저개발국 직접투자 규모는 10억 달러 이상이다.

④ 2023년 해외직접투자 규모는 전년 대비 40% 이상 증가하였다.

⑤ 2017년에 해외직접투자 규모와 최저개발국 직접투자 비중 모두 전년 대비 증가하였다.

18 **다음 〈표〉는 '갑'국의 가맹점 수 기준 상위 5개 편의점 브랜드 현황에 관한 자료이다. 이에 대한 〈보기〉의 설명 중 옳은 것만을 모두 고르면?**

〈표〉 가맹점 수 기준 상위 5개 편의점 브랜드 현황

(단위: 개, 천 원/개, 천 원/m^2)

순위	브랜드	가맹점 수	가맹점당 매출액	가맹점 면적당 매출액
1	A	14,737	583,999	26,089
2	B	14,593	603,529	32,543
3	C	10,294	465,042	25,483
4	D	4,082	414,841	12,557
5	E	787	559,684	15,448

※ 가맹점 면적당 매출액(천 원/m^2)

$$= \frac{\text{해당 브랜드 전체 가맹점 매출액의 합}}{\text{해당 브랜드 전체 가맹점 면적의 합}}$$

보기

ㄱ. '갑'국의 전체 편의점 가맹점 수가 5만 개라면 편의점 브랜드 수는 최소 14개이다.

ㄴ. A~E 중, 가맹점당 매출액이 가장 큰 브랜드가 전체 가맹점 매출액의 합도 가장 크다.

ㄷ. A~E 중, 해당 브랜드 전체 가맹점 면적의 합이 가장 작은 편의점 브랜드는 E이다.

① ㄱ ② ㄴ
③ ㄷ ④ ㄴ, ㄷ
⑤ ㄱ, ㄴ, ㄷ

19 **다음 〈표〉는 2023년 '갑'시 소각시설 현황에 관한 자료이다. 이에 대한 설명으로 옳은 것은?**

〈표〉 2023년 '갑'시 소각시설 현황

(단위: 톤/일, 톤, 명)

소각시설	시설용량	연간소각실적	관리인원
전체	2,898	689,052	314
A	800	163,785	66
B	48	12,540	34
C	750	169,781	75
D	400	104,176	65
E	900	238,770	74

※ 시설용량은 1일 가동 시 소각할 수 있는 최대량임

① '연간소각실적'이 많은 소각시설일수록 '관리인원'이 많다.

② '시설용량' 대비 '연간소각실적' 비율이 가장 높은 소각시설은 E이다.

③ '연간소각실적'은 A가 D의 1.5배 이하이다.

④ C의 '시설용량'은 전체 '시설용량'의 30% 이상이다.

⑤ B의 2023년 가동 일수는 250일 미만이다.

[20~21] 다음 〈표〉는 2019~2023년 '갑'국 및 A 지역의 식량작물 생산 현황에 관한 자료이다. 다음 물음에 답하시오.

〈표 1〉 2019~2023년 식량작물 생산량

(단위: 톤)

구분 \ 연도		2019	2020	2021	2022	2023
'갑'국 전체		4,397,532	4,374,899	4,046,574	4,456,952	4,331,597
A 지역 전체		223,472	228,111	203,893	237,439	221,271
	미곡	153,944	150,901	127,387	155,501	143,938
	맥류	270	369	398	392	201
	잡곡	29,942	23,823	30,972	33,535	30,740
	두류	9,048	10,952	9,560	10,899	10,054
	서류	30,268	42,066	35,576	37,112	36,338

〈표 2〉 2019~2023년 식량작물 생산 면적

(단위: ha)

구분 \ 연도		2019	2020	2021	2022	2023
'갑'국 전체		924,470	924,291	906,106	905,034	903,885
A 지역 전체		46,724	47,446	46,615	47,487	46,542
	미곡	29,006	28,640	28,405	28,903	28,708
	맥류	128	166	177	180	98
	잡곡	6,804	6,239	6,289	6,883	6,317
	두류	5,172	5,925	5,940	5,275	5,741
	서류	5,614	6,476	5,804	6,246	5,678

※ A 지역 식량작물은 미곡, 맥류, 잡곡, 두류, 서류뿐임

20 **위 〈표〉에 대한 설명으로 옳지 않은 것은?**

① 2023년 식량작물 생산량의 전년 대비 감소율은 A 지역 전체가 '갑'국 전체보다 낮다.

② 2019년 대비 2023년 생산량 증감률이 가장 큰 A 지역 식량작물은 맥류이다.

③ 미곡은 매년 A 지역 전체 식량작물 생산 면적의 절반 이상을 차지한다.

④ 2023년 생산 면적당 생산량이 가장 많은 A 지역 식량작물은 서류이다.

⑤ A 지역 전체 식량작물 생산량과 A 지역 전체 식량작물 생산 면적의 전년 대비 증감 방향은 매년 같다.

21 위 〈표〉를 이용하여 작성한 〈보기〉의 자료 중 옳은 것만을 모두 고르면?

보기

ㄱ. 2020~2023년 '갑'국 전체 식량작물 생산 면적의 전년 대비 감소량

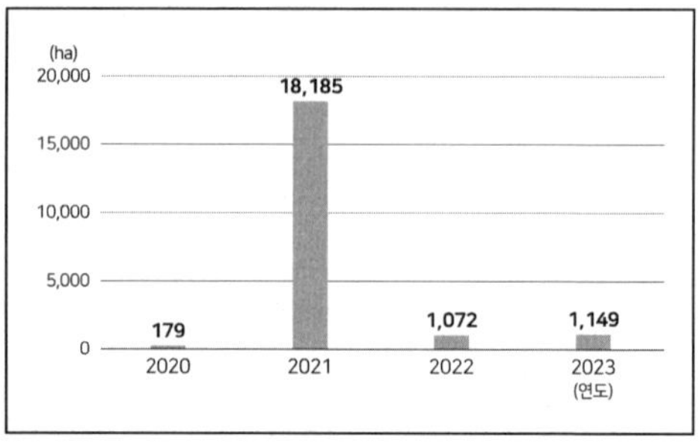

ㄴ. 연도별 A 지역 잡곡, 두류, 서류 생산량

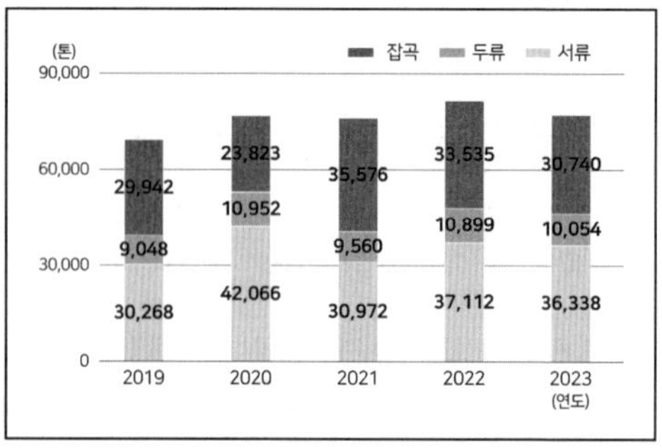

ㄷ. 2019년 대비 연도별 A 지역 맥류 생산 면적 증가율

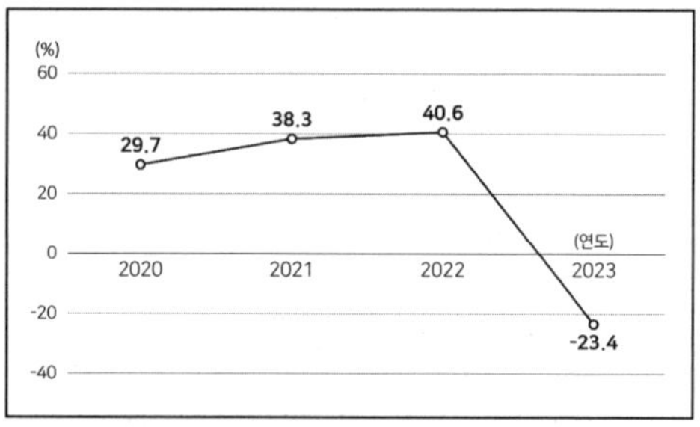

ㄹ. 2023년 A 지역 식량작물 생산량 구성비

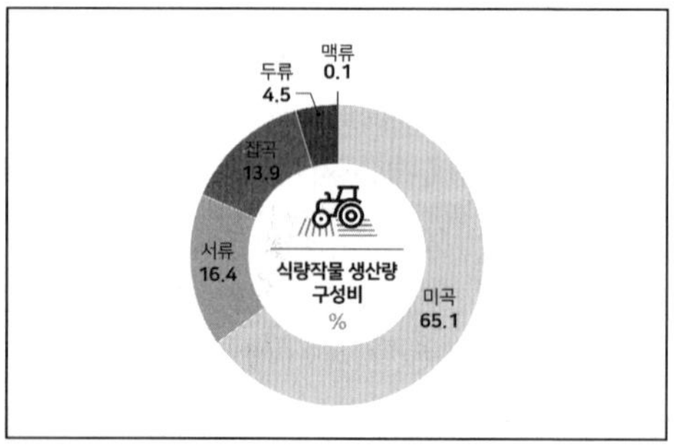

① ㄱ, ㄴ
② ㄱ, ㄷ
③ ㄴ, ㄹ
④ ㄱ, ㄷ, ㄹ
⑤ ㄴ, ㄷ, ㄹ

22 다음 〈표〉는 2022년 3월 기준 '갑'시 A~L 동의 지방소멸위험지수 및 지방소멸위험 수준에 관한 자료이다. 이에 대한 설명으로 옳지 않은 것은?

〈표 1〉 2022년 3월 기준 '갑'시 A~L 동의 지방소멸위험지수

(단위: 명)

동	총인구	65세 이상 인구	20~39세 여성 인구	지방소멸 위험지수
A	14,056	2,790	1,501	0.54
B	23,556	3,365	( )	0.88
C	29,204	3,495	3,615	1.03
D	21,779	3,889	2,614	0.67
E	11,224	2,300	1,272	( )
F	16,792	2,043	2,754	1.35
G	19,163	2,469	3,421	1.39
H	27,146	4,045	4,533	1.12
I	23,813	2,656	4,123	( )
J	29,649	5,733	3,046	0.53
K	36,326	7,596	3,625	( )
L	15,226	2,798	1,725	0.62

※ 지방소멸위험지수 $= \frac{\text{20 ~ 39세 여성 인구}}{\text{65세 이상 인구}}$

〈표 2〉 지방소멸위험 수준

지방소멸위험지수	지방소멸위험 수준
1.5 이상	저위험
1.0 이상 1.5 미만	보통
0.5 이상 1.0 미만	주의
0.5 미만	위험

① 지방소멸위험 수준이 '주의'인 동은 5곳이다.
② '20~39세 여성 인구'는 B동이 G동보다 적다.
③ 지방소멸위험지수가 가장 높은 동의 '65세 이상 인구'는 해당 동 '총인구'의 10% 이상이다.
④ '총인구'가 가장 많은 동은 지방소멸위험지수가 가장 낮다.
⑤ 지방소멸위험 수준이 '보통'인 동의 '총인구' 합은 90,000명 이상이다.

23 다음 〈표〉는 2023년 '갑'국의 생활계 폐기물 처리실적에 관한 자료이다. 이에 대한 설명으로 옳은 것은?

〈표〉 2023년 처리방법별, 처리주체별 생활계 폐기물 처리실적

(단위: 만 톤)

처리방법 / 처리주체	재활용	소각	매립	기타	합
공공	403	447	286	7	1,143
자가	14	5	1	1	21
위탁	870	113	4	119	1,106
계	1,287	565	291	127	2,270

① 전체 처리실적 중 '매립'의 비율은 15% 이상이다.

② 기타를 제외하고, 각 처리방법에서 처리실적은 '공공'이 '위탁'보다 많다.

③ 각 처리주체에서 '매립'의 비율은 '공공'이 '자가'보다 높다.

④ 처리주체가 '위탁'인 생활계 폐기물 중 '재활용'의 비율은 75%이하이다.

⑤ '소각' 처리 생활계 폐기물 중 '공공'의 비율은 90% 이상이다.

24 다음 자료는 2020~2023년 우리나라 시도 행정심판위원회 사건 처리 현황이다. 이에 대한 〈보고서〉의 설명 중 옳은 것만을 모두 고르면?

〈표〉 2020~2022년 시도 행정심판위원회 인용률

(단위: %)

연도 / 시도	2020	2021	2022
서울	18.4	15.9	16.3
부산	22.6	15.9	12.8
대구	35.9	39.9	38.4
인천	33.3	36.0	38.1
광주	22.2	30.6	36.0
대전	28.1	47.7	35.8
울산	33.0	38.1	50.9
세종	7.7	16.7	0.0
경기	23.3	19.6	22.3
강원	21.4	14.1	18.2
충북	23.6	28.5	24.3
충남	26.7	19.9	23.1
전북	31.7	34.0	22.1
전남	36.2	34.5	23.8
경북	10.6	23.3	22.9
경남	18.5	25.7	12.4
제주	31.6	25.3	26.2

※ 인용률(%) $= \frac{\text{인용 건수}}{\text{처리 건수}} \times 100$

〈그림〉 2022년과 2023년 시도 행정심판위원회 처리 건수 상위 5개 시도 현황

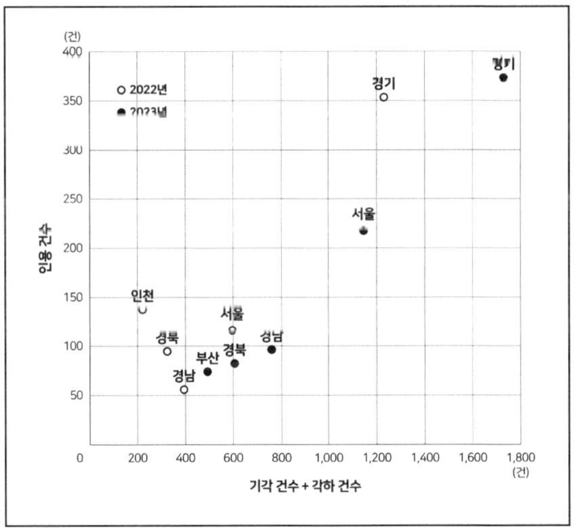

※ 처리 건수 = 인용 건수 + 기각 건수 + 각하 건수

보고서

2023년 우리나라 시도 행정심판위원회 처리 건수 상위 5개 시도는 경기, 서울, 경남, 경북, 부산이었다. 2022년에는 인천이 처리 건수 362건으로 상위 5개 시도에 속했으나, 2023년 부산에 자리를 넘겨주었다. 또한, ㉠ 2023년 처리 건수 상위 5개 시도의 처리 건수는 각각 전년 대비 증가하였다. 인용 건수를 살펴보면, ㉡ 2023년 처리 건수가 가장 많은 시도의 2023년 인용 건수는 2022년 인용률이 가장 높은 시도의 2022년 인용 건수의 1.5배 이상이다. 인용률을 살펴보면, ㉢ 2020년부터 2023년까지 인용률이 매년 감소한 시도는 3개이다.

① ㄱ
② ㄴ
③ ㄷ
④ ㄱ, ㄴ
⑤ ㄱ, ㄴ, ㄷ

25 다음 〈표〉는 A 회사 전체 임직원 100명의 직급별 인원과 시간당 임금에 관한 자료이다. 이에 대한 〈보기〉의 설명 중 옳은 것만을 모두 고르면?

〈표〉 A 회사의 직급별 임직원 수와 시간당 임금

(단위: 명, 원)

구분 / 직급	임직원 수	시간당 임금					
		평균	최저	Q1	중간값	Q3	최고
공장 관리직	4	25,000	15,000	15,000	25,000	30,000	( )
공장 생산직	52	21,500	12,000	20,500	23,500	26,500	31,000
본사 임원	8	( )	24,000	25,600	48,000	48,000	55,000
본사 직원	36	22,000	11,500	16,800	23,500	27,700	29,000

※ 1) 해당 직급 임직원의 시간당 임금을 낮은 값부터 순서대로 나열하여 4등분한 각 집단을 나열 순서에 따라 1분위, 2분위, 3분위, 4분위로 정함
2) Q1과 Q3은 각각 1분위와 3분위에 속한 값 중 가장 높은 값임
3) 해당 직급 임직원 수가 짝수인 경우, 중간값은 2분위에 속한 값 중 가장 높은 값과 3분위에 속한 값 중 가장 낮은 값의 평균임

보기

ㄱ. 공장 관리직의 '시간당 임금' 최고액은 35,000원이다.
ㄴ. '시간당 임금'이 같은 본사 임원은 3명 이상이다.
ㄷ. 본사 임원의 '시간당 임금' 평균은 40,000원 이상이다.
ㄹ. '시간당 임금'이 23,000원 이상인 임직원은 50명 미만이다.

① ㄱ, ㄴ
② ㄱ, ㄹ
③ ㄴ, ㄷ
④ ㄷ, ㄹ
⑤ ㄱ, ㄴ, ㄷ

3 상황판단

정답 및 해설 p.261

01 다음 글을 근거로 판단할 때 옳은 것은?

제00조 ① A부장관은 클라우드컴퓨팅(cloud computing)에 관한 정책의 효과적인 수립·시행에 필요한 산업 현황과 통계를 확보하기 위한 실태조사(이하 '실태조사'라 한다)를 할 수 있다.
② A부장관은 실태조사를 위하여 필요한 경우에는 클라우드컴퓨팅서비스 제공자나 그 밖의 관련 기관 또는 단체에 자료의 제출이나 의견의 진술 등을 요청할 수 있다.
③ A부장관은 클라우드컴퓨팅의 발전과 이용 촉진 및 이용자 보호와 관련된 중앙행정기관(이하 '관계 중앙행정기관'이라 한다)의 장이 요구하는 경우 실태조사 결과를 통보하여야 한다.
④ A부장관은 실태조사를 할 때에는 다음 각 호의 사항을 내용에 포함하여야 한다.
1. 클라우드컴퓨팅 관련 기업 현황 및 시장 규모
2. 클라우드컴퓨팅기술 및 클라우드컴퓨팅서비스의 이용·보급 현황
3. 클라우드컴퓨팅 산업의 인력 현황 및 인력 수요 전망
4. 클라우드컴퓨팅 관련 연구개발 및 투자 규모
⑤ 실태조사는 현장조사, 서면조사, 통계조사 및 문헌조사 등의 방법으로 실시하되, 효율적인 실태조사를 위하여 필요한 경우에는 정보통신망 및 전자우편 등의 전자적 방식으로 실시할 수 있다.

제00조 ① 관계 중앙행정기관의 장은 클라우드컴퓨팅기술 및 클라우드컴퓨팅서비스에 관한 연구개발사업을 추진할 수 있다.
② 관계 중앙행정기관의 장은 기업·연구기관 등에 제1항에 따른 연구개발사업을 수행하게 하고 그 사업 수행에 드는 비용의 전부 또는 일부를 지원할 수 있다.

제00조 국가와 지방자치단체는 클라우드컴퓨팅기술 및 클라우드컴퓨팅서비스의 발전과 이용 촉진을 위하여 조세감면을 할 수 있다.

① 실태조사는 전자적 방식으로 실시하는 것을 원칙으로 하되, 필요한 경우 현장조사, 서면조사 등의 방법으로 실시할 수 있다.
② 클라우드컴퓨팅기술 및 클라우드컴퓨팅서비스의 발전과 이용 촉진을 위하여 지방자치단체가 조세감면을 할 수는 없다.
③ A부장관은 실태조사의 내용에 클라우드컴퓨팅 산업의 인력 현황을 포함해야 하지만, 인력 수요에 대한 전망을 포함시킬 필요는 없다.
④ A부장관은 관계 중앙행정기관의 장에게 실태조사 결과를 요구할 수 있고, 이 경우 관계 중앙행정기관의 장은 그 결과를 A부장관에게 통보하여야 한다.
⑤ 관계 중앙행정기관의 장이 연구기관에 클라우드컴퓨팅기술 및 클라우드컴퓨팅서비스에 관한 연구개발사업을 수행하게 한 경우, 그 사업 수행에 드는 비용을 지원할 수 있다.

02 다음 글을 근거로 판단할 때 옳은 것은?

제00조 이 법에서 사용하는 용어의 뜻은 다음과 같다.
1. "산림병해충"이란 산림에 있는 식물과 산림이 아닌 지역에 있는 수목에 해를 끼치는 병과 해충을 말한다.
2. "예찰"이란 산림병해충이 발생할 우려가 있거나 발생한 지역에 대하여 발생 여부, 발생 정도, 피해 상황 등을 조사하거나 진단하는 것을 말한다.
3. "방제"란 산림병해충이 발생하지 아니하도록 예방하거나, 이미 발생한 산림병해충을 약화시키거나 제거하는 모든 활동을 말한다.

제00조 ① 산림소유자는 산림병해충이 발생할 우려가 있거나 발생하였을 때에는 예찰·방제에 필요한 조치를 하여야 한다.
② 산림청장, 시·도지사, 시장·군수·구청장 또는 지방산림청장은 산림병해충이 발생할 우려가 있거나 발생하였을 때에는 예찰·방제에 필요한 조치를 할 수 있다.
③ 시·도지사, 시장·군수·구청장 또는 지방산림청장(이하 '시·도지사 등'이라 한다)은 산림병해충이 발생할 우려가 있거나 발생하였을 때에는 산림소유자, 산림관리자, 산림사업 종사자, 수목의 소유자 또는 판매자 등에게 다음 각 호의 조치를 하도록 명할 수 있다. 이 경우 명령을 받은 자는 특별한 사유가 없으면 명령에 따라야 한다.
1. 산림병해충이 있는 수목이나 가지 또는 뿌리 등의 제거
2. 산림병해충이 발생할 우려가 있거나 발생한 산림용 종묘, 베어낸 나무, 조경용 수목 등의 이동 제한이나 사용 금지
3. 산림병해충이 발생할 우려가 있거나 발생한 종묘·토양의 소독

④ 시·도지사 등은 제3항 제2호에 따라 산림용 종묘, 베어낸 나무, 조경용 수목 등의 이동 제한이나 사용 금지를 명한 경우에는 그 내용을 해당 기관의 게시판 및 인터넷 홈페이지 등에 10일 이상 공고하여야 한다.
⑤ 시·도지사 등은 제3항 각 호의 조치이행에 따라 발생한 농약대금, 인건비 등의 방제비용을 예산의 범위에서 지원할 수 있다.

① 산림병해충이 발생하지 않도록 예방하는 활동은 방제에 해당하지 않는다.
② 산림병해충이 발생할 우려가 있는 경우, 수목의 판매자는 예찰에 필요한 조치를 하여야 한다.
③ 산림병해충 발생으로 인한 조치 명령을 이행함에 따라 발생한 인건비는 시·도지사 등의 지원 대상이 아니다.
④ 산림병해충이 발생한 종묘에 대해 관할 구청장이 소독을 명한 경우, 그 내용을 구청 게시판 및 인터넷 홈페이지에 10일 이상 공고하여야 한다.
⑤ 산림병해충이 발생하여 관할 지방산림청장이 해당 수목의 소유자에게 수목 제거를 명령하였더라도, 특별한 사유가 있으면 그 명령에 따르지 않을 수 있다.

03 다음 글을 근거로 판단할 때 옳은 것은?

제00조 ① 게임물의 윤리성 및 공공성을 확보하고 사행심 유발 또는 조장을 방지하며 청소년을 보호하고 불법 게임물의 유통을 방지하기 위하여 ○○관리위원회(이하 '위원회'라 한다)를 둔다.
② 위원회는 위원장 1명을 포함한 9명 이내의 위원으로 구성하되, 위원장은 상임으로 한다.
③ 위원회의 위원은 문화예술·문화산업·청소년·법률·교육·정보통신·역사 분야에 종사하는 사람으로서 게임산업·아동 또는 청소년에 대한 전문성과 경험이 있는 사람 중에서 관련 단체의 장이 추천하는 사람을 A부장관이 위촉하며, 위원장은 위원 중에서 호선한다.
④ 위원장 및 위원의 임기는 3년으로 한다.

제00조 ① 위원회는 법인으로 한다.
② 위원회는 A부장관의 인가를 받아 주된 사무소의 소재지에서 설립등기를 함으로써 성립한다.

제00조 ① 위원회의 업무 및 회계에 관한 사항을 감사하기 위하여 위원회에 감사 1인을 둔다.
② 감사는 A부장관이 임명하며, 상임으로 한다.
③ 감사의 임기는 3년으로 한다.

① 감사와 위원의 임기는 다르다.
② 위원장과 감사는 상임으로 한다.
③ 위원장은 A부장관이 위원 중에서 지명한다.
④ 위원회는 감사를 포함하여 9명으로 구성하여야 한다.
⑤ 위원회는 A부장관의 인가 여부와 관계없이 주된 사무소의 소재지에서 설립등기를 함으로써 성립할 수 있다.

04 다음 글과 〈상황〉을 근거로 판단할 때, 제사주재자를 옳게 짝지은 것은?

사망한 사람의 제사를 주재하는 사람(이하 '제사주재자'라 한다)은 사망한 사람의 공동상속인들 간 협의에 의해 정하는 것이 원칙이다. 다만 공동상속인들 사이에 협의가 이루어지지 않을 때, 누구를 제사주재자로 결정할 것인지 문제가 된다.
종전 대법원 판례는, 제사주재자의 지위를 유지할 수 없는 특별한 사정이 없는 한 사망한 사람의 직계비속으로서 장남(장남이 이미 사망한 경우에는 장손자)이 제사주재자가 되고, 공동상속인들 중 아들이 없는 경우에는 장녀가 제사주재자가 된다고 하였다. 이 판례에 대해, 사망한 사람에게 아들, 손자가 있다는 이유만으로 여성 상속인이 자신의 의사와 무관하게 제사주재자가 되지 못한다는 점에서 양성평등의 원칙에 어긋난다는 비판이 있었다.
이를 반영해서 최근 대법원은 연령을 기준으로 하여 제사주재자가 결정되는 것으로 판례를 변경하였다. 즉, 공동상속인들 사이에 협의가 이루어지지 않으면, 제사주재자의 지위를 유지할 수 없는 특별한 사정이 없는 한 사망한 사람의 직계비속 가운데 남녀를 불문하고 최근친(最近親) 중 연장자가 제사주재자가 된다고 하였다.

〈상황〉

甲과 乙은 혼인하여 자녀 A(딸), B(아들), C(아들)를 두었다. B는 혼인하여 자녀 D(아들)가 있고, A와 C는 자녀가 없다. B는 2023. 5. 1. 43세로 사망하였고, 甲은 2024. 5. 1. 사망하였다. 2024. 6. 1. 현재 甲의 공동상속인인 乙(73세), A(50세), C(40세), D(20세)는 각자 자신이 甲의 제사주재자가 되겠다고 다투고 있다. 이들에게는 제사주재자의 지위를 유지할 수 없는 특별한 사정이 없다.

	종전 대법원 판례	최근 대법원 판례
①	A	C
②	C	A
③	C	乙
④	D	A
⑤	D	乙

05 다음 글을 근거로 판단할 때 옳은 것은?

> 자기조절력은 스스로 목표를 설정하고 그 목표를 달성하기 위해 집념과 끈기를 발휘하는 능력을 말한다. 또한 자기조절력은 자기 자신의 감정을 잘 조절하는 능력이기도 하며, 내가 나를 존중하는 능력이기도 하다. 자기조절을 하기 위해서는 도달하고 싶으나 아직 구현되지 않은 나의 미래 상태를 현재 나의 상태와 구별해 낼 수 있어야 한다. 자기조절력의 하위 요소로는 자기절제와 목표달성 등이 있다. 이러한 하위 요소들은 신경망과도 관련이 있는 것으로 알려져 있다.
> 우선 자기절제는 충동을 통제하고, 일상적이고도 전형적인 혹은 자동적인 행동을 분명한 의도를 바탕으로 억제하는 것이다. 이처럼 특정한 의도를 갖고 자신의 행동이나 생각을 의식적으로 억제하거나 마음먹은 대로 조절하는 능력은 복외측전전두피질과 내측전전두피질을 중심으로 한 신경망과 관련이 깊다.
> 한편 목표달성을 위해서는 두 가지 능력이 필요하다. 첫 번째는 자기 자신에 집중할 수 있는 능력이다. 나 자신에 집중하기 위해서는 끊임없이 자신을 되돌아보며 현재 나의 상태를 알아차리는 자기참조과정이 필요하다. 자기참조과정에 주로 관여하는 것은 내측전전두피질을 중심으로 후방대상피질과 설전부를 연결하는 신경망이다. 두 번째는 자신이 도달하고자 하는 대상에 집중할 수 있는 능력이다. 특정 대상에 주의를 집중하는 데 필요한 뇌 부위는 배외측전전두피질로 알려져 있다. 배외측전전두피질은 주로 내측전전두피질과 연결되어 작동한다. 내측전전두피질과 배외측전전두피질 간의 기능적 연결성이 강할수록 목표를 위해 에너지를 집중하고 지속적인 노력을 쏟아 부을 수 있는 능력이 높아진다.

① 자기조절을 위해서는 현재 나의 상태와 아직 구현되지 않은 나의 미래 상태를 구분할 수 있어야 한다.
② 내측전전두피질과 배외측전전두피질 간의 기능적 연결성이 약할수록 목표를 위한 집중력이 높아진다.
③ 목표달성을 위해서는 일상적이고 전형적인 행동을 강화하는 능력이 필요하다.
④ 자신이 도달하고자 하는 대상에 집중하는 과정을 자기참조과정이라 한다.
⑤ 자기조절력은 자기절제의 하위 요소이다.

06 다음 글을 근거로 판단할 때, 보이지 않는 숫자를 모두 합한 값은?

> 甲~丁은 매일 최대한 많이 걷기로 하고 특정 시간에 만나서 각자의 걸음 수와 그 합을 기록하였다. 그 기록한 걸음 수의 합은 199,998걸음이었다. 그런데 수명이 다 된 펜으로 각자의 걸음 수를 쓴 탓이었는지 다음날에 보니 아래와 같이 다섯 개의 숫자(□)가 보이지 않았다.

甲:	□	5	7	0	1
乙:	8	4	□	9	8
丙:	8	3	□	□	4
丁:	□	6	7	1	5

① 13　② 14
③ 15　④ 16
⑤ 17

07 **다음 글을 근거로 판단할 때, 〈보기〉에서 옳은 것만을 모두 고르면?**

甲은 아래 3가지 색의 공을 <조건>에 따라 3개의 상자에 나누어 모두 담으려고 한다.

색	무게(g)	개수
빨강	30	3
노랑	40	2
파랑	50	2

〈조건〉

- 각 상자에는 100g을 초과해 담을 수 없다.
- 각 상자에는 적어도 2가지 색의 공을 담아야 한다.

보기

ㄱ. 빨간색 공은 모두 서로 다른 상자에 담기게 된다.
ㄴ. 각 상자에 담긴 공 무게의 합은 서로 다르다.
ㄷ. 빨간색 공이 담긴 상자에는 파란색 공이 담기지 않는다.
ㄹ. 3개의 상자 중에서 공 무게의 합이 가장 작은 상자에는 파란색 공이 담기게 된다.

① ㄱ, ㄴ　② ㄱ, ㄷ
③ ㄴ, ㄷ　④ ㄴ, ㄹ
⑤ ㄷ, ㄹ

08 **다음 글을 근거로 판단할 때, A사가 투자할 작품만을 모두 고르면?**

- A사는 투자할 작품을 결정하려고 한다. 작품별 기본점수 등 현황은 다음과 같다.

현황 / 작품	기본 점수 (점)	스태프 인원 (명)	장르	감독의 최근 2개 작품 흥행 여부 (개봉연도)	
성묘	70	55	판타지	성공 (2009)	실패 (2015)
서울의 겨울	85	45	액션	실패 (2018)	실패 (2020)
만날 결심	75	50	추리	실패 (2020)	성공 (2022)
빅 포레스트	65	65	멜로	성공 (2011)	성공 (2018)

- 최종점수는 작품별 기본점수에 아래 기준에 따른 점수를 가감해 산출한다.

기준	가감 점수
스태프 인원이 50명 미만	감점 10점
장르가 판타지	가점 10점
감독의 최근 2개 작품이 모두 흥행 성공	가점 10점
감독의 직전 작품이 흥행 실패	감점 10점

- 최종점수가 75점 이상인 작품에 투자한다.

① 성묘, 만날 결심
② 성묘, 빅 포레스트
③ 서울의 겨울, 만날 결심
④ 만날 결심, 빅 포레스트
⑤ 서울의 겨울, 빅 포레스트

정답 및 해설 p.267

[09~10] 다음 글을 읽고 물음에 답하시오.

암호 기술은 일반적인 문장(평문)을 해독 불가능한 암호문으로 변환하거나, 암호문을 해독 가능한 평문으로 변환하기 위한 원리, 수단, 방법 등을 취급하는 기술을 말한다. 이 암호 기술은 암호화와 복호화로 구성된다. 암호화는 평문을 암호문으로 변환하는 것이며, 반대로 암호문에서 평문으로 변환하는 것은 복호화라 한다.

암호 기술에서 사용되는 알고리즘, 즉 암호 알고리즘은 대상 메시지를 재구성하는 방법이다. 암호 알고리즘에는 메시지의 각 원소를 다른 원소에 대응시키는 '대체'와 메시지의 원소들을 재배열하는 '치환'이 있다. 예를 들어 대체는 각 문자를 다른 문자나 기호로 일대일로 대응시키는 것이고, 치환은 단어, 어절 등의 순서를 바꾸는 것이다.

암호 알고리즘에서는 보안을 강화하기 위해 키(key)를 사용하기도 한다. 키는 암호가 작동하는 데 필요한 값이다. 송신자와 수신자가 같은 키를 사용하면 대칭키 방식이라 하고, 다른 키를 사용하면 비대칭키 방식이라 한다. 대칭키 방식은 동일한 키로 상자를 열고 닫는 것이고, 비대칭키 방식은 서로 다른 키로 상자를 열고 닫는 것이다. 비대칭키 방식의 경우에는 수신자가 송신자의 키를 몰라도 자신의 키만 알면 복호화가 가능하다. 그리고 비대칭키 방식은 서로 다른 키를 사용하기 때문에, 키의 유출 염려가 덜해 조금 더 보안성이 높다고 알려져 있다.

한편 암호 알고리즘에 사용하기 위해 만들 수 있는 키의 수는 키를 구성하는 비트(bit)의 수에 따른다. 비트는 0과 1을 표현할 수 있는 가장 작은 단위인데, 예를 들어 8비트로 만들 수 있는 키의 수는 2^8, 즉 256개이다. 키를 구성하는 비트의 수가 많으면 많을수록 모든 키를 체크하는 데 시간이 오래 걸려 보안성이 높아진다. 256개 정도의 키는 컴퓨터로 짧은 시간에 모두 체크할 수 있으나, 100비트로 구성된 키가 사용되었다면 체크해야 할 키의 수가 2^{100}개에 달해 초당 100만 개의 키를 체크할 수 있는 컴퓨터를 사용하더라도 상당히 많은 시간이 걸릴 것이다.

56비트로 구성된 키를 사용하여 만든 암호 알고리즘에는 DES(Data Encryption Standard)가 있다. 그런데 오늘날 컴퓨팅 기술의 발전으로 인해 DES는 더 이상 안전하지 않아, DES보다는 DES를 세 번 적용한 삼중 DES(triple DES)나 그 뒤를 이은 AES(Advanced Encryption Standard)를 사용하고 있다.

09 윗글을 근거로 판단할 때, 〈보기〉에서 옳은 것만을 모두 고르면?

보기

ㄱ. 복호화를 통하여 암호문을 평문으로 변환할 수 있다.
ㄴ. 비대칭키 방식의 경우, 수신자는 송신자의 키를 알아야 암호를 해독할 수 있다.
ㄷ. 대체는 단어, 어절 등의 순서를 바꾸는 것이다.
ㄹ. 삼중 DES 알고리즘은 DES 알고리즘보다 안전성이 높다.

① ㄱ, ㄴ ② ㄱ, ㄹ
③ ㄴ, ㄷ ④ ㄴ, ㄹ
⑤ ㄷ, ㄹ

10 윗글과 〈상황〉을 근거로 판단할 때, (가)에 해당하는 수는?

상황

2^{56}개의 키를 1초에 모두 체크할 수 있는 컴퓨터의 가격이 1,000,000원이다. 컴퓨터의 체크 속도가 2배가 될 때마다 컴퓨터는 10만 원씩 비싸진다. 60비트로 만들 수 있는 키를 1초에 모두 체크할 수 있는 컴퓨터의 최소 가격은 (가) 원이다.

① 1,100,000 ② 1,200,000
③ 1,400,000 ④ 1,600,000
⑤ 2,000,000

11 다음 글을 근거로 판단할 때 옳은 것은?

제00조 ① A부장관은 김치산업의 활성화를 위한 제조기술 및 김치와 어울리는 식문화 보급을 위하여 필요한 전문인력을 양성할 수 있다.
② A부장관은 제1항에 따른 전문인력 양성을 위하여 대학·연구소 등 적절한 시설과 인력을 갖춘 기관·단체를 전문인력 양성기관으로 지정·관리할 수 있다.
③ A부장관은 제2항에 따라 지정된 전문인력 양성기관에 대하여 예산의 범위에서 그 양성에 필요한 경비를 지원할 수 있다.
④ A부장관은 김치산업 전문인력 양성기관이 다음 각 호의 어느 하나에 해당하는 경우에는 지정을 취소하거나 6개월 이내의 범위에서 기간을 정하여 업무의 전부 또는 일부를 정지할 수 있다. 다만, 제1호에 해당하는 경우에는 지정을 취소하여야 한다.
1. 거짓이나 그 밖의 부정한 방법으로 지정을 받은 경우
2. 지정받은 사항을 위반하여 업무를 행한 경우
3. 지정기준에 적합하지 아니하게 된 경우

제00조 ① 국가는 김치종주국의 위상제고, 김치의 연구·전시·체험 등을 위하여 세계 김치연구소를 설립하여야 한다.
② 국가와 지방자치단체는 세계 김치연구소의 효율적인 운영·관리를 위하여 필요한 경비를 예산의 범위에서 지원할 수 있다.

제00조 ① 국가와 지방자치단체는 김치산업의 육성, 김치의 수출 경쟁력 제고 및 해외시장 진출 활성화를 위하여 김치의 대표상품을 홍보하거나 해외시장을 개척하는 개인 또는 단체에 대하여 필요한 지원을 할 수 있다.
② A부장관은 김치의 품질향상과 국가 간 교역을 촉진하기 위하여 김치의 국제규격화를 추진하여야 한다.

① 김치산업 전문인력 양성기관으로 지정된 기관이 부정한 방법으로 지정을 받은 경우, A부장관은 그 지정을 취소하여야 한다.
② A부장관은 김치의 품질향상과 국가 간 교역을 촉진하기 위하여 김치의 국제규격화는 지양하여야 한다.
③ A부장관은 적절한 시설을 갖추지 못한 대학이라도 전문인력 양성을 위하여 해당 대학을 김치산업 전문인력 양성기관으로 지정할 수 있다.
④ 국가와 지방자치단체는 김치종주국의 위상제고를 위해 세계 김치연구소를 설립하여야 한다.
⑤ 지방자치단체가 김치의 해외시장 개척을 지원함에 있어서 개인은 그 지원대상이 아니다.

12 다음 글을 근거로 판단할 때, 인쇄에 필요한 A4용지의 장수는?

> 甲주무관은 <인쇄 규칙>에 따라 문서 A~D를 각 1부씩 인쇄하였다.
>
> 〈인쇄 규칙〉
>
> • 문서는 A4용지에 인쇄한다.
> • A4용지 한 면에 2쪽씩 인쇄한다. 단, 중요도가 상에 해당하는 보도자료는 A4용지 한 면에 1쪽씩 인쇄한다.
> • 단면 인쇄를 기본으로 한다. 단, 중요도가 하에 해당하는 문서는 양면 인쇄한다.
> • 한 장의 A4용지에는 한 종류의 문서만 인쇄한다.

종류	유형	쪽수	중요도
A	보도자료	2	상
B	보도자료	34	중
C	보도자료	5	하
D	설명자료	3	상

① 11장
② 12장
③ 22장
④ 23장
⑤ 24장

13 다음 글을 근거로 판단할 때 옳은 것은?

> 이름 뒤에 성이 오는 보통의 서양식 작명법과 달리, A국에서는 별도의 성을 사용하지 않고 이름 뒤에 '부칭(父稱)'이 오도록 작명을 한다. 부칭은 이름을 붙이는 대상자의 아버지 이름에 접미사를 붙여서 만든다. 아들의 경우 그 아버지의 이름 뒤에 s와 손(son)을 붙이고, 딸의 경우 s와 도티르(dottir)를 붙여 '~의 아들' 또는 '~의 딸'이라는 의미를 가지는 부칭을 만든다. 예를 들어, 욘 스테파운손(Jon Stefansson)의 아들 피얄라르(Fjalar)는 '피얄라르 욘손(Fjalar Jonsson)', 딸인 카트린(Katrin)은 '카트린 욘스도티르(Katrin Jonsdottir)'가 되는 식이다.
>
> 같은 사회적 집단에 속해 있는 사람끼리 이름과 부칭이 같으면 할아버지의 이름까지 써서 작명하기도 한다. 예를 들어, 욘 토르손이라는 사람이 한 집단에 두 명 있는 경우에는 욘 토르손 아이나르소나르(Jon Thorsson Einarssonar)와 욘 토르손 스테파운소나르(Jon Thorsson Stefanssonar)와 같이 구분한다. 전자의 경우 '아이나르의 아들인 토르의 아들인 욘'을, 후자의 경우 '스테파운의 아들인 토르의 아들인 욘'을 의미한다.
>
> 한편 공식적인 자리에서 A국 사람들은 이름을 부르거나 이름과 부칭을 함께 부르며, 부칭만으로 서로를 부르지는 않는다. 또한 A국에서는 부칭이 아닌 이름의 영어 알파벳 순서로 정렬하여 전화번호부를 발행한다.

① 피얄라르 토르손 아이나르소나르(Fjalar Thorsson Einarssonar)로 불리는 사람의 할아버지의 부칭을 알 수 있다.
② 피얄라르 욘손(Fjalar Jonsson)은 공식적인 자리에서 욘손으로 불린다.
③ A국의 전화번호부에는 피얄라르 욘손(Fjalar Jonsson)의 아버지의 이름이 토르 아이나르손(Thor Einarsson)보다 먼저 나올 것이다.
④ 스테파운(Stefan)의 아들 욘(Jon)의 부칭과 손자 피얄라르(Fjalar)의 부칭은 같을 것이다.
⑤ 욘 스테파운손(Jon Stefansson)의 아들과 욘 토르손(Jon Thorsson)의 딸은 동일한 부칭을 사용할 것이다.

14 **다음 글과 〈상황〉을 근거로 판단할 때, 〈보기〉에서 옳은 것만을 모두 고르면?**

甲국은 국내 순위 1~10위 선수 10명 중 4명을 국가대표로 선발하고자 한다. 국가대표는 국내 순위가 높은 선수가 우선 선발되나, A, B, C팀 소속 선수가 최소한 1명씩은 포함되어야 한다.

〈상황〉

- 국내 순위 1~10위 중 공동 순위는 없다.
- 선수 10명 중 4명은 A팀, 3명은 B팀, 3명은 C팀 소속이다.
- C팀 선수 중 국내 순위가 가장 낮은 선수가 A팀 선수 중 국내 순위가 가장 높은 선수보다 국내 순위가 높다.
- B팀 소속 선수 3명의 국내 순위는 각각 2위, 5위, 8위이다.

〈보기〉

ㄱ. 국내 순위 1위 선수의 소속팀은 C팀이다.
ㄴ. A팀 소속 선수 중 국내 순위가 가장 낮은 선수는 9위이다.
ㄷ. 국가대표 중 국내 순위가 가장 낮은 선수는 7위이다.
ㄹ. 국내 순위 3위 선수와 4위 선수는 같은 팀이다.

① ㄱ, ㄴ ② ㄱ, ㄷ
③ ㄱ, ㄹ ④ ㄴ, ㄷ
⑤ ㄴ, ㄹ

15 **다음 글을 근거로 판단할 때, Q를 100리터 생산하는 데 드는 최소 비용은?**

- 화학약품 Q를 생산하려면 A와 B를 2 : 1의 비율로 혼합해야 한다. 이 혼합물을 가공하면 B와 같은 부피의 Q가 생산된다. 예를 들어, A 2리터와 B 1리터를 혼합하여 가공하면 Q 1리터가 생산된다.
- A는 원료 X와 Y를 1 : 2의 비율로 혼합하여 만든다. 이 혼합물을 가공하면 X와 같은 부피의 A가 생산된다. 예를 들어, X 1리터와 Y 2리터를 혼합하여 가공하면 A 1리터가 생산된다.
- B는 원료 Z와 W를 혼합하여 만들거나, Z나 W만 사용하여 만든다. Z와 W를 혼합하여 가공하면 혼합비율에 관계없이 원료 절반 부피의 B가 생산된다. 예를 들어, Z와 W를 1리터씩 혼합하여 가공하면 B 1리터가 생산된다. 두 재료를 혼합하지 않고 Z나 W만 사용하여 가공하는 경우에도 마찬가지로 원료 절반 부피의 B가 생산된다.
- 각 원료의 리터당 가격은 다음과 같다. 원료비 이외의 비용은 발생하지 않는다.

원료	X	Y	Z	W
가격(만 원/리터)	1	2	4	3

① 1,200만 원 ② 1,300만 원
③ 1,400만 원 ④ 1,500만 원
⑤ 1,600만 원

16 **다음 글과 〈상황〉을 근거로 판단할 때, 〈보기〉에서 옳은 것만을 모두 고르면?**

두 선수가 맞붙어 승부를 내는 스포츠 경기가 있다. 이 경기는 개별 게임으로 이루어져 있으며, 한 게임의 승부가 결정되면 그 게임의 승자는 1점을 얻고 패자는 점수를 얻지 못한다. 무승부는 없다. 개별 게임을 반복적으로 진행하여 한 선수의 점수가 다른 선수보다 2점 많아지면 그 선수가 경기의 승자가 되고 경기가 종료된다.

상황

두 선수 甲과 乙이 맞붙어 이 경기를 치른 결과, n번째 게임을 끝으로 甲이 경기의 승자가 되고 경기가 종료되었다. 단, n > 3이다.

보기

ㄱ. n이 홀수인 경우가 있다.
ㄴ. (n − 1)번째 게임에서 乙이 이겼을 수도 있다.
ㄷ. (n − 2)번째 게임 종료 후 두 선수의 점수는 같았다.
ㄹ. (n − 3)번째 게임에서 乙이 이겼을 수도 있다.

① ㄱ ② ㄷ
③ ㄱ, ㄴ ④ ㄴ, ㄹ
⑤ ㄷ, ㄹ

17 **다음 글과 〈상황〉을 근거로 판단할 때, 甲이 치른 3경기의 순위를 모두 합한 수는?**

10명의 선수가 참여하는 경기가 있다. 현재까지 3경기가 치러졌다. 참여한 선수에게는 매 경기의 순위에 따라 다음과 같이 점수를 부여한다.

순위	점수	순위	점수
1	100	6	8
2	50	7	6
3	30	8	4
4	20	9	2
5	10	10	1

만약 어떤 순위에 공동 순위가 나온다면, 그 순위를 포함하여 공동 순위자의 수만큼 이어진 순위 각각에 따른 점수의 합을 공동 순위자에게 동일하게 나누어 부여한다. 예를 들어 공동 3위가 3명이면, 공동 3위 각각에게 부여되는 점수는 (30 + 20 + 10) ÷ 3으로 20이다. 이 경우 그다음 순위는 6위가 된다.

상황

- 甲은 3경기에서 총 157점을 획득하였으며, 공동 순위는 한 번 기록하였다.
- 치러진 3경기에서 공동 순위가 4명 이상인 경우는 없었다.

① 8 ② 9
③ 10 ④ 11
⑤ 12

18 다음 글을 근거로 판단할 때 옳지 않은 것은?

인터넷 장애로 인해 甲~丁은 '메일', '공지', '결재', '문의' 중 접속할 수 없는 메뉴가 각자 1개 이상 있다. 다음은 이에 관한 甲~丁의 대화이다.

甲: 나는 결재를 포함한 2개 메뉴에만 접속할 수 없고, 乙, 丙, 丁은 모두 이 2개 메뉴에 접속할 수 있어.
乙: 丙이나 丁이 접속하지 못하는 메뉴는 나도 전부 접속할 수 없어.
丙: 나는 문의에 접속해서 이번 오류에 대해 질문했어.
丁: 나는 공지에 접속할 수 없고, 丙은 공지에 접속할 수 있어.

① 甲은 공지에 접속할 수 없다.
② 乙은 메일에 접속할 수 없다.
③ 乙은 2개의 메뉴에 접속할 수 있다.
④ 丁은 문의에 접속할 수 있다.
⑤ 甲과 丙이 공동으로 접속할 수 있는 메뉴가 있다.

19 다음 글을 근거로 판단할 때, 1층 바닥면에서 2층 바닥면까지의 높이는?

1층 바닥면과 2층 바닥면이 계단으로 연결된 건물이 있다. A가 1층 바닥면에 서 있고, B가 2층 바닥면에 서 있을 때, A의 머리 끝과 B의 머리 끝의 높이 차이는 240cm이다. A와 B가 위치를 서로 바꾸는 경우, A와 B의 머리 끝의 높이 차이는 220cm이다. A와 B의 키는 1층 바닥면에서 2층 바닥면까지의 높이보다 크지 않다.

① 210cm ② 220cm
③ 230cm ④ 240cm
⑤ 250cm

20 다음 글을 근거로 판단할 때, 가장 많은 액수를 지급받을 예술단체의 배정액은?

□□부는 2024년도 예술단체 지원사업 예산 4억 원을 배정하려 한다. 지원 대상이 되는 예술단체의 선정 및 배정액 산정·지급 방법은 다음과 같다.

- 2023년도 기준 인원이 30명 미만이거나 운영비가 1억 원 미만인 예술단체를 선정한다.
- 사업분야가 공연인 단체의 배정액은 '(운영비×0.2)+(사업비×0.5)'로 산정한다.
- 사업분야가 교육인 단체의 배정액은 '(운영비×0.5)+(사업비×0.2)'로 산정한다.
- 인원이 많은 단체부터 순차적으로 지급한다. 다만 예산 부족으로 산정된 금액 전부를 지급할 수 없는 단체에는 예산 잔액을 배정액으로 한다.
- 2023년도 기준 예술단체(A~D) 현황은 다음과 같다.

단체	인원(명)	사업분야	운영비 (억 원)	사업비 (억 원)
A	30	공연	1.8	5.5
B	28	교육	2.0	4.0
C	27	공연	3.0	3.0
D	33	교육	0.8	5.0

① 8,000만 원 ② 1억 1,000만 원
③ 1억 4,000만 원 ④ 1억 8,000만 원
⑤ 2억 1,000만 원

21 다음 글과 〈대화〉를 근거로 판단할 때, 직무교육을 이수하지 못한 사람만을 모두 고르면?

> 甲~丁은 월요일부터 금요일까지 5일 동안 실시되는 직무교육을 받게 되었다. 교육장소에는 2×2로 배열된 책상이 있었으며, 앞줄에 2명, 뒷줄에 2명을 각각 나란히 앉게 하였다. 교육기간 동안 자리 이동은 없었다. 교육 첫째 날과 마지막 날은 4명 모두 교육을 받았다. 직무교육을 이수하기 위해서는 4일 이상 교육을 받아야 한다.

〈대화〉

> 甲: 교육 둘째 날에 내 바로 앞사람만 결석했어.
> 乙: 교육 둘째 날에 나는 출석했어.
> 丙: 교육 셋째 날에 내 바로 뒷사람만 결석했어.
> 丁: 교육 넷째 날에 내 바로 앞사람과 나만 교육을 받았어.

① 乙
② 丙
③ 甲, 丙
④ 甲, 丁
⑤ 乙, 丁

22 다음 글을 근거로 판단할 때, (가)에 해당하는 수는?

> A공원의 다람쥐 열 마리는 각자 서로 다른 개수의 도토리를 모았는데, 한 다람쥐가 모은 도토리는 최소 1개부터 최대 10개까지였다. 열 마리 다람쥐는 두 마리씩 쌍을 이루어 그날 모은 도토리 일부를 함께 먹었다. 도토리를 모으고 먹는 이런 모습은 매일 동일하게 반복됐다. 이때 도토리를 먹는 방법은 정해져 있었다. 한 쌍의 다람쥐는 각자가 그날 모은 도토리 개수를 비교해서 그 차이 값에 해당하는 개수의 도토리를 함께 먹는다. 예를 들면, 1개의 도토리를 모은 다람쥐와 9개의 도토리를 모은 다람쥐가 쌍을 이루면 이 두 마리는 8개의 도토리를 함께 먹는다.
> 열 마리의 다람쥐를 이틀 동안 관찰한 결과, '첫째 날 각 쌍이 먹은 도토리 개수'는 모두 동일했고, '둘째 날 각 쌍이 먹은 도토리 개수'도 모두 동일했다. 하지만 '첫째 날 각 쌍이 먹은 도토리 개수'와 '둘째 날 각 쌍이 먹은 도토리 개수'는 서로 달랐고, 그 차이는 [(가)]개였다.

① 1
② 2
③ 3
④ 4
⑤ 5

23 다음 글을 근거로 판단할 때, 처음으로 물탱크가 가득 차는 날은?

> 신축 A아파트에는 용량이 10,000리터인 빈 물탱크가 있다. 관리사무소는 입주민의 입주 시작일인 3월 1일 00:00부터 이 물탱크에 물을 채우려고 한다. 관리사무소는 매일 00:00부터 00:10까지 물탱크에 물을 900리터씩 채운다. 전체 입주민의 1일 물 사용량은 3월 1일부터 3월 5일까지 300리터, 3월 6일부터 3월 10일까지 500리터, 3월 11일부터는 계속 700리터이다. 3월 15일에는 아파트 외벽 청소를 위해 청소업체가 물탱크의 물 1,000리터를 추가로 사용한다. 물을 채우는 시간이라도 물탱크가 가득 차면 물 채우기를 중지하고, 물을 채우는 시간에는 물을 사용할 수 없다.

① 4월 4일
② 4월 6일
③ 4월 7일
④ 4월 9일
⑤ 4월 10일

24 다음 글을 근거로 판단할 때, 〈보기〉에서 옳은 것만을 모두 고르면?

甲~丁은 6문제로 구성된 직무능력시험 문제를 풀었다.

- 정답을 맞힌 경우, 문제마다 기본점수 1점과 난이도에 따른 추가점수를 부여한다.
- 추가점수는 다음 식에 따라 결정한다.

$$\text{추가점수} = \frac{\text{해당 문제를 틀린 사람의 수}}{\text{해당 문제를 맞힌 사람의 수}}$$

- 6문제의 기본점수와 추가점수를 모두 합한 총합 점수가 5점 이상인 사람이 합격한다.

甲~丁이 6문제를 푼 결과는 다음과 같고, 5번과 6번 문제의 결과는 찢어져 알 수가 없다.

(○: 정답, ×: 오답)

구분	1번	2번	3번	4번	5번	6번
甲	○	×	○	○		
乙	○	×	○	×		
丙	○	○	×	×		
丁	×	○	○	×		
정답률(%)	75	50	75	25	50	50

〈보기〉

ㄱ. 甲이 최종적으로 받을 수 있는 최대 점수는 $\frac{32}{3}$점이다.
ㄴ. 1~4번 문제에서 받은 점수의 합은 乙이 가장 낫다.
ㄷ. 4명 모두가 합격할 수는 없다.
ㄹ. 4명이 받은 점수의 총합은 24점이다.

① ㄱ, ㄷ
② ㄴ, ㄷ
③ ㄴ, ㄹ
④ ㄱ, ㄴ, ㄷ
⑤ ㄱ, ㄴ, ㄹ

25 다음 〈상황〉을 근거로 판단할 때, 〈보기〉에서 옳은 것만을 모두 고르면?

〈상황〉

- 테니스 선수 랭킹은 매달 1일 발표되며, 발표 전날로부터 지난 1년간 선수들이 각종 대회에 참가하여 획득한 점수의 합(이하 '총점수'라 한다)이 높은 순으로 순위가 매겨진다.
- 매년 12월에는 챔피언십 대회(매년 12월 21일~25일)만 개최된다. 이 대회에는 당해 12월 1일 기준으로 랭킹 1~4위의 선수만 참가한다.
- 매년 챔피언십 대회의 순위에 따른 획득 점수 및 2023년 챔피언십 대회 전후 랭킹은 아래와 같다. 단, 챔피언십 대회에서 공동 순위는 없다.

챔피언십 대회 성적	점수
우승	2000
준우승	1000
3위	500
4위	250

〈2023년 12월 1일〉

랭킹	선수	총점수
1위	A	7500
2위	B	7000
3위	C	6500
4위	D	5000
⋮	⋮	⋮

⇨

〈2024년 1월 1일〉

랭킹	선수	총점수
1위	C	7500
2위	B	7250
3위	D	7000
4위	A	6000
⋮	⋮	⋮

- 총점수에는 지난 1년간 획득한 점수만 산입되므로, 〈2024년 1월 1일〉의 총점수에는 2022년 챔피언십 대회에서 획득한 점수는 빠지고, 2023년 챔피언십 대회에서 획득한 점수가 산입되었다.

〈보기〉

ㄱ. 2022년 챔피언십 대회 우승자는 A였다.
ㄴ. 2023년 챔피언십 대회 4위는 B였다.
ㄷ. 2023년 챔피언십 대회 우승자는 C였다.
ㄹ. 2022년 챔피언십 대회 3위는 D였다

① ㄱ, ㄴ
② [illegible], ㄴ
③ ㄴ, ㄷ
④ ㄴ, ㄹ
⑤ ㄱ, ㄴ, ㄹ

박민제 PSAT
Essential 7.5

정답 및 해설

빠른정답 찾기

PART 1 PSAT Essential

01	④	02	⑤	03	⑤	04	②	05	④
06	②	07	②	08	④	09	③	10	②
11	①	12	②	13	①	14	⑤	15	⑤
16	①	17	③	18	④	19	②	20	②
21	①	22	③	23	①	24	②	25	③
26	⑤	27	④	28	③	29	②	30	⑤
31	③	32	④	33	④	34	①	35	④
36	⑤	37	③	38	①	39	①	40	②
41	③	42	④	43	②	44	④	45	①
46	④	47	②	48	④	49	②	50	③
51	③	52	④	53	③	54	④	55	①
56	③	57	①	58	②	59	⑤	60	③
61	⑤								

PART 2 PSAT Essential + α

01	⑤	02	③	03	①	04	③	05	④
06	⑤	07	③	08	⑤	09	①	10	③
11	③	12	⑤	13	③	14	④	15	①
16	③	17	④	18	④	19	①	20	⑤
21	⑤	22	⑤	23	⑤	24	②	25	①
26	①	27	②	28	③	29	⑤	30	②

PART 3 2024 국가직 7급 PSAT 기출문제

1 언어논리

01	③	02	④	03	④	04	③	05	④
06	②	07	⑤	08	①	09	⑤	10	②
11	②	12	③	13	②	14	④	15	①
16	②	17	⑤	18	⑤	19	③	20	③
21	①	22	④	23	③	24	②	25	③

2 자료해석

01	④	02	①	03	⑤	04	⑤	05	⑤
06	④	07	③	08	②	09	②	10	②
11	④	12	③	13	③	14	②	15	①
16	⑤	17	①	18	④	19	②	20	①
21	④	22	①	23	③	24	④	25	⑤

3 상황판단

01	⑤	02	⑤	03	②	04	④	05	①
06	②	07	④	08	④	09	②	10	③
11	①	12	④	13	③	14	③	15	⑤
16	⑤	17	②	18	①	19	③	20	④
21	③	22	④	23	②	24	⑤	25	①

본문 p.22~61

| 규정·규칙형 | 일치·불일치·부합

01 다음 글과 〈상황〉을 근거로 판단할 때 옳은 것은?

제00조(적용범위) 이 규정은 중앙행정기관, 광역자치단체(광역자치단체와 기초자치단체 공동주관 포함)가 국제행사를 개최하기 위하여 10억 원 이상의 국고지원을 요청하는 경우에 적용한다.

제00조(정의) "국제행사"라 함은 5개국 이상의 국가에서 외국인이 참여하고, 총 참여자 중 외국인 비율이 5% 이상(총 참여자 200만 명 이상은 3% 이상)인 국제회의·체육행사·박람회·전시회·문화행사·관광행사 등을 말한다.

제00조(국고지원의 제외) 국제행사 중 다음 각 호에 해당하는 행사는 국고지원의 대상에서 제외된다. 이 경우 제외되는 시기는 다음 각 호 이후 최초 개최되는 행사의 해당 연도부터로 한다.

1. 매년 1회 정기적으로 개최하는 국제행사로서 국고지원을 7회 받은 경우
2. 그 밖의 주기로 개최하는 국제행사로서 국고지원을 3회 받은 경우

제00조(타당성조사, 전문위원회 검토의 대상 등)
① 국고지원의 타당성조사 대상은 국제행사의 개최에 소요되는 총 사업비가 50억 원 이상인 국제행사로 한다.
② 국고지원의 전문위원회 검토 대상은 국제행사의 개최에 소요되는 총 사업비가 50억 원 미만인 국제행사로 한다.
③ 제1항에도 불구하고 국고지원 비율이 총 사업비의 20% 이내인 경우 타당성조사를 전문위원회 검토로 대체할 수 있다.

〈상황〉

甲광역자치단체는 2021년에 제6회 A박람회를 국고지원을 받아 개최할 예정이다. A박람회는 매년 1회 총 250만 명이 참여하는 행사로서 20여 개국에서 8만 명 이상의 외국인들이 참여해 왔다. 2021년에도 동일한 규모의 행사가 예정되어 있다. 한편 2020년에 5번째로 국고지원을 받은 A박람회의 총 사업비는 40억 원이었으며, 이 중 국고지원 비율은 25%였다.

① 2021년에 총 250만 명의 참여자 중 외국인 참여자가 감소하여 6만 명이 되더라도 A박람회는 국제행사에 해당된다.
② 2021년에 A박람회가 예정대로 개최된다면, A박람회는 2022년에 국고지원의 대상에서 제외된다.
③ 2021년 총 사업비가 52억 원으로 증가하고 국고지원은 8억 원을 요청한다면, A박람회는 타당성조사 대상이다.
④ 2021년 총 사업비가 60억 원으로 증가하고 국고지원은 전년과 동일한 금액을 요청한다면, A박람회는 전문위원회 검토를 받을 수 있다.
⑤ 2021년 甲광역자치단체와 乙기초자치단체가 공동주관하여 전년과 동일한 총 사업비로 A박람회를 개최한다면, A박람회는 타당성조사 대상이다.

정답 ④

해설

조 → 항 → 호 → 목

i) 몇 개의 조로 이루어져 있는지 파악하면서 각 조의 제목을 파악
ii) 각 조의 제목을 통해 전체 내용을 유추하면서, 주어와 서술어, 대상, 숫자 중심으로 전체 조항을 파악
iii) 〈상황〉을 파악한 후 각 선택지 분석
iv) 단순히 몇 회, 인원의 확인을 요하는 선택지는 정답이 될 확률이 적다.

① 제00조(정의)에 따르면 총 참여자 200만 명 이상은 외국인 비율이 3% 이상되어야 한다. 250만 명 × 0.03 = 7만 5천 명이므로 국제행사에 해당되지 않는다. (×)
② A박람회는 7회까지 국고지원 대상이다. 2023년 8회부터 제외된다. 7회 이후 최초 개최되는 행사의 해당 연도부터이므로 8회인 2023년부터 국고지원 대상에서 제외된다. (×)
③ 총 사업비가 50억 이상일 경우 타당성 조사 대상이나, 국고지원은 국제행사를 개최하기 위하여 10억 원 이상 요청하는 경우에만 적용되기 때문에 타당성 조사 대상 뿐만 아니라 전문위원회 검토 대상도 아니다. (×)
④ 총 사업비가 60억 원으로 증가하고, 국고지원은 전년과 동일한 금액(10억 원)을 요청한다면, A박람회는 국고 지원 비율이 20% 미만(16.7%)이므로 전문위원회 검토를 받을 수 있다.
40억 원 × 0.25 = 10억 원이고, $\frac{10}{60} \times 100 \fallingdotseq 16.7\%$이므로 총 사업비의 20% 이내에 해당
(자료해석 기본연산을 통해 $\frac{1}{6}$을 별도 계산하지 않고 16.7로 바로 도출되야 한다. 또는 $\frac{1}{5}$보다 작기 때문에 20% 이내인 것으로 도출 가능하다.) (○)
⑤ 총 사업비가 50억 미만인 국제 행사인 경우 전문위원회 검토 대상이다. (×)

| 상황제시형 | 의미 추론

02 다음 글과 〈상황〉을 근거로 판단할 때 옳은 것은?

> 민사소송의 1심을 담당하는 법원으로는 지방법원과 지방법원지원(이하 "그 지원"이라 한다)이 있다. 지방법원과 그 지원이 재판을 담당하는 관할구역은 지역별로 정해져 있는데, 피고의 주소지를 관할하는 지방법원 또는 그 지원이 재판을 담당한다. 다만 금전지급청구소송은 원고의 주소지를 관할하는 지방법원 또는 그 지원도 재판할 수 있다.
> 한편, 지방법원이나 그 지원의 재판사무의 일부를 처리하기 위해서 그 관할구역 안에 시법원 또는 군법원(이하 "시·군법원"이라 한다)이 설치되어 있는 경우가 있다. 시·군법원은 지방법원 또는 그 지원이 재판하는 사건 중에서 소송물가액이 3,000만 원 이하인 금전지급청구소송을 전담하여 재판한다. 즉, 이러한 소송의 경우 원고 또는 피고의 주소지를 관할하는 시·군법원이 있으면 지방법원과 그 지원은 재판할 수 없고 시·군법원만이 재판한다.

※ 소송물가액: 원고가 승소하면 얻게 될 경제적 이익을 화폐 단위로 평가한 것

〈상황〉

- 甲은 乙에게 빌려준 돈을 돌려받기 위해 소송물가액 3,000만 원의 금전지급청구의 소(이하 "A청구"라 한다)와 乙에게서 구입한 소송물가액 1억 원의 고려청자 인도청구의 소(이하 "B청구"라 한다)를 각각 1심 법원에 제기하려고 한다.
- 甲의 주소지는 김포시이고 乙의 주소지는 양산시이다. 이들 주소지와 관련된 법원명과 그 관할구역은 다음과 같다.

법원명	관할구역
인천지방법원	인천광역시
인천지방법원 부천지원	부천시, 김포시
김포시법원	김포시
울산지방법원	울산광역시, 양산시
양산시법원	양산시

① 인천지방법원 부천지원은 A청구를 재판할 수 있다.
② 인천지방법원은 A청구를 재판할 수 있다.
③ 양산시법원은 B청구를 재판할 수 있다.
④ 김포시법원은 B청구를 재판할 수 있다.
⑤ 울산지방법원은 B청구를 재판할 수 있다.

정답 ⑤

해설

지방자치단체 – 광역시 = 서울특별시, 광역시(6개)
– 도(8개), 특별자치시(세종), 특별자치도(제주)
– 시, 군, 자치구

예 경기도 화성시장 → 기초지방자치단체장
대구 광역시장 → 광역자치단체장
경기도 안산시장 → 기초지방자치단체장

피고의 주소지 원칙+(금전지급청구소송은 원고도 가능)

i) A청구인 경우 = 3,000만 원 이하인 금전지급청구소송은 시·군법원만 재판 가능하므로, 김포시법원과 양산시법원에서 가능
ii) B청구인 경우 = 소송물가액이 1억 원이므로 지방법원 또는 그 지원으로 결정되므로 피고인 乙의 주소지인 양산을 관할하는 울산지방법원에서 가능

| 상황제시형 | 최적안 선정

03 다음 글과 〈상황〉을 근거로 판단할 때 옳은 것은?

발명에 대해 특허권이 부여되기 위해서는 다음의 두 가지 요건 모두를 충족해야 한다.
첫째, 발명은 지금까지 세상에 없는 새로운 것, 즉 신규성이 있는 발명이어야 한다. 이미 누구나 알고 있는 발명에 대해서 독점권인 특허권을 부여하는 것은 부당하기 때문이다. 이때 발명이 신규인지 여부는 특허청에의 특허출원 시점을 기준으로 판단한다. 따라서 신규의 발명이라도 그에 대한 특허출원 전에 발명 내용이 널리 알려진 경우라든지, 반포된 간행물에 게재된 경우에는 특허출원 시점에는 신규성이 상실되었기 때문에 특허권이 부여되지 않는다. 그러나 발명자가 자발적으로 위와 같은 신규성을 상실시키는 행위를 하고 그날로부터 12개월 이내에 특허를 출원하면 신규성이 상실되지 않은 것으로 취급된다. 이를 '신규성의 간주'라고 하는데, 신규성을 상실시킨 행위를 한 발명자가 특허출원한 경우에만 신규성이 있는 것으로 간주된다.
둘째, 여러 명의 발명자가 독자적인 연구를 하던 중 우연히 동일한 발명을 완성하였다면, 발명의 완성 시기에 관계없이 가장 먼저 특허청에 특허출원한 발명자에게만 특허권이 부여된다. 이처럼 가장 먼저 출원한 발명자에게만 특허권이 부여되는 것을 '선출원주의'라고 한다. 따라서 특허청에 선출원된 어떤 발명이 신규성 상실로 특허권이 부여되지 못한 경우, 동일한 발명에 대한 후출원은 선출원주의로 인해 특허권이 부여되지 않는다.

〈상황〉

- 발명자 甲, 乙, 丙은 각각 독자적인 연구개발을 수행하여 동일한 A발명을 완성하였다.
- 甲은 2020. 3. 1. A발명을 완성하였지만 그 발명 내용을 비밀로 유지하다가 2020. 9. 2. 특허출원을 하였다.
- 乙은 2020. 4. 1. A발명을 완성하자 2020. 6. 1. 간행되어 반포된 학술지에 그 발명 내용을 논문으로 게재한 후, 2020. 8. 1. 특허출원을 하였다.
- 丙은 2020. 7. 1. A발명을 완성하자마자 바로 당일에 특허출원을 하였다.

① 甲이 특허권을 부여받는다.
② 乙이 특허권을 부여받는다.
③ 丙이 특허권을 부여받는다.
④ 甲, 乙, 丙이 모두 특허권을 부여받는다.
⑤ 甲, 乙, 丙 중 어느 누구도 특허권을 부여받지 못한다.

정답 ⑤

해설

乙, 丙, 甲의 순서로 특허출원을 하였다.
乙은 발명 내용을 이미 논문으로 게재하였기 때문에 신규성이 상실되어 특허출원이 불가능하다.
丙은 발명의 완성 시기에 관계없이 乙의 특허출원에 의해 신규성 상실이 되어, 선출원주의로 인해 특허권이 부여되지 않는다.
甲은 발명의 완성 시기에 관계없이 丙과 마찬가지로 신규성 상실이 되어, 선출원주의로 인해 특허권이 부여되지 않는다.

| 규정 · 규칙형 | 내용 추론

04 다음 글과 〈상황〉을 근거로 판단할 때 옳은 것은?

제00조(지역개발 신청 동의 등) ① 지역개발 신청을 하기 위해서는 지역개발을 하고자 하는 지역의 총 토지면적의 3분의 2 이상에 해당하는 토지의 소유자의 동의 및 지역개발을 하고자 하는 지역의 토지의 소유자 총수의 2분의 1 이상의 동의를 받아야 한다.

② 지역개발 신청을 하기 위해서 필요한 동의자의 수는 다음 각 호의 기준에 따라 산정한다.

1. 토지는 지적도상 1필의 토지를 1개의 토지로 한다.
2. 1개의 토지를 여러 명이 공동소유하는 경우에는 다른 공동소유자들을 대표하는 대표 공동소유자 1인만을 해당 토지의 소유자로 본다.
3. 1인이 여러 개의 토지를 소유하고 있는 경우에는 소유하는 토지의 수와 무관하게 1인으로 본다.
4. 지역개발을 하고자 하는 지역에 국유지가 있는 경우 국유지도 포함하여 토지면적을 산정하고, 그 토지의 재산관리청을 토지 소유자로 본다.

〈상황〉

- X지역은 100개의 토지로 이루어져 있고, 토지면적 합계가 총 6km²이다.
- 동의자 수 산정 기준에 따라 산정된 X지역 토지의 소유자는 모두 82인(이하 "동의대상자"라 한다)이고, 이 중에는 국유지 재산관리청 2인이 포함되어 있다.
- 甲은 X지역에 토지 2개를 소유하고 있고, 해당 토지면적 합계는 X지역 총 토지면적의 4분의 1이다.
- 乙은 X지역에 토지 10개를 소유하고 있고, 해당 토지면적 합계는 총 2km²이다.
- 丙, 丁, 戊, 己는 X지역에 토지 1개를 공동소유하고 있고, 해당 토지면적은 1km²이다.

① 乙이 동의대상자 31(→ 40인)인의 동의를 얻으면 지역개발 신청을 위한 X지역 토지의 소유자 총수의 2분의 1 이상의 동의 조건은 갖추게 된다.

② X지역에 대한 지역개발 신청에 甲~己(3인으로 보아야 한다) 모두 동의한 경우, 나머지 동의대상자 중 38인의 동의를 얻으면 신청할 수 있다.

③ X지역에 토지 2개 이상을 소유하는 자는 甲, 乙뿐이다. (적어도 토지 2개 이상을 소유한 자는 甲, 乙 외에 반드시 1명 이상 존재한다.)

④ X지역의 1필의 토지면적은 0.06km²로 모두 동일하다.

⑤ X지역 안에 있는 국유지의 면적은 1.5km²이다.(미만이어야 한다.)

정답 ②

해설

X지역 토지의 소유자는 모두 82인(재산관리청 2인 포함)
甲은 2개의 토지를 소유(1.5 km²)
乙은 10개의 토지를 소유(2 km²)
4명(丙, 丁, 戊, 己)은 토지 1개를 공동소유(1 km²)
甲~己의 토지소유 면적은 4.5km²

① 총 토지 소유자의 총수 2분의 1은 41인이므로, 乙은 40인의 동의를 얻어야 소유자 총수의 2분의 1 이상의 동의 조건을 갖추게 된다. (×)

② 甲~己 가 모두 동의한 경우 동의대상자는 甲 1인, 乙 1인, 丙~己 1인으로 동의대상자는 3인이 된다. 그 외 동의대상자 중 38인의 동의를 얻으면 총 41인이므로 동의 조건을 갖추게 되어 지역개발 신청을 할 수 있다. (○)

③ 甲, 乙은 토지를 모두 12개 소유하고 있으며, 丙~己(1인으로 본다)는 1개를 소유하므로 3인이 13개의 토지를 소유하고 있다. 총 82인 중 3인을 제외한 79인은 87개의 토지를 소유하고 있으므로, 적어도 2개 이상 토지를 소유하는 자는 무조건 존재한다. (×)

④ 甲이 토지를 2개 소유하고 있고, 이 해당 토지면적의 합계는 총 토지면적의 4분의 1이므로 1.5km²이다. 즉, 1개의 토지는 0.75km²이기 때문에 모든 1필의 토지면적이 동일할 수 없다. 같은 방법으로 乙과 같은 경우 1필의 토지면적은 0.2km²이다. (×)

⑤ 甲~己의 토지소유 면적은 4.5km²이기 때문에 그 이외 소유자 79인(국유지를 소유하고 있는 재산관리청 포함)은 1.5km²를 소유한다. 그러므로 국유지는 X지역 안에서 1.5km² 미만을 차지한다. (×)

| 조건제시형 | 수리계산형

05 다음 글과 〈사무용품 배분방법〉을 근거로 판단할 때, 11월 1일 현재 甲기관의 직원 수는?

> 甲기관은 사무용품 절약을 위해 <사무용품 배분방법>으로 한 달 동안 사용할 네 종류(A, B, C, D)의 사무용품을 매월 1일에 배분한다. 이에 따라 11월 1일에 네 종류의 사무용품을 모든 직원에게 배분하였다. 甲 기관이 배분한 사무용품의 개수는 총 1,050개였다.

> 사무용품 배분방법
> - A는 1인당 1개씩 배분한다.
> - B는 2인당 1개씩 배분한다.
> - C는 4인당 1개씩 배분한다.
> - D는 8인당 1개씩 배분한다.

① 320명　② 400명
③ 480명　④ 560명
⑤ 640명

정답 ④

해설

甲기관의 직원 수를 x명이라 하자.
i), ii), iii)의 세 가지 방법으로 x를 구할 수 있다.

i) $x+\frac{1}{2}x+\frac{1}{4}x+\frac{1}{8}x=1{,}050$개

$\frac{15}{8}x=1{,}050$

$\therefore\ x=560$명

ii) $8x+4x+2x+x=1050$

$15x=1050$

$x=70$명

$\therefore\ 8\times70=560$명

iii) 선택지 대입법

③ $480+240+120+60=900$, $900<1050$

④의 560을 대입하게 되면,

$560+280+140+70=1050$이므로 560명이 정답

(480에서 560은 $\frac{1}{6}$이 증가되었기 때문에 900에서 $\frac{1}{6}$이 증가되면, 1,050명이 정답)

| 조건제시형 | 최솟값 산정

06 다음 글을 근거로 판단할 때, 예약할 펜션과 워크숍 비용을 옳게 짝지은 것은?

> 甲은 팀 워크숍을 추진하기 위해 펜션을 예약하려 한다. 팀원은 총 8명으로 한 대의 렌터카로 모두 같이 이동하여 워크숍에 참석한다. 워크숍 기간은 1박 2일이며, 甲은 워크숍 비용을 최소화하고자 한다.
> - 워크숍 비용은 아래와 같다.
>   워크숍 비용 = 왕복 교통비 + 숙박요금
> - 교통비는 렌터카 비용을 의미하며, 렌터카 비용은 거리 10km당 1,500원이다.
> - 甲은 다음 펜션 중 한 곳을 1박 예약한다.

구분	A 펜션	B 펜션	C 펜션
펜션까지 거리(km)	100	150	200
1박당 숙박요금(원)	100,000	150,000	120,000
숙박기준인원(인)	4	6	8

> - 숙박인원이 숙박기준인원을 초과할 경우, A~C 펜션 모두 초과 인원 1인당 1박 기준 10,000원씩 요금이 추가된다.

	예약할 펜션	워크숍 비용
①	A	155,000원
②	A	170,000원
③	B	215,000원
④	C	150,000원
⑤	C	180,000원

정답 ②

해설

각 펜션의 거리, 숙박기준인원을 정리하면 아래 표와 같다.

구분	A	B	C
왕복 교통비(만 원)	1.5×2	4.5	6
숙박 요금(만 원)	$10+4$	$15+2$	12
총 비용(만 원)	17	21.5	18

왕복 요금을 계산해야 하며, 비용이 최소화해야 한다는 조건이 본문 내용 안에 있다는 것을 체크해야 한다.
총 비용이 가장 적게 드는 A펜션을 예약해야 하고, 이때 비용은 17만원이다.

| 조건제시형 | 수리퍼즐

07 다음 글을 근거로 판단할 때, 올바른 우편번호의 첫 자리와 끝자리 숫자의 합은?

> 다섯 자리 자연수로 된 우편번호가 있다. 甲과 乙은 실수로 '올바른 우편번호'에 숫자 2를 하나 추가하여 여섯 자리로 표기하였다. 甲은 올바른 우편번호의 끝자리 뒤에 2를 추가하였고, 乙은 올바른 우편번호의 첫자리 앞에 2를 추가하였다. 그 결과 甲이 잘못 표기한 우편번호 여섯 자리 수는 乙이 잘못 표기한 우편번호 여섯 자리 수의 3배가 되었다.
> 올바른 우편번호와 甲과 乙이 잘못 표기한 우편번호는 아래와 같다.
>
> - 올바른 우편번호: □□□□□
> - 甲이 잘못 표기한 우편번호: □□□□□[2]
> - 乙이 잘못 표기한 우편번호: [2]□□□□□

① 11　② 12
③ 13　④ 14
⑤ 15

정답 ②

해설

[2]□□□□□ × 3 = □□□□□[2]

	2	a	b	c	d	e
×						3
	a	b	c	d	e	2

e = 4 (3 × 4 = 12, 끝자리가 2가 나오려면 4)
a = 6 이상

	+2					
	2	8	b	c	d	e
×						3
	a	b	c	d	e	2

일 경우 a = 8(a = 6 또는 a = 7일 경우 식 불성립)

따라서, 올바른 우편번호의 첫자리와 끝자리 숫자의 합은 a + e이므로 8 + 4 = 12이다.

| 조건제시형 | 승 · 무 · 패

08 다음 글을 근거로 판단할 때, 甲의 승패 결과는?

> 甲과 乙이 10회 실시한 가위바위보에 대해 다음과 같은 사실이 알려져 있다.
> - 甲은 가위 6회, 바위 1회, 보 3회를 냈다.
> - 乙은 가위 4회, 바위 3회, 보 3회를 냈다.
> - 甲과 乙이 서로 같은 것을 낸 적은 10회 동안 한 번도 없었다. → 무승부는 없었다.

① 7승 3패　② 6승 4패
③ 5승 5패　④ 4승 6패
⑤ 3승 7패

정답 ④

해설

i) 갑이 가위 6회를 내면 을은 바위 3회, 보 3회를 냄
　∴ 갑은 3승 3패
ii) 을이 가위 4회를 내면 갑은 바위 1회, 보 3회를 냄
　∴ 갑은 1승 3패
→ 갑의 입장에서 4승 6패

| 조건제시형 | 수리퍼즐

09 다음 글을 근거로 판단할 때 옳지 않은 것은?

> 1에서부터 5까지 적힌 카드가 각 2장씩 10장이 있다. 5가 적힌 카드 중 하나를 맨 왼쪽에 놓고, 나머지 9장의 카드를 일렬로 배열하려고 한다. 카드는 왼쪽부터 1장씩 놓는데, 각 카드에 적혀 있는 수는 바로 왼쪽 카드에 적혀 있는 수보다 작거나, 같거나, 1만큼 커야 한다.
> 이 규칙에 따라 카드를 다음과 같이 배열하였다.

5	1	2	3	A	3	B	C	D	E

① A로 가능한 수는 2가지이다.
② B는 4이다.
③ C는 5가 아니다.
④ D가 2라면 A, B, C, E를 모두 알 수 있다.
⑤ E는 1이나 2이다.

정답 ③

해설

① A는 3보다 작은 1, 2, 3과 같은 3, 3보다 1일 큰 4가 가능하다. 하지만 A의 다음 수가 3이므로 1은 불가능하고 3은 두 장 나왔으므로 불가능하다.
∴ 2와 4 가능
따라서 A가 2인 경우와 4인 경우를 생각하여 경우의 수를 나누어 보면, 아래와 같다.

i) A가 2인 경우

구분	A	B	C	D	E
1	2	4	4	5	1
2	2	4	5	4	1

ii) A가 4인 경우

구분	A	B	C	D	E
1	4	4	5	1	2
2	4	4	5	2	1

A는 2, 4의 2가지가 가능하다. (○)
② 위 해설의 i), ii)를 보면, B는 4만 가능하다. (○)
③ C=5일 때 A=2, B=4, C=5, D=4, E=1이 가능하다. 그러므로 틀린 선택지이다. (×)
④ D=2라면, A=4, B=4, C=5, E=1이 되므로 A, B, C, E를 모두 알 수 있다. (○)
⑤ 위 해설의 i), ii)를 보면, E는 1 또는 2이다. (○)

| 조건 · 상황제시형 | 금액산정(대소비교)

10 다음 글과 〈상황〉을 근거로 판단할 때, A~C 자동차 구매 시 지불 금액을 비교한 것으로 옳은 것은?

- 甲국은 전기차 및 하이브리드 자동차 보급을 장려하기 위해 다음과 같이 보조금과 세제 혜택을 제공한다.
  - 정부는 차종을 고려하여 자동차 1대당 보조금을 정액 지급한다. 중형 전기차에 대해서는 1,500만 원, 소형 전기차에 대해서는 1,000만 원, 하이브리드차에 대해서는 500만 원을 지급한다.
  - 정부는 차종을 고려하여 아래 <기준>에 따라 세제 혜택을 제공한다. 자동차 구입 시 발생하는 세금은 개별소비세, 교육세, 취득세뿐이며, 개별소비세는 자동차 가격의 10%, 교육세는 2%, 취득세는 5%의 금액이 책정된다.

〈기준〉

<table>
<tr><th>구분</th><th>개별소비세</th><th>교육세</th><th>취득세</th></tr>
<tr><td>중형 전기차</td><td>비감면</td><td rowspan="3">전액 감면</td><td>전액감면</td></tr>
<tr><td>소형 전기차</td><td>전액감면</td><td>전액감면</td></tr>
<tr><td>하이브리드차</td><td>전액감면</td><td>비감면</td></tr>
</table>

- 자동차 구매 시 지불 금액은 다음과 같다.
  지불 금액 = 자동차 가격 − 보조금 + 세금

〈상황〉

(단위: 만 원)

자동차	차종	자동차 가격
A	중형 전기차	4,000
B	소형 전기차	3,500
C	하이브리드차	3,500

① A<B<C
② B<A<C
③ B<C<A
④ C<A<B
⑤ C<B<A

정답 ②

해설

자동차, 보조금, 세금을 계산한 표를 보면 아래와 같다. A는 개별소비세이며, C는 취득세이다. 교육세는 차종과 관계없으므로 계산하지 않는다. 대소비교의 차이만 비교하면 되기 때문이다.

	자	보	세	합산금액
A	500	−500	+400	400
B	0	−0	0	0
C	0	+500	+350×5% = 175	675

B < A < C

| 상황제시형 | 점수계산(가중평균)

11 다음 글과 〈상황〉을 근거로 판단할 때, 〈보기〉에서 옳은 것만을 모두 고르면?

> 甲국에서는 4개 기관(A~D)에 대해 전기, 후기 두 번의 평가를 실시하고 있다. 전기평가에서 낮은 점수를 받은 기관이 후기평가를 포기하는 것을 막기 위해 다음과 같은 최종평가점수 산정 방식을 사용하고 있다.
>
> 최종평가점수 = Max[0.5 × 전기평가점수 + 0.5 × 후기평가점수, 0.2 × 전기평가점수 + 0.8 × 후기평가점수]
>
> 여기서 사용한 Max[X, Y]는 X와 Y 중 큰 값을 의미한다. 즉, 전기평가점수와 후기평가점수의 가중치를 50 : 50으로 하여 산정한 점수와 20 : 80으로 하여 산정한 점수 중 더 높은 것이 해당 기관의 최종평가점수이다.

〈상황〉

4개 기관의 전기평가점수(100점 만점)는 다음과 같다.

기관	A	B	C	D
전기평가점수	60	70	90	80

4개 기관의 후기평가점수(100점 만점)는 모두 자연수이고, C기관의 후기평가점수는 70점이다. 최종평가점수를 통해 확인된 기관 순위는 1등부터 4등까지 A − B − D − C 순이며 동점인 기관은 없다.

〈보기〉

ㄱ. A기관의 후기평가점수는 B기관의 후기평가점수보다 최소 3점 높다.
ㄴ. B기관의 후기평가점수는 83점일 수 있다.
ㄷ. A기관과 D기관의 후기평가점수 차이는 5점일 수 있다.

① ㄱ　② ㄴ
③ ㄱ, ㄴ　④ ㄱ, ㄷ
⑤ ㄴ, ㄷ

정답 ①

해설

문제의 핵심은 "최종평가점수 식에서 Max가 어느 것이 선택되는가?"이다.

후기평가점수가 전기평가점수보다 높으면 후기 점수 쪽에 80% 비중을 주고 전기 점수 쪽에 20% 비중을 준다. 후기평가점수가 전기평가점수보다 낮으면 전기와 후기 각각 50% 비중을 준다는 의미이다.

여기서 C기관의 최종점수는 전기평가점수와 후기평가점수가 확정되어 있으므로 아래와 같이 도출된다.

전기평가점수 : 90점, 후기평가점수 : 70점

후기점수보다 전기점수가 높으므로 각각 50% 비중의 합이므로, 최종평가점수는 0.5 × (90 + 70) = 80점

〈상황〉에서 A > B > D > C 순위임과 동시에 동점인 기관이 없기 때문에 A, B, D 기관의 최종평가점수는 모두 80점을 초과해야 한다는 조건이 생성된다.

따라서 A, B, D는 모두 20 : 80으로 비중을 줄 수밖에 없다. 이유는 아래와 같다.

A가 1등이려면 80점보다 커야 함과 동시에 B, D보다 높아야 한다. 후기평가점수가 전기평가점수 60점보다 낮아야 5 : 5의 비중이 되는데, 최종평가점수가 80점보다 높으려면 전기평가점수 60점보다 커야 하므로 불가능하다. 따라서 A는 20 : 80의 비중을 주어야 한다.

B, D 또한 각각 전기평가점수가 70점, 80점이므로 A와 같은 이유로 20:80의 비중을 주어야 한다.

ㄱ. A기관의 최종평가점수는 12점(전기평가점수의 20%) + 최종평가점수의 80%

B기관의 최종평가점수는 14점 + 최종평가점수의 80%

A > B이므로 0.8(A최종 − B최종) > 2

A최종 − B최종 > 2.5

A최종 ≥ B최종 + 3 (점수는 모두 자연수라고 하였기 때문에 3으로 변환)

다른 방법으로는 아래와 같이 풀이할 수 있다.

i)

구분	A	B
전(20%)	60	70
후(80%)	$x+3$	x

ii) 차잇값 계산

	전	후
A	60	$x+3$
B	70	x

(전 차이: 10, 후 차이: 3)

→ 2(B) < 0.8 × x(A)

×3 최소 3점 이상

12 + (x + 3) × 0.8 = A − i)

14 + 0.8 × x = B − ii)

A > B이므로,

x > −0.4 … B의 후기평가점수(어느 점수가 와도 성립) (○)

ㄴ. B 후기점수가 83점이면 D 후기점수는 80점 이하여야 한다. 이유는 아래와 같다.

B = 14점 + 0.8최종

D = 16점 + 0.8최종

B > D이므로 14점 + 0.8B최종 > 16점 + 0.8D최종

0.8(B최종−D최종) > 2점

B최종 − D최종 > 2.5점

B최종 ≥ D최종 + 3점(모두 자연수)

B후기점수가 83점이면 D후기점수는 80점이 된다.

그렇다면 D의 최종평가점수가 80점보다 높아야 하는데 모순이 발생한다. 따라서 불가능하다.

가중평균으로 계산하면 아래와 같다.

i)

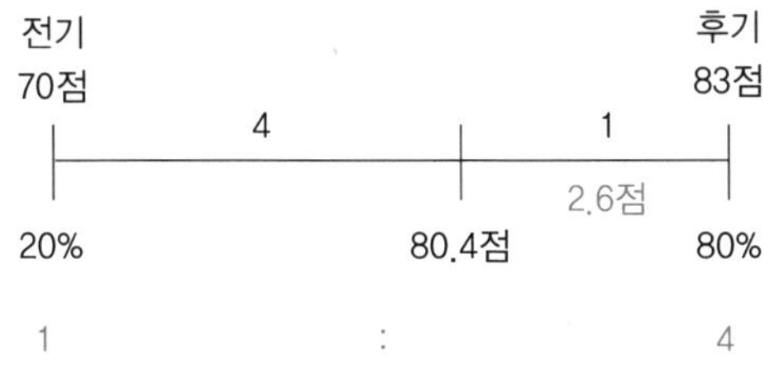

$13 \times \frac{1}{5} = 2.6$

ii) 70 + 13 × 0.8 = 80.4(점)

70점을 기준으로 13점의 80%까지 더 증가한다.

83 − (13 × 0.2) = 80.4(점)

가장 빠른 도출법은 B가 최종 80.4점이 될 수 있느냐를 확인하는 것이다. C의 점수는 80점인 상황에서 D는 전기평가점수가 80점이다. (×)

ㄷ. A후기점수는 B후기점수보다 최소 3점 높고, B후기점수는 D 후기점수보다 최소 3점 이상 높아야 하기 때문에 A와 D 후기점수 차이는 최소 6점이다.

	전	후
A	60	□
B	70	∧

20 × 20%(D), 5 × 80%(A) … 모두 400점으로, 동일하면 안 된다. (×)

| 독해 | 일치 · 불일치 · 부합

12 다음 글을 읽고 물음에 답하시오.

독립운동가 김우전 선생은 일제강점기 광복군으로 활약한 인물로, 광복군의 무전통신을 위한 한글 암호를 만든 것으로 유명하다. 1922년 평안북도 정주 태생인 선생은 일본에서 대학에 다니던 중 재일학생 민족운동 비밀결사단체인 '조선민족 고유문화유지계몽단'에 가입했다. 1944년 1월 일본군에 징병돼 중국으로 파병됐지만 같은 해 5월 말 부대를 탈출해 광복군에 들어갔다.

1945년 3월 미 육군 전략정보처는 일본이 머지않아 패망할 것으로 보아 한반도 진공작전을 계획하고 중국에서 광복군과 함께 특수훈련을 하고 있었다. 이 시기에 선생은 한글 암호인 W−K(우전킴) 암호를 만들었다. W−K 암호는 한글의 자음과 모음, 받침을 구분하여 만들어진 암호체계이다. 자음과 모음을 각각 두 자리 숫자로, 받침은 자음을 나타내는 두 자리 숫자의 앞에 '00'을 붙여 네 자리로 표시한다.

W−K 암호체계에서 자음은 '11~29'에, 모음은 '30~50'에 순서대로 대응된다. 받침은 자음 중 ㄱ~ㅎ을 이용하여 '0011'부터 '0024'에 순서대로 대응된다. 예를 들어 '김'은 W−K 암호로 변환하면 'ㄱ'은 11, 'ㅣ'는 39, 받침 'ㅁ'은 0015이므로 '11390015'가 된다. 같은 방식으로 '1334001114390016'은 '독립'으로, '13402430001213340011143900161530001217 42'는 '대한독립만세'로 해독된다. 모든 숫자를 붙여 쓰기 때문에 상당히 길지만 네 자리씩 끊어 읽으면 된다.

하지만 어렵사리 만든 W−K 암호는 결국 쓰이지 못했다. 작전 준비가 한창이던 1945년 8월 일본이 갑자기 항복했기 때문이다. 이 암호에 대한 기록은 비밀에 부쳐져 미국 국가기록원에 소장되었다가 1988년 비밀이 해제되어 세상에 알려졌다.

※ W−K 암호체계에서 자음의 순서는 ㄱ, ㄴ, ㄷ, ㄹ, ㅁ, ㅂ, ㅅ, ㅇ, ㅈ, ㅊ, ㅋ, ㅌ, ㅍ, ㅎ, ㄲ, ㄸ, ㅃ, ㅆ, ㅉ 이고, 모음의 순서는 ㅏ, ㅑ, ㅓ, ㅕ, ㅗ, ㅛ, ㅜ, ㅠ, ㅡ, ㅣ, ㅐ, ㅒ, ㅔ, ㅖ, ㅘ, ㅙ, ㅚ, ㅝ, ㅞ, ㅟ, ㅢ 이다.

윗글을 근거로 판단할 때, 〈보기〉에서 옳은 것만을 모두 고르면?

보기

ㄱ. 김우전 선생은 일본군에 징병되었을 때 무전 통신을 위해 W－K 암호를 만들었다.
ㄴ. W－K 암호체계에서 한글 단어를 변환한 암호문의 자릿수는 4의 배수이다.
ㄷ. W－K 암호체계에서 '183000152400'은 한글 단어로 해독될 수 없다.
ㄹ. W－K 암호체계에서 한글 '궤'는 '11363239'로 변환된다.

① ㄱ, ㄴ ② ㄴ, ㄷ
③ ㄷ, ㄹ ④ ㄱ, ㄴ, ㄹ
⑤ ㄱ, ㄷ, ㄹ

정답 ②

해설

ㄱ. 김우전 선생이 일본군에 징병된 때 : 1944년 1월
김우전 선생이 W-K(우전킴) 암호를 만든 때 : 1945년 3월
그러므로 옳지 않다. (×)
ㄴ. 자음과 모음을 각각 두 자리 숫자, 받침은 네 자리로 표시하기 때문에 한글 단어를 변환한 암호문의 자릿수는 4자리 또는 8자리로 4의 배수이다. 옳은 설명이다. (○)
ㄷ. 끝이 '00'으로 가리키는 단어가 없다. 옳은 설명이다. (○)
ㄹ. 'ᅰ'는 48에 대응된다. '1148'로 변환되어야 한다. 옳지 않은 설명이다. (×)

| 독해 | 내용 추론

13 다음 글을 읽고 물음에 답하시오.

독립운동가 김우전 선생은 일제강점기 광복군으로 활약한 인물로, 광복군의 무전통신을 위한 한글 암호를 만든 것으로 유명하다. 1922년 평안북도 정주 태생인 선생은 일본에서 대학에 다니던 중 재일학생 민족운동 비밀결사단체인 '조선민족고유문화유지계몽단'에 가입했다. 1944년 1월 일본군에 징병돼 중국으로 파병됐지만 같은 해 5월 말 부대를 탈출해 광복군에 들어갔다.

1945년 3월 미 육군 전략정보처는 일본이 머지않아 패망할 것으로 보아 한반도 진공작전을 계획하고 중국에서 광복군과 함께 특수훈련을 하고 있었다. 이 시기에 선생은 한글 암호인 W－K(우전킴) 암호를 만들었다. W－K 암호는 한글의 자음과 모음, 받침을 구분하여 만들어진 암호체계이다. 자음과 모음을 각각 두 자리 숫자로, 받침은 자음을 나타내는 두 자리 숫자의 앞에 '00'을 붙여 네 자리로 표시한다.

W－K 암호체계에서 자음은 '11～29'에, 모음은 '30～50'에 순서대로 대응된다. 받침은 자음 중 ㄱ～ㅎ을 이용하여 '0011'부터 '0024'에 순서대로 대응된다. 예를 들어 '김'은 W－K 암호로 변환하면 'ㄱ'은 11, 'ㅣ'는 39, 받침 'ㅁ'은 0015이므로 '11390015'가 된다. 같은 방식으로 '1334001114390016'은 '독립'으로, '1340243000121334001114390016153000121742'는 '대한독립만세'로 해독된다. 모든 숫자를 붙여 쓰기 때문에 상당히 길지만 네 자리씩 끊어 읽으면 된다.

하지만 어렵사리 만든 W－K 암호는 결국 쓰이지 못했다. 작전 준비가 한창이던 1945년 8월 일본이 갑자기 항복했기 때문이다. 이 암호에 대한 기록은 비밀에 부쳐져 미국 국가기록원에 소장되었다가 1988년 비밀이 해제되어 세상에 알려졌다.

※ W－K 암호체계에서 자음의 순서는 ㄱ, ㄴ, ㄷ, ㄹ, ㅁ, ㅂ, ㅅ, ㅇ, ㅈ, ㅊ, ㅋ, ㅌ, ㅍ, ㅎ, ㄲ, ㄸ, ㅃ, ㅆ, ㅉ 이고, 모음의 순서는 ㅏ, ㅑ, ㅓ, ㅕ, ㅗ, ㅛ, ㅜ, ㅠ, ㅡ, ㅣ, ㅐ, ㅒ, ㅔ, ㅖ, ㅘ, ㅙ, ㅚ, ㅝ, ㅞ, ㅟ, ㅢ 이다.

윗글과 다음 〈조건〉을 근거로 판단할 때, '3 · 1운동!'을 옳게 변환한 것은?

〈조건〉

숫자와 기호를 표현하기 위하여 W－K 암호체계에 다음의 규칙이 추가되었다.

- 1~9의 숫자는 차례대로 '51~59', 0은 '60'으로 변환하고, 끝에 '00'을 붙여 네 자리로 표시한다.
- 온점(.)은 '70', 가운뎃점(·)은 '80', 느낌표(!)는 '66', 물음표(?)는 '77'로 변환하고, 끝에 '00'을 붙여 네 자리로 표시한다.

① 53008000510018360012133400186600
② 53008000510018360012133500186600
③ 53007000510018360012133400187700
④ 5370005118360012133400176600
⑤ 5380005118360012133500177700

정답 ①

해설

"3 · 1 운동!"을 변환하게 된다면 3 = 5300으로 변환된다.
소거법을 활용하여 선택지 ④, ⑤가 소거된다.
' · '은 '8000'이기 때문에 선택시 ③이 소거된다.
남은 ①과 ② 중에 동일한 부분은 탐색할 필요 없이 다른 부분인 'ㅗ' → '34'로 변환되므로 ②가 소거된다.
따라서 정답은 ①로 도출된다.

| 조건 · 상황제시형 | 논리게임

14 다음 글과 〈대화〉를 근거로 판단할 때, 乙~丁의 소속 과와 과 총원을 옳게 짝지은 것은?

- A부서는 제1과부터 제4과까지 4개 과, 총 35명으로 구성되어 있다.
- A부서 각 과 총원은 과장 1명을 포함하여 7명 이상이며, 그 수가 모두 다르다.
- A부서에 '부여'된 내선번호는 7001번부터 7045번이다.
- 제1과~제4과 순서대로 연속된 오름차순의 내선번호가 부여되는데, 각 과에는 해당 과 총원 이상의 내선번호가 부여된다.
- 모든 직원은 소속 과의 내선번호 중 서로 다른 번호 하나를 각자 '배정'받는다.
- 각 과 과장에게 배정된 내선번호는 해당 과에 부여된 내선번호 중에 제일 앞선다.
- 甲~丁은 모두 A부서의 서로 다른 과 소속이다.

〈대화〉

甲: 홈페이지에 내선번호 알림을 새로 해야겠네요. 저희 과는 9명이고, 부여된 내선번호는 7016~7024번입니다.
乙: 甲주무관님 과는 총원과 내선번호 개수가 같네요. 저희 과 총원이 제일 많은데, 내선번호는 그보다 4개 더 있어요.
丙: 저희 과는 총원보다 내선번호가 3개 더 많아요. 아, 丁주무관님! 제 내선번호는 7034번이고, 저희 과장님 내선번호는 7025번이에요.
丁: 저희 과장님 내선번호 끝자리와 丙주무관님 과의 과장님 내선번호 끝자리가 동일하네요.

	직원	소속 과	과 총원
①	乙	제1과	10명
②	乙	제4과	11명
③	丙	제3과	8명
④	丁	제1과	7명
⑤	丁	제4과	8명

정답 ⑤

해설

총원의 합은 35명이고 과의 총원이 모두 다르므로 각 과의 총원은 7명~11명 사이가 된다.
제시된 내용으로 甲~丁이 속한 과가 사용하는 내선번호와 총원을 정리하면 다음과 같다.

	내선번호	총원
甲	7016~7024	9명
乙		
丙	7025~7034?	
丁		

丁이 속한 과의 과장 내선번호는 '5'로 끝나야 하는데, 과장이므로 7005, 7015, 7045는 불가능하고, 7025는 丙이 속한 과의 과장 내선 번호이므로 불가능하다. 따라서 丁이 속한 과의 과장 내선번호는 7035가 되고 내선 7045까지 사용하게 되어 총원은 8명이 된다. 이를 반영하여 내선번호 및 각 과별 총원, 소속 과를 정리하면 다음과 같다.

	내선번호	내선번호 수	총원	소속 과
甲	7016~7024	9개	9명	제2과
乙	7001~7015	15개	11명	제1과
丙	7025~7034	10개	7명	제3과
丁	7035~7045	11개	8명	제4과

| 그래프 · 표 변환 |

15 **다음 〈보고서〉는 2019년 '갑'시의 5대 축제(A~E)에 관한 조사 결과이다. 이에 부합하지 않는 자료는?**

보기

'갑'시의 5대 축제를 분석 · 평가한 결과, 우수축제로 선정된 A 축제는 관람객 수, 인지도, 콘텐츠 영역에서 B 축제보다 높은 점수를 받았으나 경제적 효과 영역에서는 B 축제보다 낮은 점수 ④를 받았다. 한편, 5대 축제의 관람객 만족도를 보면, 먹거리 만족도가 매년 떨어지고 있고 2019년에는 살거리 만족도도 2018년보다 낮아져 대책 마련이 시급하다는 평가 ②도 있다.

설문조사에 따르면 축제 관련 정보 획득 매체는 연령대별로 차이를 보였다. ⑤ 20대 이하와 30~40대는 각각 인터넷을 통해 정보를 획득한 관람객 수가 가장 많았다. 반면, 50대 이상은 현수막을 통해 정보를 획득한 관람객 수가 가장 많아 관람객의 연령대별 맞춤형 홍보 전략이 필요하다는 것을 보여준다.

축제로 인한 경제적 효과도 중요한 분석 대상이다. ① D 축제의 경우 취업자 수와 고용인 수 모두 가장 적지만, 고용인 1인당 취업자 수는 가장 많았다. ③ 관람객 1인당 총지출액에서 숙박비의 비중이 가장 높은 축제는 C 축제이고 먹거리 비용의 비중이 가장 높은 축제는 E 축제이다.

① 5대 축제별 취업자 수와 고용인 수

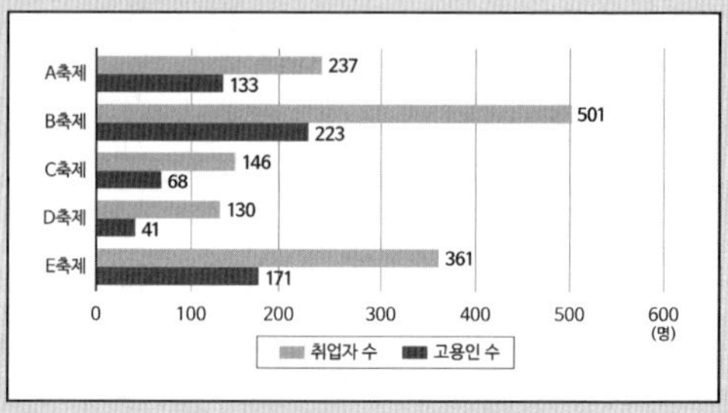

② 5대 축제의 관람객 만족도

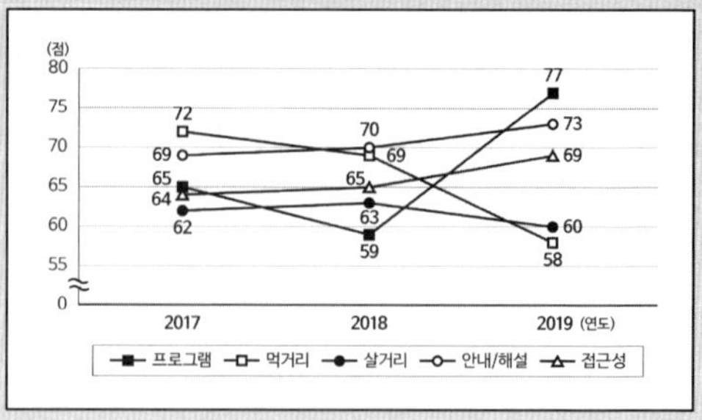

③ 5대 축제별 관람객 1인당 지출액

(단위: 원)

구분 \ 축제	A	B	C	D	E
숙박비	22,514	9,100	27,462	3,240	4,953
먹거리 비용	18,241	19,697	15,303	8,882	20,716
왕복교통비	846	1,651	9,807	1,448	810
상품구입비	17,659	4,094	6,340	3,340	411
기타	9	48	102	255	1,117
총지출액	59,269	34,590	59,014	17,165	28,007

④ A, B 축제의 영역별 평가점수

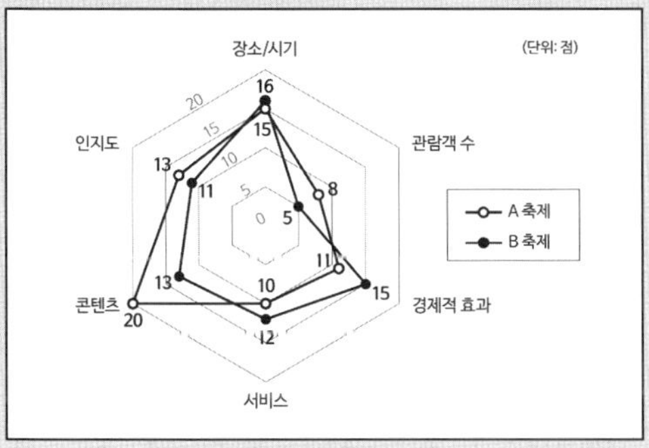

⑤ 관람객의 연령대별 5대 축제 관련 정보 획득 매체

(단위: %)

연령대 \ 매체	TV	인터넷	신문	현수막	기타
20대 이하	22.0	58.6	10.8	17.5	11.5
30~40대	25.4	35.0	16.5	18.0	9.0
50대 이상	35.0	20.2	21.0	29.5	8.0
전체	26.0	41.5	15.1	20.1	9.8

※ 중복응답 가능함

정답 ⑤

해설

① $\frac{취업지수}{고용인수}$ = 고용인 1인당 취업자 수이므로, D축제의 경우가 가장 높다. 부합하는 자료이다. (○)

② 먹거리 만족도는 2017년부터 매년 72점, 69점, 58점으로 매년 하락하고 있고, 2018년 살거리 만족도가 63점, 2019년 60점으로 낮아졌으므로 〈보고서〉와 부합하는 자료이다. (○)

③ 〈보고서〉 세 번째 문단 두 번째 문장에서 확인할 수 있다. 총지출액 중 숙박비 비중의 경우 A, C를 비교하면, C가 더 크다. 먹거리 비용 E축제가 가장 높기 때문에 부합하는 자료이다. (○)

④ 관람객 수, 인지도, 콘텐츠 영역은 A축제가 B축제보다 바깥쪽에 위치해 있고, 경제적 효과 영역에서는 A축제가 B축제보다 안쪽에 위치하고 있으므로, 〈보고서〉와 부합하는 자료이다. (○)

⑤ 〈보고서〉에서 50대 이상은 현수막을 통해 정보를 획득한 관람객 수가 가장 많았다고 언급하였으나 TV가 35.0%로 가장 높아 부합하지 않는다. (×)

| 기본연산 |

16 다음 〈표〉는 2015~2019년 '갑'국의 가스사고 현황에 관한 자료이다. 이에 대한 〈보기〉의 설명 중 옳은 것만을 모두 고르면?

〈표 1〉 원인별 사고건수

(단위: 건)

원인 \ 연도	2015	2016	2017	2018	2019
사용자 취급부주의	41	41	41	38	31
공급자 취급부주의	23	16	22	26	29
제품노후	4	12	19	12	18
고의사고	21	16	16	12	9
타공사	2	6	4	8	7
자연재해	12	9	5	3	3
시설미비	18	20	11	23	24
전체	121	120	118	122	121

〈표 2〉 사용처별 사고건수

(단위: 건)

사용처 \ 연도	2015	2016	2017	2018	2019
주택	48	50	39	42	47
식품접객업소	21	10	27	14	20
특수허가업소	14	14	16	16	12
공급시설	3	7	5	5	6
차량	4	5	4	5	6
제1종 보호시설	3	8	6	8	5
공장	9	6	7	6	4
다중이용시설	0	0	0	0	1
야외	19	20	14	26	20
전체	121	120	118	122	121

보기

ㄱ. 2015년 대비 2019년 사고건수의 증가율은 '공급자 취급부주의'가 '시설미비'보다 작다.

ㄴ. '주택'과 '차량'의 연도별 사고건수 증감방향은 같다.

ㄷ. 2016년에는 사고건수 기준 상위 2가지 원인에 의한 사고건수의 합이 나머지 원인에 의한 사고건수의 합보다 적다.

ㄹ. 전체 사고건수에서 '주택'이 차지하는 비중은 매년 35% 이상이다.

① ㄱ, ㄴ　② ㄱ, ㄹ　③ ㄴ, ㄷ　④ ㄱ, ㄷ, ㄹ　⑤ ㄴ, ㄷ, ㄹ

정답 ①

해설

ㄱ. 2015년 대비 2019년 사고건수의 증가율은 직접 구하기보다는 대소비교하는 것이 더 빠르다.
- '공급자 취급부주의': 23 → 29 (6 차이)
- '시설미비': 18 → 24 (6 차이)

$\frac{6}{23} < \frac{6}{18}$이므로 시설미비가 더 크다. (○)

ㄴ. 주택과 차량의 연도별 사고건수 증감방향은 2016년부터 직전년도와 비교하면 +, −, +, +로 같다. (○)

ㄷ. 2016년 사고건수 기준 상위 2가지 원인은 '사용자 취급부주의', '시설미비'이다. 두 가지 원인의 합은 61건이므로 전체 120건의 50%가 넘기 때문에 나머지 원인에 의한 사고건수의 합보다 크다. (×)

ㄹ. 2015년부터 2019년까지 '주택'이 차지하는 비중은 아래와 같다.

구분	2015	2016	2017	2018	2019
주택비중	$\frac{48}{121}$	$\frac{50}{120}$	$\frac{39}{118}$	$\frac{42}{122}$	$\frac{47}{121}$

i) 2015년은 2019년보다 비중이 크기 때문에(분모는 같고, 분자가 크기 때문에) 비교에서 제외

ii) $\frac{47}{121} = \frac{35+12}{100+21}$에서 $\frac{12}{21}$을 비교하게 되면, $\frac{12}{21}$가 35%보다 크다.
$\frac{35}{100}$는 35%이기 때문에 $\frac{12}{21}$가 35%보다 큰지 작은지만 비교
$\frac{12}{21}$은 35%보다 크기 때문에 $\frac{47}{121}$은 35%보다 크다.

iii) $\frac{42}{122} = \frac{35+7}{100+22} = \frac{7}{22} = 33.3\%$보다 작다.($\frac{1}{3} = \frac{7}{21}$에서 분모가 1 커졌기 때문에) 그러므로 35%보다 작기 때문에 옳지 않다. (×)

☞ $\frac{39}{118}$와 비교하기 위해서 $\frac{39}{117} = \frac{1}{3}$이라 하면, $\frac{39}{118}$은 33.3%보다 작다.

☞ 역배율이 크면 클수록 그 수는 작아진다. (분자와 분모의 배율을 역으로 계산하여 비교)

| 그래프 확인 |

17 다음 〈표〉는 '갑' 회사 구내식당의 월별 이용자 수 및 매출액에 관한 자료이고, 〈보고서〉는 '갑' 회사 구내식당 가격인상에 관한 내부검토 자료이다. '2019년 1월의 이용자 수 예측'에 대한 그래프로 〈표〉와 〈보고서〉의 내용에 부합하는 것은?

〈표〉 2018년 '갑' 회사 구내식당의 월별 이용자 수 및 매출액

(단위: 명, 천 원)

구분 월	특선식		일반식		총매출액
	이용자 수	매출액	이용자 수	매출액	
7	901	5,406	1,292	5,168	10,574
8	885	5,310	1,324	5,296	10,606
9	914	5,484	1,284	5,136	10,620
10	979	5,874	1,244	4,976	10,850
11	974	5,844	1,196	4,784	10,628
12	952	5,712	1,210	4,840	10,552

※ 총매출액은 특선식 매출액과 일반식 매출액의 합임

보고서

2018년 12월 현재 회사 구내식당은 특선식(6,000원)과 일반식(4,000원)의 두 가지 메뉴를 판매하고 있다. 2018년 11월부터 구내식당 총매출액이 감소하고 있어 지난 2년 동안 동결되었던 특선식과 일반식 중 한 가지 메뉴의 가격을 2019년 1월부터 1,000원 인상할지를 검토하였다.
메뉴 가격에 변동이 없을 경우, 일반식 이용자와 특선식 이용자의 수가 모두 2018년 12월에 비해 감소하여 2019년 1월의 총매출액은 2018년 12월보다 감소할 것으로 예측된다.
특선식 가격만을 1,000원 인상하여 7,000원으로 할 경우, 특선식 이용자 수는 2018년 7월 이후 최저치 이하로 감소하지만, 가격 인상의 영향 등으로 총매출액은 2018년 10월 이상으로 증가할 것으로 예측된다.
일반식 가격만을 1,000원 인상하여 5,000원으로 할 경우, 일반식 이용자 수는 2018년 12월 대비 10% 이상 감소(1,210명 − 10%(121명) = 1,089명)하며, 특선식 이용자 수는 2018년 10월보다 증가하지는 않으리라 예측된다.

①
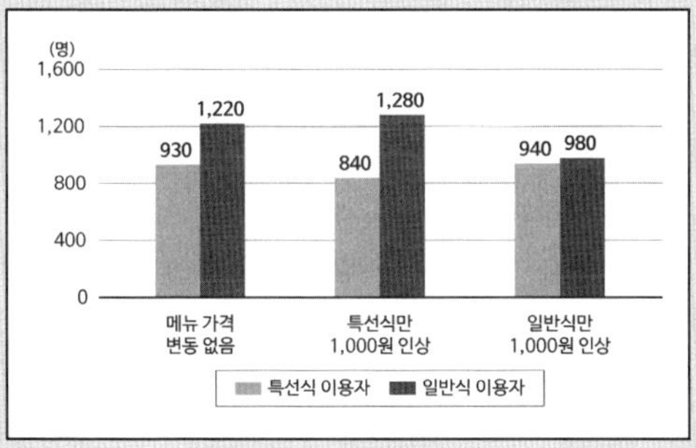

②
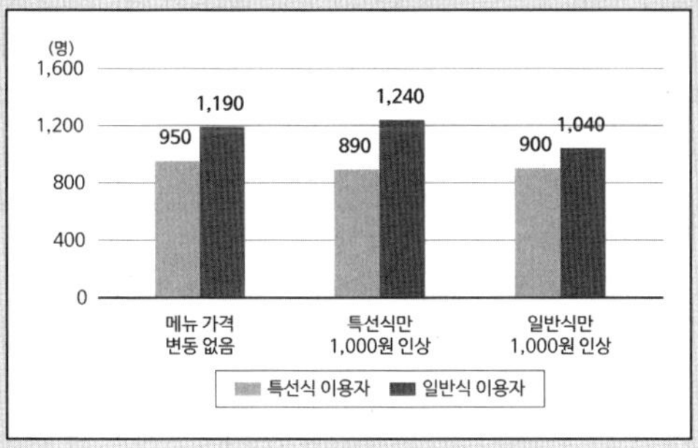

③
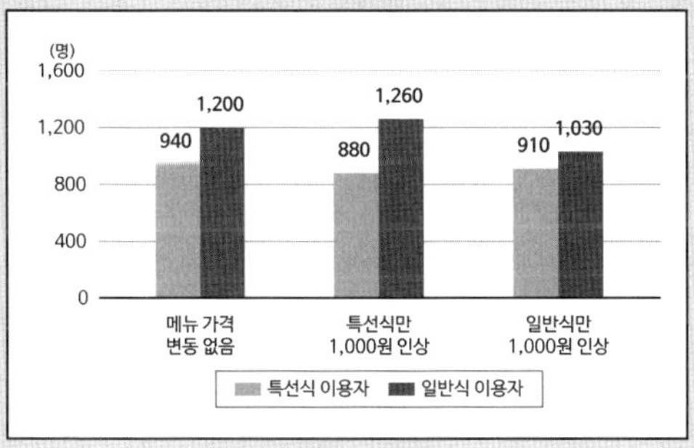

④
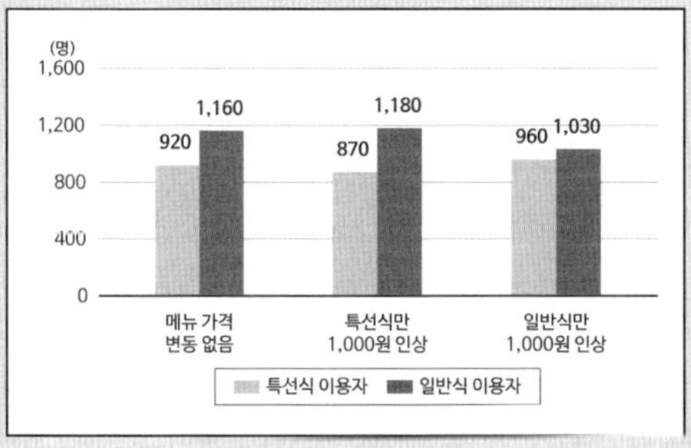

⑤
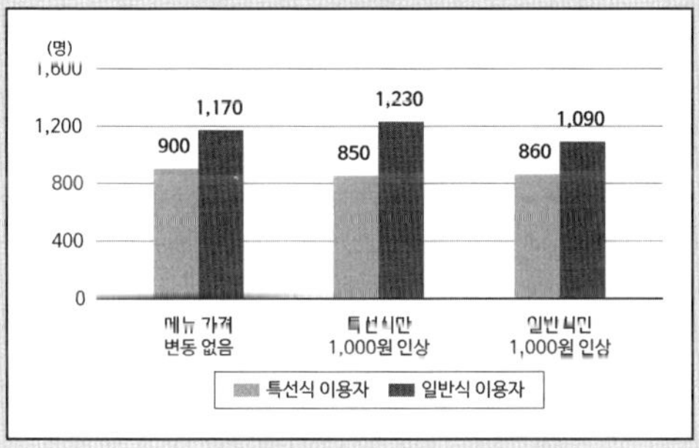

정답 ③

해설

〈표〉와 〈보고서〉의 내용을 고려하면서 선택지 그래프를 소거한다.

i) 메뉴 가격 변동 없을 경우

2019년 1월 일반식 이용자 수는 2018년 12월 일반식 이용자 수인 1,210명보다 작아야 한다. 선택지 ①을 소거한다. 특선식의 경우 모든 선택지가 952명보다 작기 때문에 일반식 이용자 수만 비교한다.

ii) 특선식 가격만을 인상할 경우

특선식의 경우 885보다 작아야 한다. → 선택지 ② 소거

총매출액은 2018년 10월 이상으로 증가 → 선택지 ⑤를 소거한 후 고려한다.

총 매출액은 2018년 10월의 10,850천 원보다 높아야 한다.

③의 경우 총 매출액 11,200천 원, ④는 10,810천 원이므로 ④를 소거한다.

iii) 일반식 가격만을 인상할 경우

일반식만 1,000원 인상한 경우 2018년 12월 이용자 수 1,210명보다 10% 이상 감소한다고 하였으므로 1,210 × 0.9 = 1,089명보다 수치가 큰 선택지 ⑤를 소거한다.

| 그래프 분석 |

18 다음 〈그림〉과 〈표〉는 2018~2019년 '갑'국의 월별 최대전력수요와 전력수급현황에 관한 자료이다. 이에 대한 설명으로 옳은 것은?

〈그림〉 '갑'국의 월별 최대전력수요

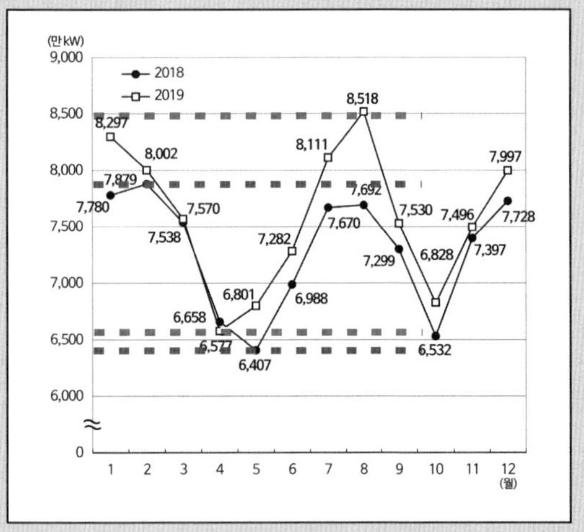

〈표〉 '갑'국의 전력수급현황

(단위: 만 kW)

구분 \ 시기	2018년 2월	2019년 8월
최대전력수요	7,879	8,518
전력공급능력	8,793	9,240

※ 1) 공급예비력 = 전력공급능력 − 최대전력수요

2) 공급예비율(%) = $\frac{\text{공급예비력}}{\text{최대전력수요}} \times 100$

① 공급예비력은 2018년 2월이 2019년 8월보다 작다.
② 공급예비율은 2018년 2월이 2019년 8월보다 낮다.
③ 2019년 1~12월 동안 최대전력수요의 월별 증감방향은 2018년과 동일하다.
④ 해당 연도 1~12월 중 최대전력수요가 가장 큰 달과 가장 작은 달의 최대전력수요 차이는 2018년이 2019년보다 작다.
⑤ 2019년 최대전력수요의 전년동월 대비 증가율이 가장 높은 달은 1월이다.

정답 ④

해설

① 공급예비력을 구하면
2018년 2월: 8,793−7,879=914(만 kW)
2019년 8월: 9,240−8,518=722(만 kW)
2018년 2월이 2019년 8월보다 크다. (×)

② 공급예비율을 구하면
2018년 2월: $\frac{8,793}{7,879} \times 100 ≒ 111.6(\%)$
2019년 8월: $\frac{9,240}{8,518} \times 100 ≒ 108.5(\%)$
2018년 2월이 2019년 8월보다 높다. (×)

③ 그래프의 증감방향만 확인한다. 1월~2월, 4월~5월이 그래프의 기울기가 +, −로 다르기 때문에 동일하지 않다. (×)

④ 월별 최대 전력수요가 가장 큰 달과 가장 작은 달의 차이를 선으로 그어 높낮이로만 확인하면 된다.
2018년 차이 < 2019년 차이이므로 옳은 선택지이다. (○)

⑤ 1월의 차잇값보다 큰 달은 8월이다. 시각적으로 확인해도 8월에 증가율이 더 높다. 전년 대비 증가율이 높아진다는 것은 그래프상 차이값이 클수록 높다. (×)

TIP
꺾은선 그래프를 활용한 선택지를 먼저 보는 것이 좋다. 선택지 ③, ④, ⑤부터 확인한 후 ①, ②를 확인한다.

| 차잇값 |

19 **다음 〈표〉는 2018년 '갑'국 A~E 지역의 산사태 위험인자 현황에 관한 자료이다. 〈평가 방법〉에 근거하여 산사태 위험점수가 가장 높은 지역과 가장 낮은 지역을 바르게 나열한 것은?**

〈표〉 A~E 지역의 산사태 위험인자 현황

위험인자 \ 지역	A	B	C	D	E
경사길이(m)	180	220	150	80	40
모암	화성암	퇴적암	변성암(편마암)	변성암(천매암)	변성암(편마암)
경사위치	중하부	중상부	중하부	상부	중상부
사면형	상승사면	복합사면	하강사면	복합사면	평형사면
토심(cm)	160	120	70	110	80
경사도(°)	30	20	25	35	55

평가 방법

- 산사태 위험인자의 평가점수는 다음과 같다.

위험인자 \ 평가점수	0점	10점	20점	30점
경사길이(m)	50 미만	50 이상 100 미만	100 이상 200 미만	200 이상
모암	퇴적암	화성암	변성암(천매암)	변성암(편마암)
경사위치	하부	중하부	중상부	상부
사면형	상승사면	평형사면	하강사면	복합사면
토심(cm)	20 미만	20 이상 100 미만	100 이상 150 미만	150 이상
경사도(°)	40 이상	30 이상 40 미만	25 이상 30 미만	25 미만

- 개별 지역의 산사태 위험점수는 6개 위험인자에 대한 평가점수의 합임

	가장 높은 지역	가장 낮은 지역
①	B	A
②	B	E
③	D	A
④	D	C
⑤	D	E

정답 ②

해설

A~E지역의 산사태 위험인자 현황과 평가 방법을 고려하여 평가점수를 도출하면 아래와 같다.

〈표〉 A ~ E 지역의 산사태 위험인자의 평가점수

위험인자 \ 지역	A	B	C	D	E
경사길이(m)	20	30	20	10	0
모암	10	0	30	20	30
경사위치	10	20	10	30	20
사면형	0	30	20	30	10
토심(cm)	30	20	10	20	10
경사도(°)	10	30	20	10	0
합계	80	130	110	120	70

평가점수가 가장 높은 지역은 B지역, 가장 낮은 지역은 E지역이다.

다른 풀이

평가점수가 가장 높은 지역은 B와 D지역, 평가점수가 가장 낮은 지역은 A와 E지역 중에서 비교하면 된다. 실전에서 각 위험인자 현황을 보고 〈표〉에서 30점 항목과 0점 항목을 표기하여 그 개수를 먼저 비교한다.

30점 항목: B지역 3개, D지역 2개, 그 외 지역은 1개

0점 항목: A지역 1개, B지역 1개, E지역 2개, 그 외 지역은 0개

30점 항목이 많다는 것은 가장 점수가 높을 확률이 높고, 0점 항목이 많다는 것은 가장 점수가 낮을 확률이 높다. 따라서 가장 30점 항목이 많은 B, D지역과 비교하고, 0점이 가장 많은 E와 A를 비교(B는 30점 항목이 많기 때문에 제외)한다.

고배점 항목의 개수 또는 최저배점 항목의 개수만으로 판단하는 것은 일반적으로 위험하다. 따라서 모든 문제를 같은 방법으로 풀이하는 것은 아니다. 이 문항에서 판단하는 것은 B의 30점 항목이 3개이고, 0점 항목이 1개라는 점을 확인(나머지 위험인자는 계산하지 않더라도 최고점수는 20점)하여 최대점수는 130점이 나올 수 있다는 전제하에 C, D를 보게 된다. 하지만 C, D의 경우 모두 10점 배점이 2개 있다는 것을 알 수 있다. 그렇다면 D는 30점 항목이 C보다 1개 더 있으므로 최저점이 D가 높겠다는 결론이 도출된다.

모든 위험인자 평가점수를 구해서 계산하는 안정감이 좋을 수 있으나 필요한 평가점수만 확인하여 최고, 최저점의 구조를 염두에 두고 필요한 정보만 빼내는 것이 문제풀이 속도를 높일 수 있겠다.

| 기본연산 |

20 다음 〈표〉는 '갑'시에서 주최한 10km 마라톤 대회에 참가한 선수 A~D의 구간별 기록이다. 이에 대한 〈보기〉의 설명 중 옳은 것만을 모두 고르면?

〈표〉 선수 A~D의 10km 마라톤 대회 구간별 기록

구간 \ 선수	A	B	C	D
0~1 km	5분 24초	5분 44초	6분 40초	6분 15초
1~2 km	5분 06초	5분 42초	5분 27초	6분 19초
2~3 km	5분 03초	5분 50초	5분 18초	6분 00초
3~4 km	5분 00초	6분 18초	5분 15초	5분 54초
4~5 km	4분 57초	6분 14초	5분 24초	5분 35초
5~6 km	5분 10초	6분 03초	5분 03초	5분 27초
6~7 km	5분 25초	5분 48초	5분 14초	6분 03초
7~8 km	5분 18초	5분 39초	5분 29초	5분 24초
8~9 km	5분 10초	5분 33초	5분 26초	5분 11초
9~10 km	5분 19초	5분 03초	5분 36초	5분 15초
계	51분 52초	(　　)	54분 52초	57분 23초

※ 1) A~D는 출발점에서 동시에 출발하여 휴식 없이 완주함
2) A~D는 각 구간 내에서 일정한 속도로 달림

보기

ㄱ. 출발 후 6km 지점을 먼저 통과한 선수부터 나열하면 A, C, D, B 순이다.
ㄴ. B의 10km 완주기록은 60분 이상이다.
ㄷ. 3~4km 구간에서 B는 C에게 추월당한다.
ㄹ. A가 10km 지점을 통과한 순간, D는 7~8km 구간을 달리고 있다.

① ㄱ, ㄴ　② ㄱ, ㄷ
③ ㄱ, ㄹ　④ ㄴ, ㄷ
⑤ ㄷ, ㄹ

정답 ②

해설

ㄱ. 6km 지점까지 도착할 때까지 걸린 총 시간을 구하면 아래 표와 같다. (분은 분 단위대로, 초는 초 단위대로 합한다.)

A	B	C	D
29분100초	33분 171초	31분 127초	33분 150초

∴ A → C → D → B (○)

ㄴ. 10개 구간이므로 1개의 구간마다 6분으로 가정하고, 각 구간에서 6분을 기준으로 시간의 차이(초)를 나열하면,

−16, −18, −10, +18, +14, +3, −12, −21, −27, −57

모두 합할 경우 (−)가 된다. 즉 10km 완주 기록이 60분 미만이다. (×)

ㄷ. 3km 지점까지 B와 C가 걸린 시간을 구하면 각각 15분 136초, 16분 85초이다. (B가 먼저 도착)

4km 지점에서는 B, C 각각 6분 18초, 5분 15초를 더하면 C가 먼저 도착하기 때문에 3~4km 구간에서 B는 C에게 추월당한다. (○)

ㄹ. A가 10km 지점을 통과한 순간은 51분 52초이다.

D가 9km 지점을 통과한 순간은

57분 23초 − 5분 11초 = 52분 8초이다.

즉, D는 A가 10km 지점을 통과한 순간 8~9km 구간을 달리고 있다. (×)

| 절대 · 상대수치(지수) |

21 다음 〈그림〉은 OECD 회원국 중 5개국의 2018년 가정용, 산업용 전기요금 지수를 나타낸 것이다. 이에 대한 〈보기〉의 설명 중 옳은 것만을 모두 고르면?

〈그림〉 OECD 회원국 중 5개국의 가정용, 산업용 전기요금 지수

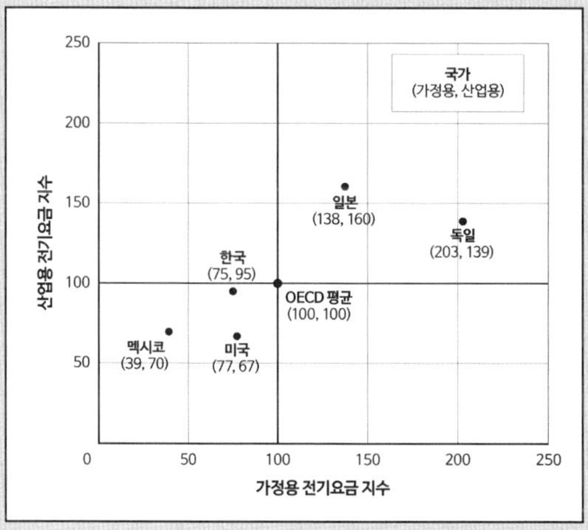

※ 1) OECD 각 국가의 전기요금은 100kWh당 평균 금액($)임
2) 가정용(산업용) 전기요금 지수 = $\frac{\text{해당 국가의 가정용(산업용) 전기요금}}{\text{OECD 평균 가정용(산업용) 전기요금}} \times 100$
3) 2018년 한국의 가정용, 산업용 전기요금은 100 kWh당 각각 $120, $95임

보기

ㄱ. 산업용 전기요금은 일본이 가장 비싸고 가정용 전기요금은 독일이 가장 비싸다.
ㄴ. OECD 평균 전기요금은 가정용이 산업용의 1.5배 이상이다.
ㄷ. 가정용 전기요금이 한국보다 비싼 국가는 산업용 전기요금도 한국보다 비싸다.
ㄹ. 일본은 산업용 전기요금이 가정용 전기요금보다 비싸다.

① ㄱ, ㄴ ② ㄱ, ㄷ
③ ㄴ, ㄹ ④ ㄷ, ㄹ
⑤ ㄱ, ㄴ, ㄹ

정답 ①

해설

ㄱ. OECD 평균점을 기준으로 그래프의 가장 오른쪽 점에 위치한 국가는 가정용 전기요금이 비싸고, 가장 위쪽 점에 위치한 국가는 산업용 전기요금이 비싸다. (x축, y축끼리 비교 가능) OECD 평균요금이 동일한 상태이기 때문에 해당 국가의 가정용(산업용) 전기요금 지수만으로도 크기를 비교할 수 있다. (○)

ㄴ. 한국의 전기요금이 가정용 $120, 산업용 $95이므로,
한국의 지수 (75 : 95) = 한국의 전기요금 $120 : $95

따라서 $\frac{120}{75} \times 100 = 1.6$

OECD 평균 가정용 전기요금은 1.6 × $100=$160, 산업용 전기요금은 $100이므로 가정용 전기요금은 산업용 전기요금의 1.5배 이상이다. (○)

ㄷ. 미국은 한국보다 오른쪽 하단에 있으므로 가정용 전기요금은 한국보다 높지만 산업용 전기요금은 한국보다 낮다. (×)

ㄹ. 일본의 산업용 전기요금 지수와 전기요금 지수는 각각 160, 138이다. 가정용 전기요금은 가정용 전기요금 지수 × 1.6을 하여 계산한다.
일본의 가정용 전기요금 : 138 × 1.6 = $220.8
일본의 산업용 전기요금 : $160
이므로 산업용 전기요금이 가정용 전기요금보다 싸다. (×)

| 기본연산 |

22 **다음 〈그림〉은 추락사고가 발생한 항공기 800대의 사고 발생 시점과 사고 원인을 정리한 자료이다. 이에 대한 〈보기〉의 설명 중 옳은 것만을 모두 고르면?**

〈그림〉 항공기 추락사고의 사고 발생시점과 사고 원인

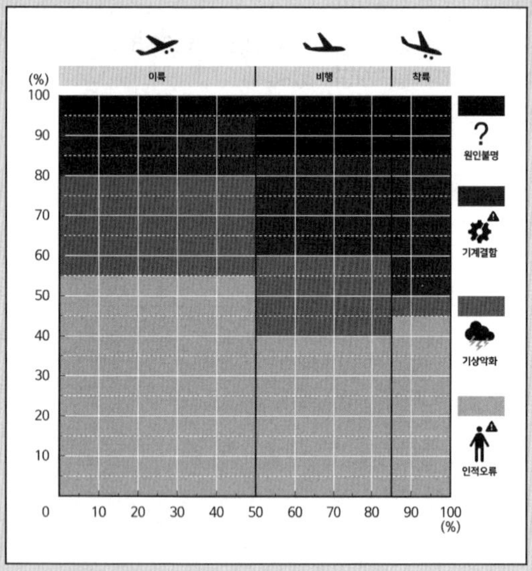

※ 사고 발생시점은 이륙, 비행, 착륙 중 하나이며, 사고 원인은 인적오류, 기상악화, 기계결함, 원인불명 중 하나임

보기

ㄱ. 이륙 중에 인적오류로 추락한 항공기 수는 착륙 중에 원인불명으로 추락한 항공기 수의 12배 이상이다.

ㄴ. 비행 중에 원인불명으로 추락한 항공기 수는 착륙 중에 기계결함으로 추락한 항공기 수보다 많다.

ㄷ. 비행 중에 인적오류로 추락한 항공기 수는 이륙 중에 기계결함으로 추락한 항공기 수보다 56대 더 많다.

ㄹ. 기계결함으로 추락한 항공기 수는 추락사고가 발생한 항공기 수의 20% 이상이다.

① ㄱ, ㄴ　② ㄱ, ㄷ
③ ㄱ, ㄹ　④ ㄴ, ㄷ
⑤ ㄷ, ㄹ

정답 ③

해설

ㄱ. 800대 × 50% × 55% ≥ 800대 × 15% × 15% × 12
27.5% ≥ 2.25% × 12
27.5% ≥ 27%이므로 옳은 설명이다. (○)

ㄴ. 비행 중에 원인불명으로 추락한 항공기 수(800대 × 35% × 15%)는 착륙 중에 기계결함으로 추락한 항공기 수(800대 × 15% × 35%)는 같다. (×)

ㄷ. 이륙 중에 기계결함으로 추락한 항공기 수 = 800 × 50% × 15%
비행 중에 인적오류로 추락한 항공기 수 = 800 × 35% × 40%
각각 60대, 112대이므로 52대 더 많다. (×)

ㄹ. 800 × {(50% × 15%) + (50% × 25%) + (15% × 10%)} ≥ 800 × 20%인지 여부를 확인하면 된다.
0.075 + 0.125 + 0.015 ≥ 0.2 (○)

| 공식 이용 |

23 **다음 〈표〉는 산림경영단지 A~E의 임도 조성 현황에 관한 자료이다. 이 경우 면적이 가장 넓은 산림경영단지는?**

〈표〉 산림경영단지 A~E의 임도 조성 현황

(단위: %, km, km/ha)

구분 / 산림경영단지	작업임도 비율	간선임도 길이	임도 밀도
A	30	70	15
B	20	40	10
C	30	35	20
D	50	20	10
E	40	60	20

※ 1) 임도 길이(km) = 작업임도 길이 + 간선임도 길이

2) 작업임도 비율(%) = $\frac{\text{작업임도 길이}}{\text{임도 길이}} \times 100$

3) 간선임도 비율(%) = $\frac{\text{간선임도 길이}}{\text{임도 길이}} \times 100$

4) 임도 밀도(km/ha) = $\frac{\text{임도 길이}}{\text{산림경영단지 면적}}$

① A ② B
③ C ④ D
⑤ E

정답 ①

해설

단서 4번부터 보면,

4) 임도 밀도(km/ha) = $\frac{\text{임도 길이}}{\text{산림경영단지 면적}}$는 아래와 같이 좌변과 우변의 분모를 바꾼다.

산림경영단지 면적 = $\frac{\text{임도 길이}}{\text{임도 밀도(km/ha)}}$

단서 2)와 4)를 이용하여 작업임도 비율과 간선임도 비율의 합을 구할 수 있다.
작업임도 비율 = a, 간선임도 비율 = b라 하면,

$a + b = \frac{\text{작업 임도 길이} + \text{간선임도 길이}}{\text{임도 길이}} \times 100$

$a + b = \frac{\text{임도 길이}}{\text{임도 길이}} \times 100$

$a + b = 100\%$

따라서 간선임도 비율을 알 수 있으며, 단서 3)의 자리를 다시 한번 바꾸면, 임도 길이 = $\frac{\text{간선 임도 길이}}{\text{간선 임도 비율}} \times 100$

임도 길이는 A~E까지 순서대로 100, 50, 50, 40, 100km가 된다. 임도 길이가 가장 긴 A, E를 비교하면 되며, 그중 임도 밀도가 더 작은 A가 산림경영단지 면적이 가장 넓다.
따라서 면적이 가장 넓은 산림경영단지는 A이다.

| 기본연산 |

24 **다음 〈표〉는 2019년 '갑'국 국회의원선거의 당선자 수에 관한 자료이다. 이에 대한 〈보기〉의 설명 중 옳은 것만을 모두 고르면?**

〈표〉 '갑'국 국회의원선거의 당선자 수

(단위: 명)

정당 / 권역	A	B	C	D	E	합
가	48	(9)	0	1	7	65
나	2	(3)	(23)	0	0	(28)
기타	55	98	2	1	4	160
전체	105	110	25	2	11	253

※ '갑'국의 정당은 A~E만 존재함

보기

ㄱ. E정당 전체 당선자 중 '가'권역 당선자가 차지하는 비중은 60% 이상이다.
ㄴ. 당선자 수의 합은 '가'권역이 '나'권역의 3배 이상이다.
ㄷ. C정당 전체 당선자 중 '나'권역 당선자가 차지하는 비중은 A정당 전체 당선자 중 '가'권역 당선자가 차지하는 비중의 2배 이상이다.
ㄹ. B정당 당선자 수는 '나'권역이 '가'권역보다 많다.

① ㄱ, ㄴ ② ㄱ, ㄷ
③ ㄴ, ㄷ ④ ㄴ, ㄹ
⑤ ㄷ, ㄹ

정답 ②

해설

ㄱ. E정당 전체 당선자 중 '가'권역 당선자는 7명이다.
$\frac{6+1}{10+1} \geq 60\%$, $\frac{1}{1}$은 100%이고 $\frac{6}{10}$인 60%보다 크기 때문에 결과적으로 $\frac{7}{11}$은 60%보다 크다. (○)

ㄴ. '가'권역이 '나'권역의 3배 이상인지 확인해보면,
65 ≥ 28×3이 성립하지 않으므로 옳지 않다. (×)

ㄷ. C정당 전체 당선자 중 '나'권역 당선자가 차지하는 비중은 $\frac{23}{25} \times 100 = 92\%$
A정당 전체 당선자 중 '가'권역 당선자가 차지하는 비중은 $\frac{48}{105} \times 100 \fallingdotseq 45.7\%$이므로 2배 이상이다.

여기서 다른 풀이로 $\frac{48}{105} \times 100$의 2배 값이 92%보다 높은지 낮은지 확인하여 92%보다 낮다면 옳은 설명이며, 92%보다 높다면 틀린 설명이다.

$\frac{48}{105} \times 2 \times 100 = \frac{96}{105} \times 100 ≒$ 91.4%

따라서 옳은 설명이다. (○)

ㄹ. '나'권역 전체 당선자 수 = 28명 (이 중 23명은 C정당 소속)
'나'권역 B정당 당선자 수는 3명
B정당의 '가'권역 당선자 수는 110 − 98 − 3 = 9명
따라서 B정당 당선자 수는 '가'권역이 '나'권역보다 많다. (×)

| 수리계산형 |

25 다음 〈그림〉은 '갑'국의 2003~2019년 교통사고 현황에 관한 자료이다. 이를 근거로 2003년 인구와 2019년 인구 1만 명당 교통사고 건수를 바르게 나열한 것은?

〈그림 1〉 교통사고 건수 및 교통사고 사망자 수

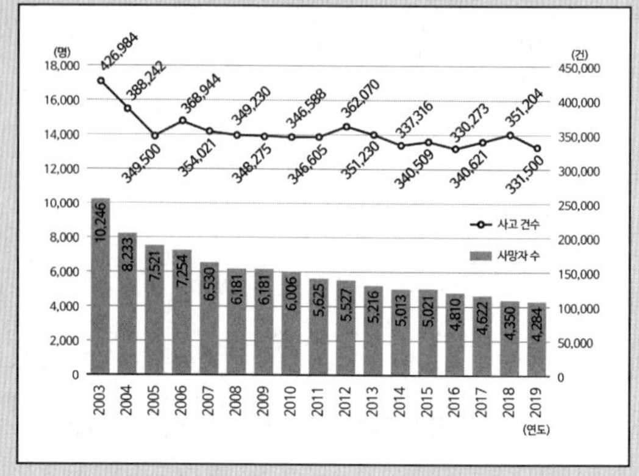

〈그림 2〉 인구 10만 명당 교통사고 사망자 수

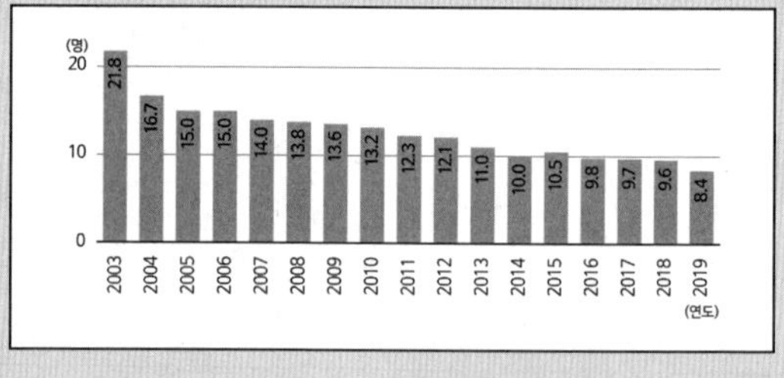

	2003년 인구(백만 명)	2019년 인구 1만 명당 교통사고 건수(건)
①	44	65
②	44	650
③	47	65
④	47	650
⑤	49	65

정답 ③

해설

i) 2003년 인구

$$\text{인구} = \frac{\text{사망자 수}}{\text{10만 명당 사망자 수}} \times 100,000$$

$$\text{2003년 인구} = \frac{10,246}{21.8} \times 100,000 = 470(\text{만 명})$$

백만 명으로 환산 시 47

ii) 2019년 인구 1만 명당 교통사고 건수

$$\text{2019년 인구} = \frac{4,284}{8.4} \times 100,000 = 5,100(\text{만 명})$$

인구 1만 명당 교통사고 건수

$$\frac{331,500}{51,000,000} \times 10,000 = 65\text{건}$$

| 교집합 |

26 다음 〈표〉는 A사에서 실시한 철근강도 평가 샘플 수 및 합격률에 관한 자료이다. 이에 대한 설명으로 옳은 것은?

〈표〉 철근강도 평가 샘플 수 및 합격률

(단위: 개, %)

구분 \ 종류		SD400	SD500	SD600	전체
샘플 수		35	(40)	25	( )
평가항목별 합격률	항복강도	100.0	95.0	92.0	96.0
	인장강도	100.0	100.0	88.0	( )
최종 합격률		100.0	(95.0)	84.0	( )

※ 1) 평가한 철근 종류는 SD400, SD500, SD600뿐임
2) 항복강도와 인장강도 평가에서 모두 합격한 샘플만 최종 합격임
3) 합격률(%) $= \frac{\text{합격한 샘플 수}}{\text{샘플 수}} \times 100$
4) 평가 결과는 합격 또는 불합격임

① SD500 샘플 수는 50개 이상이다.
② 인장강도 평가에서 합격한 SD600 샘플은 항복강도 평가에서도 모두 합격하였다.
③ 항복강도 평가에서 불합격한 SD500 샘플 수는 4개이다.
④ 최종 불합격한 전체 샘플 수는 5개 이하이다.
⑤ 항복강도 평가에서 불합격한 SD600 샘플 수는 최종 불합격한 SD500 샘플 수와 같다.

정답 ⑤

해설

① SD500 샘플 수를 9라 하면

$$35 \times 1 + a \times \frac{95}{100} + 25 \times \frac{92}{100} = (a+60) \times \frac{96}{100}$$

∴ a = 40

SD500 샘플 수는 40개이다. (×)

가중평균을 활용한 방법, 50을 대입하고 풀어보는 방법로 사용할 수 있다.

② 인장강도 평가에서 합격한 SD600 샘플과 항복강도 평가에서 합격한 SD600 샘플은 서로 연관성이 없다. (×)

③ SD500 샘플 수는 40개이고, 항복강도 평가 불합격률은 5%이므로 40 × 0.05 = 2가 되어 총 2개이다. (×)

④ 최종 불합격한 전체 샘플 수는 6개이다. (SD500 2개, SD600 4개) (×)

⑤ 항복강도 평가에서 불합격한 SD600 샘플 수는
25 × 0.08 = 2(개)
최종 불합격한 SD500 샘플 수는
40 × 0.05 = 2(개)
이므로 같다. (○)

| 기본연산 |

27 다음 〈표〉는 2015년 와인 생산량 및 소비량 상위 8개국 현황에 관한 자료이다. 이에 대한 〈보기〉의 설명 중 옳은 것만을 모두 고르면?

〈표 1〉 2015년 와인 생산량 상위 8개국 현황

(단위: 천 L, %)

국가 \ 구분	2015년 생산량	구성비	2013년 생산량 대비 증가율
이탈리아	4,950	17.4	−8.3
프랑스	4,750	16.7	12.8
스페인	3,720	13.1	−18.0
미국	2,975	10.4	−4.5
아르헨티나	1,340	4.7	−10.7
칠레	1,290	4.5	0.8
호주	1,190	4.2	−3.3
남아프리카공화국	1,120	3.9	22.4
계	21,335	74.9	−3.8

〈표 2〉 2015년 와인 소비량 상위 8개국 현황

(단위: 천 L, %)

국가 \ 구분	2015년 소비량	구성비	2013년 소비량 대비 증가율
미국	3,320	13.3	6.5
프랑스	2,720	10.9	−3.5
이탈리아	2,050	8.2	−5.9
독일	2,050	8.2	1.0
중국	1,600	6.4	−8.4
영국	1,290	5.2	1.6
아르헨티나	1,030	4.1	−0.4
스페인	1,000	4.0	2.0
계	15,060	60.2	−0.8

※ 1) 구성비는 세계 와인 생산(소비)량에서 각 국가 생산(소비)량이 차지하는 비율임
2) 구성비와 증가율은 소수 둘째 자리에서 반올림한 값임

보기

ㄱ. 2015년 와인 생산량 상위 8개국 중 와인 소비량이 생산량보다 많은 국가는 1개이다.

ㄴ. 2015년 와인 생산량 상위 8개국만 와인 생산량이 각각 10%씩 증가했다면, 2015년 세계 와인 생산량은 30,000천 L 이상이었을 것이다.

ㄷ. 2015년 중국 와인 소비량은 같은 해 세계 와인 생산량의 6% 미만이다.

ㄹ. 2013년 스페인 와인 생산량은 같은 해 영국 와인 소비량의 3배 미만이다.

① ㄱ, ㄷ　② ㄴ, ㄹ
③ ㄷ, ㄹ　④ ㄱ, ㄴ, ㄷ
⑤ ㄱ, ㄴ, ㄹ

정답 ④

해설

ㄱ. 와인 소비량이 생산량보다 많은 국가는 미국 1개국이다. (○)

ㄴ. 상위 8개국의 와인 생산량 구성비가 74.9%이므로, 세계 와인 생산량을 구하면, 21,335 ÷ 0.749 ≒ 28,485(천 L)
여기서 2015년 와인 생산량 상위 8개국만 와인 생산량이 각각 10%씩 증가한다면 상위 8개국 제외 세계 와인 생산량+상위 8개국 와인 생산량은

$(28,485 - 21,335) + (21,335 \times 1.1) = 7,150 + 2348.5 ≒ 30,619$(천 L)

따라서 세계 와인 생산량은 30,000(천 L) 이상이다. (○)

ㄷ. 중국의 와인 소비량은 1,600천 L이다.
같은 해 세계 와인 생산량은 28,485천 L이고,
세계 생산량의 6%는 28,485 × 0.06 ≒ 1,709(천 L)이다.
따라서, 중국의 와인 소비량은 세계 와인 생산량의 6% 미만이다. (O)

ㄹ. 2015년 스페인 와인 생산량은 2013년에 비해 18% 감소했으므로, 이는 2013년 생산량의 82%와 같은 것이다.
따라서, 2013년 스페인 와인 생산량은 $\frac{3,720}{0.82}$ ≒ 4,537(천 L)이다.
같은 방식으로 2015년 영국 와인 소비량은 2013년에 비해 1.6% 늘어났으므로
2013년 영국 와인 소비량은 $\frac{1,290}{1.016}$ ≒ 1,270(천 L)이다.
$\frac{4,537}{1,270}$ ≒ 3.57이므로, 스페인 와인 생산량은 영국 와인 소비량의 3배 이상이다. (×)

| 보고서형 |

28 다음 〈그림〉과 〈표〉는 세계 및 국내 조선업 현황에 대한 자료이다. 다음 물음에 답하시오.

〈그림〉 세계 조선업 수주량 추이

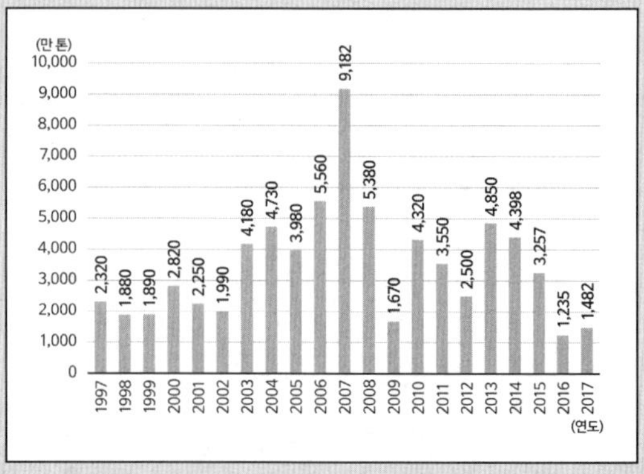

〈표 1〉 2014~2017년 국내 조선업 수주량 및 수주잔량

(단위: 만 톤, %)

연도 \ 구분	수주량	전년대비 증가율	수주잔량	전년대비 증가율
2014	1,286	−30.1	3,302	−1.6
2015	1,066	(　)	3,164	−4.2
2016	221	(　)	2,043	(　)
2017	619	(　)	1,761	−13.8

※ 해당 연도 수주잔량 = 전년도 수주잔량 + 해당 연도 수주량 − 해당 연도 건조량

〈표 2〉 2014~2016년 국내 조선기자재업체 기업규모별 업체 수 및 이자보상배율이 1 미만인 업체 비율

(단위: 개, %)

기업규모	업체 수 \ 연도	2014	2015	2016
대형	20	15.0	20.0	25.0
중형	35	25.7	17.1	34.3
소형	96	19.8	28.1	38.5
전체	151	20.5	24.5	35.8

※ 1) 2014년 이후 기업규모별 업체 수는 변화 없음
2) 비율은 소수 둘째 자리에서 반올림한 값임

제시된 〈그림〉과 〈표〉 이외에 〈보고서〉를 작성하기 위해 추가로 필요한 자료만을 〈보기〉에서 모두 고르면?

보고서

세계 조선업 경기는 최악의 부진에서 벗어나는 모습이다. 2016년 세계 조선업의 수주량은 1997년 이후 최저치였다. 2017년 한국은 중국을 밀어내고 수주량 1위를 차지했는데, ㄱ. 이는 2012년 중국에 1위 자리를 내어준 이후 6년 만이다. 3대 조선강국으로 분류되는 일본은 자국 발주 확대에도 불구하고 세계 수주량의 5.8%까지 비중이 하락하였다.

2016년 국내 조선업은 전년대비 79.3% 감소한 수주량을 기록하면서 유례없는 수주절벽을 경험하였다. 그리고 수주량 급감의 영향으로 2016년 수주잔량은 2,043만 톤까지 줄어든 것으로 조사되었다. 2014~2016년 3년간 국내 조선업 평균 건조량이 약 1,295만 톤이었음을 고려하면 수주잔량은 2년 치 미만 일감에 불과한 것으로 나타나 우려는 더욱 커졌다.

ㄹ. 2017년 국내 대형 조선사는 해양플랜트 수주량 증가에 힘입어 실적이 개선되고 있다. 그러나 국내 중소형 조선사는 여전히 부진에서 벗어나지 못하고 있으며 국내 조선기자재업체의 실적 회복도 어려울 것으로 전망된다.

보기

ㄱ. 2010~2017년 세계 조선업 수주량의 국가별 점유율
ㄴ. 2014~2016년 국내 조선업 건조량
ㄷ. 2014~2016년 중국 조선기자재업체 실적
ㄹ. 2010~2017년 국내 조선사 규모별 해양플랜트 수주량

① ㄱ, ㄴ ② ㄱ, ㄷ
③ ㄱ, ㄹ ④ ㄴ, ㄷ
⑤ ㄴ, ㄹ

정답 ③

해설

ㄱ. 세계 조선업 수주량의 '국가별' 점유율 자료가 필요하다. 첫 번째 문단 세 번째 문장에 의해서 보강되어야 한다. (○)
ㄴ. 〈표 1〉의 단서조항에 따라 해당 연도 건조량을 수주잔량과 수주량을 통해 도출할 수 있다. 따라서 국내 조선업 건조량을 알 수 있기 때문에 필요 없다. (×)
ㄷ. 〈표〉와 〈그림〉 외에 〈보고서〉에도 국내 조선기자재업체의 어려움이 제시되어 있을 뿐 중국에 관한 내용은 언급이 없다. (×)
ㄹ. 해양플랜트 수주량 관련 내용은 〈그림〉과 〈표〉 이외에 없는 자료로 보강되어야 한다. (○)

| 공식 이용 |

29 다음 〈그림〉과 〈표〉는 세계 및 국내 조선업 현황에 대한 자료이다. 다음 물음에 답하시오.

〈그림〉 세계 조선업 수주량 추이

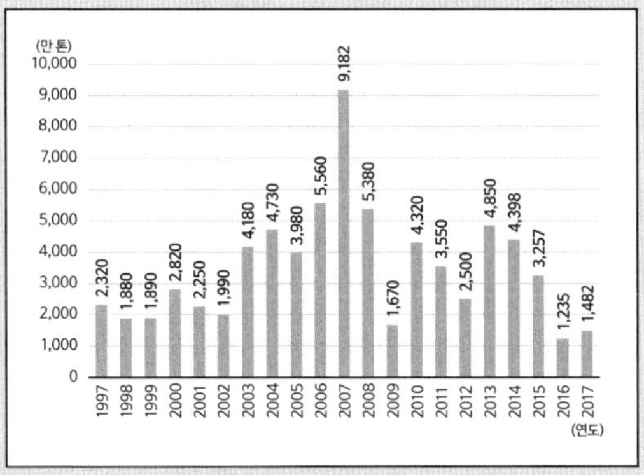

〈표 1〉 2014~2017년 국내 조선업 수주량 및 수주잔량

(단위: 만 톤, %)

연도 \ 구분	수주량	전년대비 증가율	수주잔량	전년대비 증가율
2014	1,286	−30.1	3,302	−1.6
2015	1,066	( )	3,164	−4.2
2016	221	( )	2,043	( )
2017	619	( )	1,761	−13.8

※ 해당 연도 수주잔량 = 전년도 수주잔량 + 해당 연도 수주량 − 해당 연도 건조량

〈표 2〉 2014~2016년 국내 조선기자재업체 기업규모별 업체 수 및 이자보상배율이 1미만인 업체 비율

(단위: 개, %)

기업규모	업체 수 \ 연도	2014	2015	2016
대형	20	15.0	20.0	25.0
중형	35	25.7	17.1	34.3
소형	96	19.8	28.1	38.5
전체	151	20.5	24.5	35.8

※ 1) 2014년 이후 기업규모별 업체 수는 변화 없음
2) 비율은 소수 둘째 자리에서 반올림한 값임

위 〈표〉에 근거한 〈보기〉의 설명 중 옳은 것만을 모두 고르면?

보기

ㄱ. 2014~2016년 중 국내 조선업 건조량이 가장 적은 해는 2016년이다.
ㄴ. 2014년 이후 국내 조선업 수주량의 전년대비 증감률이 가장 큰 해는 2017년이다.
ㄷ. 2014년 이자보상배율이 1 미만인 국내 조선기자재업체 수는 중형이 대형의 3배이다.
ㄹ. 이자보상배율이 1 미만인 국내 조선기자재업체 수의 2015년 대비 2016년 증감폭이 가장 큰 기업규모는 중형이다.

① ㄱ, ㄴ
② ㄴ, ㄷ
③ ㄴ, ㄹ
④ ㄷ, ㄹ
⑤ ㄱ, ㄷ, ㄹ

정답 ②

해설

ㄱ. 2015년과 2016년 국내 조선업 건조량은 단서조항에 따라 '해당연도 건조량 = 전년도 수주잔량 + 해당연도 수주량 − 해당연도 수주잔량'을 이용해 계산할 수 있다.
2016년 건조량 = 3,164 + 221 − 2,043 = 1,342
2015년 건조량 = 3,302 + 1,066 − 3,164 = 1,204
2015년 건조량이 2016년 건조량보다 많기 때문에 틀린 설명이다. (×)
ㄴ. 〈표 1〉을 보면 2017년 수주량은 2016년의 2.5배 이상임을 알 수 있다. → 증감률은 150%이다.
2014년 이후 나머지 해는 전년 대비 수주량이 감소하였다. (2015년과 2016년의 증감률은 각각 17.1%, 79%) 따라서 2017년이 증감률이 가장 큰 해이다. (○)
ㄷ. 2014년 이자보상배율이 1 미만인 국내 대형 조선기자재업체 수는 20 × 1.5 = 3개이고, 중형은 25 × 0.257 = 9개이다.
3배가 맞다. (○)
ㄹ. 증감폭이 가장 큰 기업규모를 파악해야 하기 때문에, 먼저 중형의 경우 2015년의 2배 증가(17.1% → 34.3%이므로 2배 증가)
2015년 대비 2016년 증감폭이 가장 큰 기업을 찾으면
대형은 10%p 증가 → 증감폭은 20 × 0.1 = 2(개)
중형은 17.2%p 증가 → 증감폭은 35 × 0.172 = 6.02(개)
소형은 10.4%p 증가 → 증감폭은 96 × 0.104 = 9.984(개)
가 되므로 증감폭이 가장 큰 기업규모는 소형이다. (×)

| 독해 | 일치 · 불일치 · 부합

30 다음 글에서 알 수 있는 것은?

3·1운동 직후 상하이에 모여든 독립운동가들은 임시정부를 만들기 위한 첫걸음으로 조소앙이 기초한 대한민국임시헌장을 채택했다. 대한민국임시헌장을 기초할 때 조소앙은 국호를 '대한민국'으로 하고 정부 명칭도 '대한민국 임시정부'로 하자고 했다. 그 제안이 받아들여졌기 때문에 대한민국임시헌장 제1조에 "대한민국은 민주공화제로 함."이라는 문구가 담기게 된 것이다.
'대한민국'이란 한국인들이 만든 '민국'이라는 뜻이다. 여기서 '민국'이란 국민이 주인인 나라라는 의미가 담긴 용어다. 조소앙은 3·1운동이 일어나기 전, 대한제국 황제가 국민의 동의 없이 마음대로 국권을 일제에 넘겼다고 말하면서 국민은 국권을 포기한 적이 없다고 밝힌 대동단결선언을 발표한 적이 있다. 이 선언에는 "구한국 마지막 날은 신한국 최초의 날"이라는 문구가 담겨 있다. '신한국'이란 말 그대로 '새로운 한국'을 의미한다. 조소앙은 대한제국을 대신할 '새로운 한국'이란 다름 아닌 한국 국민이 주인인 나라라고 말했다. 조소앙의 주장은 대한민국 임시정부에 참여한 독립운동가들로부터 열렬한 지지를 받았다. 독립운동가들은 황제나 일본 제국주의자들이 지배하는 나라가 아니라 국민이 주권을 가진 나라를 만들어야 한다는 데 뜻을 모았다. 1941년에 대한민국 임시정부는 이러한 의지를 보다 선명하게 드러낸 건국강령을 발표하기도 했다. 1948년에 소집된 제헌국회도 대한민국임시헌장에 담긴 정신을 계승했다. 잘 알려진 것처럼 제헌국회는 제헌헌법을 만들었는데, 이 헌법에 우리나라의 명칭을 '대한민국'이라고 한 내용이 있다.

① 대한민국 임시정부는 건국강령을 통해 대한민국 임시헌장을 공포했다.
② 조소앙은 대한민국 임시정부의 요청을 받아들여 대동단결선언을 만들었다.
③ 대한민국임시헌장이 공포되기 전에는 '한국'이라는 명칭을 사용한 독립운동가가 없었다.
④ 제헌국회는 대한제국의 정치 제도를 계승하기 위해 '대한민국'이라는 국호를 사용했다.
⑤ 대한민국 임시정부를 만드는 데 참여한 독립운동가들은 민주공화제를 받아들이는 데 합의했다.

정답 ⑤

해설

① 대한민국임시헌장은 3·1운동 직후 채택되었고, 건국강령은 1941년에 발표되었다. (×)
② 대동단결선언은 3·1운동 이전에 발표한 것이므로 3·1운동 이후 만들어진 대한민국 임시정부보다 먼저 만들어졌다. (×)
③ 대한민국임시헌장이 공포되기 전에 조소앙이 발표한 대동단결선언에서도 '한국'이라는 명칭이 사용되었다. (×)
④ 제헌국회는 대한민국임시헌장에 담긴 정신을 계승하였다. 하지만 조소앙은 대한제국을 대신할 '새로운 한국'이 한국 국민은 주인인 나라라고 하였는데, 대한제국의 정치 제도는 그렇지 않다. 따라서 제헌국회는 대한제국의 정치 제도를 계승하기 위해 '대한민국'이라는 국호를 사용한 것이 아니다. (×)
⑤ 독립운동가들은 조소앙이 기초한 대한민국임시헌장을 채택하였다. 대한민국임시헌장 제1조에는 "대한민국은 민주공화제로 함"이라는 문구가 있으므로, 임시정부를 만드는 데 참여한 독립운동가들은 민주공화제를 받아들이는 데 합의하였을 것임을 알 수 있다. (○)

발문에서 "알 수 있는 것은?"

1. 정보확인 + 추론
   정보확인 뿐만 아니라 추론 가능한 내용도 내포한다.
2. 참인 것만 알 수 있다.
   예 9는 짝수이다. (F)

| 독해 | 일치·불일치·부합

31 다음 글에서 알 수 있는 것은?

인조가 남한산성에서 청군에 포위되어 있을 때, 신하들은 척화론과 주화론으로 나뉘어 서로 대립했다. 척화론을 주장한 김상헌은 청에 항복하는 것은 있을 수 없는 일이라며 끝까지 저항하자고 했다. 그는 중화인 명을 버리고 오랑캐와 화의를 맺는 일은 군신의 의리를 버리는 것이라고 말했다. 그와 달리 주화론을 주장한 최명길은 "나아가 싸워 이길 수도 없고 물러나 지킬 수도 없으면 타협하는 수밖에 없다."라고 했다. 그는 명을 섬겨야 한다는 김상헌의 주장에는 동의하지만, 그보다 나라를 보존하는 것이 우선이라고 말했다. 나라가 없어지면 명을 섬기는 것도 불가능하므로 일단 항복한 후 후일을 기약하자는 것이었다.
주화론과 척화론 사이에서 고심하던 인조는 결국 최명길의 입장을 받아들여 청에 항복하는 길을 선택했다. 청군이 물러난 후에 척화론자들은 국왕이 항복의 수모를 당한 것이 모두 주화론자들 탓이라며 비난했다. 그들은 주화론자들을 배신자라고 공격하는 한편 김상헌을 절개 있는 인물이라고 추켜세웠다.
인조 때에는 척화론을 주장했던 사람들이 정국을 주도하지 못했기 때문에 주화론을 내세웠던 사람들이 정계에서 쫓겨나가는 일은 벌어지지 않았다. 그러나 인조의 뒤를 이은 효종이 청에 복수하겠다는 북벌론을 내세우고, 예전에 척화론을 주장했던 자들을 중용하면서 최명길의 편에 섰던 사람들의 입지가 좁아졌다. 효종에 의해 등용되어 정계에 진출할 수 있었던 송시열은 인조가 남한산성에 피신해 있을 때 주화론을 주장했던 사람들과 그 후손들을 정계에서 배제해야 한다고 했다. 송시열 사후에 나타난 노론 세력은 최명길의 주장에 동조했던 사람들의 후손이 요직에 오르지 못하게 막았다. 이는 송시열의 뜻에 따른 것이었다. 이로써 김상헌의 가문인 안동 김씨들은 정계의 요직을 차지할 수 있었다.

① 최명길은 중화 중심의 세계관에서 벗어나야 한다는 생각에서 주화론을 주장했다.
② 효종은 송시열의 주장에 따라 청군이 항복 요구를 받아들이지 않기로 결정했다.
③ 김상헌은 명에 대한 군신의 의리를 지켜야 한다고 주장하면서 주화론에 맞섰다.
④ 인조는 청에 항복한 후 척화론을 받아들여 주화론자들을 정계에서 내쫓았다.
⑤ 노론 세력은 주화론을 받아들여야 한다고 인조를 설득했으나 뜻을 이루지 못했다.

정답 ③

해설

① 최명길은 명을 섬겨야 한다는 김상헌의 주장에는 동의하였으므로 중화 중심의 세계관에서 벗어나야 한다는 주장을 한 것은 아니다. 그는 다만 명을 섬기는 것보다는 나라를 보존하는 것을 우선시하였다. (×)

② 효종이 아니라 인조가 청군의 항복 요구를 받아들인 것이다. (×)

③ 김상헌은 척화론을 주장하였다. 척화론은 청에 항복하는 것은 있을 수 없는 일이며, 명을 버리는 것은 군신의 의리를 버리는 것이라 말했다. (○)

④ 척화론을 주장했던 사람들이 정국을 주도하지 못했기 때문에 주화론을 내세웠던 사람들이 정계에서 쫓겨 나가는 일은 벌어지지 않았다. (×)

⑤ 인조 이후 효종이 뒤를 이었고, 효종에 의해 등용된 송시열 사후에 노론 세력이 나타났다. 노론 세력이 인조를 설득한다는 것은 옳지 않다. (×)

| 독해 | 논지 찾기

32 다음 글의 논지로 가장 적절한 것은?

[1] 사람들은 보통 질병이라고 하면 병균이나 바이러스를 떠올리고, 병에 걸리는 것은 개인적 요인 때문이라고 생각하곤 한다. 어떤 사람이 바이러스에 노출되었다면 그 사람이 평소에 위생 관리를 철저히 하지 않았기 때문이라고 여기는 것이다. 이는 발병 책임을 전적으로 질병에 걸린 사람에게 묻는 생각이다. 꾸준히 건강을 관리하지 않은 사람이나 비만, 허약 체질인 사람이 더 쉽게 병균에 노출된다고 생각하는 경향도 강하다. 그러나 발병한 사람들 전체를 고려하면, 성별, 계층, 직업 등의 사회적 요인에 따라 건강 상태나 질병 종류 및 그 심각성 등이 다르게 나타난다. 따라서 어떤 질병의 성격을 파악할 때 질병의 발생이 개인적 요인뿐만 아니라 계층이나 직업 등의 요인과도 관련될 수 있음을 고려해야 한다.

[2] 질병에 대처할 때도 사회적 요인을 고려해야 한다. 물론 어떤 사람들에게는 질병으로 인한 고통과 치료에 대한 부담이 가장 심각한 문제일 수 있다. 그러나 또 다른 사람들에게는 질병에 대한 사회적 편견과 낙인이 오히려 더 심각한 문제일 수 있다. 그들에게는 그러한 편견과 낙인이 더 큰 고통을 안겨 주기 때문이다. 질병이 나타나는 몸은 개인적 영역이면서 동시에 가족이나 직장과도 연결된 사회적인 것이다. 질병의 치료 역시 개인의 문제만으로 그치지 않고 가족과 사회의 문제로 확대되곤 한다. 나의 질병은 내 삶의 위기이자 가족의 근심거리가 되며 나아가 회사와 지역사회에도 긴장을 조성하기 때문이다. 요컨대 질병의 치료가 개인적 영역을 넘어서서 사회적 영역과 관련될 수밖에 없다는 것은 질병의 대처 과정에서 사회적 요인을 반드시 고려해야 한다는 점을 잘 보여준다.

① 병균이나 바이러스로 인한 신체적 이상 증상은 가정이나 지역사회에 위기를 야기할 수 있기에 중요한 사회적 문제이다.

② 한 사람의 몸은 개인적 영역인 동시에 사회적 영역이기에 발병의 책임을 질병에 걸린 사람에게만 묻는 것은 옳지 않다.

③ 질병으로 인한 신체적 고통보다 질병에 대한 사회적 편견으로 인한 고통이 더 크므로 이에 대한 사회적 대책이 필요하다.

④ 질병의 성격을 파악하고 질병에 대처하기 위해서는 사회적인 측면을 고려해야 한다.

⑤ 질병의 치료를 위해서는 개인적 차원보다 사회적 차원의 노력이 더 중요하다.

정답 ④

해설

1문단과 2문단의 논지를 찾아보자.
1 문단의 다섯 번째 문장과 마지막 문장처럼 질병의 발생이 개인적 요인뿐만 아니라 계층이나 직업 등의 요인과도 관련될 수 있다.
2 질병에 대처할 때 사회적 요인을 고려해야 한다.

① 1 문단에 한정된 논지이다. (×)
② 발병의 책임은 개인뿐만 아니라 사회에도 있다는 것은 글과 관련이 없는 논지이다. (×)
③ 고통의 종류에 따라 그 크기가 다른 것은 개인적 차이이며, 글의 논지와 거리가 멀다. 질병으로 인한 신체적 고통과 사회적 편견으로 인한 고통 간에 우위가 있지는 않다. (×)
④ 1 문단과 2 문단을 모두 포괄하는 것이 글 전체의 논지와 부합한다. 1 문단과 2 문단의 내용을 종합하면, 질병의 성격뿐만 아니라 대처할 때 모두 사회적 측면을 고려해야 한다. (○)
⑤ 2문단에서 질병의 치료가 개인의 문제에 그치지 않고 사회적 문제로 확대되어야 한다고 말하였으나, 이것이 개인적 차원이나 사회적 차원 중 사회적 차원의 노력이 더 크다는 의미는 아니다. (×)

| 독해 | 빈칸 추론

33 다음 글의 빈칸에 들어갈 내용으로 가장 적절한 것은?

어떤 사람이 오존층을 파괴하는 냉각제를 사용하는 경우를 고려해보자. 오존층 파괴로 인해 무수히 많은 사람이 해악을 입었다고 하더라도, 이 한 사람의 행위가 어떤 특정 개인에게 미친 해악은 매우 미미하다고 말할 수 있을 것이다. 이때 그 사람은 그다지 죄책감을 느끼지 않을 수 있고, 따라서 자신에게 도덕적 책임이 있다는 것을 쉽게 인정하지 않을 수 있다. 이는 다음과 같은 사례를 통해 잘 설명된다.

<사례>

가난한 마을에 갑훈을 포함한 산적 100명이 들이닥쳐 약탈을 저질렀다. 을훈을 포함한 주민 100명에게는 각각 콩 100알씩이 있었는데 산적들은 각자 주민 한 명을 맡아 그 사람의 콩을 몽땅 빼앗았다. 그 결과 모든 주민이 굶주리게 되었다. 이때 갑훈이 콩을 빼앗은 상대가 을훈이었다. 각자가 특정 개인에게 큰 해악을 입혔다는 사실에 죄책감을 느낀 산적들은 두 번째 약탈에서는 방법을 바꾸기로 하였다. 갑훈을 포함한 산적 100명은 이번에는 각자가 을훈을 포함한 모든 주민 100명에게서 각각 콩 한 알씩만 빼앗기로 했다. 콩 한 알의 손실은 미미한 해악에 지나지 않으므로 이번에는 어떤 산적도 특정 주민에게 큰 고통을 준 것은 아니었다. 결과적으로 모든 주민은 이번에도 굶주리게 되었지만, 산적들은 별로 죄책감을 느끼지 않았다.

하지만 이른바 '공범 원리'를 받아들이는 사람들은, 타인의 악행에 가담한 경우 결과에 얼마나 영향을 주었는지와 무관하게 도덕적 책임이 있다고 주장한다. 냉각제의 집단적 사용에서 한 사람의 가담 여부가 특정 개인에게 단지 미미한 해악만을 보탠 것이라서 별로 죄책감이 느껴지지 않는다고 하더라도, 그 사람은 단지 그 해악의 공범이라는 이유만으로 그에 따른 도덕적 책임을 져야 한다는 것이다. 그러므로 '공범 원리'에 따른다면, ______

① 갑훈은 두 번째 저지른 약탈 행위에 대해서 더 큰 죄책감을 느껴야 한다.
② 전체 해악의 크기가 커질수록 해악에 가담한 사람들의 도덕적 책임도 커진다.
③ 첫 번째 약탈과 두 번째 약탈에서 갑훈이 을훈에게 입힌 해악에는 차이가 없다.

④ 갑훈에게 도덕적 책임이 있다는 점에서 첫 번째 약탈과 두 번째 약탈은 차이가 없다.
⑤ 두 차례 약탈에서 갑훈이 빼앗은 전체 콩알의 수가 같기 때문에 갑훈이 져야 할 도덕적 책임에는 차이가 없다.

정답 ④

해설

① 〈사례〉에서 갑훈이 악행에 가담한 것은 결과에 영향을 준 정도와 상관없이 무관하게 도덕적 책임이 있다. 죄책감은 공범 원리와 연관성이 없다. (×)
② 해악의 크기 정도와 해악에 가담한 사람들의 도덕적 책임은 상관관계가 없다. (×)
③ 첫 번째 약탈은 콩 100알, 두 번째 약탈은 콩 1알이므로 갑훈이 을훈에게 입힌 해악의 크기는 다르다. (×)
④ 큰 해악이든 작은 해악이든 주민들에게 해악을 끼쳤다는 사실에는 변함이 없기 때문에 첫 번째와 두 번째 약탈 모두 갑훈에게 도덕적 책임이 있다. (○)
⑤ '공범 원리'에 따르면 빼앗은 전체 콩알 수와 관계없이 타인의 악행에 가담한 경우 도덕적 책임이 있다. (×)

| 독해 | 퇴고

34 다음 대화의 ㉠에 따라 〈계획안〉을 수정한 것으로 적절하지 않은 것은?

갑: 지금부터 회의를 시작하겠습니다. 이 자리는 '보고서 작성법 특강'의 개최계획 검토를 위한 자리입니다. 특강을 성공적으로 개최하기 위해서 어떻게 해야 하는지 각자의 의견을 자유롭게 말씀해주시기 바랍니다.
을: 특강 참석 대상을 명확하게 정하고 그에 따라 개최 일시가 조정되었으면 좋겠습니다. 주중에 계속 근무하는 현직 공무원인 경우, 아무래도 주말에는 특강 참석률이 저조합니다. 특강을 평일에 개최하되 참석 시간을 근무시간으로 인정해 준다면 참석률이 높아질 것 같습니다.
병: 공무원이 되기 위해 준비하고 있는 예비공무원들에게는 서울이 더 낫겠지만, 중앙부처 소속 공무원에게는 세종시가 접근성이 더 좋습니다. 특강 참석 대상이 누구인가에 따라 장소를 조정할 필요가 있습니다.
정: 주제가 너무 막연하게 표현되어 있습니다. 보고서의 형식이나 내용은 누구에게 보고하느냐에 따라 크게 달라집니다. 보고 대상이 명시적으로 드러날 수 있도록 주제를 더 구체적으로 표현하면 좋겠습니다.
무: 특강과 관련된 정보가 부족합니다. 강의에 관심이 있는 사람이라면 별도 비용이 있는지, 있다면 구체적으로 금액은 어떠한지 등이 궁금할 겁니다.
갑: 얼마 전에 비슷한 특강이 서울에서 개최되었으니 이번 특강은 현직 중앙부처 소속 공무원을 대상으로 진행하도록 하겠습니다. 참고로 특강 수강 비용은 무료입니다. ㉠ <u>오늘 회의에서 논의된 내용</u>을 반영하여 특강 계획을 수정하도록 하겠습니다. 감사합니다.

계획안

보고서 작성법 특강

- 주제: 보고서 작성 기법
- 일시: 2021. 11. 6.(토) 10:00~12:00
- 장소: 정부서울청사 본관 5층 대회의실
- 대상: 현직 공무원 및 공무원을 꿈꾸는 누구나

① 주제를 '효율적 정보 제시를 위한 보고서 작성 기법'으로 변경한다.
② 일시를 '2021. 11. 10.(수) 10:00~12:00(특강 참여 시 근무시간으로 인정)'으로 변경한다.
③ 장소를 '정부세종청사 6동 대회의실'로 변경한다.

④ 대상을 '보고서 작성 능력을 키우고 싶은 현직 중앙부처 공무원'으로 변경한다.
⑤ 특강을 듣기 위한 별도 부담 비용이 없다고 안내하는 항목을 추가한다.

정답 ①

해설

① 주제를 '효율적 정보 제시를 위한 보고서 작성 기법'으로 변경을 하여도 누구에게 보고하는지 알 수 없다. (×)
② 을의 주장에 따라 적절하게 수정된 내용이다. (○)
③ 갑의 마지막 주장을 보면 이번 특강은 현직 중앙부처 소속 공무원을 대상으로 한다고 했으므로, 병의 발언에 따라 적절하게 수정된 내용이다. (○)
④ 을은 참석 대상을 명확하게 정했으면 좋겠다고 했으므로, 이에 따라 적절하게 수정된 내용이다. (○)
⑤ 갑의 마지막 주장을 보면 특강 수강 비용은 무료라고 했으므로, 무의 발언에 따라 적절하게 수정된 내용이다. (○)

| 독해 | 내용 추론

35 다음 글의 〈표〉에 대한 판단으로 옳은 것만을 〈보기〉에서 모두 고르면?

우리 몸에는 세 종류의 중요한 근육이 있는데 이것들은 서로 다른 두 기준에 따라 각각 두 종류로 분류될 수 있다. 두 기준은 근육을 구성하는 근섬유에 줄무늬가 있는지의 여부와 근육의 움직임을 우리가 의식적으로 통제할 수 있는지의 여부이다.
세 종류의 중요한 근육 중 뼈대근육은 우리가 의식적으로 통제하여 사용할 수 있기 때문에 수의근이라고 하며 뼈에 부착되어 있다. 이 근육에 있는 근섬유에는 줄무늬가 있어서 줄무늬근으로 분류된다. 뼈대근육은 달리기, 들어 올리기와 같은 신체적 동작을 일으킨다. 우리가 신체적 운동을 통해 발달시키고자 하는 근육이 바로 뼈대근육이다.
뼈대근육과 다른 종류로서 내장근육이 있는데, 이 근육은 소화기관, 혈관, 기도에 있는 근육으로서 의식적인 통제하에 있는 것이 아니다. 내장근육에 있는 근섬유에는 줄무늬가 없어서 민무늬근으로 분류된다. 위나 다른 소화기관에 있는 근육은 꿈틀운동을 일으킨다. 혈관에 있는 근육은 혈관의 직경을 변화시켜서 피의 흐름을 촉진시킨다. 기도에 있는 근육은 기도의 직경을 변화시켜서 공기의 움직임을 촉진시킨다.
심장근육은 심장에서만 발견되는데 심장근육에 있는 근섬유에는 줄무늬가 있다. 심장근육은 심장벽을 구성하고 있고 심장을 수축시키는 역할을 하는데, 이 근육은 우리가 의식적으로 통제할 수 있는 것이 아니기 때문에 불수의근으로 분류된다.
지금까지 기술한 내용을 정리하면 다음과 같다.

〈표〉 근육의 종류와 특징

종류 / 기준	뼈대근육	내장근육	심장근육
A	㉠	㉡	㉢
B	㉣	㉤	㉥

계획안

ㄱ. ㉡과 ㉢이 같은 특징이라면, A에는 근섬유에 줄무늬가 있는지를 따지는 기준이 들어간다.
ㄴ. ㉣과 ㉥이 다른 특징이라면, B에는 근육의 움직임을 의식적으로 통제할 수 있는지를 따지는 기준이 들어간다.
ㄷ. ㉠에 '수의근'이 들어간다면, ㉤에는 '민무늬근'이 들어가야 한다.

① ㄱ　　② ㄷ
③ ㄱ, ㄴ　　④ ㄴ, ㄷ
⑤ ㄱ, ㄴ, ㄷ

정답 ④

해설

A가 의식적 통제 여부, B가 근섬유 줄무늬 유무 혹은 A가 근섬유 줄무늬 유무, B가 의식적 통제 여부이다. 각각의 경우를 표로 정리하면 다음과 같다.

i) 경우 1 : A – 의식적 통제 여부, B – 근섬유 줄무늬 유무

종류 / 기준	뼈대근육	내장근육	심장근육
의식적 통제 여부	수의근	불수의근	불수의근
근섬유 줄무늬 유무	줄무늬근	민무늬근	줄무늬근

ii) 경우 2 : A – 근섬유 줄무늬 유무, B – 의식적 통제 여부

종류 / 기준	뼈대근육	내장근육	심장근육
근섬유 줄무늬 유무	줄무늬근	민무늬근	줄무늬근
의식적 통제 여부	수의근	불수의근	불수의근

ㄱ. ㉡과 ㉢이 같은 특징이라면, 경우 1에 해당하므로, A에는 의식적 통제 여부를 따지는 기준이 들어가야 한다. (×)

ㄴ. ㉣과 ㉥이 다른 특징이라면, 경우 2에 해당하므로, B에는 의식적 통제 여부를 따지는 기준이 들어가야 한다. 따라서 옳은 판단이다. (○)

ㄷ. ㉠에 수의근이 들어간다면, 경우 1에 해당하므로, ㉤에는 민무늬근이 들어가야 한다. 따라서 옳은 판단이다. (○)

| 조건제시형 | 명제(조건명제)

36 다음 글의 내용이 참일 때, 반드시 참인 것은?

> 갑돌과 정순은 매일 커피를 마시는 흡연자이다. 을순과 병돌은 매년 치석을 없앤다. 그리고 치아의 색깔에 관한 다음의 사실이 알려져 있다.
> - 치석을 매년 없애지 않고 매일 커피를 마시는 사람의 경우, 그의 이가 노랄 확률은 60% 이상이다.
> - 치석을 매년 없애지 않는 흡연자의 경우, 그의 이가 노랄 확률은 80% 이상이다.
> - 치석을 매년 없애지 않고 매일 커피를 마시는 흡연자의 경우, 그의 이가 노랄 확률은 90% 이상이다.
> - 치석을 매년 없애는 사람의 경우, 그의 이가 노랄 확률은 그의 커피 섭취 및 흡연 여부와 무관하게 20% 미만이다.

① 갑돌의 이가 노랄 확률은 80% 이상이다.
② 을순의 이가 노랗지 않을 확률은 80% 미만이다.
③ 병돌이 흡연자라면, 그의 이가 노랄 확률은 20% 이상이다.
④ 병돌이 매일 커피를 마신다면, 그의 이가 노랄 확률은 20% 이상이다.
⑤ 정순이 치석을 매년 없애지 않는다면, 그의 이가 노랄 확률은 90% 이상이다.

정답 ⑤

해설

갑돌, 정순 = 커피 + 흡연
을순, 병돌 = ~치석
조건을 4가지로 정리하면 아래와 같다.
치석 + 커피 = 이가 노랄 확률 60%↑
치석 + 흡연 = 이가 노랄 확률 80%↑
치석 + 커피 + 흡연 = 이가 노랄 확률 90%↑
~치석 = 이가 노랄 확률 20%↓

① 갑돌의 이가 노랄 확률이 반드시 80% 이상인지는 알 수 없다. 치석을 매년 없애는지 여부를 알 수 없기 때문이다. (×)
② 을순의 이가 노랄 확률은 20% 미만이다. 그러므로 이가 노랗지 않을 확률은 80% 이상이다. (×)
③ 병돌은 매년 치석을 없앤다고 했으므로 흡연 여부와 상관없이 이가 노랄 확률이 20% 미만이다. (×)
④ 병돌은 매년 치석을 없앤다고 했으므로 커피 섭취와 상관없이 이가 노랄 확률이 20% 미만이다. (×)
⑤ 정순이 치석을 매년 없애지 않으면 치석 + 커피 + 흡연이므로, 이가 노랄 확률은 90% 이상이다. (○)

| 조건제시형 | 명제(조건명제)

37 다음 글의 내용이 참일 때, 반드시 참인 것만을 〈보기〉에서 모두 고르면?

인접한 지방자치단체인 ○○군을 △△시에 통합하는 안건은 △△시의 5개 구인 A, B, C, D, E 중 3개 구 이상의 찬성으로 승인된다. 안건에 관한 입장은 찬성하거나 찬성하지 않거나 둘 중 하나이다. 각 구의 입장은 다음과 같다.

- A가 찬성한다면 B와 C도 찬성한다.
- C는 찬성하지 않는다.
- D가 찬성한다면 A와 E 중 한 개 이상의 구는 찬성한다.

보기

ㄱ. B가 찬성하지 않는다면, 안건은 승인되지 않는다.
ㄴ. B가 찬성하는 경우 E도 찬성한다면, 안건은 승인된다.
ㄷ. E가 찬성하지 않는다면, D도 찬성하지 않는다.

① ㄱ ② ㄴ
③ ㄱ, ㄷ ④ ㄴ, ㄷ
⑤ ㄱ, ㄴ, ㄷ

정답 ③

해설

승인 요건: 통합하는 안건은 5개 구인 A, B, C, D, E 중 3개 구 이상 찬성 시 승인
각 구의 입장을 정리하면 아래와 같다.
i) A가 찬성 → B와 C도 찬성
ii) C는 찬성하지 않는다.
iii) D가 찬성 → A 또는 E 중에서 적어도 하나는 찬성

i)에서 대우명제는 (~B ∪ ~C)→ ~A
이미 C가 ii) 조건에 의해서 찬성하지 않으므로 A는 찬성하지 않는다는 것을 확정할 수 있다.
iii)에서 D→ (A ∪ E)이고, A가 찬성하지 않는다고 확정되었으므로 D가 찬성한다면 E는 반드시 찬성한다는 것을 확정할 수 있다.
이와 같은 확정은 대우명제에서도 확인할 수 있다.
(~A ∩ ~E) → ~D
따라서 A와 C는 찬성하지 않음을 알 수 있다.

ㄱ. B가 찬성하지 않는다면, A, B, C 모두 찬성하지 않는 것이기 때문에 D와 E만 남게 되어 최대 2개 구만 찬성할 수 있는 상황이다. 따라서 안건은 반드시 승인되지 않는다. (○)
ㄴ. B가 찬성하는 경우 E도 찬성한다면 A, C가 반대, B와 E는 찬성으로 2개 구만 찬성하는 상황이다.
D구가 찬성하는지 알 수 없기 때문에 결과가 D에 따라서 달라지게 된다. 따라서 안건은 승인될 수도 있고, 승인되지 않을 수도 있기 때문에 옳지 않다. (×)
ㄷ. iii)에 의해서 E가 찬성하지 않는다면 D는 찬성하지 않게 된다. (~A ∩ ~E)가 → ~D 적용되어 참이다. (○)

| 조건제시형 | 참 · 거짓

38 다음 글의 내용이 참일 때, 반드시 참인 것만을 〈보기〉에서 모두 고르면?

일반행정 직렬 주무관으로 새로 채용된 갑진, 을현, 병천은 행정안전부, 고용노동부, 보건복지부에 한 명씩 배치되는 것으로 정해졌다. 가인, 나운, 다은, 라연은 배치 결과를 궁금해 하며 다음과 같이 예측했는데, 이 중 한 명의 예측만 틀렸음이 밝혀졌다.

가인: 을현은 행정안전부에, 병천은 보건복지부에 배치될 거야.
나운: 을현이 행정안전부에 배치되면, 갑진은 고용노동부에 배치될 거야.
다은: 을현이 행정안전부에 배치되지 않으면, 병천이 행정안전부에 배치될 거야.
라연: 갑진은 고용노동부에, 병천은 행정안전부에 배치될 거야.

보기

ㄱ. 갑진은 고용노동부에 배치된다.
ㄴ. 을현은 행정안전부에 배치된다.
ㄷ. 라연의 예측은 틀렸다.

① ㄱ ② ㄴ
③ ㄱ, ㄷ ④ ㄴ, ㄷ
⑤ ㄱ, ㄴ, ㄷ

정답 ①

해설

가인과 라연의 예측이 상충되므로, 둘 중 한 명의 예측이 틀렸다.
i) 가인의 예측이 틀린 경우(라연의 예측이 맞는 경우)
을현: 보건복지부
갑진: 고용노동부
병천: 행안부
ii) 라연의 예측이 틀린 경우(가인의 예측이 맞는 경우)
을현: 행안부
갑진: 고용노동부
병천: 보건복지부
표로 나타내면 아래와 같다.

구분	행정안전부	고용노동부	보건복지부
가인 F(참)	을	갑	병
라연 T(참)	병	갑	을

ㄱ. 갑진은 어떤 경우에도 고용노동부에 배치된다. (반드시 참) (○)
ㄴ. 을현은 행정안전부 또는 보건복지부에 배치될 수 있기 때문에 반드시 참은 아니다. (×)
ㄷ. 라연의 예측이 맞고, 가인의 예측이 틀린 경우도 성립하기 때문에 반드시 라연의 예측이 틀렸다고 볼 수는 없다. (×)

| 독해 | 빈칸 추론

39 다음 글을 읽고 물음에 답하시오.

개정 근로기준법이 적용되면서 일명 '52시간 근무제'에 사람들이 큰 관심을 보였다. 하지만 개정 근로기준법에는 1주 최대 근로시간을 52시간으로 규정하는 조문이 명시적으로 추가된 것이 아니다. 다만, 기존 근로기준법에 "1주'란 휴일을 포함한 7일을 말한다'는 문장 하나가 추가되었을 뿐이다. 이 문장이 말하는 바는 상식처럼 보이는데, 이를 추가해서 어떻게 52시간 근무제를 확보할 수 있었을까?

월요일에서 금요일까지 1일 8시간씩 소정근로시간 동안 일하는 근로자를 생각해보자. 여기서 '소정근로시간'이란 근로자가 사용자와 합의하여 정한 근로시간을 말한다. 사실 기존 근로기준법에서도 최대 근로시간은 52시간으로 규정되어 있는 것처럼 보인다. 1일의 최대 소정근로시간이 8시간, 1주의 최대 소정근로시간이 40시간이고, 연장근로는 1주에 12시간까지만 허용되어 있으므로, 이를 단순 합산하면 총 52시간이 되기 때문이다. 그러나 기존 근로기준법에서는 최대 근로시간이 68시간이었다. 이는 휴일근로의 성격을 무엇으로 보느냐에 달려 있다. 기존 근로기준법에서 휴일근로는 소정근로도 아니고 연장근로도 아닌 것으로 간주되었다. 그래서 소정근로 40시간과 연장근로 12시간을 시키고 나서 추가로 휴일근로를 시키더라도 법 위반이 아니었다.

그런데 일요일은 휴일이지만, 토요일은 휴일이 아니라 근로의무가 없는 휴무일이기에 특별한 규정이 없는 한 근로를 시킬 수가 없다. 따라서 기존 근로기준법하에서 더 근로를 시키고 싶던 기업들은 단체협약 등으로 '토요일을 휴일로 한다'는 특별규정을 두는 일종의 꼼수를 쓰는 경우가 많았다. 이렇게 되면 토요일과 일요일, 2일간 휴일근로를 추가로 시킬 수 있기에 최대 근로시간이 늘어나게 된다. 이것이 기존 판례의 입장이었다.

개정 근로기준법과 달리 왜 기존 판례는 [　　] 그 이유는 연장근로를 소정근로의 연장으로 보았고, 1주의 최대 소정근로시간을 정할 때 기준이 되는 1주를 5일에 입각하여 보았기 때문이다. 즉, 1주 중 소정근로일을 월요일부터 금요일까지의 5일로 보았기에 이 기간에 하는 근로만이 근로기준법상 소정근로시간의 한도에 포함된다고 본 것이다. 다만 이 입장에 따르더라도, 연장근로가 아닌 한 1일의 근로시간은 8시간을 초과할 수 없다고 기존 근로기준법에 규정되어 있기 때문에, 이미 52시간을 근로한 근로자에게 휴일에 1일 8시간을 넘는 근로를 시킬 수 없다. 그 결과 휴일근로로 가능한 시간은 16시간이 되어, 1주 68시간이 최대 근로시간이 된 것이다.

윗글의 빈칸에 들어갈 내용으로 가장 적절한 것은?

① 휴일근로가 연장근로가 아니라고 보았을까?
② 토요일에 연장근로를 할 수 있다고 보았을까?
③ 1주의 최대 소정근로시간을 40시간으로 인정하였을까?
④ 1일의 최대 소정근로시간은 8시간을 초과할 수 없다고 보았을까?
⑤ 휴일에는 근로자의 합의가 없는 한 연장근로를 할 수 없다고 보았을까?

정답 ①

해설

i) 기존 근로기준법의 경우
1주 최대 소정근로 시간 : 40시간(월~금)
1주 최대 연장근로 시간 : 12시간(월~금)
1주 최대 휴일근로 시간 : 16시간(주말 : 토, 일)
총합 : 68시간

ii) 개정 근로기준법의 경우
1주 최대 소정근로 시간 : 40시간(월~일)
1주 최대 연장근로 시간 : 12시간(월~일)
총합 : 52시간

① 기존 근로기준법의 판례는 휴일근로를 연장근로로 보지 않고, 연장근로를 소정근로(월~금)의 연장으로 보았다. 1주를 5일로 보았기 때문에 휴일근로를 추가로 시킬 수 있었다.
하지만 개정 근로기준법은 '1주'란 휴일을 포함한 7일을 말하기 때문에 휴일을 포함하여 1주 소정근로를 40시간, 연장근로 12시간으로 52시간 근무제를 확보할 수 있었다.
그러므로 휴일근로와 연장근로의 차이를 나타낼 수 있는 내용이 들어가야 한다. (○)
② 기존 판례는 토요일에 연장근로를 할 수 없다. '토요일을 휴일로 한다'라는 특별규정을 두는 경우에만 휴일근로를 할 뿐이다. (×)
③ 1주 최대 소정근로시간은 기존 판례와 개정 근로기준법 모두 주 40시간이므로 적절하지 않다. (×)
④ 기존 판례와 개정 근로기준법 모두 1일 최대 소정근로 시간은 8시간을 초과할 수 없다. (×)
⑤ 휴일근로와 근로자의 합의가 필요한지 연관 관계가 없다. (×)

| 독해 | 내용 추론

40 다음 글을 읽고 물음에 답하시오.

> 개정 근로기준법이 적용되면서 일명 '52시간 근무제'에 사람들이 큰 관심을 보였다. 하지만 개정 근로기준법에는 1주 최대 근로시간을 52시간으로 규정하는 조문이 명시적으로 추가된 것이 아니다. 다만, 기존 근로기준법에 "1주'란 휴일을 포함한 7일을 말한다'는 문장 하나가 추가되었을 뿐이다. 이 문장이 말하는 바는 상식처럼 보이는데, 이를 추가해서 어떻게 52시간 근무제를 확보할 수 있었을까?
>
> 월요일에서 금요일까지 1일 8시간씩 소정근로시간 동안 일하는 근로자를 생각해보자. 여기서 '소정근로시간'이란 근로자가 사용자와 합의하여 정한 근로시간을 말한다. 사실 기존 근로기준법에서도 최대 근로시간은 52시간으로 규정되어 있는 것처럼 보인다. 1일의 최대 소정근로시간이 8시간, 1주의 최대 소정근로시간이 40시간이고, 연장근로는 1주에 12시간까지만 허용되어 있으므로, 이를 단순 합산하면 총 52시간이 되기 때문이다. 그러나 기존 근로기준법에서는 최대 근로시간이 68시간이었다. 이는 휴일근로의 성격을 무엇으로 보느냐에 달려 있다. 기존 근로기준법에서 휴일근로는 소정근로도 아니고 연장근로도 아닌 것으로 간주되었다. 그래서 소정근로 40시간과 연장근로 12시간을 시키고 나서 추가로 휴일근로를 시키더라도 법 위반이 아니었다.
>
> 그런데 일요일은 휴일이지만, 토요일은 휴일이 아니라 근로의무가 없는 휴무일이기에 특별한 규정이 없는 한 근로를 시킬 수가 없다. 따라서 기존 근로기준법하에서 더 근로를 시키고 싶던 기업들은 단체협약 등으로 '토요일을 휴일로 한다'는 특별규정을 두는 일종의 꼼수를 쓰는 경우가 많았다. 이렇게 되면 토요일과 일요일, 2일간 휴일근로를 추가로 시킬 수 있기에 최대 근로시간이 늘어나게 된다. 이것이 기존 판례의 입장이었다.
>
> 개정 근로기준법과 달리 왜 기존 판례는 □ 그 이유는 연장근로를 소정근로의 연장으로 보았고, 1주의 최대 소정근로시간을 정할 때 기준이 되는 1주를 5일에 입각하여 보았기 때문이다. 즉, 1주 중 소정근로일을 월요일부터 금요일까지의 5일로 보았기에 이 기간에 하는 근로만이 근로기준법상 소정근로시간의 한도에 포함된다고 본 것이다. 다만 이 입장에 따르더라도, 연장근로가 아닌 한 1일의 근로시간은 8시간을 초과할 수 없다고 기존 근로기준법에 규정되어 있기 때문에, 이미 52시간을 근로한 근로자에게 휴일에 1일 8시간을 넘는 근로를 시킬 수 없다. 그 결과 휴일근로로 가능한 시간은 16시간이 되어, 1주 68시간이 최대 근로시간이 된 것이다.

윗글의 내용을 바르게 적용한 사람만을 〈보기〉에서 모두 고르면?

〈보기〉

- 갑: 개정 근로기준법에 의하면, 1주 중 3일 동안 하루 15시간씩 일한 사람의 경우, 총 근로시간이 45시간으로 52시간보다 적으니 법에 어긋나지 않아.
- 을: 개정 근로기준법에 의하면, 월요일부터 목요일까지 매일 10시간씩 일한 사람의 경우, 금요일에 허용되는 최대 근로시간은 12시간이야.
- 병: 기존 근로기준법에 의하면, 일요일 12시간을 일했으면 12시간 전부가 휴일근로시간이지, 연장근로시간이 아니야.

① 갑　　② 을　　③ 갑, 병　　④ 을, 병　　⑤ 갑, 을, 병

정답 ②

해설

갑: 개정 근로기준법에 따르면 주 3일에 45시간 근무를 한다면, 일 근로시간은 15시간이 된다.
하루 근로시간 = 8시간(소정근로시간) + 7(연장근로시간)
주 3회 연장근로시간은 1주에 총 21시간이 되므로, 12시간까지만 허용되는 개정 근로기준법에 위배된다. (×)

을: 개정 근로기준법에 따르면 월~목요일까지 소정근로시간 + 연장근로시간 = 40시간
금요일 근로시간(소정근로 + 연장근로)은 최대 12시간까지 가능하다. (○)

병: 기존 근로기준법에서도 일요일 근로시간이 12시간이라면 휴일근로는 8시간만 가능하다. 따라서 12시간 근무 중 8시간이 휴일근로시간에 해당한다. (×)

| 독해 | 강화 · 약화

41 다음 글의 실험 결과가 강화하는 것만을 〈보기〉에서 모두 고르면?

한 연구진은 자극 X가 뇌에 미치는 영향을 밝히기 위한 실험을 수행하였다. 그들은 자극 X가 있는 환경에서 성장한 동물과 자극 X가 없는 환경에서 성장한 동물을 비교했을 때 뇌에 차이가 있을 것이라고 추측했다.

실험을 위해 동일한 조건의 연구용 쥐 100마리를 절반씩 나누어 각각 A와 B 그룹으로 배정하였다. A 그룹의 쥐는 자극 X에 노출된 반면, B 그룹의 쥐는 자극 X에 노출되지 않았다. 자극 X를 제외한 다른 조건은 두 그룹에서 동일하였다. 일정 기간이 지나고 두 그룹 쥐의 뇌에 대해서 부위별로 무게 측정과 화학 분석이 이루어졌다. 그 결과 A 그룹의 쥐는 B 그룹의 쥐와 다른 점을 보여주었다.

두 그룹에서 나타난 가장 두드러진 차이점은 전체 뇌 무게에 대한 대뇌피질의 무게 비율이었다. 대뇌피질은 경험에 반응하고 운동, 기억, 학습, 감각적 입력을 관장하는 뇌의 한 부위이다. A 그룹 쥐의 대뇌피질은 B 그룹 쥐의 대뇌피질보다 더 무겁고 더 치밀했지만, 뇌의 나머지 부위의 무게에는 차이가 없었다.

또한 B 그룹의 쥐의 뇌보다 A 그룹의 쥐의 뇌에서는 크기가 큰 신경세포뿐만 아니라 신경교세포도 더 많이 발견되었다. 신경교세포는 뇌의 신경세포를 성장시켜 크기를 키우는 역할을 하는 세포이다. 세포의 DNA에 대한 RNA의 비율은 세포가 성장하지 않을 때보다 세포가 성장하여 크기가 커질 때 높아진다. 두 그룹의 쥐의 뇌를 분석한 결과, DNA에 대한 RNA의 비율이 높아진 뇌 신경세포가 B 그룹보다 A 그룹에 더 많이 있다는 사실이 확인되었다. A 그룹의 쥐의 뇌에서는 신경전달물질 α가 더 많이 분비되었는데, 신경전달물질 α의 양은 A 그룹 쥐의 뇌보다 B 그룹 쥐의 뇌에서 약 30% 이상 더 적은 것으로 확인되었다.

보기

ㄱ. 자극 X가 있으면 없을 때보다 신경교세포의 수와 신경전달물질 α의 분비량이 많아진다.
ㄴ. 자극 X가 있으면 없을 때보다 전체 뇌 무게에 대한 대뇌피질의 무게 비율이 높아지고 대뇌피질이 촘촘해진다.
ㄷ. 자극 X가 없으면 있을 때보다 뇌 신경세포의 크기와 수가 늘어난다.

① ㄱ ② ㄷ
③ ㄱ, ㄴ ④ ㄴ, ㄷ
⑤ ㄱ, ㄴ, ㄷ

정답 ③

해설

ㄱ. 4문단에 따르면 신경교세포 수는 A > B, 신경전달물질 α의 분비량도 A > B였다. 따라서 자극 X가 있을 경우 없을 때보다 신경교세포의 수가 신경전달물질 α의 분비량이 많아진다. 따라서 실험 결과는 ㄱ을 강화한다. (○)
ㄴ. 자극 X에 노출된 A 그룹 쥐들이 노출되지 않은 B 그룹의 쥐들에 비해 대뇌피질이 더 무겁고 치밀하며, 대뇌피질의 무게가 차지하는 비율이 컸다. 따라서 ㄴ을 강화한다. (○)
ㄷ. 자극 X에 노출된 A 그룹의 쥐들이 자극 X에 노출되지 않은 B 그룹의 쥐들보다 신경교세포의 크기가 크며 그 수가 더 많았다. 자극 X가 있는 경우가 없는 경우보다 뇌 신경세포 크기와 수가 더 늘어난다고 볼 수 있다. (×)

| 독해 | 일치 · 불일치 · 부합

42 다음 글의 ㉠의 내용으로 가장 적절한 것은?

2020년 7월 2일이 출산 예정일이었던 갑은 2020년 6월 28일 아이를 출산하여, 2020년 7월 10일에 ○○구 건강관리센터 산모 · 신생아 건강관리 서비스를 신청하였다. 2020년 1월 1일에 ○○구에 주민등록이 된 이후 갑은 주민등록지를 변경하지 않았으며, 실제로 ○○구에 거주하였다. 갑의 신청을 검토한 ○○구는 「○○구 산모 · 신생아 건강관리 지원에 관한 조례」(이하 "조례"라 한다)와 「○○구 건강관리센터 운영규정」(이하 "운영규정"이라 한다)이 불일치한다는 문제를 발견하였다. 이에 ㉠ 운영규정과 조례 중 무엇도 위반하지 않고 갑이 30만 원 이하의 본인 부담금만으로 해당 서비스를 이용할 수 있도록 조례 또는 운영규정을 일부 개정하였다.

「○○구 산모 · 신생아 건강관리 지원에 관한 조례」

제8조(산모 · 신생아 건강관리 지원) ① 구청장은 출산 예정일 또는 출산일을 기준으로 6개월 전부터 계속하여 ○○구에 주민등록을 두고 있는 산모와 출산 예정일 또는 출산일을 기준으로 1년 전부터 계속하여 ○○구를 국내 체류지로 하여 외국인 등록을 하고 ○○구에 체류하는 외국인 산모에게 산모 · 신생아 건강관리 서비스를 제공할 수 있다.

② 구청장은 제1항에 따른 서비스의 본인 부담금을 이용금액 기준에 따라 30만 원 한도 내에서 서비스 수급자에게 부과할 수 있다.

「○○구 건강관리센터 운영규정」

제21조(산모 · 신생아 건강관리 지원) ① 다음 각 호의 어느 하나에 해당하는 사람은 산모 · 신생아 건강관리 서비스를 이용할 수 있다.

1. 출산일을 기준으로 6개월 전부터 계속하여 ○○구에 주민등록을 두고 실제로 ○○구에 거주하고 있는 산모
2. 출산일을 기준으로 6개월 전부터 ○○구를 국내 체류지로 하여 외국인 등록을 하고 실제로 ○○구에 체류하고 있는 외국인 산모

② 제1항에 따른 서비스를 이용하는 경우 서비스 수급자에게 본인 부담금이 부과될 수 있다. 그 산정은 「○○구 산모 · 신생아 건강관리 지원에 관한 조례」의 기준에 따른다.

① 운영규정 제21조 제3항과 조례 제8조 제3항으로 '신청일은 출산일 기준 10일을 경과할 수 없다.'를 신설한다.
② 운영규정 제21조 제1항의 '실제로 ○○구에 거주하고'와 '실제로 ○○구에 체류하고'를 삭제한다.
③ 운영규정 제21조 제2항의 '본인 부담금'을 '30만 원 이하의 본인 부담금'으로 개정한다.
④ 운영규정 제21조 제1항의 '출산일'을 모두 '출산 예정일 또는 출산일'로 개정한다.
⑤ 조례 제8조 제1항의 '1년'을 '6개월'로 개정한다.

정답 ④

해설

조례와 운영규정에서 규정한 내용에서 시기를 살펴보면 아래와 같은 차이점이 있다.
「○○구 산모 · 신생아 건강관리 지원에 관한 조례」에 의하면, 출산 예정일 또는 출산일을 기준으로 6개월 전부터 계속하여 ○○구에 주민등록을 두고 있는 산모
「○○구 건강관리센터 운영규정」에 의하면, 출산일을 기준으로 6개월 전부터 ○○구에 주민등록을 두고 실제로 ○○구에 거주하고 있는 산모

주민등록이 1월 1일부터 되었기 때문에 실제 출산일인 6월 28일로부터 6개월이 되지 않는다. 따라서 운영규정 제21조 제1항의 '출산일'을 '출산 예정일 또는 출산일'로 개정하여야 갑이 해당 서비스를 받을 수 있다.

43 다음 글의 <논쟁>에 대한 분석으로 적절한 것만을 <보기>에서 모두 고르면?

갑과 을은 M국의 손해사정을 업으로 하는 법인 A, B의 「보험업법」 위반 여부에 대해 논쟁하고 있다. 이 논쟁은 「보험업법」의 일부 규정 속 손해사정사가 상근인지 여부, 그리고 각 법인의 손해사정사가 상근인지 여부가 불분명함에서 비롯되었다. 해당 법의 일부 조항은 다음과 같다.

> 「보험업법」
>
> 제00조(손해사정업의 영업기준) ① 손해사정을 업으로 하려는 법인은 2명 이상의 상근 손해사정사를 두어야 한다. 이 경우 총리령으로 정하는 손해사정사의 구분에 따라 수행할 업무의 종류별로 1명 이상의 상근 손해사정사를 두어야 한다.
>
> ② 제1항에 따른 법인이 지점 또는 사무소를 설치하려는 경우에는 각 지점 또는 사무소별로 총리령으로 정하는 손해사정사의 구분에 따라 수행할 업무의 종류별로 1명 이상의 손해사정사를 두어야 한다.

<논쟁>

쟁점 1 : 법인 A는 총리령으로 정하는 손해사정사의 구분에 따른 업무의 종류가 4개이고 각 종류마다 2명의 손해사정사를 두고 있는데, 갑은 법인 A가 「보험업법」 제00조 제1항을 어기고 있다고 주장하지만 을은 그렇지 않다고 주장한다.

쟁점 2 : 법인 B의 지점 및 사무소 각각은 총리령으로 정하는 손해사정사의 구분에 따른 업무의 종류가 2개씩이고 각 종류마다 1명의 손해사정사를 두고 있는데, 갑은 법인 B가 「보험업법」 제00조 제2항을 어기고 있다고 주장하지만 을은 그렇지 않다고 주장한다.

보기

ㄱ. 쟁점 1과 관련하여, 법인 A에는 비상근 손해사정사가 2명 근무하고 있지만 이들이 수행하는 업무의 종류가 다르다는 사실이 밝혀진다면 갑의 주장은 옳지만 을의 주장은 옳지 않다.

ㄴ. 쟁점 2와 관련하여, 법인 B의 지점에 근무하는 손해사정사가 비상근일 경우에, 갑은 제00조 제2항의 '손해사정사'가 반드시 상근이어야 한다고 생각하지만 을은 비상근이어도 무방하다고 생각한다는 사실은 법인 B에 대한 갑과 을 사이의 주장 불일치를 설명할 수 있다.

ㄷ. 법인 A 및 그 지점 또는 사무소에 근무하는 손해사정사와 법인 B 및 그 지점 또는 사무소에 근무하는 손해사정사가 모두 상근이라면, 을의 주장은 쟁점 1과 쟁점 2 모두에서 옳지 않다.

① ㄱ ② ㄴ
③ ㄱ, ㄷ ④ ㄴ, ㄷ
⑤ ㄱ, ㄴ, ㄷ

정답 ②

해설

쟁점 1과 쟁점 2에서 법인 A와 법인 B의 손해사정사 배치 현황을 정리하면 아래와 같다.

법인 A : 업무종류(4개), 손해사정사 배치(업무종류별 각 2명)

법인 B : 업무종류(지점 2개, 사무소 2개), 손해사정사 배치(업무 종류별 각 1명)

손해사정사 총원은 법인 A : 8명, 법인 B : 4명(각 지점, 각 사무소 1명씩)

ㄱ. 법인 A는 제00조 제1항을 위반하지 않았다는 을의 주장이 옳다. 법인 A에서 총 8명의 손해사정사 중에 2명은 비상근 손해사정사, 6명은 상근손해사정사이다. 6명의 상근손해사정사가 4개 종류의 업무에 최소한 한 명 이상 있다. 갑의 주장은 옳지 않고 을의 주장은 옳기 때문에 적절하지 않다. (×)

ㄴ. 제00조 제2항에서 손해사정사의 상근 여부가 무관하다고 보는 입장에서는 법인 B의 지점에 근무하는 손해사정사가 비상근이라고 해도 법인 B는 제00조 제2항을 위반하지 않는다. (○)

ㄷ. 쟁점 1과 관련하여 법인 A 및 그 지점 또는 사무소에 근무하는 손해사정사가 모두 상근이라면, 법인 A는 2명 이상의 상근 손해사정사를 두고 업무 종류별로 1명 이상이 상근 손해사정사를 둔 것이므로 제00조 제1항과 제00조 제2항을 어긴 것이 아니다. 그러므로, 을의 주장은 옳기 때문에 적절하지 않다. (×)

| 조건 · 상황제시형 | 논리게임

44 다음 글을 근거로 판단할 때, 김 과장이 단식을 시작한 첫 주 월요일부터 일요일까지 한 끼만 먹은 요일(끼니때)은?

> 김 과장은 건강상의 이유로 간헐적 단식을 시작하기로 했다. 김 과장이 선택한 간헐적 단식 방법은 월요일부터 일요일까지 일주일 중에 2일을 선택하여 아침 혹은 저녁 한 끼 식사만 하는 것이다. 단, 단식을 하는 날 전후로 각각 최소 2일간은 정상적으로 세 끼 식사를 하고, 업무상의 식사 약속을 고려하여 단식일과 방법을 유동적으로 결정하기로 했다. 또한 단식을 하는 날 이외에는 항상 세 끼 식사를 한다.
> 간헐적 단식 2주째인 김 과장은 그동안 단식을 했던 날짜를 기록해두기 위해 아래와 같이 최근 식사와 관련된 기억을 떠올렸다.
> - 2주차 월요일에는 단식을 했다.
> - 지난주에 먹은 아침식사 횟수와 저녁식사 횟수가 같다.
> - 지난주 월요일, 수요일, 금요일에는 조찬회의에 참석하여 아침식사를 했다.
> - 지난주 목요일에는 업무약속이 있어서 점심식사를 했다.

① 월요일(저녁), 목요일(저녁)
② 화요일(아침), 금요일(아침)
③ 화요일(아침), 금요일(저녁)
④ 화요일(저녁), 금요일(아침)
⑤ 화요일(저녁), 토요일(아침)

정답 ④

해설

i) 첫 번째 풀이

2주차 월요일에 단식을 했으므로, 1주차 토요일과 일요일에는 세 끼 모두 식사를 했음을 알 수 있다

목요일에는 점심식사를 하였으므로 세 끼 모두 식사를 했고, 목요일과 토 · 일요일 사이인 금요일에 단식을 했음을 알 수 있다. (금요일 아침식사)

금요일에 단식을 했으므로 수요일과 목요일에는 세 끼 모두 식사를 했고, 월요일과 화요일 중 단식을 했다. 이때 아침식사 횟수와 저녁식사 횟수가 같으므로 월, 화요일 중 단식을 한 요일에는 저녁식사만 했음을 추론할 수 있다. 월요일에는 아침식사를 했으므로 단식은 화요일에 했다.(화요일 저녁식사)

구분	월	화	수	목	금	토	일
아침	○	×	○	●	○	◎	◎
점심	○	×	○	●	×	◎	◎
저녁	○	○	○	●	×	◎	◎

ii) 두 번째 풀이

구분	월	화	수	목	금	토	일
아침						◎	◎
점심						◎	◎
저녁						◎	◎

토요일에는 해당되지 않기 때문에 우선 ⑤ 선택지 소거

구분	월	화	수	목	금	토	일
아침	○		○	○	○	◎	◎
점심				○		◎	◎
저녁		○		○		◎	◎

저녁, 저녁만 먹거나, 아침, 아침만 먹는 것은 불가능하기 때문에 선택지 ①, ② 소거하여 ③, ④ 중에 결정한다.

화요일 저녁과 금요일 아침인 선택지 ④가 정답이다.

| 조건제시형 | 논리게임(순서 · 위치)

45 다음 글을 근거로 판단할 때, B구역 청소를 하는 요일은?

> 甲레스토랑은 매주 1회 휴업일(수요일)을 제외하고 매일 영업한다. 甲레스토랑의 청소시간은 영업일 저녁 9시부터 10시까지이다. 이 시간에 A구역, B구역, C구역 중 하나를 청소한다. 청소의 효율성을 위하여 청소를 한 구역은 바로 다음 영업일에는 하지 않는다. 각 구역은 매주 다음과 같이 청소한다.
> - A구역 청소는 일주일에 1회 한다.
> - B구역 청소는 일주일에 2회 하되, B구역 청소를 한 후 영업일과 휴업일을 가리지 않고 이틀간은 B구역 청소를 하지 않는다.
> - C구역 청소는 일주일에 3회 하되, 그중 1회는 일요일에 한다.

① 월요일과 목요일 ② 월요일과 금요일
③ 월요일과 토요일 ④ 화요일과 금요일
⑤ 화요일과 토요일

정답 ①

해설

글의 확정조건을 정리하면 아래와 같다. 매주 반복되는 운영이므로, 일요일 다음 영업일인 월요일도 같은 규칙이 적용된다는 것을 염두에 두자.

i) 주간 청소 횟수는 A 1회, B 2회, C 3회이며, C는 반드시 일요일에 청소한다. 따라서 C는 월요일에 청소할 수 없다. 여기서 C는 일주일에 3회 청소하기 때문에 화요일에 반드시 청소를 해야 한다. 일주일에 3회 청소하며, 청소 다음날 청소를 연속으로 할 수 없기 때문이다.

ii) B구역을 청소한 이후에는(영업일/휴업일 무관) “이틀” 동안 B구역 청소는 금지된다. 따라서 주 2회인 B구역은 월요일과 목요일만 가능하게 된다. 이미 화, 수, 일요일은 C구역과 휴무일 때문에 청소를 할 수 없고 월, 목, 금, 토요일 중 가능하게 된다. 여기서 금요일이나 토요일에 청소를 하게 되면 다른 구역과 충돌이 일어나기 때문에 월요일과 목요일만 청소가 가능하다.

iii) 청소할 때에는 A, B, C 구역 중 하나만 청소하기 때문에 남은 요일인 토요일은 A구역만 청소가 가능하다.

甲레스토랑의 청소 구역을 표로 나타내면 아래와 같다.

구분	월	화	수	목	금	토	일
A	×	×	×	×	×	○	×
B	○	×	×	○	×	×	×
C	×	○	×	×	○	×	○

따라서 B구역 청소 요일은 월요일과 목요일이다.

| 조건제시형 | 경우의 수

46 다음 글과 〈○○시 지도〉를 근거로 판단할 때, ㉠에 들어갈 수 있는 것만을 〈보기〉에서 모두 고르면?

> ○○시는 지진이 발생하면 발생지점으로부터 일정 거리 이내의 시민들에게 지진발생문자를 즉시 발송하고 있다. X등급 지진의 경우에는 발생지점으로부터 반경 1km, Y등급 지진의 경우에는 발생지점으로부터 반경 2km 이내의 시민들에게 지진발생문자를 발송한다. 단, 수신차단을 해둔 시민에게는 지진발생문자를 보내지 않는다.
> 8월 26일 14시 정각 ‘가’지점에서 Y등급 지진이 일어났을 때 A~E 중 2명만 지진발생문자를 받았다. 5분 후 ‘나’지점에서 X등급 지진이 일어났을 때에는 C와 D만 지진발생문자를 받았다. 다시 5분 후 ‘나’지점에서 정서쪽으로 2km 떨어진 지점에서 Y등급 지진이 일어났을 때에는 (㉠)만 지진 발생문자를 받았다. A~E 중에서 지진발생문자 수신차단을 해둔 시민은 1명뿐이다.

〈○○시 지도〉

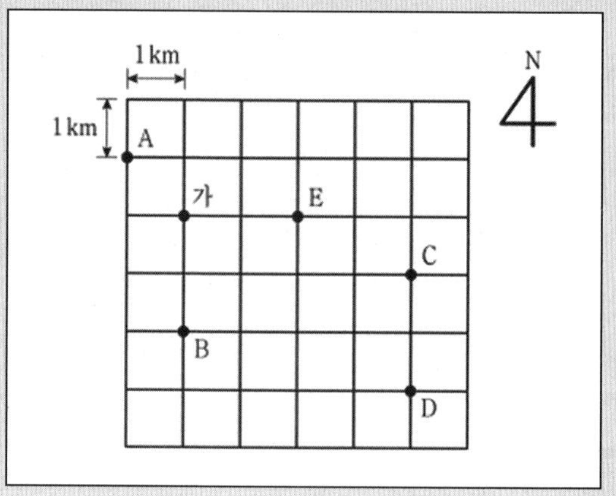

보기

ㄱ. A ㄴ. B
ㄷ. E ㄹ. A와 E
ㅁ. B와 E ㅂ. C와 E

① ㄱ, ㄷ ② ㄱ, ㄹ
③ ㄹ, ㅂ ④ ㄴ, ㄷ, ㅁ
⑤ ㄴ, ㅁ, ㅂ

정답 ④

해설

i) 가 지점에서 Y등급의 지진이 일어났을 경우
A, B, E 중에서 2명만 지진발생문자를 받았다. 이러한 경우 문자를 수신받은 경우의 수는 AB, AE, BE이다. 즉, 각 경우의 수로 E, B, A가 문자를 받지 못한다.

ii) 나 지점에서 Y등급의 지진이 일어났을 경우
C와 D만 지진발생문자를 받았기 때문에 '나' 지점은 C와 D 중간 지점에 위치하게 된다. 이 '나' 지점에서 정서쪽으로 2km 이동한 후 Y등급(반경 2km)의 지진이 발생하여 문자를 받을 수 있는 경우의 수는 B, E, B와 E 이렇게 3가지이다.

| 독해 | 의미 추론

47 다음 글을 근거로 판단할 때, 〈보기〉에서 옳은 것만을 모두 고르면?

현대적 의미의 시력 검사법은 1909년 이탈리아의 나폴리에서 개최된 국제안과학회에서 란돌트 고리를 이용한 검사법을 국제 기준으로 결정하면서 탄생하였다. 란돌트 고리란 시력 검사표에서 흔히 볼 수 있는 C자형 고리를 말한다. 란돌트 고리를 이용한 시력 검사에서는 5m 거리에서 직경이 7.5mm인 원형 고리에 있는 1.5mm 벌어진 틈을 식별할 수 있는지 없는지를 판단한다. 5m 거리의 1.5mm이면 각도로 따져서 약 1′(1분)에 해당한다. 1°(1도)의 1/60이 1′이고, 1′의 1/60이 1″(1초)이다.

이 시력 검사법에서는 구분 가능한 최소 각도가 1′일 때를 1.0의 시력으로 본다. 시력은 구분 가능한 최소 각도와 반비례한다. 예를 들어 구분할 수 있는 최소 각도가 1′의 2배인 2′이라면 시력은 1.0의 1/2배인 0.5이다. 만약 이 최소 각도가 0.5′이라면, 즉 1′의 1/2배라면 시력은 1.0의 2배인 2.0이다. 마찬가지로 최소 각도가 1′의 4배인 4′이라면 시력은 1.0의 1/4배인 0.25이다. 일반적으로 시력 검사표에는 2.0까지 나와 있지만 실제로는 이보다 시력이 좋은 사람도 있다. 천문학자 A는 5″까지의 차이도 구분할 수 있었던 것으로 알려져 있다.

〈보기〉

ㄱ. 구분할 수 있는 최소 각도가 10′인 사람의 시력은 0.1이다.
ㄴ. 천문학자 A의 시력은 12인 것으로 추정된다.
ㄷ. 구분할 수 있는 최소 각도가 1.25′인 甲은 구분할 수 있는 최소 각도가 0.1′인 乙보다 시력이 더 좋다.

① ㄱ ② ㄱ, ㄴ
③ ㄴ, ㄷ ④ ㄱ, ㄷ
⑤ ㄱ, ㄴ, ㄷ

정답 ②

해설

ㄱ. 시력은 최소 각도와 반비례한다고 하였으므로 구분할 수 있는 최소 각도가 1′의 10배로 10′인 사람의 시력은 $\frac{1.0}{10}=0.1$ (○)

ㄴ. 천문학자 A가 구분할 수 있는 최소 각도가 5″이므로, $5'' = 1' \times \frac{5}{60} = 1' \times \frac{1}{12}$ 이므로, 시력은 $1.0 \times 12 = 12$ (○)

ㄷ. 시력은 구분 가능한 최소 각도와 반비례한다는 내용에 위배된다. 최소 각도가 더 작은 乙의 시력이 더 좋다. (×)

| 조건 · 상황제시형 | 금액산정

48 다음 글과 〈상황〉을 근거로 판단할 때, 甲이 납부해야 할 수수료를 옳게 짝지은 것은?

특허에 관한 절차를 밟는 사람은 다음 각 호의 수수료를 내야 한다.

1. 특허출원료
   가. 특허출원을 국어로 작성된 전자문서로 제출하는 경우: 매건 46,000원. 다만 전자문서를 특허청에서 제공하지 아니한 소프트웨어로 작성하여 제출한 경우에는 매건 56,000원으로 한다.
   나. 특허출원을 국어로 작성된 서면으로 제출하는 경우: 매건 66,000원에 서면이 20면을 초과하는 경우 초과하는 1면마다 1,000원을 가산한 금액
   다. 특허출원을 외국어로 작성된 전자문서로 제출하는 경우: 매건 73,000원
   라. 특허출원을 외국어로 작성된 서면으로 제출하는 경우: 매건 93,000원에 서면이 20면을 초과하는 경우 초과하는 1면마다 1,000원을 가산한 금액
2. 특허심사청구료: 매건 143,000원에 청구범위의 1항마다 44,000원을 가산한 금액

〈상황〉

甲은 청구범위가 3개 항으로 구성된 총 27면의 서면을 작성하여 1건의 특허출원을 하면서, 이에 대한 특허심사도 함께 청구한다.

	국어로 작성한 경우	외국어로 작성한 경우
①	66,000원	275,000원
②	73,000원	343,000원
③	348,000원	343,000원
④	348,000원	375,000원
⑤	349,000원	375,000원

정답 ④

해설

국어로 작성한 경우

66,000 + (7 × 1,000) + 143,000 + (3 × 44,000)

외국어로 작성한 경우

93,000 + (7 × 1,000) + 143,000 + (3 × 44,000)

두 경우의 차잇값은 2만 7천 원이다.

선택지에서의 차잇값이 2만 7천 원인 경우를 찾으면 쉽게 찾을 수 있다. 정답은 ④이다.

| 조건제시형 | 수리계산형

49 다음 글을 근거로 판단할 때, 〈보기〉에서 옳은 것만을 모두 고르면?

甲은 결혼 준비를 위해 스튜디오 업체(A, B), 드레스 업체(C, D), 메이크업 업체(E, F)의 견적서를 각각 받았는데, 최근 생긴 B업체만 정가에서 10% 할인한 가격을 제시하였다.

아래 <표>는 각 업체가 제시한 가격의 총액을 계산한 결과이다. (단, A~F 각 업체의 가격은 모두 상이하다)

〈표〉

스튜디오	드레스	메이크업	총액
A	C	E	76만 원
이용 안 함	C	F	58만 원
A	D	E	100만 원
이용 안 함	D	F	82만 원
B	D	F	127만 원

〈보기〉

ㄱ. A업체 가격이 26만 원이라면, E업체 가격이 F업체 가격보다 8만 원 비싸다.

ㄴ. B업체의 할인 전 가격은 50만 원이다.

ㄷ. C업체 가격이 30만 원이라면, E업체 가격은 28만 원이다.

ㄹ. D업체 가격이 C업체 가격보다 26만 원 비싸다.

① ㄱ ② ㄴ

③ ㄷ ④ ㄴ, ㄷ

⑤ ㄷ, ㄹ

정답 ②

해설

ㄱ. A + C + E = 26만 원 + C + E = 76만 원,

C + E = 50만 원, C + F = 58만 원

이므로 E업체 가격이 F업체 가격보다 8만 원 싸다. (×)

ㄴ. D + F = 82만 원, B + D + F = 127만 원

B = 127만 원 − 82만 원 = 45만 원

B업체는 10% 할인된 가격이 45만 원이므로 할인 전 가격은 50만 원이다. (○)

ㄷ. C + F = 58만 원이므로 C업체 가격이 30만 원이면 F업체의 가격은 28만 원이다.

이 경우 E업체 가격은 28만 원이 될 수 없다. (단서 조건에 의하여 A~F 각 업체의 가격은 모두 상이하기 때문) (×)

ㄹ. A + C + E = 76만 원

A + D + E = 100만 원

따라서 D업체와 C업체의 가격은 24만 원 차이이기 때문에 옳지 않다. (D 업체가 C업체보다 비싼 것은 당연하다. 따라서 차잇값만 구한다.) (×)

| 조건제시형 | 수리퍼즐

50 다음 〈조건〉을 근거로 판단할 때, 〈보기〉에서 옳은 것만을 모두 고르면?

조건

- 한글 단어의 '단어점수'는 그 단어를 구성하는 자음으로만 결정된다.
- '단어점수'는 각기 다른 자음의 '자음점수'를 모두 더한 값을 그 단어를 구성하는 자음 종류의 개수로 나눈 값이다.
- '자음점수'는 그 자음이 단어에 사용된 횟수만큼 2를 거듭제곱한 값이다. 단, 사용되지 않는 자음의 '자음점수'는 0이다.
- 예를 들어 글자 수가 4개인 '셋방살이'는 ㅅ 3개, ㅇ 2개, ㅂ 1개, ㄹ 1개의 자음으로 구성되므로 '단어점수'는 $(2^3+2^2+2^1+2^1)/4$의 값인 4점이다.

※ 의미가 없는 글자의 나열도 단어로 인정한다.

보기

ㄱ. '각기'는 '논리'보다 단어점수가 더 높다.
ㄴ. 단어의 글자 수가 달라도 단어점수가 같을 수 있다.
ㄷ. 글자 수가 4개인 단어의 단어점수는 250점을 넘을 수 없다.

① ㄴ　② ㄷ
③ ㄱ, ㄴ　④ ㄱ, ㄷ
⑤ ㄱ, ㄴ, ㄷ

정답 ③

해설

ㄱ. 각기 : ㄱ 3개이므로 $2^3=8$

논리 : ㄴ 2개, ㄹ 1개이므로 $\frac{2^2+2^1}{2}=3$

$2^3 > \frac{2^2+2^1}{2}$ (○)

ㄴ. 예를 들어, '바보'와 '밥'을 비교하면

$\frac{2^2}{1}$ VS $\frac{2^2}{1}$ (반례) (○)

ㄷ. 예를 들어, 각각각각 $2^8=256$이므로 250점을 넘을 수 있다. (×)

| 상황제시형 | 수리계산형

51 다음 글을 근거로 판단할 때, A시에서 B시까지의 거리는?

甲은 乙이 운전하는 자동차를 타고 A시에서 B시를 거쳐 C시로 가는 중이었다. A, B, C는 일직선상에 순서대로 있으며, 乙은 자동차를 일정한 속력으로 운전하여 도시 간 최단 경로로 이동했다. A시를 출발한지 20분 후 甲은 乙에게 지금까지 얼마나 왔는지 물어보았다.
"여기서부터 B시까지 거리의 딱 절반만큼 왔어."
라고 乙이 대답하였다.
그로부터 75km를 더 간 후에 甲은 다시 물어보았다.
"C시까지는 얼마나 남았지?"
乙은 다음과 같이 대답했다.
"여기서부터 B시까지 거리의 딱 절반만큼 남았어."
그로부터 30분 뒤에 甲과 乙은 C시에 도착하였다.

① 35km　② 40km
③ 45km　④ 50km
⑤ 55km

정답 ③

해설

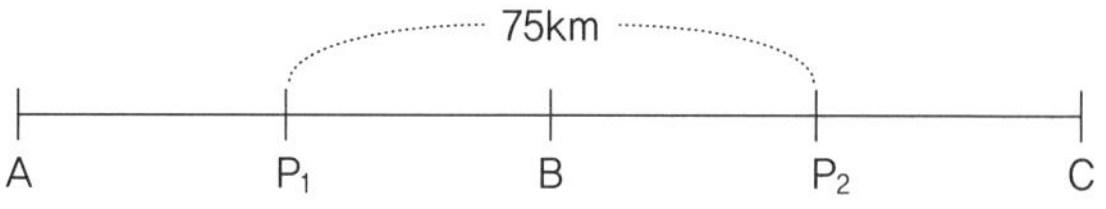

A시를 출발한 지 20분 후에 甲이 도착한 거리 : AP_1

$AP_1 = \frac{1}{2} \times P_1B$

$AP_1 + P_1B = AB$

$AP_1 = \frac{1}{2} \times (AB - AP_1)$

$2AP_1 = AB - AP_1$

$3AP_1 = AB$

$AP_1 = \frac{1}{3}AB$

한편, $AP_2 = AP_1 + 75km = \frac{1}{3}AB + 75km$

진술에서 "여기서부터 B시까지의 거리 딱 절반만큼 남았어"라고 하였기 때문에 P_2는 B를 지나 C를 향하는 중임을 알 수 있다.

$P_2C = \frac{1}{2}BP_2$

그로부터 30분 뒤 C 도착이므로, V를 속력이라 할 때

$P_2C = V \cdot \frac{1}{2}$

여기서 V는 구간 전체에서 일정하므로, 출발 20분 후 위치가 P_1이다.

$AP_1 = \frac{1}{3} \times V$ ($\frac{1}{3}$은 20분)

위에서 $AP_1 = \frac{1}{3}$AB이므로 V = AB이다.

즉, 속력 V는 AB(km)이다.

다시, $P_2C = \frac{1}{2}BP_1 = \frac{1}{2}V = \frac{1}{2}AB$

$\frac{1}{2}AB = \frac{1}{2}(AP_2 - AB)$

$AB = AP_2 - AB$

$\therefore AP_2 = 2AB$

$AP_2 = \frac{AB}{3} + 75$이므로

$2AB = \frac{1}{3}AB + 75$

$\frac{5}{3}AB = 75$

AB = 45(km)

∴ 따라서 A시에서 B시까지의 거리는 45km이다.

| 조건제시형 | 수리퍼즐

52 다음 〈규칙〉을 근거로 판단할 때, A와 B가 한 번의 게임에서 얻은 점수 합계의 최댓값과 최솟값은?

규칙

- A와 B는 상자 안에 든 1~9까지의 숫자가 적힌 아홉 개의 공을 번갈아가며 하나씩 뽑는다. 단, 하나의 공에는 하나의 숫자만 적혀 있고, 중복되거나 누락된 숫자는 없다.
- 뽑은 공은 상자 안에 다시 넣지 않는다.
- 공은 A가 먼저 뽑고, 공을 모두 뽑으면 게임은 종료된다.
- 득점방식은 다음과 같다.
  - (n − 1)번째 뽑은 공에 적힌 숫자와 n번째 뽑은 공에 적힌 숫자를 더한다. (n = 2, 3, 4, 5, 6, 7, 8, 9)
  - 위 합산 값의 일의 자리 수가 n번째 공을 뽑은 사람의 득점이 된다. 즉 n이 홀수일 때 A가 득점하고, n이 짝수일 때 B가 득점한다.
  - A는 자신이 뽑은 첫 번째 공으로 득점할 수 없다.

	최댓값	최솟값
①	61	3
②	61	4
③	61	5
④	67	4
⑤	67	5

정답 ④

해설

1	2	3	4	5	6	7	8	9
A	B	A	B	A	B	A	B	A

i) 최댓값

(1, 8), (2, 7), (3, 6), (4, 5), 9와 같이 합이 최대한 9가 되도록 해야 한다.

(8, 2) = 0이 되므로 위의 배열은 될 수 없다.

9, 8, 1, 7, 2, 6, 3, 5, 4의 배열은 7, 8, 9의 점수로 합해질 수 있다.

$9\times4 + 8\times3 + 7 = 67$

ii) 최솟값

1, 9, 2, 8, 3, 7, 4, 6, 5의 배열은 0과 1만 점수로 합해진다.

최솟값은 4

| 조건부확률 |

53 다음 〈그림〉은 A도시 남성의 성인병과 비만에 대한 것이다. A도시 남성 가운데 20%가 성인병이 있다고 하면, 이 도시에서 비만인 남성 가운데 성인병이 있는 남성의 비율은?

〈그림1〉 성인병이 있는 남성의 비만 여부

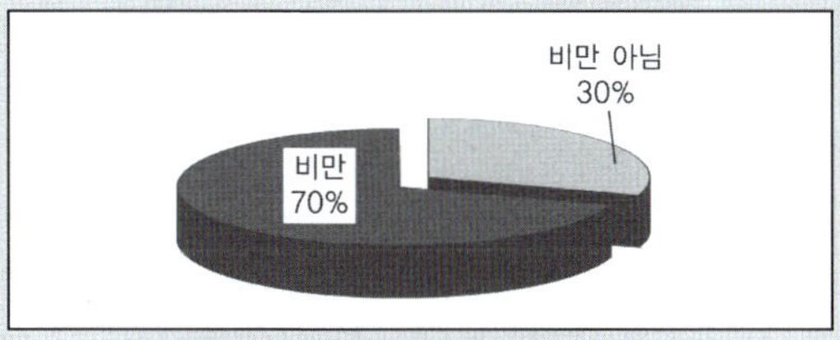

〈그림2〉 성인병이 없는 남성의 비만 여부

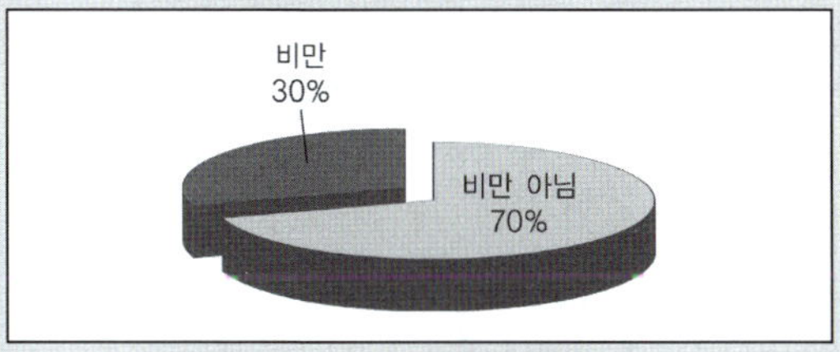

① 약 21%
② 약 30%
③ 약 37%
④ 약 53%
⑤ 약 70%

정답 ③

해설

$P(A|B) = \frac{P(A \cap B)}{P(B)}$

비만 \ 성인병	○	×	합계
○	14%	24%	38%
×	6%	56%	62%
합계	20%	80%	100%

P(성인병 있는 | 비만이 있는)

$\frac{14}{38}$ → 역배율을 활용하면, $\frac{1}{2}$과 비교하면 분자가 분모의 50%를 넘기 때문에 선택지 ④, ⑤ 삭제

$\frac{14}{38}$를 $\frac{1}{2}$과 비교하면 $\frac{1}{2} > \frac{14}{38}$

$\frac{14}{38}$를 $\frac{1}{3}$과 비교하면 33.3%보다는 크다. 그러므로 정답은 ③이다.

$\frac{14}{38} \times 100 ≒ 36.8$이므로 답은 ③ 약 37%가 된다.

| 상황제시형 | 조건부확률

54 다음 글을 근거로 판단할 때, [㉠]에 해당하는 값은? (단, 소수점 이하 반올림함)

> 한 남자가 도심 거리에서 강도를 당했다. 그는 그 강도가 흑인이라고 주장했다. 그러나 사건을 담당한 재판부가 당시와 유사한 조건을 갖추고 현장을 재연했을 때, 피해자가 강도의 인종을 정확하게 인식한 비율이 80% 정도밖에 되지 않았다. 강도가 정말로 흑인일 확률은 얼마일까?
> 물론 많은 사람들이 그 확률은 80%라고 말할 것이다. 그러나 실제 확률은 이보다 상당히 낮을 수 있다. 인구가 1,000명인 도시를 예로 들어 생각해 보자. 이 도시 인구의 90%는 백인이고 10%만이 흑인이다. 또한 강도짓을 할 가능성은 두 인종 모두 10%로 동일하며, 피해자가 백인을 흑인으로 잘못 보거나 흑인을 백인으로 잘못 볼 가능성은 20%로 똑같다고 가정한다. 이 같은 전제가 주어졌을 때, 실제 흑인강도 10명 가운데 (　　)명만 정확히 흑인으로 인식될 수 있으며, 실제 백인강도 90명 중 (　　)명은 흑인으로 오인된다. 따라서 흑인으로 인식된 (　　)명 가운데 (　　)명만이 흑인이므로, 피해자가 범인이 흑인이라는 진술을 했을 때 그가 실제로 흑인에게 강도를 당했을 확률은 겨우 (　　)분의 (　　), 즉 약 [㉠]%에 불과하다.

① 18
② 21
③ 26
④ 31
⑤ 36

정답 ④

해설

1,000명							
90%(백인) – 900명				10%(흑인) – 100명			
강도(○)		강도(×)		강도(○)		강도(×)	
10%(90명)		90%		10%(10명)		90%	
백→백	백→흑	백→백	백→백	흑→흑	흑→백	흑→흑	흑→백
80%(72명)	20%(18명)	해당 없음		80%(8명)	20%(2명)	해당 없음	

따라서 백인 강도 중 흑인으로 오인되는 18명, 흑인 강도 중 흑인으로 인식되는 8명을 합하면 총 26명이 된다.

실제로 흑인 강도에게 당했을 확률은 $\frac{8}{26} \times 100 ≒ 31$(%)(소수점 이하 반올림)가 된다.

| 상황제시형 | 시차

55 **A사원은 B과장과 함께 해외 지사로 출장을 가려고 한다. 행선지의 시간은 한국보다 7시간이 느리고, 비행시간은 9시간 30분이 소요된다. 해외 지사의 현지시각 7월 13일 오후 2시에 도착하는 비행기를 탈 때, 공항에 몇 시까지 도착해야 하는가? (단, 비행출발 2시간 전에는 탑승수속을 위해 공항에 도착해야 한다.)**

구분	출발날짜 및 시각	도착날짜 및 시각	비행시간
한국 → 해외 지사	7월 13일 / ?:?	7월 13일 / 14:00	9시간 30분
해외 지사 → 한국	7월 17일 / 10:00	7월 18일 / 03:00	10시간

① 09:30 ② 10:30
③ 11:30 ④ 12:30
⑤ 13:30

정답 ①

해설

표에서 출발날짜 및 시각 〈?:?〉는 한국 기준이라고 유추할 수 있다. 시차 또한 해외 지사에서 한국으로 오는 표를 보고 유추할 수 있다. 시간의 기준은 영국을 기준으로 GMT라고 한다. 우리나라는 기준시에 비해 9시간 더 빠르다. 예를 들어 3월 3일 영국의 시각이 13:00일 경우 한국은 3월 3일 22:00라고 할 수 있다.

구분	해외지사	한국
출발시각	7/17 10:00	
도착시각	+10hr(비행시간) + 7hr(시차)	7/18 03:00

구분	해외지사	한국
출발시각	−9.5hr(비행시간) +7hr(시차)	7/13 11:30 −2hr(탑승수속) = 09:30
도착시각	7/13 14:00	

추가 학습

느림	N.Y(−5hr)	GMT	+9hr	빠름
	12.20.07:00	0°	135°(동경) 12.20.21:00	태양

두 가지를 동시에 생각하기 복잡하다면 다음과 같이 순차적으로 생각하여 문제에 접근한다.
도착시각이 14시이므로, 시차를 적용해 해외 지사의 시각을 한국 시각으로 바꿔보면 21시가 된다. 이제 거꾸로 한국에서의 9시간 30분의 비행시간을 적용하면, 11시 30분에 출발하는 비행기를 타야 한다. 문제의 조건에서 탑승수속을 위해 2시간 전에 도착해야 한다고 했으므로, 9시 30분까지 공항에 도착해야 한다.

| 조건 · 상황제시형 | 시간 · 요일 · 날짜

56 **다음 글을 근거로 판단할 때, 2015년 9월 15일이 화요일이라면 2020년 이후 A국 ○○축제가 처음으로 18일 동안 개최되는 해는? (단, 모든 날짜는 양력 기준이다.)**

> 1년의 개념은 지구가 태양을 한 바퀴 도는 데에 걸리는 시간으로, 그 시간은 정확히 365일이 아니다. 실제 그 시간은 365일보다 조금 긴 약 365.2422일이다. 따라서 다음과 같은 규칙을 순서대로 적용하여 1년이 366일인 윤년을 정한다.
> 규칙 1: 연도가 4로 나누어떨어지는 해는 윤년으로 한다. (2004년, 2008년, …)
> 규칙 2: '규칙 1'의 연도 중에서 100으로 나누어떨어지는 해는 평년으로 한다. (2100년, 2200년, 2300년, …)
> 규칙 3: '규칙 2'의 연도 중에서 400으로 나누어떨어지는 해는 윤년으로 한다. (1600년, 2000년, 2400년, …)

※ 평년: 윤년이 아닌, 1년이 365일인 해

> A국 ○○축제는 매년 9월 15일이 지나고 돌아오는 첫 번째 토요일에 시작하여 10월 첫 번째 일요일에 끝나는 일정으로 개최한다. 다만 10월 1일 또는 2일이 일요일인 경우, 축제를 A국 국경일인 10월 3일까지 연장한다. 따라서 축제는 최단 16일에서 최장 18일 동안 열린다.

① 2021년 ② 2022년
③ 2023년 ④ 2025년
⑤ 2026년

정답 ③

해설

규칙 1, 2, 3을 정리하면 아래와 같다.

예 2000년 → 윤년 (규칙 2까지 보면 평년이지만 규칙 3까지 적용하면 윤년에 해당한다.)
2010년 → 평년 (4의 배수도 아니며, 00도 아니라 평년)
2015년 → 평년 (4의 배수도 아니며, 00도 아니라 평년)
2024년 → 윤년 (4의 배수이며, 100으로 나누어떨어지지 않아 윤년이다.)
2040년 → 윤년 (4의 배수이며, 100으로 나누어떨어지지 않아 윤년이다.)

예

윤년 ×	365日	윤년 ○	366日	
23년 1월 13일(화)	→	24년 1월 13일(수)	→	25년 1월 13일(금)

윤년 ×	365日	윤년 ×	365日	
22년 1월 13일(월)	→	23년 1월 13일(화)		

2021년 10월 1일은 금요일 +1
2022년 10월 1일은 토요일 +1

2015년 9월 15일이 화요일이라면 2015년 10월 1일은 목요일이다. 처음으로 10월 1일이 일요일인 해를 찾으면 된다.

→ 10월 1일이 일요일이어야 축제를 10월 3일까지 연장하므로 최장 18일 동안 개최하게 된다.
매해 요일을 아래와 같이 정리하면,
2015년 10월 1일은 목요일
2016년 10월 1일은 토요일 (윤년) +2
2017년 10월 1일은 일요일 +1
2018년 10월 1일은 월요일 +1
2019년 10월 1일은 화요일 +1
2020년 10월 1일은 목요일 (윤년) +2
2021년 10월 1일은 금요일 +1
2022년 10월 1일은 토요일 +1
2023년 10월 1일은 일요일 +1
∴ 2015년 이후 처음으로 18일 동안 개최되는 해는 2023년이다.

| 가중평균 |

57 다음 〈표〉는 군별, 연도별 A소총의 신규 배치량에 관한 자료이다. 이에 대한 〈보기〉의 설명 중 옳은 것만을 모두 고르면?

〈표〉 군별, 연도별 A소총의 신규 배치량

(단위 : 정)

군 \ 연도	2011	2012	2013	2014
육군	3,000	2,450	2,000	0
해군	600	520	450	450
공군	0	30	350	150
전체	3,600	3,000	2,800	600

보기

ㄱ. 2011～2014년 육군의 A소총 신규 배치량이 매년 600정 더 많다면, 해당기간 육·해·공군 전체의 A소총 연평균 신규 배치량은 3,100정이다.
ㄴ. 연도별 육·해·공군 전체의 A소총 신규 배치량 중 해군의 A소총 신규 배치량이 차지하는 비중이 가장 작은 해는 2011년이다.
ㄷ. A소총 1정당 육군은 590만 원, 해군은 560만 원, 공군은 640만 원으로 매입하여 배치했다면, 육·해·공군 전체의 A소총 1정당 매입가격은 2011년이 2014년보다 낮다.

① ㄱ　② ㄴ
③ ㄱ, ㄴ　④ ㄱ, ㄷ
⑤ ㄴ, ㄷ

정답 ①

해설

편차 = 변량 − 평균
평균을 알고 있다면, 편차를 구할 수 있다.
편차의 합은 0이다.
3, 4, 5의 편차는 각각 −1, 0, +1이며, 각 수의 합은 0이다.
이 문제는 전체 A소총 신규배치량의 평균을 이용하여 풀 수 있다.

ㄱ. 평균이 3,100정이라면 4년 총합은 12,400정이다.
매년 육군의 A소총 신규 배치량이 600정씩 더 많다고 한다면, 육군 신규배치 총량은 〈표〉의 값에 비해 2,400정만큼 증가한 것이다.
2011~2014년 전체 A소총의 신규 배치량은 10,000정이므로 옳은 내용이다. (○)
ㄴ. 전체에서 해군의 비중이 가장 작은 해는 2013년이다. 해군의 매년 소총 배치량에서 6을 곱하여 비교해 보면 알 수 있다. (×)

ㄷ. 다음의 세가지 방법으로 확인할 수 있다.

i) 2011년과 2014년의 평균 매입가격은

$\frac{590 \times 3000 + 560 \times 600}{3600} > \frac{560 \times 450 + 640 \times 150}{600}$ 이다.

2011년이 더 높다.

ii) 가중평균을 이용하여 구한다.

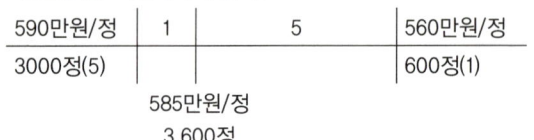

590만원/정	1	5	560만원/정
3000정(5)			600정(1)

585만원/정
3,600정

iii) 2011년 $= 590 + (-30) \times \frac{600}{3600} = 585$(만 원)

2014년 $= 560 + 80 \times \frac{150}{600} = 580$(만 원)

$= 640 + (-80) \times \frac{450}{600} = 580$(만 원) (×)

| 차잇값 |

58 어느 회사에서 신입 사원의 월급은 〈보기〉와 같이 계산된다. 이 회사에 신입 사원 '갑'과 '을'이 입사하였다. '갑'은 군필자로 '을'보다 업무경력이 2년 많고 '을'은 군미필자로 '갑'보다 교육연수가 4년 많다. 이 경우 '갑'과 '을' 중 누가 얼마나 더 많은 월급을 받겠는가?

보기

월급(단위: 만 원) $= 120 + 5.3 \times M + 2.2 \times E + 6 \times W$

M: 군필자일 경우 1, 군미필자일 경우 0의 값을 가짐

E: 교육연수(단위: 년)

W: 업무경력(단위: 년)

① 갑, 21,000원 ② 갑, 85,000원
③ 갑, 131,000원 ④ 을, 25,000원
⑤ 을, 143,000원

정답 ②

해설

i) 〈보기〉의 공식에 그대로 대입한다.

갑: $120 + 5.3 \times 1 + 2.2 \times E + 6 \times (W + 2)$

을: $120 + 5.3 \times 0 + 2.2 \times (E + 4) + 6 \times W$

갑 − 을 $= 5.3 + 12 - 8.8 = 8.5$

갑이 85,000원 더 많이 받는다.

ii) 갑과 을 원급의 차잇값을 계산한다.

$5.3 \times 1 + (-2.2 \times 4) + (6 \times 2)$

$5.3 - 8.8 + 12 = 8.5$

갑이 을보다 85,000원 더 많이 받는다.

| 논리게임형 |

59 다음 〈그림〉은 다양한 직급의 구성원으로 이루어진 어느 회사의 개인 간 관계를 도식화한 것이며, '관계 차별성'은 〈정의〉와 같이 규정된다. 아래 직급의 조합 중, A와 C의 관계 차별성과 B와 D의 관계 차별성이 같은 것은?

〈그림〉

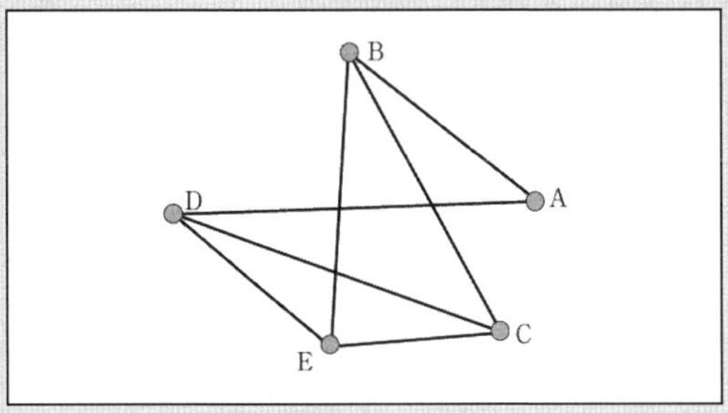

※ 점 A~E는 개인을 나타내며, 하나의 직선은 하나의 직접적인 관계를 의미함

ㅓ 정의 ㅏ

- 관계 차별성: 두 개인이 공통적으로 직접적인 관계를 맺고 있는 사람(들)의 직급 종류 수
  - 예를 들어, P, Q, R, S 4명으로 구성된 조직의 개인 간 관계가 다음과 같을 때, P와 Q의 관계 차별성은 1임

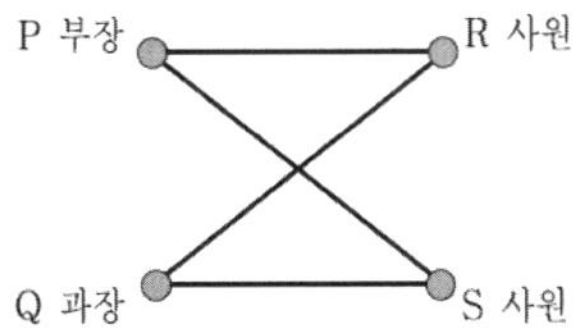

	A	B	C	D	E
①	부장	차장	사원	사원	과장
②	과장	과장	차장	부장	부장
③	과장	사원	부장	사원	과장
④	사원	과장	부장	과장	차장
⑤	사원	과장	과장	차장	사원

정답 ⑤

해설

- A, C의 공통적인 직접적 관계의 사람들: B, D
  ∴ A, C의 관계차별성은 2(B, D의 직급 다름) 또는 1(B, D의 직급 같음)이다.
- B, D의 공통적인 직접적 관계의 사람들: A, C, E
  ∴ B, D의 관계차별성은 3(A, C, E 직급 다 다름) 또는 2(A, C, E 중 둘은 직급 같고 하나는 다름) 또는 1(A, C, E 셋 다 직급 같음)이다.

이때 (A, C)의 관계차별성과 (B, D)의 관계차별성이 같아야 하므로 A, C, E 모두 직급이 다른 관계차별성이 3인 경우는 제외한다. 따라서 ③, ⑤를 제외한 나머지를 지운다(소거법).

③, ⑤에서의 관계차별성은 2이므로 A, C의 관계차별성 역시 2다. 그러므로 B와 D의 직급은 달라야 한다. 따라서 A와 E가 사원, B와 C는 과장, D는 차장에 해당하는 조합인 ⑤가 답이다.

| 최적화 |

60 다음 표와 그림은 연필 생산 공장의 입지 결정을 위한 자료이다. 이 자료를 이용하여 총 운송비를 최소로 할 수 있는 연필공장의 입지 지점을 고르면?

〈표〉 연필 생산을 위한 원재료량과 공급에 필요한 운송비

구분	나무	흑연	연필
연필 1톤 생산에 필요한 양(톤)	3	2	–
1톤당 운송비(천 원/km×톤)	2	5	2

〈그림〉 공장입지 후보지 간 거리

(단위: km)

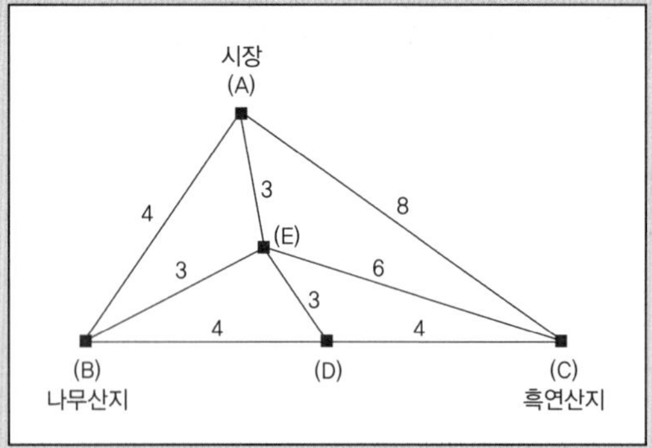

※ 1) 연필을 만드는 데는 나무와 흑연이 모두 필요함
2) 원재료 운송비는 산지에서 공장으로 공급하는 운송비만을 고려함
3) 최종제품인 연필의 운송비는 공장에서 시장으로 공급하는 운송비만을 고려함
4) 총 운송비 = 원재료 운송비 + 연필 운송비

① A ② B
③ C ④ D
⑤ E

정답 ③

해설

i) 전체 운송비를 구하는 풀이

각 입지에서의 총 운송비는 다음과 같다.

A: 3×2×4 + 2×5×8 + 1×2×0 = 104(천 원)

B: 3×2×0 + 2×5×8 + 1×2×4 = 88(천 원)

C: 3×2×8 + 2×5×0 + 1×2×8 = 64(천 원)

D: 3×2×4 + 2×5×4 + 1×2×6 = 76(천 원)

E: 3×2×3 + 2×5×6 + 1×2×3 = 84(천 원)

그러므로 총 운송비가 가장 낮은 입지 지점은 C이다.

ii) 빠른 풀이

연필을 1톤 생산하는 데 필요한 나무와 흑연의 운송비와 생산된 연필의 운송비를 구하면 다음과 같다.

• 나무: 3×2 = 6천 원/km
• 흑연: 2×5 = 10천 원/km
• 연필: 1×2 = 2천 원/km

흑연이 압도적으로 비싸므로, A와 B는 고려하지 않는다.

C, D, E의 산지에서 입지까지의 거리를 구하면 다음과 같다.

구분	C	D	E
나무(6천 원/km)	4 + 4 = 8	4	3
흑연(10천 원/km)	0	4	6
연필(2천 원/km)	8	3 + 3 = 6	3

입지별 운송비를 구해보자.

C: 48 + 16 = 64

D: 흑연만 계산해도 40이고, 나머지 값을 더하면 C보다 더 커지므로 제외한다.

E: 흑연만 계산해도 60이고, 나머지 값을 더하면 C보다 더 커지므로 제외한다.

따라서 운송비를 최소로 하는 입지는 C이다.

| 최소교집합 |

61 다음 〈표〉는 조선시대 함평 현감의 재임기간 및 출신에 대한 자료이다. 이에 대한 설명으로 옳지 않은 것은?

〈표 1〉 함평 현감의 재임기간별 인원

(단위: 명)

재임기간	인원
1개월 미만	2
1개월 이상~3개월 미만	8
3개월 이상~6개월 미만	19
6개월 이상~1년 미만	50
1년 이상~1년 6개월 미만	30
1년 6개월 이상~2년 미만	21
2년 이상~3년 미만	22
3년 이상~4년 미만	14
4년 이상	5
계	171

〈표 2〉 함평 현감의 출신별 인원

(단위: 명)

구분	문과	무과	음사(蔭仕)	합
인원	84	50	37	171

① 함평 현감 중 재임기간이 1년 미만인 현감의 비율은 전체의 50% 이하이다.
② 재임기간이 6개월 이상인 함평 현감 중에는 문과 출신자가 가장 많다.
③ 함평 현감의 출신별 통계를 보면 음사 출신자는 전체의 20%를 초과한다.
④ 재임기간이 3년 미만인 함평 현감 중에는 음사 출신자가 반드시 있다.
⑤ 재임기간이 1년 6개월 미만인 함평 현감 중 적어도 24명 이상이 문과 출신이다.

정답 ⑤

해설

171명의 총 현감 인원을 제시하고, 재임기간별 인원, 함평 현감의 출신별 인원에 모두 포함되어 있는 최소교집합을 묻는 문제이다.

① 함평 현감 중 재임기간이 1년 미만인 인원은 2 + 8 + 19 + 50 = 79명이므로, 현감 전체 비율의 50%인 85.5명보다 적다. (○)
② 재임기간이 6개월 미만인 함평 현감이 모두 문과 출신이라 하여도 84명 − 29명 = 55명이 남으므로 이들은 반드시 현감 재임기간이 6개월 이상이 된다. 재임기간이 6개월 이상인 함평 현감 중에는 문과 출신자들이 가장 많다. (○)
③ 함평 현감 출신은 총 171명인데, 그중 음사 출신자는 37명이므로, $\frac{37}{171} \times 100 \fallingdotseq 21.6$(%)이므로, 옳은 설명이다. (○)
④ 재임기간이 3년 이상인 함평 현감은 총 19명이고, 음사 출신자는 37명이다. 3년 이상 재임한 함평 현감이 모두 음사 출신자라고 가정하더라도 18명이 남으므로, 이들은 무조건 재임기간이 3년 미만인 함평 현감에 포함된다. 따라서 3년 미만인 함평 현감 중에는 음사 출신자들이 반드시 있다. (○)
⑤ 재임기간이 1년 6개월 이상인 함평 현감은 모두 62명이고, 문과 출신자가 모두 84명이므로, 1년 6개월 이상인 함평 현감이 모두 문과 출신자라고 하더라도 22명이 남는다. 따라서 재임기간이 1년 6개월 미만인 함평 현감 중 적어도 22명 이상이 문과 출신이다. (×)

본문 p.64~85

| 규정 · 규칙형 | 내용 추론

01 다음 글을 근거로 판단할 때 옳은 것은?

제○○조(진흥기금의 징수) ① 영화위원회(이하 "위원회"라 한다)는 영화의 발전 및 영화·비디오물산업의 진흥을 위하여 영화상영관에 입장하는 관람객에 대하여 입장권 가액의 100분의 5의 진흥기금을 징수한다. 다만, 직전 연도에 제△△조 제1호에 해당하는 영화를 연간 상영일수의 100분의 60 이상 상영한 영화상영관에 입장하는 관람객에 대해서는 그러하지 아니하다.
② 영화상영관 경영자는 관람객으로부터 제1항의 규정에 따른 진흥기금을 매월 말일까지 징수하여 해당 금액을 다음 달 20일까지 위원회에 납부하여야 한다.
③ 위원회는 영화상영관 경영자가 제2항에 따라 관람객으로부터 수납한 진흥기금을 납부기한까지 납부하지 아니하였을 때에는 체납된 금액의 100분의 3에 해당하는 금액을 가산금으로 부과한다.
④ 위원회는 제2항에 따른 진흥기금 수납에 대한 위탁 수수료를 영화상영관 경영자에게 지급한다. 이 경우 수수료는 제1항에 따른 진흥기금 징수액의 100분의 3을 초과할 수 없다.

제△△조(전용상영관에 대한 지원) 위원회는 청소년 관객의 보호와 영화예술의 확산 등을 위하여 다음 각 호의 어느 하나에 해당하는 영화를 연간 상영일수의 100분의 60 이상 상영하는 영화상영관을 지원할 수 있다.
1. 애니메이션영화·단편영화·예술영화·독립영화
2. 제1호에 해당하지 않는 청소년관람가영화
3. 제1호 및 제2호에 해당하지 않는 국내영화

① 영화상영관 A에서 직전 연도에 연간 상영일수의 100분의 60 이상 청소년관람가 애니메이션영화를 상영한 경우 진흥기금을 징수한다.
② 영화상영관 경영자 B가 8월분 진흥기금 60만 원을 같은 해 9월 18일에 납부하는 경우, 가산금을 포함하여 총 61만 8천 원을 납부하여야 한다.
③ 관람객 C가 입장권 가액과 그 진흥기금을 합하여 영화상영관에 지불하는 금액이 12,000원이라고 할 때, 지불 금액 중 진흥기금은 600원이다.
④ 연간 상영일수가 매년 200일인 영화상영관 D에서 직전 연도에 단편영화를 40일, 독립영화를 60일 상영했다면 진흥기금을 징수하지 않는다.
⑤ 영화상영관 경영자 E가 7월분 진흥기금과 그 가산금을 합한 금액인 103만 원을 같은 해 8월 30일에 납부한 경우, 위원회는 E에게 최대 3만 원의 수수료를 지급할 수 있다.

정답 ⑤

해설

① 직전 연도에 연간 상영일수의 100분의 60 이상 청소년관람가 애니메이션영화를 상영한 경우 진흥기금을 징수하지 않는다. (×)
② 20일까지 납부하면 되기 때문에 가산금이 없다. 60만 원 납부하면 된다. (×)
③ 입장권 가액과 진흥기금 합이 12,000원이고 진흥기금이 600원이라면 입장권 가액은 11,400원이다. 하지만 이 경우 입정권가액의 100분의 5는 570원이기 때문에 600원은 옳지 않다. (×)
④ $\frac{100}{200}$ < 60%이므로 징수해야 한다. (×)
⑤ 진흥기금은 100만 원, 가산금이 3만 원인 상황에서 103만 원을 8월 30일에 납부한 경우, 위원회는 최대 3만 원의 수수료를 지급할 수 있다. 여기서 포인트는 103만 원을 납부한 상황에서 가산금을 제외하고 진흥기금 징수액으로 수수료를 계산해야 한다는 것이다. (○)

| 규정 · 규칙형 | 내용 추론

02 다음 글과 〈상황〉을 근거로 판단할 때, 〈보기〉에서 옳은 것만을 모두 고르면?

제00조 ① "주택담보노후연금보증"이란 주택소유자가 주택에 저당권을 설정하고 금융기관으로부터 제2항에서 정하는 연금 방식으로 노후생활자금을 대출(이하 "주택담보노후연금대출"이라 한다)받음으로써 부담하는 금전채무를 주택금융공사가 보증하는 행위를 말한다. 이 경우 주택소유자 또는 주택소유자의 배우자는 60세 이상이어야 한다.

② 제1항의 연금 방식이란 다음 각 호의 어느 하나에 해당하는 방식을 말한다.

1. 주택소유자가 생존해 있는 동안 노후생활자금을 매월 지급받는 방식
2. 주택소유자가 선택하는 일정한 기간 동안 노후생활자금을 매월 지급받는 방식
3. 제1호 또는 제2호의 어느 하나의 방식과, 주택소유자가 다음 각 목의 어느 하나의 용도로 사용하기 위하여 일정한 금액(단, 주택담보노후연금대출 한도의 100분의 50 이내의 금액으로 한다)을 지급받는 방식을 결합한 방식
   가. 해당 주택을 담보로 대출받은 금액 중 잔액을 상환하는 용도
   나. 해당 주택의 임차인에게 임대차보증금을 반환하는 용도

〈상황〉

A주택의 소유자 甲(61세)은 A주택에 저당권을 설정하여 주택담보노후연금보증을 통해 노후생활자금을 대출받고자 한다. 甲의 A주택에 대한 주택담보노후연금대출 한도액은 3억 원이다.

〈보기〉

ㄱ. 甲은 A주택의 임차인에게 임대차보증금을 반환하는 용도로 1억 원을 지급받고, 생존해 있는 동안 노후생활자금을 매월 지급받을 수 있다.
ㄴ. 甲의 배우자의 연령이 60세 이상이어야 주택담보노후연금보증을 통해 노후생활자금을 대출받을 수 있다.
ㄷ. 甲은 A주택을 담보로 대출받은 금액 중 잔액을 상환하는 용도로 1억 5천만 원을 지급받고, 향후 10년간 노후생활자금을 매월 지급받을 수 있다.

① ㄱ ② ㄴ
③ ㄱ, ㄷ ④ ㄴ, ㄷ
⑤ ㄱ, ㄴ, ㄷ

정답 ③

해설

ㄱ. 제2항 제3호의 단서조항에 따라 주택담보노후연금대출의 한도는 100분의 50 이내이므로 가능하다. 1억 5천만 원 이내의 자금을 지급받고 두 가지 방식이 결합 가능하다. (○)
ㄴ. 甲의 연령이 이미 60세 이상이므로 배우자의 연령과 관계없이 노후생활자금을 대출받을 수 있다. (×)
ㄷ. 일시에 지급받는 금액으로 주택담보노후연금대출 한도의 100분의 50 이내인 1억 5천만 원을 지급받고, 노후생활자금을 지급받는 결합 방식이 가능하다. "이내"는 100분의 50도 포함된다. (○)

| 조건 · 상황제시형 | 스케줄표

03 **다음 글과 〈상황〉을 근거로 판단할 때, 甲~丁 가운데 근무계획이 승인될 수 있는 사람만을 모두 고르면?**

〈유연근무제〉

□ 개념

• 주 40시간을 근무하되, 근무시간을 유연하게 관리하여 1주일에 5일 이하로 근무하는 제도

□ 복무관리

• 점심 및 저녁시간 운영

– 근무 시작과 종료 시각에 관계없이 점심시간은 12:00~13:00, 저녁시간은 18:00~19:00의 각 1시간으로 하고 근무시간으로는 산정하지 않음

• 근무시간 제약

– 근무일의 경우, 1일 최대 근무시간은 12시간으로 하고 최소 근무시간은 4시간으로 함

– 하루 중 근무시간으로 인정하는 시간대는 06:00~24:00로 한정함

상황

다음은 甲~丁이 제출한 근무계획을 정리한 것이며 위의 <유연근무제>에 부합하는 근무계획만 승인된다.

요일 / 직원	월	화	수	목	금
甲	08:00 ~ 18:00	08:00 ~ 18:00	09:00 ~ 13:00	08:00 ~ 18:00	08:00 ~ 18:00
乙	08:00 ~ 22:00	08:00 ~ 22:00	–	08:00 ~ 22:00	08:00 ~ 12:00
丙	08:00 ~ 24:00	08:00 ~ 24:00	–	08:00 ~ 22:00	–
丁	06:00 ~ 16:00	08:00 ~ 22:00	–	09:00 ~ 21:00	09:00 ~ 18:00

① 乙 ② 甲, 丙
③ 甲, 丁 ④ 乙, 丙
⑤ 乙, 丁

정답 ①

해설

선택지 소거법으로 적용한다.
근무시간이 가장 짧은 甲의 수요일 체크 → 근무시간이 3시간이므로 부적합
근무시간이 가장 긴 丙의 월, 화요일 체크 → 점심시간을 제외하고도 근무시간이 14시간이 되나, 1일 최대 근무시간은 12시간이 되어 부적합
丁의 경우 월: 9시간, 화: 12시간, 목: 10시간, 금: 8시간 → 주 39시간이므로 부적합
따라서, 근무계획이 승인될 수 있는 사람은 乙이다. 乙의 경우 월, 화, 수요일 각각 12시간 근무하며, 금요일에 4시간 근무하여 주 40시간 근무하게 된다.

| 상황제시형 | 배수관계

04 다음 글을 근거로 판단할 때, ㉠과 ㉡에 들어갈 수를 옳게 짝지은 것은?

> 올림픽은 원칙적으로 4년에 한 번씩 개최되는 세계 최대 규모의 스포츠 대회이다. 제1회 하계 올림픽은 1896년 그리스 아테네에서, 제1회 동계 올림픽은 1924년 프랑스 샤모니에서 개최되었다. 그런데 두 대회의 차수(次數)를 계산하는 방식은 서로 다르다.
> 올림픽 사이의 기간인 4년을 올림피아드(Olympiad)라 부르는데, 하계 올림픽의 차수는 올림피아드를 기준으로 계산한다. 이전 대회부터 하나의 올림피아드만큼 시간이 흐르면 올림픽 대회 차수가 하나씩 올라가게 된다. 대회가 개최되지 못해도 올림피아드가 사라지는 것은 아니기 때문에 대회 차수에는 영향을 미치지 않는다. 실제로 하계 올림픽은 제1·2차 세계대전으로 세 차례(1916년, 1940년, 1944년) 개최되지 못하였는데, 1912년 제5회 스톡홀름 올림픽 다음으로 1920년에 벨기에 안트베르펜에서 개최된 올림픽은 제7회 대회였다. 마찬가지로 1936년 제11회 베를린 올림픽 다음으로 개최된 1948년 런던 올림픽은 제(㉠)회 대회였다. 반면에 동계 올림픽의 차수는 실제로 열린 대회만으로 정해진다. 동계 올림픽은 제2차 세계대전으로 두 차례(1940년, 1944년) 열리지 못하였는데, 1936년 제4회 동계 올림픽 다음 대회인 1948년 동계 올림픽은 제5회 대회였다. 이후 2020년 전까지 올림픽이 개최되지 않은 적은 없다.
> 1992년까지 동계·하계 올림픽은 같은 해 치러졌으나 그 이후로는 IOC 결정에 따라 분리되어 2년 격차로 개최되었다. 1994년 노르웨이 릴레함메르에서 열린 동계 올림픽 대회는 이 결정에 따라 처음으로 하계 올림픽에 2년 앞서 치러진 대회였다. 이를 기점으로 동계 올림픽은 지금까지 4년 주기로 빠짐없이 개최되고 있다.
> 대한민국은 1948년 런던 하계 올림픽에 처음 출전하여, 1976년 제21회 몬트리올 하계 올림픽과 1992년 제(㉡)회 알베르빌 동계 올림픽에서 각각 최초로 금메달을 획득하였다.

	㉠	㉡
①	12	16
②	12	21
③	14	16
④	14	19
⑤	14	21

정답 ③

해설

i) 대회가 실제로 열리지 않아도 4년을 기점으로 하나의 올림피아드만큼 올림픽 대회 차수가 올라간다.
1948 − 1936 = 12년이므로(3회차)
1936년은 제11회이므로 +3회차를 하면 1948년 ㉠ 14회

ii) 동계 올림픽의 차수는 실제로 열린 대회만으로 정해지므로,
1948년 → 5회 (1948년 이후 1992년은 44년이 지났기 때문에 11회를 더 지나면 1992년 동계올림픽의 횟수를 알 수 있다.)
1992년 → ㉡ 16회
1994년 → 17회(노르웨이 릴레함메르 동계 올림픽)

| 독해 | 내용 추론

05 다음 글을 근거로 판단할 때, <보기>에서 옳은 것만을 모두 고르면?

기상예보는 일기예보와 기상특보로 구분할 수 있다. 일기예보는 단기예보, 중기예보, 장기예보 등 시간에 따른 것이고, 기상특보는 주의보, 경보 등 기상현상의 정도에 따른 것이다.

일기예보 중 가장 짧은 기간을 예보하는 단기예보는 3시간 예보와 일일예보로 나뉜다. 3시간 예보는 오늘과 내일의 날씨를 예보하며, 매일 0시 발표부터 시작하여 3시간 간격으로 1일 8회 발표한다. 일일예보는 오늘과 내일, 모레의 날씨를 1일 단위(0시~24시)로 예보하며 매일 5시, 11시, 17시, 23시에 발표한다. 다음으로 중기예보에는 주간예보와 1개월 예보가 있다. 주간예보는 일일예보를 포함하여 일일예보가 예보한 기간의 다음 날부터 5일간의 날씨를 추가로 예보하며 매일 발표한다. 1개월 예보는 앞으로 한 달간의 기상전망을 발표한다. 마지막으로 장기예보는 계절예보로서 봄, 여름, 가을, 겨울의 각 계절별 기상전망을 발표한다.

기상특보는 주의보와 경보로 나뉜다. 주의보는 재해가 일어날 가능성이 있는 경우에, 경보는 중대한 재해가 예상될 때 발표하는 것이다. 주의보가 발표된 후 기상현상의 경과가 악화된다면 경보로 승격 발표되기도 한다. 또한 기상특보의 기준은 지역마다 다를 수도 있다. 대설주의보의 예보 기준은 24시간 신(新)적설량이 대도시일 때 5cm 이상, 일반지역일 때 10cm 이상, 울릉도일 때 20cm 이상이다. 대설경보의 예보 기준은 24시간 신적설량이 대도시일 때 20cm 이상, 일반지역일 때 30cm 이상, 울릉도일 때 50cm 이상이다.

상황

ㄱ. 월요일에 발표되는 주간예보에는 그 다음 주 월요일의 날씨가 포함된다.
ㄴ. 일일예보의 발표 시각과 3시간 예보의 발표 시각은 겹치지 않는다.
ㄷ. 오늘 23시에 발표된 일일예보는 오늘 5시에 발표된 일일예보보다 18시간 더 먼 미래의 날씨까지 예보한다.
ㄹ. 대도시 A의 대설경보 예보 기준은 울릉도의 대설주의보 예보 기준과 같다.

① ㄱ, ㄴ ② ㄱ, ㄷ
③ ㄷ, ㄹ ④ ㄱ, ㄴ, ㄹ
⑤ ㄴ, ㄷ, ㄹ

정답 ④

해설

ㄱ. 일일예보는 월요일에 예보할 경우, 월, 화, 수의 날씨를 1일 단위로 예보한다. 그러므로 주간예보는 일일예보 + 목, 금, 토, 일, 월(5일)이므로 다음주 월요일 날씨까지 예보한다. (○)
ㄴ. 일일예보의 발표 시각: 5시, 11시, 17시, 23시
3시간 예보의 발표 시각: 0, 3, 6, 9, 12, 15, 18, 21, 24시
그러므로 일일예보와 3시간 예보 발표 시각은 겹치지 않는다. (○)
ㄷ. 오늘 5시에 발표한 일일예보, 23시에 발표한 일일예보는 오늘, 내일, 모레 날씨를 발표하기 때문에 시간과 상관없이 모레 날씨 같은 시간까지 예보한다. (×)
ㄹ. 대도시의 대설경보 예보 기준과 울릉도의 대설주의보 예보기준을 세 번째 문단에서 파악(밑줄)된다. 대도시 A의 대설경보 예보 기준은 20cm로 울릉도의 대설주의보 예보 기준과 동일하다. (○)

| 조건제시형 | 최적안 선정

06 다음 글을 근거로 판단할 때, 〈보기〉에서 옳은 것만 을 모두 고르면?

• 甲국은 매년 X를 100톤 수입한다. 甲국이 X를 수입할 수 있는 국가는 A국, B국, C국 3개국이며, 甲국은 이 중 한 국가로부터 X를 전량 수입한다.

• X의 거래조건은 다음과 같다.

국가	1톤당 단가	관세율	1톤당 물류비
A국	12달러	0%	3달러
B국	10달러	50%	5달러
C국	20달러	20%	1달러

• 1톤당 수입비용은 다음과 같다.
1톤당 수입비용 = 1톤당 단가 + (1톤당 단가 × 관세율) + 1톤당 물류비

• 특정 국가와 FTA를 체결하면 그 국가에서 수입하는 X에 대한 관세율이 0%가 된다.

• 甲국은 지금까지 FTA를 체결한 A국으로부터만 X를 수입했다. 그러나 최근 A국으로부터 X의 수입이 일시 중단되었다. (B, C 국으로부터 수입해야 한다.)

ㅓ 보기 ㅏ

ㄱ. 甲국이 B국과도 FTA를 체결한다면, 기존에 A국에서 수입하던 것과 동일한 비용으로 X를 수입할 수 있다.

ㄴ. C국이 A국과 동일한 1톤당 단가를 제시하였다면, 甲국은 기존에 A국에서 수입하던 것보다 저렴한 비용으로 C국으로부터 X를 수입할 수 있다.

ㄷ. A국으로부터 X의 수입이 다시 가능해졌으나 1톤당 6달러의 보험료가 A국으로부터의 수입비용에 추가된다면, 甲국은 A국보다 B국에서 X를 수입하는 것이 수입비용 측면에서 더 유리하다.

① ㄱ ② ㄴ
③ ㄷ ④ ㄱ, ㄴ
⑤ ㄱ, ㄷ

정답 ⑤

해설

주어진 글에 따라 수입국별 1톤당 수입비용을 다음과 같이 정리할 수 있다.

구분	A국	B국	C국
1톤당 단가	12달러	10달러	20달러
관세율 적용가	–	5달러	4달라
1톤당 물류비	3달러	5달러	1달러
1톤당 수입비용	15달러	20달러	25달러

ㄱ. B국과 FTA를 체결한다면, B국에서 수입하는 X에 대한 관세율이 0%가 되므로, B국의 1톤당 수입비용은 A국과 동일한 15달러가 된다. 따라서 옳은 설명이다. (○)

ㄴ. C국의 1톤당 단가가 A국과 동일한 12달러가 된다면, C국으로부터의 수입비용은 15.4달러가 되어 여전히 A국으로부터의 수입비용보다 많다. 따라서 옳지 않은 설명이다. (×)

ㄷ. 1톤당 6달러의 보험료가 추가된다면 A국으로부터의 1톤당 수입비용은 21달러가 되므로, B국에서 수입하는 것이 수입비용 측면에서 유리하다. (○)

| 조건제시형 | 최적안 선정

07 다음 글을 근거로 판단할 때, 甲과 인사교류를 할 수 있는 사람만을 모두 고르면?

- 甲은 인사교류를 통해 ○○기관에서 타 기관으로 전출하고자 한다. 인사교류란 동일 직급 간 신청자끼리 1 : 1로 교류하는 제도로서, 각 신청자가 속한 두 기관의 교류 승인 조건을 모두 충족해야 한다.
- 기관별로 교류를 승인하는 조건은 다음과 같다.

  ○○기관: 신청자 간 현직급임용년월은 3년 이상 차이나지 않고, 연령은 7세 이상 차이 나지 않는 경우

  □□기관: 신청자 간 최초임용년월은 5년 이상 차이 나지 않고, 연령은 3세 이상 차이나지 않는 경우

  △△기관: 신청자 간 최초임용년월은 2년 이상 차이 나지 않고, 연령은 5세 이상 차이 나지 않는 경우
- 甲(32세)의 최초임용년월과 현직급임용년월은 2015년 9월로 동일하다.
- 甲과 동일 직급인 인사교류 신청자(A~E)의 인사 정보는 다음과 같다.

신청자	연령(세)	현 소속 기관	최초임용 년월	현직급 임용년월
A	30	□□	2016년 5월	2019년 5월
B	37	□□	2009년 12월	2017년 3월
C	32	□□	2015년 12월	2015년 12월
D	31	△△	2014년 1월	2014년 1월
E	35	△△	2017년 10월	2017년 10월

① A, B ② B, E
③ C, D ④ A, B, D
⑤ C, D, E

정답 ③

해설

인사교류를 할 수 없는 사람을 찾아서 선택지를 소거한다,

甲(나이:32세)의 최초임용년월과 현직급임용년월이 2015년 9월이기 때문에 이를 기준으로 범위를 설정한다.

i) □□기관은 신청자 간 최초임용년월이 5년 이상 차이 나지 않아야 한다.
2010년 9월 이전이나 2020년 9월 이후 임용에 해당하는 신청자는 B(2009년 12월 최초임용)이다.

ii) △△기관은 신청자 간 최초임용년월이 2년 이상 차이 나지 않아야 한다.
2013년 9월 이전이나 2017년 9월 이후 임용에 해당하는 신청자는 E(2017년 10월 최초임용 및 현직급임용)이다.

B와 E와는 인사교류를 할 수 없으므로, 이 둘을 제외한 선택지인 ③ C, D가 답이 된다.

| 조건·상황제시형 | 최적안 도출

08 다음 글과 〈상황〉을 근거로 판단할 때, 2021년 포획·채취 금지 고시의 대상이 되는 수산자원은?

매년 A~H 지역에서 포획·채취 금지가 고시되는 수산자원은 아래 <기준>에 따른다.

〈기준〉

수산자원	금지기간	금지지역
대구	5월 1일 ~ 7월 31일	A, B
전어	9월 1일 ~ 12월 31일	E, F, G
꽃게	6월 1일 ~ 7월 31일	A, B, C
소라	3월 1일 ~ 5월 31일	E, F
	5월 1일 ~ 6월 30일	D, G
새조개	3월 1일 ~ 3월 31일	H

상황

정부는 경제상황을 고려해서 2021년에 한하여 다음 중 어느 하나에 해당하는 경우, <기준>에 따른 포획·채취 금지 고시의 대상에서 제외한다.

- 소비장려 수산자원: 전어
- 소비촉진 기간: 4월 1일~7월 31일
- 지역경제활성화 지역: C, D, E, F

① 대구　② 전어
③ 꽃게　④ 소라
⑤ 새조개

정답 ⑤

해설

〈기준〉과 〈상황〉에 따르면, 새조개는 소비장려 수산자원에 해당하지 않고, 금지기간은 3월 1일부터 3월 31일까지이므로, 소비촉진 기간에 해당하지 않는다. 또한 금지지역이 H이므로, 지역경제활성화 지역에도 해당되지 않으므로, ⑤ 새조개는 포획·채취 금지 고시의 대상이 된다.

① 〈기준〉에 따르면 대구의 금지기간은 5월 1일부터 7월 31일까지이다. 해당 기간은 소비촉진 기간에 포함되므로, 대구는 포획·채취 금지 고시의 대상에서 제외된다.
② 〈상황〉에 따르면 전어는 소비장려 수산자원에 해당하므로, 전어는 포획·채취 금지 고시의 대상에 제외된다.
③ 〈기준〉에 따르면 꽃게의 금지기간은 6월 1일부터 7월 31일까지로 소비촉진 기간에 포함되므로, 꽃게는 포획·채취 금지 고시의 대상에서 제외된다.
④ 〈기준〉에 따를 때, 3월 1일부터 5월 31일까지 금지되는 지역인 E와 F는 지역경제활성화 지역에 해당하고, 금지기간이 5월 1일부터 6월 30일인 경우 소비촉진 기간에 포함되므로, 소라는 포획·채취 금지 고시의 대상에서 제외된다.

| 조건제시형 | 최적안 선정

09 다음 글을 근거로 판단할 때, △△부가 2021년에 국가인증 농가로 선정할 곳만을 모두 고르면?

- △△부에서는 2021년 고품질·안전 농식품 생산을 선도하는 국가인증 농가를 3곳 선정하려고 한다. 선정 기준은 다음과 같다.
  - 친환경인증을 받으면 30점, 전통식품인증을 받으면 40점을 부여한다. 단, 두 인증을 모두 받은 경우 전통식품인증 점수만을 인정한다.
  - (나)와 (다) 지역 농가에는 친환경인증 또는 전통식품인증 유무에 의한 점수와 도농교류 활성화 점수 합의 10%를 가산점으로 부여한다.
  - 친환경인증 또는 전통식품인증 유무에 의한 점수, 도농교류 활성화 점수, 가산점을 합산하여 점수가 높은 순으로 선정한다.
  - 도농교류 활성화 점수가 50점 미만인 농가는 선정하지 않는다.
  - 동일 지역의 농가를 2곳 이상 선정할 수 없다.
- 2021년 선정후보 농가(A~F) 현황은 다음과 같다.

농가	친환경 인증 유무	전통식품 인증 유무	도농교류 활성화 점수	지역
A	○	○	80	(가)
B	×	○	60	(가)
C	×	○	55	(나)
D	○	○	40	(다)
E	○	×	75	(라)
F	○	○	70	(라)

① A, C, F　② A, D, E
③ A, E, F　④ B, C, E
⑤ B, D, F

정답 ①

해설

주어진 글에 따르면, 도농교류 활성화 점수가 50점 미만인 농가는 국가인증 농가로 선정하지 않는다. 따라서 도농교류 활성화 점수가 40점인 D가 포함된 선택지 ②와 ⑤는 제외한다.
D를 제외한 나머지 농가의 합산점수를 다음과 같이 정리할 수 있다.

구분	A	B	C	E	F
지역	(가)	(가)	(나)	(라)	(라)
인증 유무	40점	40점	40점	30점	40점
도농교류 활성화 점수	80점	60점	55점	75점	70점
가산점	–	–	9.5점	–	–
합산점수	120점	100점	104.5점	105점	110점

합산점수가 높은 순으로 선정하되, 동일 지역에서 2곳 이상 선정할 수 없으므로, 선정되는 농가는 A, C, F이다.

| 조건제시형 | 최적안 선정

10 다음 글을 근거로 판단할 때, 〈보기〉에서 옳은 것만 을 모두 고르면?

- 甲주무관은 A법률 개정안으로 (가), (나), (다) 총 세 가지를 준비하고 있다.
- 이해관계자, 관계부처, 입법부의 수용가능성 및 국정과제 관련도의 4개 평가항목에 따라 평가점수를 부여하고 평가점수 총합이 가장 높은 개정안을 채택한다. 단, 다음의 사항을 고려한다.
  - 평가점수 총합이 동일한 경우, 국정과제 관련도 점수가 가장 높은 개정안을 채택한다.
  - 개정안의 개별 평가항목 점수 중 어느 하나라도 2점 미만인 경우, 해당 개정안은 채택하지 않는다.
- 수용가능성 평가점수를 높일 수 있는 추가 절차는 아래와 같다. 단, 각 절차는 개정안마다 최대 2회 진행할 수 있다.
  - 이해관계자 수용가능성: 관계자간담회 1회당 1점 추가
  - 관계부처 수용가능성: 부처간회의 1회당 2점 추가
  - 입법부 수용가능성: 국회설명회 1회당 0.5점 추가
- 수용가능성 평가항목별 점수를 높일 수 있는 추가 절차를 진행하지 않은 상태에서 개정안별 평가점수는 아래와 같다.

〈A법률 개정안 평가점수〉

개정안	수용가능성			국정과제 관련도	총합
	이해관계자	관계부처	입법부		
(가)	5	3	1	4	13
(나)	3	4	3	3	13
(다)	4	3	3	2	12

보기

ㄱ. 추가 절차를 진행하지 않는 경우, (나)가 채택된다.

ㄴ. 3개 개정안 모두를 대상으로 입법부 수용가능성을 높이는 절차를 최대한 진행하는 경우, (가)가 채택된다.

ㄷ. (나)에 대한 부처간회의를 1회 진행하고 (다)에 대한 관계자간담회를 2회 진행하는 경우, (다)가 채택된다.

① ㄱ ② ㄷ ③ ㄱ, ㄴ
④ ㄴ, ㄷ ⑤ ㄱ, ㄴ, ㄷ

정답 ③

해설

ㄱ. 추가 절차를 진행하지 않은 경우 (가)와 (나) 개정안이 가장 높은 평가점수를 받는다. 동점일 경우 국정과제 관련도 점수가 가장 높은 개정안을 채택하여 (가)를 선택하면 함정이다.
개정안의 개별 평가항목 점수 중에서 어느 하나라도 2점 미만인 경우 해당 개정안은 채택하지 않으므로, (가)는 제외되고 (나)가 채택된다. (○)

ㄴ. 입법부 수용가능성을 높이는 절차를 최대한 높게 진행하면, 각 개정안의 입법부 점수가 1점씩 높아진다. 이러한 경우 (가)와 (나)가 동점이 되기 때문에 국정과제 관련도 점수가 가장 높은 개정안을 채택하므로 (가)가 채택된다. (○)

ㄷ. (나)에 대한 부처간회의를 1회 진행하는 경우 (나)의 수용가능성 점수는 2점, (다)에 대한 관계자간담회를 2회 진행하는 경우 (다)의 이해관계자 수용가능성이 2점 높아진다.
그러므로 (나)와 (다) 모두 2점씩 상승하므로 (나)가 채택된다.
(나): 15점, (다): 14점 (×)

| 조건제시형 | 점수산정

11 다음 글을 근거로 판단할 때, 〈보기〉에서 옳은 것만 을 모두 고르면?

- △△부는 적극행정 UCC 공모전에 참가한 甲~戊의 영상을 심사한다.
- 총 점수는 UCC 조회수 등급에 따른 점수와 심사위원 평가점수의 합이고, 총 점수가 높은 순위에 따라 3위까지 수상한다.
- UCC 조회수 등급에 따른 점수는 조회수에 따라 5등급(A, B, C, D, E)으로 나누어 부여된다. 최상위 A를 10점으로 하며 인접 등급 간의 점수 차이는 0.3점이다.
- 심사위원 평가점수는 심사위원 (가)~(마)가 각각 부여한 점수(1~10의 자연수)에서 최고점 및 최저점을 제외한 3개 점수의 평균으로 계산한다. 이때 최고점이 복수인 경우에는 그중 한 점수만 제외하여 계산한다. 최저점이 복수인 경우에도 이와 동일하다.
- 심사 결과는 다음과 같다.

참가자	조회수 등급	심사위원별 평가점수				
		(가)	(나)	(다)	(라)	(마)
甲	B	9	(㉠)	7	8	7
乙	B	9	8	7	7	7
丙	A	8	7	(㉡)	10	5
丁	B	5	6	7	7	7
戊	C	6	10	10	7	7

〈보기〉

ㄱ. ㉠이 5점이라면 乙의 총 점수가 甲의 총 점수보다 높다.
ㄴ. 丁은 ㉠과 ㉡에 상관없이 수상하지 못한다.
ㄷ. 戊는 조회수 등급을 D로 받았더라도 수상한다.
ㄹ. ㉠>㉡이면 甲의 총 점수가 丙의 총 점수보다 높다.

① ㄱ, ㄴ ② ㄱ, ㄷ
③ ㄴ, ㄷ ④ ㄴ, ㄹ
⑤ ㄷ, ㄹ

정답 ③

해설

ㄱ. 甲과 乙이 동일하기 때문에 옳지 않다.
심사위원 평가점수가
甲: 9점과 5점을 제외한 7, 8, 7점의 평균
乙: 9점과 7점을 제외한 8, 7, 7점의 평균 (×)

ㄴ. 乙, 丁, 戊의 총 점수는 각각 17점, 16.4점, 17.4점이다.
이때 ㉠과 ㉡이 모두 0점이면 甲과 丙의 총 점수가 각각 약 17점, 약 16.7점으로 丁보다 높다. 丁보다 총 점수가 낮은 사람은 없으므로 丁은 수상하지 못한다. (○)

ㄷ. 戊의 조회수 등급을 D로 조성하면 총 점수는 0.3점이 낮아져 17.1점이 된다. 戊가 수상하지 못하려면 戊보다 총 점수가 높은 사람이 3명 이상 존재해야 하는데, 乙과 丁의 총 점수가 戊보다 낮다. 그러므로 戊보다 총 점수가 낮은 사람이 최소 2명 있으므로 戊는 반드시 수상한다. (○)

ㄹ. ㉠이 ㉡보다 높더라도 甲의 총 점수가 丙의 총 점수보다 낮은 경우가 있다. (×)

| 자료확인 |

12 다음 〈표〉는 2015~2019년 A~D 지역의 해양수질, 해조류 군집 및 해양 저서동물 출현종수에 관한 자료이다. 이에 대한 설명으로 옳지 않은 것은?

〈표 1〉 A~D 지역의 해양수질

(단위: mg/L)

측정항목	지역 \ 연도	2015	2016	2017	2018	2019
용존 산소량 (DO)	A	8.22	8.13	7.95	8.40	7.60
	B	8.18	8.23	8.12	8.60	8.10
	C	10.20	8.06	8.73	8.10	8.50
	D	7.51	6.97	7.39	8.43	8.35
화학적 산소 요구량 (COD)	A	1.73	1.38	1.19	1.54	1.34
	B	1.38	1.40	1.26	1.47	1.54
	C	2.35	2.29	1.71	1.59	1.69
	D	0.96	0.82	0.70	1.30	1.59
총질소 (Total-N)	A	0.16	0.14	0.16	0.15	0.12
	B	0.16	0.13	0.20	0.15	0.12
	C	0.45	0.51	0.68	0.11	0.08
	D	0.20	0.06	0.05	0.57	0.07

※ 해양수질 등급은 아래 기준으로 판정함
- 1등급은 DO가 7.50 mg/L 이상이고 COD는 1.00 mg/L 이하이며 Total-N이 0.30 mg/L 이하인 경우임
- 2등급은 1등급에 해당하지 않으면서 DO가 2.00 mg/L 이상이고 COD는 2.00 mg/L 이하이며 Total-N이 0.60 mg/L 이하인 경우임
- 등급 외는 1, 2등급에 해당하지 않는 경우임

〈표 2〉 A~D 지역의 해조류 군집 및 해양 저서동물 출현종수

(단위: 개)

항목	지역 \ 연도	2015	2016	2017	2018	2019
해조류 군집 출현종수	A	108	77	46	48	48
	B	102	77	49	49	52
	C	26	27	28	29	27
	D	102	136	199	86	87
해양 저서동물 출현종수	A	147	79	126	134	153
	B	90	73	128	142	141
	C	112	34	58	85	102
	D	175	351	343	303	304

① 2015~2019년 A와 B 지역의 총질소(Total-N)의 연간 증감방향은 매년 동일하다.
② 2016년 B 지역은 해조류 군집 출현종수의 전년 대비 증감률이 해양 저서동물 출현종수의 전년 대비 증감률보다 크다.
③ 2019년에는 해양 저서동물 출현종수가 가장 많은 지역이 총질소(Total-N)가 가장 낮다.
④ 2015년에 해양수질이 1등급인 지역은 D가 유일하다.
⑤ A와 C 지역의 해양수질은 2015년부터 2017년까지 2등급으로 일정하다.

정답 ⑤

해설

⑤ 2015년, 2016년 C지역의 화학적 산소요구량(COD)이 2.00mg/L 이상이기 때문에 2등급에 해당하지 않는다. (×)
① 2015~2019년 A와 B 지역의 총질소(Total-N) 증감방향은 매년 동일하다. (감소, 증가, 감소, 감소) (○)
② 두 비교군의 증감률 차이를 대소 비교만 한다.
- B지역의 해조류 군집 출현종수의 전년 대비 증감률
  102 → 77 (차잇값: 25) 증감률은 20%보다 높다.
- B지역의 해양 저서동물 출현종수의 전년 대비 증감률
  90 → 73 (차잇값: 17) 증감률은 20%보다 낮다.

그러므로 해조류 군집 출현종수의 전년 대비 증감률이 해양 저서동물 출현종수의 전년 대비 증감률보다 크다. (○)

증가율, 증감률 비교 예

+40%, −15%, +5%, −25%의 증가율, 감소율이 있는 경우
증가율: +40% > +5% > −15% > −25%
증감률: +40% > −25% > −15% > +5%

③ 2019년 해양 저서동물 출현종수가 가장 많은 지역은 D이고, D지역의 총 질소량을 보면 가장 낮으므로 옳은 설명이다. (○)
④ 1등급의 조건은 모두 교집합이어야 하므로, 2015년 각 지역의 COD를 1등급으로 비교할 때 2015년에서 A, B, C지역은 조건에 충족되지 않는다. D지역만 1등급 조건에 충족한다. (○)

TIP
- 선택지를 보는 순서를 결정할 때 조건이 있는 부분이 있는 선택지를 먼저 보는 것이 좋다. 무조건 순서대로 ①부터, 또는 ⑤부터 볼 필요는 없다. 이 문제의 경우 등급을 물어볼 확률이 높다. 실제로 풀 때는 이런 순서로 검토하는 것이 정답일 확률이 높다.
- 해양수질 등급에 관한 설명(※ 부분)이 제시되어 있으므로 등급을 찾아야 하는 선택지가 반드시 존재함을 알 수 있다.

|그래프 변환|

13 다음 〈표〉는 2014~2018년 공공기관 신규채용 합격자 현황에 관한 자료이다. 이를 이용하여 작성한 그래프로 옳지 않은 것은?

〈표 1〉 공공기관 신규채용 합격자 현황

(단위: 명)

합격자 \ 연도	2014	2015	2016	2017	2018
전체	17,601	19,322	20,982	22,547	33,832
여성	7,502	7,664	8,720	9,918	15,530

〈표 2〉 공공기관 유형별 신규채용 합격자 현황

(단위: 명)

유형	합격자 \ 연도	2014	2015	2016	2017	2018
공기업	전체	4,937	5,823	5,991	6,805	9,070
	여성	1,068	1,180	1,190	1,646	2,087
준정부기관	전체	5,055	4,892	6,084	6,781	9,847
	여성	2,507	2,206	2,868	3,434	4,947
기타공공기관	전체	7,609	8,607	8,907	8,961	14,915
	여성	3,927	4,278	4,662	4,838	8,496

※ 공공기관은 공기업, 준정부기관, 기타공공기관으로만 구성됨

① 공공기관 유형별 신규채용 합격자 현황

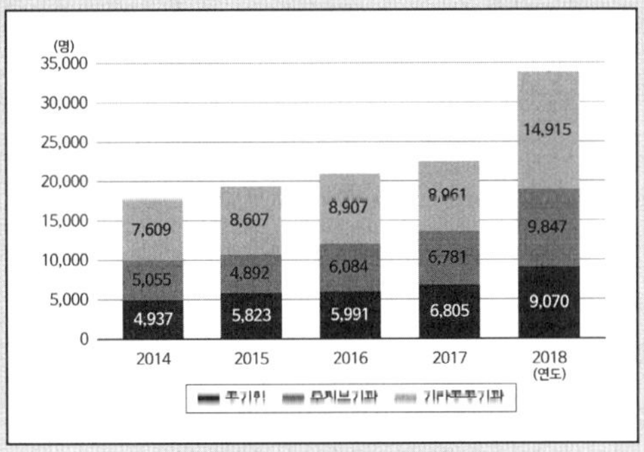

② 2016년 공공기관 유형별 신규채용 남성 합격자 현황

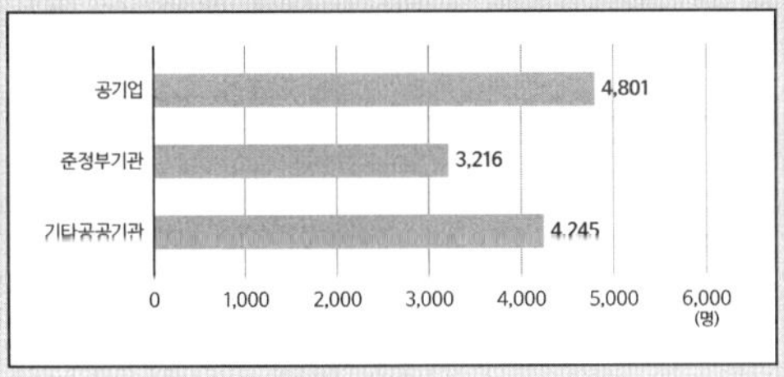

③ 공공기관 유형별 신규채용 합격자 중 여성 비중

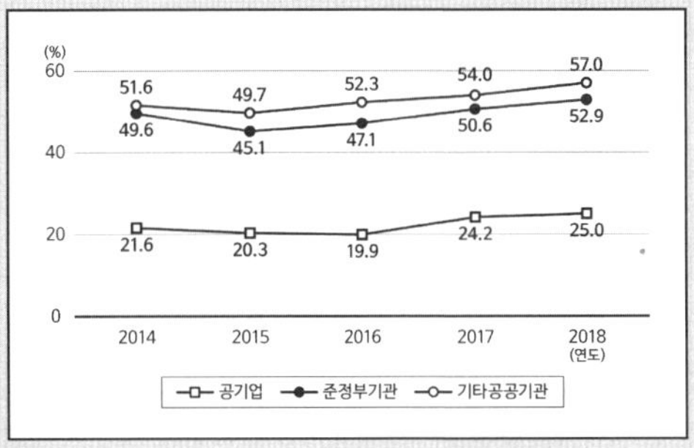

④ 공공기관 신규채용 합격자의 전년대비 증가율

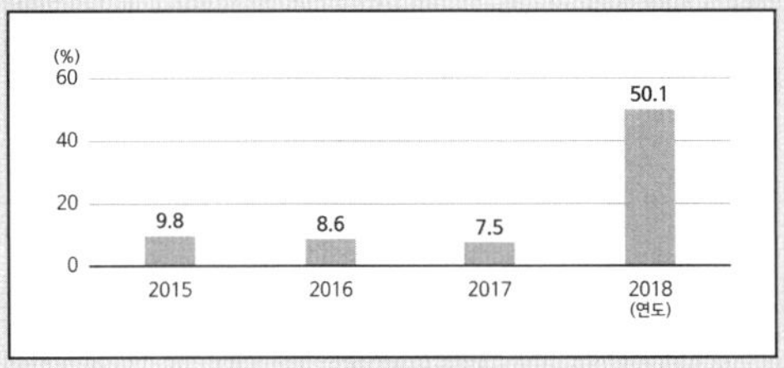

⑤ 2018년 공공기관 신규채용 합격자의 공공기관 유형별 구성비

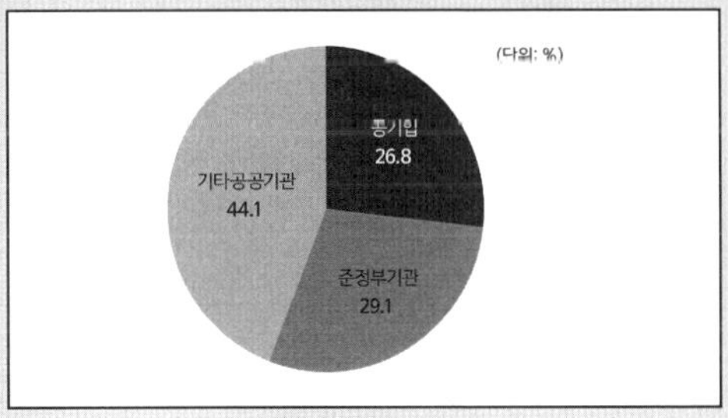

정답 ③

해설

① 유형별 신규채용 합격자 현황은 〈표 2〉에서 확인할 수 있다. (○)

② 〈표 2〉에서 2016년 공공기관 유형별 전체 인원에서 여성 합격자 인원을 차감하면, 공기업, 준정부기관, 기타공공기관의 남성 합격자 현황이 도출된다. 각각 4,801명, 3,216명, 4,245명이다.
(덧셈에 의한 방법으로 하나의 예로 4801+1190이 5991이 되는지 확인하는 방법도 있다.) (○)

③ 공공기관 유형별 신규채용 합격자 중 여성 비중을 계산하려면 시간이 오래 걸리기 때문에 기준을 세워서 그 기준에서 벗어나는지 확인하는 것이 빠르다.
2018년 공기업 여성 신규채용 합격자 비중이 25%이다. 이 경우 25%인지 확인하는 것이 타 유형별 비중보다 비교하기 쉽다.
2018년 공기업 여성 신규채용 합격자 비중은 $\frac{2087}{9070} \fallingdotseq \frac{20}{90} \fallingdotseq \frac{2}{9}$이므로 약 22.2%이다. 25%가 되지 않으므로 틀린 그래프이다.
2,087 × 4 ≒ 8400(이 되지 않는다)으로 전체 9,070보다는 적으므로 25%가 되지 않는다는 의미이다. 그래프에서는 25%로 표기되어 있으므로 잘못 작성된 그래프이다. (×)

④ 2014년 대비 2015년 공공기관 신규채용 합격자의 전년 대비 증가율을 구하면,

$\frac{19322-17601}{17601}\times 100 \fallingdotseq 9.8$이다.

그 이후 매년 전년 대비 증가율은 8.6%, 7.5%, 50.1%이므로 옳은 그래프이다. (○)

⑤ 어림산을 활용하여 판단하자. 2018년 공공기관 신규채용 합격자 33,832명의 1%는 약 340명, 2%는 약 680명을 기준으로 하여 어림산하면, 준정부기관은 약 29%, 공기업은 약 27%임을 알 수 있다. 옳은 그래프이다. (○)

| 매칭형 |

14 다음 〈표〉는 2019년 기관 A~D 소속 퇴직예정공직자의 재취업을 위한 직무관련성 심사결과에 대한 자료이다. 〈표〉와 〈조건〉을 근거로 A~D에 해당하는 기관을 바르게 나열한 것은?

〈표〉 직무관련성 심사결과

(단위: 건)

구분 / 기관	관련있음	관련없음	각하	전체
A	8	33	4	45
B	17	77	3	97
C	99	350	59	508
D	0	9	0	9

조건

- 우주청의 전체 심사결과 중 '관련없음'의 비중은 혁신청의 전체 심사결과 중 '관련없음'의 비중보다 작다.
- 기관별 전체 심사결과 중 '관련없음'의 비중은 문화청이 가장 크다.(확정조건)
- '각하' 건수는 과학청이 혁신청보다 많다.
- '관련없음' 대비 '관련있음' 건수의 비는 과학청이 우주청보다 높다.

	A	B	C	D
①	과학청	문화청	혁신청	우주청
②	과학청	혁신청	우주청	문화청
③	문화청	혁신청	우주청	과학청
④	우주청	혁신청	과학청	문화청
⑤	혁신청	우주청	과학청	문화청

정답 ④

해설

확정조건부터 기준으로 찾는 것이 순서이다.

두 번째 조건부터 살펴보자.

A, B, C, D의 순서대로 '관련없음'의 비중을 살펴보면, $\frac{33}{45}$, $\frac{77}{97}$, $\frac{350}{508}$, $\frac{9}{9}$이다.

그러므로 100%인 문화청이 D이다.

네 번째 조건('관련없음' 대비 '관련있음' 건수의 비)을 살펴보자.

A: $\frac{8}{33}$, B: $\frac{17}{77}$, C: $\frac{99}{350}$

이므로, C는 과학청이다.

첫 번째 조건에서 우주청의 전체 심사 결과 중 '관련없음'의 비중은 혁신청의 전체 심사결과 중 '관련없음'의 비중보다 작다고 하였기 때문에, A를 우주청, B를 혁신청으로 가정하고 풀이하면 다음과 같다. (우주청과 혁신청만 남았기 때문에 2개의 청을 대소비교한다.)

$A = \frac{33}{45}$, $B = \frac{77}{97}$

$A = \frac{33}{45}(=\frac{66}{90})$, $B = \frac{77}{97}(=\frac{11}{7})$

$A < B$

그러므로 A는 우주청, B는 혁신청이다.

| 평균 |

15 **다음 〈표〉는 2019년 10월 첫 주 '갑' 편의점의 간편식 A~F의 판매량에 관한 자료이다. 〈표〉와 〈조건〉을 이용하여 간편식 B, E의 판매량을 바르게 나열한 것은?**

〈표〉 간편식 A~F의 판매량

(단위: 개)

간편식	A	B	C	D	E	F	평균
판매량	95	( )	( )	( )	( )	43	70

조건

- A와 C의 판매량은 같다.
- B와 D의 판매량은 같다.
- E의 판매량은 D보다 23개 적다.

	B	E
①	70	47
②	70	57
③	83	47
④	83	60
⑤	85	62

정답 ①

해설

방법 i)

B의 판매량을 x라 하면,

$95 + x + 95 + x + (x - 23) + 43 = 70 \times 6$

$3x = 210$

$\therefore\ x = 70$

B = 70, E = 47

방법 ii)

평균이 70인 것을 이용하여, 가평균을 이용

A의 편차 25, C의 편차 25, F의 편차 −27

B, D, E의 편차의 합은 −(25 + 25 − 27) = −23이 되어야 한다.

E = B − 23이므로, B와 D의 편차는 0

B = D = 70, E = 70 − 23 = 47

|그래프 분석|

16 다음 〈그림〉은 가구 A~L의 2020년 1월 주거비와 식비, 필수생활비에 관한 자료이다. 이에 대한 설명으로 옳은 것은?

〈그림 1〉 가구 A~L의 주거비와 식비

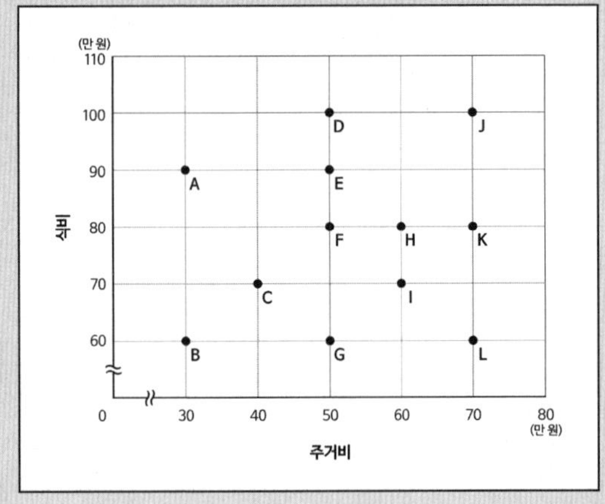

〈그림 2〉 가구 A~L의 식비와 필수생활비

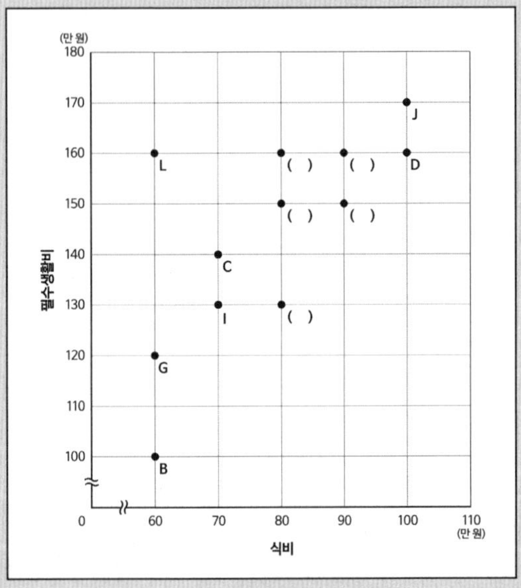

※ 필수생활비=주거비+식비+의복비

① 의복비는 가구 A가 가구 B보다 작다.
② 의복비가 0원인 가구는 1곳이다.
③ 주거비가 40만 원 이하인 가구의 의복비는 각각 10만 원 이상이다.
④ 식비 하위 3개 가구 의복비의 합은 60만 원 이상이다.
⑤ 식비가 80만 원이면서 필수생활비가 130만 원인 가구는 K이다.

정답 ③

해설

의복비 = 필수생활비 − (주거비 + 식비)

① A의 의복비 = (150 or 160) − 120 = 40 or 30
B의 의복비 = 100 − 90 = 10
어떠한 경우든 A의 의복비가 B보다 크다. (×)
② 의복비가 0원인 가구는 I, J 2곳이다. (×)
③ 주거비 40만 원 이하인 가구는 A, B, C 3개이다.
각 가구의 의복비를 구하면
A : 40 or 30
B : 10
C : 140 − (70 + 40) = 30
이므로 각각 10만 원 이상이다. (○)
④ 식비 하위 3개는 B, G, L이다.
각각 식비는 60만 원이고, 주거비는 각각 30, 50, 70만 원이다. 필수생활비는 각각 100, 120, 160만 원이다.
B, G, L의 의복비를 구하면,
B : 100 − (60 + 30) = 10
G : 120 − (60 + 50) = 10
L : 160 − (60 + 70) = 30
이므로 의복비의 합은 10+10+30=50만 원이다. (×)
⑤ 〈그림 1〉에 따라 식비가 80만 원인 가구는 F, H, K이며, 각각의 주거비는 50, 60, 70만 원이다. 따라서 각각의 최소 필수생활비는 F(130만 원), H(140만 원), K(150만 원)이다.
〈그림 2〉에 따라 식비가 80만 원인 가구의 필수생활비는 130, 150, 160만 원이므로 식비가 80만 원이면서 필수생활비가 130만 원인 가구는 F임을 알 수 있다. (×)

| 자료확인 |

17 **다음 〈표〉는 '갑'국의 2020년 3월 1~15일 기상상황과 드론 비행 및 촬영 허가신청 결과에 관한 자료이다. 〈표〉와 〈조건〉에 근거한 〈보기〉의 설명으로 옳은 것만을 모두 고르면?**

〈표〉 기상상황과 드론 비행 및 촬영 허가신청 결과

구분 / 항목 / 날짜	기상상황			허가신청 결과	
	지자기지수	풍속(m/s)	날씨	비행	촬영
~~3월 1일~~	1	3	🌧	~~불허~~	~~불허~~
~~3월 2일~~	2	2	☀	~~불허~~	~~불허~~
3월 3일	3	3	☁	허가	허가
~~3월 4일~~	4	1	🌧	~~허가~~	~~허가~~
3월 5일	5	7	☁	허가	허가
3월 6일	5	12	☁	허가	허가
3월 7일	5	5	☀	허가	허가
3월 8일	4	3	☀	허가	허가
3월 9일	6	6	☀	허가	허가
3월 10일	3	4	☁	허가	불허
3월 11일	4	3	☁	허가	불허
3월 12일	2	2	☀	허가	허가
3월 13일	2	13	☀	허가	허가
~~3월 14일~~	3	5	🌧	~~허가~~	~~허가~~
3월 15일	1	3	☀	허가	허가

조건

- 기상상황 항목별 드론 비행 및 촬영 기준

구분 / 항목	비행	촬영
지자기지수	5 미만	10 미만
풍속(m/s)	10 미만	5 미만
날씨	☀ 또는 ☁	☀ 또는 ☁

- 기상상황 항목별 비행 기준을 모두 충족하고 비행 허가신청 결과가 '허가'일 때, 비행에 적합함
- 기상상황 항목별 촬영 기준을 모두 충족하고 촬영 허가신청 결과가 '허가'일 때, 촬영에 적합함
- 기상상황 항목별 비행 및 촬영 기준을 모두 충족하고 비행 및 촬영 허가신청 결과가 모두 '허가'일 때, 항공촬영에 적합함

보기

ㄱ. 비행에 적합한 날은 총 6일이다.
ㄴ. 촬영에 적합한 날은 총 5일이다.
ㄷ. 항공촬영에 적합한 날은 총 4일이다.

① ㄱ ② ㄷ
③ ㄱ, ㄴ ④ ㄱ, ㄷ
⑤ ㄴ, ㄷ

정답 ④

해설

안 되는 조건들을 소거하면서 진행하면, 안전하게 보다 빠른 풀이가 가능하다.

날씨가 🌧날과 비행, 촬영이 불허인 날은 모두 소거한다.

ㄱ. 비행에 적합한 날은 3월 3일, 8일, 10일, 11일, 12일, 15일이며, 총 6일이다. (○)
ㄴ. 촬영에 적합한 날은 3월 3일, 8일, 12일, 15일로 총 4일이다. (×)
ㄷ. 항공촬영에 적합한 날은 3월 3일, 8일, 12일, 15일이다. 촬영과 비행이 모두 적합한 날로 총 4일이다. (○)

| 기본연산 |

18 다음 〈표〉는 2017년 부산항 해운항만산업 사업실적에 관한 자료이다. 이에 대한 〈보고서〉의 내용 중 업종 A~D에 해당하는 사업체 수의 합은?

〈표〉 2017년 부산항 해운항만산업 사업실적

(단위: 억 원, 개)

구분 업종	매출액	영업비용	영업이익	사업체 수
여객운송업	957	901	56	18
화물운송업	58,279	56,839	1,440	359
대리중개업	62,276	59,618	2,658	1,689
창고업	14,480	13,574	906	166
하역업	15,298	12,856	2,442	65
항만부대업	14,225	13,251	974	323
선용품공급업	58,329	54,858	3,471	1,413
수리업	8,275	7,493	782	478
전체	232,119	219,390	12,729	4,511

※ 영업이익률(%) = $\frac{\text{영업이익}}{\text{매출액}} \times 100$

보고서

2017년 부산항 해운항만산업 전체 매출액은 232,119억 원이다. 업종별로 보면, 매출액은 대리중개업이 가장 많고, 영업이익은 [A]이 가장 많다.
2017년 부산항 해운항만산업 전체의 영업이익률은 약 5.5%이다. [B]을 제외한 모든 업종이 10% 이하의 영업이익률을 기록하여 해운항만산업 고도화를 통한 부가가치 증대의 필요성을 보여준다.
2017년 부산항 해운항만산업 전체의 사업체당 매출액은 51억 원 이상이다. [C]은 사업체당 매출액이 부산항 해운항만산업 전체의 사업체당 매출액보다 적지만, 사업체당 영업이익이 3억 원을 초과한다. 반면, [D]은 부산항 해운항만산업 업종 중 사업체당 영업비용과 사업체당 매출액이 모두 가장 적다.

① 1,032　② 1,967
③ 2,232　④ 2,279
⑤ 3,333

정답 ④

해설

A: 영업이익이 가장 높은 업종은 선용품공급업
B: 영업이익률이 10% 이상인 업종은 하역업
C: 매출액이 사업체 수의 50배 미만이고, 영업이익이 사업체 수의 3배 이상인 업종은 항만부대업
D: 사업체당 영업비용과 사업체당 매출액이 모두 가장 작은 업체는 둘 중 하나인 영업비용을 기준으로 판단하면, 사업체 수에 비해 20배수 미만인 업종은 수리업이 유일하다. D는 수리업이다.
∴ 1,413 + 65 + 323 + 478 = 2,279

| 매칭형 |

19 다음 〈표〉는 제품 A~E의 회수 시점의 평가 항목별 품질 상태를 나타낸 자료이다. 〈정보〉에 근거하여 재사용 또는 폐기까지의 측정 및 가공 작업에 소요되는 비용이 가장 적은 제품과 가장 많은 제품을 바르게 나열한 것은?

〈표〉 제품 A~E의 회수 시점의 평가 항목별 품질 상태

평가 항목 / 제품	오염도	강도	치수
A	12	11	12
B	6	8	8
C	5	11	7
D	5	3	8
E	10	9	12

| 정보 |

• 제품 품질 측정 및 가공 작업 공정

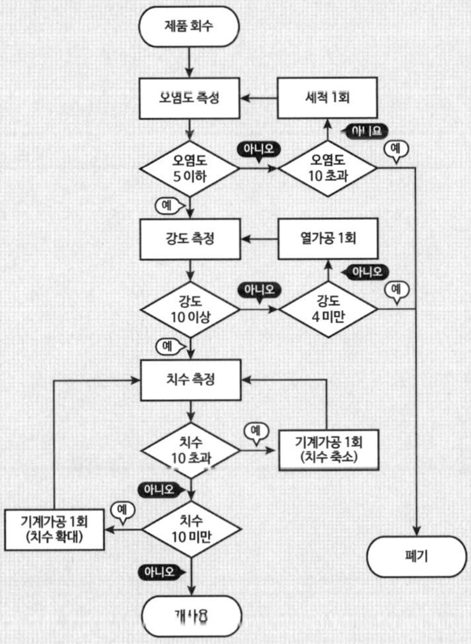

• 단위작업별 내용 및 1회당 비용

(단위: 천 원)

단위작업	내용		비용
측정 작업	오염도 측정		5
	강도 측정		10
	치수 측정		2
가공 작업	세척		5
	열가공		50
	기계가공	치수 확대	20
		치수 축소	10

※ 세척 1회 시 오염도 1 감소, 열가공 1회 시 강도 1 증가, 기계가공 1회 시 치수 1만큼 확대 또는 축소됨

	비용이 가장 적은 제품	비용이 가장 많은 제품
①	A	B
②	A	C
③	C	E
④	D	B
⑤	D	C

정답 ①

해설

선택지에 따라 비용이 가장 적은 제품 A, C, D부터 비교한다.
오염도 측정을 하면 1회마다 5천 원의 비용이 발생한다.
A : 12
C : 5
D : 5
A는 오염도 10 초과이므로 바로 폐기되기 때문에 비용이 가장 적게 드는 제품이다. C와 D의 경우 오염도가 5이므로 강도측정이 병행되기 때문에 비용은 A보다 클 수밖에 없다. (C와 D의 비용까지 구체적으로 계산할 필요는 없다.)

비용이 가장 많은 제품은 B와 C 둘을 비교한다.
B는 오염도 6, 강도 8, 치수 8
B : 5(오염도측정) → 5(세척) → 5(오염도 측정) → 10(강도측정) → 50(열가공) → 10(강도측정) → 50(열가공) → 10(강도측정) → 2(치수측정) → 20(치수확대) → 2(치수측정) → 20(치수확대) → 2(치수측정)
∴ 191(천 원)
C는 오염도 5, 강도 11, 치수 7
C : 5(오염도측정) → 10(강도측정) → 2(치수측정) → 20(치수확대) → 2(치수측정) → 20(치수확대) → 2(치수측정) → 20(치수확대) → 2(치수측정)
∴ 83(천 원)
따라서, 비용이 가장 많은 제품은 B이고 답은 ①이 된다.

| 평균 · 편차 |

20 다음 〈표〉는 소프트웨어 경쟁력 종합점수 산출을 위한 영역별 가중치와 소프트웨어 경쟁력 종합순위 1~10위 국가의 영역별 순위 및 원점수에 관한 자료이다. 이에 대한 설명으로 옳지 않은 것은?

〈표 1〉 소프트웨어 경쟁력 종합점수 산출을 위한 영역별 가중치

영역	환경	인력	혁신	성과	활용
가중치	0.15	0.20	0.25	0.15	0.25

〈표 2〉 소프트웨어 경쟁력 평가대상 국가 중 종합순위 1~10위 국가의 영역별 순위 및 원점수

(단위: 점)

종합순위	종합점수	국가	환경(15%)		인력(20%)		혁신(25%)		성과(15%)		활용(25%)	
			순위	원점수	순위	원점수	순위	원점수	순위	원점수	순위	원점수
1	72.41	미국	1	67.1	1	89.6	1	78.5	2	54.8	2	66.3
2	47.04	중국	28	20.9	8	35.4	2	66.9	18	11.3	1	73.6
3	41.48	일본	6	50.7	10	34.0	3	44.8	19	10.5	7	57.2
4	( )	호주	5	51.6	6	37.9	7	33.1	22	9.2	3	62.8
5	( )	캐나다	17	37.7	15	29.5	4	42.9	16	13.3	6	57.6
6	38.35	스웨덴	9	42.6	5	38.9	8	28.1	3	26.5	10	52.7
7	38.12	영국	12	40.9	3	46.3	12	20.3	6	23.3	8	56.6
8	( )	프랑스	11	41.9	2	53.6	11	22.5	15	13.8	11	49.3
9	( )	핀란드	10	42.5	14	30.5	10	22.6	4	24.9	4	59.4
10	( )	한국	2	62.9	19	27.5	5	41.5	25	6.7	21	41.1

※ 1) 점수가 높을수록 순위가 높음
2) 영역점수 = 영역 원점수 × 영역 가중치
3) 종합점수는 5개 영역점수의 합임

① 종합순위가 한국보다 낮은 국가 중에 '성과' 영역 원점수가 한국의 8배 이상인 국가가 있다.
② 종합순위 3~10위 국가의 종합점수 합은 320점 이하이다.
③ 소프트웨어 경쟁력 평가대상 국가는 28개국 이상이다.
④ 한국은 5개 영역점수 중 '혁신' 영역점수가 가장 높다.
⑤ 일본의 '활용' 영역 원점수가 중국의 '활용' 영역 원점수로 같아지면 국가별 종합순위는 바뀐다.

정답 ⑤

해설

미국을 예로 들면 종합점수 산출의 과정은 아래와 같다.
$67.1 \times 0.15 + 89.6 \times 0.20 + 78.5 \times 0.25 + 54.8 \times 0.15 + 66.3 \times 0.25$

① '성과' 영역 원점수가 한국의 8배 이상인 국가는 종합순위 1~10위 밖에 있다는 의미이다. 즉, '성과' 영역 원점수 2순위인 미국이 54.8점이므로, 53.6점 이상인 1순위 국가가 존재한다. (○)
② 3위부터 10위 사이 국가들의 종합점수 합을 구하되, 종합점수가 없는 국가들 사이의 직전 순위의 종합점수로 기준으로 삼아 각각 3위부터 41.48, 41.48, 41.48, 38.35, 38.12, 38.12, 38.12, 38.12를 40점을 기준으로 +, − 하면 마이너스(−) 값이 도출된다. 그러므로 종합점수 합은 320점 이하이다. (○)
③ 중국의 환경 영역 순위는 28위이므로 평가대상 국가는 적어도 28개국 이상이다. (○)
④ '혁신' 영역점수인 41.5 × 25%와 '환경' 영역점수인 62.9 × 15% 크기 비교를 하면, 41.5 × 25%가 더 크다. (○)
⑤ 일본의 활용 원점수가 16.4점 높아지므로, 영역점수는 16.4 × 0.25 = 4.1점 높아진다. 하지만 중국의 종합점수는 일본보다 5점 이상 높으므로 종합순위는 바뀌지 않는다. (×)

| 가중평균 |

21 다음 〈표〉는 2019년 주요 7개 지역(A~G)의 재해 피해 현황이다. 이에 대한 설명으로 옳지 않은 것은?

〈표〉 2019년 주요 7개 지역의 재해 피해 현황

구분 / 지역	피해액 (천 원)	행정면적 (km^2)	인구 (명)	1인당 피해액(원)
전국	187,282,994	100,387	51,778,544	3,617
A	2,898,417	1,063	2,948,542	983
B	2,883,752	10,183	12,873,895	224
C	3,475,055	10,540	3,380,404	1,028
D	7,121,830	16,875	1,510,142	4,716
E	24,482,562	8,226	2,116,770	11,566
F	86,648,708	19,031	2,691,706	32,191
G	( )	7,407	1,604,432	36,199

※ 피해밀도(원/km^2) $= \frac{\text{피해액}}{\text{행정면적}}$

① G지역의 피해액은 전국 피해액의 35% 이하이다.
② 주요 7개 지역을 합친 지역의 1인당 피해액은 나머지 전체 지역의 1인당 피해액보다 크다.
③ D지역과 F지역을 합친 지역의 1인당 피해액은 전국 1인당 피해액의 5배 이상이다.
④ 피해밀도는 A지역이 B지역의 9배 이상이다.
⑤ 주요 7개 지역 중 피해밀도가 가장 낮은 지역은 D지역이다.

정답 ⑤

해설

① G지역의 피해액을 구할 때, 전국 피해액 − (A~F)를 하는 실수를 범하면 안 된다. (<u>주요 7개 지역일 뿐 A~G 지역의 합이 전국이 아니기 때문</u>)
전국 피해액을 1900억 원이라 어림하고, 35%를 구하면 약 660억 원이다. G지역의 피해액은 1인당 피해액 × 인구(명)이므로,
30(천 원) × 10(십만 명) = 570억 원이므로 35% 이하이다. (○)

② 어림산하여 구한다.
i) A~G 지역 피해액은 어림산으로 약 1,850억 원이며, 인구는 2,700만 명가량이다. A~G 지역의 총 피해액은 전국 피해액의 약 95%가 넘는다. A~G 지역 외의 인구는 약 2,500만 명이므로 1인당 피해액은 주요 7개 지역을 합친 지역의 1인당 피해액이 더 크다.
ii) 주요 7개 지역 1인당 피해액이 나머지 전체 지역 1인당 피해액보다 크다는 것을 가정하고, 참/거짓을 확인한다. 여기서 포인트는 주요 7개 지역 1인당 피해액을 전체 지역 1인당 피해액을 구하여 비교하는 것이 아니라 전국 1인당 피해액보다 큰지 작은지를 확인하는 것이다. 이는 주요 7개 지역 1인당 피해액이 전국 1인당 피해액보다 커야 나머지 전체 지역 1인당 피해액보다 크기 때문이다.
따라서 전국 1인당 피해액을 3,600으로 가정하고, 그 외 A~G 지역의 1인당 피해액을 100의 자리로 어림산하면,
A : 1,000, B : 200, C : 1,000, D : 4,700, E : 11,500, F : 32,000, G : 36,000
3,600과 각 지역의 1인당 피해액의 차잇값을 구하면
A : −2,600, B : −3,400, C : −2,600, D : 1,100, E : 7,900, F : 28,400, G : 32,400
과 같이 도출된다. 이 차잇값에 각 지역의 인구수를 곱하여 더한 후 그 값이 +(플러스)라면 주요 7개 지역의 1인당 피해액이 나머지 전체 지역의 1인당 피해액보다 크고, −(마이너스)라면 주요 7개 지역의 1인당 피해액이 나머지 전체 지역의 1인당 피해액보다 작다는 것을 의미한다.
인구 또한 어림산하여 십만 단위로 정리하면
A : 29, B : 128, C : 33, D : 15, E : 21, F : 27, G : 16으로 정하여 각각 곱하여 7개 지역을 모두 더하면 +(플러스)라는 것을 알 수 있다.
따라서 주요 7개국의 1인당 피해액이 나머지 전체 지역의 1인당 피해액보다 크다. (○)

③ 전국 1인당 피해액의 5배는 약 18,000원이다. D지역과 F지역을 합친 지역의 1인당 피해액은 각 인구를 150만 명, 270만 명으로 하고, 1인당 피해액은 각각 4,800원, 32,000원으로 계산하여 곱하면 각각 72억, 860억이다.
합한 금액을 합한 인구 수로 나누면
932억 ÷ 420만 명 = 약 22,190원
그러므로 전국 1인당 피해액의 5배 이상이다. (○)

④ A지역 피해밀도 ≥ B지역의 피해밀도 × 9
$\rightarrow \frac{2,898,417}{1,063} \geq \frac{2,883,752}{10,183} \times 9$
양변에 $\frac{1}{9}$을 곱하면, 좌변의 분모는 1만보다 작으며, 분자는 2,883,752보다 크므로 A지역의 피해밀도는 B지역의 피해밀도의 9배보다 크다. (○)

⑤ 피해밀도는 $\frac{\text{피해액}}{\text{행정면적}}$이다. 따라서 행정면적이 클수록 낮고, 피해액이 클수록 높다. 각 지역의 피해밀도는 아래와 같다.
A : $\frac{2,898,417}{1,063}$ ≒ 2,726.64, B : $\frac{2,883,752}{10,183}$ ≒ 283.19,
C : $\frac{3,475,055}{10,540}$ ≒ 329.70, D : $\frac{7,121,830}{16,875}$ ≒ 422.03,
E : $\frac{24,482,562}{8,226}$ ≒ 2,976.24, F : $\frac{86,648,708}{19,031}$ ≒ 4,553.03,
G : $\frac{58,078,834}{7,407}$ ≒ 7,041.07
따라서 피해밀도가 가장 낮은 지역은 D이다.

여기서 문제해결의 포인트는 지역별 밀도를 구하는 것이 아니다. A, E, F, G는 어림산으로 계산하지 않아도 분자는 비슷한데 분모가 10배 이상 크거나 분자가 10배에서 30배 이상 크고, 이에 따라 분모는 오히려 작아진다면 밀도값은 더 커진다는 것을 한 눈에 알 수 있다. 따라서 문제에서는 피해밀도가 D가 가장 낮다고 하였으므로 D와 C를 비교하거나 B를 비교하여 대소비교만 하면 된다. 이때 D가 더 크다면 오답이기 때문이다. 여기서 C와 D를 비교하는 것이 가장 빠르다.(분자값이 어림산하여 D가 2배이기 때문이다.)
D $\frac{7,121,830}{16,875}$ > C $\frac{3,475,055}{10,540}$
C측에 분모와 분자에 ×2를 할 경우 C는 D보다 분자는 작고, 분모는 크다. 그러므로 피해밀도는 C지역이 D보다 낮다. (×)

| 독해 | 일치 · 불일치 · 부합

22 다음 글에서 알 수 있는 것은?

갑: 사전연명의료의향서를 제출하여 연명의료 거부 의사를 표명한 사람에 대해서 병원이 연명의료를 실행하지 않는다는 제도가 2018년 2월부터 도입되었습니다. 이 제도 도입 후에 실제로 사전연명의료의향서를 내는 사람이 날로 늘어나고, 민원을 제기하는 사람도 많아지는 것 같습니다. 어떤 민원들이 들어오고 있습니까?

을: 자신이 사는 곳에 사전연명의료의향서를 접수하는 곳이 없어 불편하다는 민원이 많았습니다. 연명의료 전문 상담사의 수가 적어 접수 현장에서 너무 오래 기다렸다고 불만을 표시하는 사람도 많습니다. 이러한 민원에 대응해 2020년 1월 1일부터 전화로 상담을 예약할 수 있는 시스템을 도입해 지금까지 원활하게 운영하고 있으며, 2020년 4월 1일부터 전국 모든 보건소에서 사전연명의료의향서를 받도록 조치했습니다. 더 말씀드리자면, 어떤 사람은 연명의료 전문 상담사로부터 상담을 받지 않아도 사전연명의료의향서를 낼 수 있게 해달라고 요청했습니다.

갑: 연명의료를 거부하는 것은 중대한 사안이니 신중히 사전연명의료의향서를 작성하게 해야 합니다. 지금까지 한 것처럼 연명의료 전문 상담사의 상담을 받게 하는 조치를 유지해 주시기 바랍니다. 한 가지 더 확인하고자 합니다. 전국 모든 보건소에서 사전연명의료의향서를 받기로 했지만, 연명의료 전문 상담사를 모든 보건소에 배치할 수 있는 것은 아니라고 합니다. 혹시 그에 대한 대책을 마련했습니까?

을: 연명의료 전문 상담사 배치가 어려운 보건소의 직원들을 대상으로 연명의료 관련 기본 필수교육을 실시하고, 그 교육을 이수한 직원이 민원인에게 연명의료에 대해 간단히 설명하게 할 방침입니다. 민원인들이 보건소 직원으로부터 설명을 들은 후 그 자리에서 전화로 연명의료 전문 상담사로부터 구체적인 내용을 상담받을 수 있도록 하겠습니다.

① 2018년 2월부터 전국 모든 보건소에서 연명의료 전문 상담사가 사전연명의료의향서를 접수하기 시작했다.
② 2020년 4월부터 연명의료를 실행하지 않고자 하는 병원은 보건소에 사전연명의료의향서를 제출해야 한다.
③ 연명의료를 받고자 하는 사람은 주소지 관할 보건소가 지정한 연명의료 전문 상담사로부터 기본 필수교육을 받아야 한다.
④ 사전연명의료의향서 접수기관이 있는 곳의 거주자 중 연명의료 전문 상담사의 상담을 받으려는 사람은 전화예약 시스템을 이용해야 한다.
⑤ 연명의료 거부 의사가 있는 사람이 연명의료 전문 상담사의 상담을 받지 않은 상태에서 작성한 사전연명의료의향서는 받아들여지지 않는다.

정답 ⑤

해설

① 연명의료 거부를 위해 당사자가 사전연명의료의향서를 내는 것이다. 연명의료 전문 상담사가 접수하는 것은 아니며 다만 의향서 접수 전 상담사와 상담해야 한다는 것이다. (×)
② 연명의료 거부 의사를 표명한 사람에 대해서 병원이 연명의료를 실행하지 않는다는 제도이므로, 연명의료를 실행하지 않고자 하는 주체는 병원이 아니라 개인이다. (×)
③ 연명의료를 거부하고자 하는 사람이 사전연명의료의향서를 제출하기 위해서는 전문 상담사와 상담해야 한다. (×)
④ 사전연명의료의향서 접수기관이 있는 곳의 거주자 중 연명의료 전문 상담사의 상담을 받으려는 사람은 현장 접수도 가능하며, 전화상담 예약도 가능하다. 전화예약 시스템을 반드시 이용해야 하는 것은 아니다. (×)
⑤ 연명의료를 거부하는 것은 중대한 사인이므로 사전연명의료의향서를 작성하게 해야 하고, 연명의료 전문 상담사의 상담을 받아야 사전연명의료의향서를 낼 수 있는 조치는 계속 유지된다고 하였다. 따라서 연명의료 전문 상담 없이 작성한 사전연명의료의향서는 받아들여지지 않는다. (○)

| 독해 | 빈칸 추론

23 다음 대화의 빈칸에 들어갈 내용으로 가장 적절한 것은?

> 갑: 아시는 바와 같이 코로나 19로 인한 위기 상황 속에서 어려움을 겪는 국민의 생계를 지원하기 위해 정부가 지난 5월에 전 국민을 대상으로 긴급재난지원금을 지급했습니다. 그런데 정부는 코로나 19로 영업이 어려워진 소상공인 및 자영업자, 생계가 어려운 가구 등을 대상으로 지원금을 다시금 지급하기로 8월에 결정했습니다. 이 소식을 듣고 지원금 수령 가능 여부를 문의하는 민원인들이 많습니다. 문구점을 운영하는 A씨는 소상공인 및 자영업자에게 주는 지원금을 신청할 수 있는지 문의했습니다.
>
> 을: 이번에는 소상공인 및 자영업자의 일부, 생계 위기 가구 등에 지원금을 주게 되어 있습니다. ㉠ 사회적 거리두기 2단계의 실시로 출입이 금지된 집합금지 및 집합제한업종의 자영업자는 특별한 증빙서류 없이 소상공인 및 자영업자 대상 지원금을 받을 수 있습니다. 또 ㉡ 사회적 거리두기 2.5단계부터 운영이 제한된 수도권의 카페나 음식점 등도 집합제한업종에 해당하여 지원금을 받을 수 있습니다. 집합금지 및 집합제한업종에 속하지 않더라도 ㉢ 연 매출 4억 원 이하라는 사실을 증명할 수 있는 자료와 함께 코로나 19 확산으로 매출이 감소했음을 증빙하는 자료를 제출하면 지원금을 받을 수도 있습니다. A씨가 운영하는 가게가 집합금지 및 집합제한업종에 해당하는지 확인하셨습니까?
>
> 갑: 네, A씨가 운영하는 문구점은 집합금지 및 집합제한업종에 해당하지 않는 것으로 확인되었습니다.
>
> 을: 그렇다면 제가 말씀드린 내용을 바탕으로 A씨에게 적절한 답변을 해주시기 바랍니다.
>
> 갑: 잘 알겠습니다. 민원인 A씨에게 [　　　　] 고 말씀 드리겠습니다.

① 문구점은 일반 업종에 해당하지 않으므로 긴급재난지원금을 신청할 수 없다
② 지난 5월에 긴급재난지원금을 받았다는 사실을 증명하는 서류를 제출해야 한다
③ 문구점은 집합금지 및 집합제한업종에 해당하지 않는 것으로 확인되었기 때문에 지원금을 받을 수 없다
④ 사회적 거리두기 2.5단계부터 운영이 제한되거나 금지된 업종이 아니면 긴급재난지원금을 받을 수 없다
⑤ 연 매출 4억 원에 미치지 못하고 코로나 19로 매출이 감소한 자영업자라면 증빙서류를 갖추어 신청할 수 있다

정답 ⑤

해설

임의로 표시된 ㉠~㉢에서 긴급재난지원금을 지급받을 수 있는 대상을 확인할 수 있다. 가장 적절한 것을 고르는 문제이기 때문에 적절하지 않는 것을 선택지를 통해서 소거하는 것보다 지문을 바로 분석하는 것이 더 수월하다.

① 문구점이 일반 업종에 해당되지 않는다는 내용은 없다. 일반 업종에 해당하지 않을 경우 집합금지 및 집합제한업종에 해당하면 긴급재난지원금을 신청할 수 있다. (×)
② 지난 5월 긴급재난지원금을 받은 사실을 증명하는 서류는 신청 요건이 아니다. (×)
③ 문구점이 집합금지 및 제한업종에 속하지 않더라도 자료 ㉢을 제출하면 지원금을 받을 수 있다. (×)
④ 사회적 거리두리 2.5단계부터 운영이 제한되거나 금지된 업종이 아니더라도 연 매출 4억 원 이하라는 사실을 증명할 수 있는 자료와 함께 코로나 19 확산으로 매출이 감소했음을 증빙하는 자료를 제출하면 긴급재난지원금을 받을 수 있다. (×)
⑤ 문구점은 집합금지 및 집합제한업종이 아니므로, 연 매출 4억 원 이하이며 코로나 19로 매출이 감소한 자영업자라면 증빙서류를 갖추어 신청할 수 있다. (○)

| 독해 | 의미 추론

24 다음 글의 ㉠~㉤에 대한 설명으로 가장 적절한 것은?

세균은 산소에 대한 요구성과 내성에 따라 구분된다. '절대 호기성 세균'은 산소에 대한 내성이 있고 대사 과정에서 산소 호흡을 하기 때문에 산소의 농도가 높은 곳에서 잘 자랄 수 있다. 반면에 '미세 호기성 세균'은 산소 호흡을 하지만 산소에 대한 내성이 '절대 호기성 세균'보다 낮아서 '절대 호기성 세균'이 살아가는 환경의 산소 농도보다 낮은 농도의 산소에서만 살 수 있다. 두 종류의 세균은 모두 산소를 이용하는 호흡이 필수적이므로 산소가 없거나 너무 낮은 농도에서는 살 수 없다. '통성 세균'은 산소에 대한 내성이 있고, 산소가 있는 곳에서는 산소 호흡을 하고 산소가 없거나 너무 낮은 농도에서는 산소 호흡 대신 발효 과정을 통해 에너지를 만들어낼 수 있기 때문에 산소가 있는 환경과 없는 환경 모두에서 자랄 수 있다. 그러나 산소 호흡이 발효 과정보다 많은 에너지를 만들어내기 때문에 산소 농도가 높은 환경에서 더 잘 자란다. '혐기성 세균'은 산소 호흡을 할 수 없는 세균으로 발효 과정만을 통해 에너지를 만들어낸다. '혐기성 세균'은 산소에 대한 내성을 가지고 있어 산소가 있어도 자랄 수 있는 '내기 혐기성 세균'과 산소에 대한 내성이 없어 일정 농도 이상의 산소에 노출되면 사멸하는 '절대 혐기성 세균'으로 나뉜다. '내기 혐기성 세균'의 생장은 산소 농도와는 무관하다.

티오글리콜레이트 배양액을 담고 있는 시험관에서 배양액의 위쪽은 공기와 접하고 있어 산소가 충분하다. 시험관 배양액의 산소 농도는 시험관 아래쪽으로 갈수록 감소하며, 시험관의 맨 아래쪽에는 산소가 거의 없다. 아래 그림은 티오글리콜레이트 배양액을 담고 있는 5개의 시험관(㉠~㉤)에 '절대 호기성 세균', '미세 호기성 세균', '통성 세균', '내기 혐기성 세균', '절대 혐기성 세균' 중 하나를 배양한 결과를 나타내며, 각 시험관에는 서로 다른 세균이 배양되었다. 그림에서 검은색 점 각각은 살아있는 하나의 세균을 나타낸다.

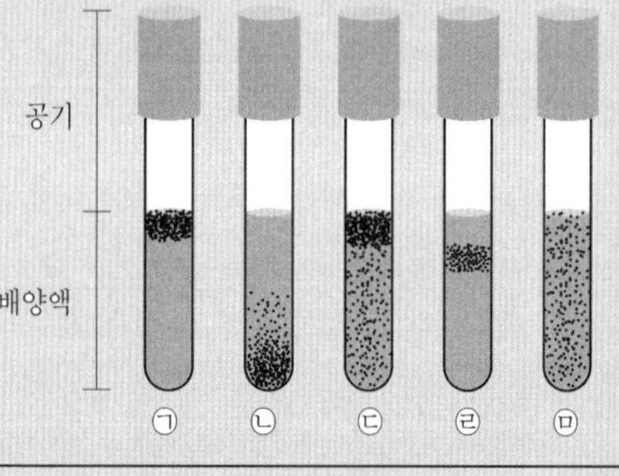

① ㉠은 '통성 세균'이 자란 시험관이다.
② ㉡에서 자란 세균은 발효 과정으로 에너지를 만들어 낸다.
③ ㉢에서 자란 세균은 산소에 대한 내성이 없다.
④ ㉣에서 자란 세균은 산소 호흡을 할 수 없다.
⑤ ㉣과 ㉤은 모두 '혐기성 세균'이 자란 시험관이다.

정답 ②

해설

절대 호기성 세균 : 산소 농도가 높은 곳에서 잘 자람 → ㉠
미세 호기성 세균 : 절대 호기성 세균보다는 낮은 산소 농도에서 자람 → ㉣
통성 세균 : 산소 유무와 상관없이 생존하나 산소 농도가 높은 곳에서 더 잘 자람 → ㉢
내기 혐기성 세균 : 산소 농도와 무관하게 자람 → ㉤
절대 혐기성 세균 : 일정 농도 이상의 산소에 노출되면 사멸 → ㉡

① ㉠은 검은색 점이 산소 농도가 높은 시험관 위쪽에 집중되어 분포한다. 따라서 산소 농도가 높은 곳에서 잘 자라는 '절대 호기성 세균'에 해당한다. (×)
② ㉡은 검은색 점이 산소 농도가 상대적으로 낮은 시험관 아래쪽에 집중되어 있고 산소가 거의 없는 아래쪽에는 없다. 따라서 일정 농도 이상의 산소에 노출되면 사멸하는 '절대 혐기성 세균'에 해당한다. 혐기성 세균은 산소 호흡을 할 수 없고 발효 과정으로만 에너지를 만들어 낸다. (○)
③ ㉢은 검은색 점이 시험관 전체에 분포하나 산소 농도가 높은 시험관 위쪽에 더 많다. 따라서 '통성 세균'에 해당한다. '통성 세균'은 산소에 대한 내성이 있다. (×)
④ ㉣은 검은색 점이 시험관 최상단보다 약간 아래에 몰려 있다. 따라서, 절대 호기성 세균보다는 낮은 산소 농도에서 자라는 '미세 호기성 세균'에 해당한다. '미세 호기성 세균'은 산소 호흡을 한다. (X)
⑤ ㉣은 '미세 호기성 세균'이다. ㉤은 검은색 점이 시험과 전체에 골고루 분포하므로 산소 농도와 무관하게 자라는 '내기 혐기성 세균'이다. (×)

| 독해 | 빈칸 추론

25 다음 글의 ㉠과 ㉡에 들어갈 진술로 가장 적절한 것은?

> A학파의 가장 큰 특징은 토지 문제를 토지 시장에 국한시키지 않고 경제 전체의 흐름과 밀접하게 연결해서 파악한다는 점이다. A학파의 주장에 따르면, 토지 문제는 이용의 효율에만 관련되는 단순한 문제가 아니라 경제 성장, 실업, 물가 등의 거시경제적 변수를 함께 고려해야만 하는 복잡한 문제이다. 그런 점에서 A학파는 토지 문제가 경기 변동과 직결될 뿐만 아니라 사회 정의와도 관련되는 것이라고 주장한다.
>
> 이와 달리 B학파는 다른 모든 종류의 상품과 마찬가지로 토지 문제 역시 수요·공급의 법칙에 따라 시장이 자율적으로 조정하도록 맡겨 두면 된다고 주장한다. B학파의 관점에 따르면, [㉠] 토지는 귀금속, 주식, 채권, 은행 예금만큼이나 좋은 투자 대상이다. 부동산의 자본 이득이 충분히 클 경우, 좋은 투자 대상이 되어 막대한 자금이 금융권으로부터 부동산 시장으로 흘러 들어간다. 반대로 자본 이득이 떨어지면 부동산에 투입되었던 자금이 금융권을 통해 회수되어 다른 시장으로 흘러 들어간다. 이와 같이 부동산의 자본 이득은 부동산 시장과 금융권 사이의 연결고리 역할을 한다.
>
> A학파는 B학파와 달리 상품 투자와 토지 투자를 엄격히 구분한다. 상품 투자는 해당 상품의 가격을 상승시켜 상품 공급을 증가시킨다. 공급 증가는 다시 상품 투자의 억제 요인으로 작용하기 때문에 상품 투자에는 내재적 한계가 있기 마련이다. 그러나 [㉡] 그러므로 토지 투자의 경우에는 지가 상승이 투자를 조장하고 투자는 지가 상승을 더욱 부채질하는 악순환이 반복된다. A학파는 이런 악순환의 결과로 토지를 포함한 부동산 가격에 거품이 잔뜩 끼게 된다고 주장한다.

① ㉠: 토지에 대한 투자는 상품 투자의 일종으로 이해된다.
   ㉡: 토지 공급은 한정되어 있으므로 토지 투자는 상품 투자의 경우와는 달리 제어장치가 없다.

② ㉠: 토지에 대한 투자는 상품 투자의 일종으로 이해된다.
   ㉡: 토지 투자는 다른 상품의 생산 비용을 상승시켜 상품의 가격 상승으로 이어진다.

③ ㉠: 토지에 대한 투자는 상품 생산의 수단으로 활용된다.
   ㉡: 토지 공급은 한정되어 있으므로 토지 투자는 상품 투자의 경우와는 달리 제어장치가 없다.

④ ㉠: 토지 투자와 상품 투자는 거시경제적인 관점에서 상호 보완적 역할을 수행한다.
   ㉡: 토지 투자는 다른 상품의 생산 비용을 상승시켜 상품의 가격 상승으로 이어진다.

⑤ ㉠: 토지 투자와 상품 투자는 거시경제적인 관점에서 상호 보완적 역할을 수행한다.
   ㉡: 토지 공급은 한정되어 있으므로 토지 투자는 상품 투자의 경우와는 달리 제어장치가 없다.

정답 ①

해설

㉠은 B학파의 주장이다. B학파의 주장을 보면, ㉠의 뒤 문장에서 토지는 좋은 투자 대상이라고 언급하고 있다. 그러므로 토지와 상품 투자는 같은 맥락이라는 내용이 ㉠에 들어가야 한다.
㉡은 A학파의 주장이므로 상품 투자와 달리 토지 투자는 내재적 한계가 없다는 내용이 들어가야 한다. ㉡ 앞 문장에서 상품 투자에는 내재적 한계가 있다고 언급하고, 역접관계인 '그러나' 뒤에 그 반대의 내용으로 추론할 수 있다.

토지와 상품 투자는 같은 맥락이라는 내용이 ㉠에 들어가야 한다.
㉡의 앞부분에 상품 투자의 내재적 한계가 언급되어 있지만 다른 상품과의 관계는 언급되지 않았다. 다른 상품의 비용이 아니라 내재적 한계와 관련된 내용이 이어져야 한다.
이에 해당하는 답은 ①이다.

| 독해 | 내용 추론

26 다음 글로부터 추론할 수 있는 것은?

사람의 혈액은 적혈구, 백혈구, 혈소판처럼 혈액 내에 존재하는 세포인 혈구 성분과 이러한 혈구 성분을 제외한 나머지 액상 성분인 혈장으로 나뉜다. 사람의 혈액을 구별하는 대표적인 방법은 혈액의 성분을 기준으로 삼는 ABO형 방법이다. 이에 따르면, 혈액은 적혈구의 표면에 붙어 있는 응집원과 혈장에 들어 있는 응집소의 유무 또는 종류를 기준으로 다음 표와 같이 구분할 수 있다.

혈액형	응집원〈적혈구〉	응집소〈혈장〉
A	A형 응집원	응집소 β
B	B형 응집원	응집소 α
AB	A형 응집원 및 B형 응집원	없음
O	없음	응집소 α 및 응집소 β

이때, A형 응집원이 응집소 α와 결합하거나 B형 응집원이 응집소 β와 결합하면, 응집 반응이 일어난다. 이 반응은 혈액의 응고를 일으키는데, 혈액이 응고되면 혈액의 정상적인 흐름이 방해되어 심각한 문제가 발생할 수 있다. 혈액의 이러한 특성을 활용하면 수혈도를 작성할 수 있다.

① A형 응집원만을 선택적으로 제거한 A형 적혈구를 B형인 사람에게 수혈해도 응집 반응이 일어나지 않는다.
② B형 응집원만을 선택적으로 제거한 AB형 적혈구를 A형인 사람에게 수혈하면 응집 반응이 일어난다.
③ 응집소 β를 선택적으로 제거한 O형 혈장을 A형인 사람에게 수혈해도 응집 반응이 일어나지 않는다.
④ AB형인 사람은 어떤 혈액을 수혈 받아도 응집 반응이 일어나지 않는다.
⑤ O형인 사람은 어떤 적혈구를 수혈 받아도 응집 반응이 일어나지 않는다.

정답 ①

해설

① A형 응집원은 응집소 α와 응집 반응을 일으킨다. 따라서 A형 응집원이 없는 A형 적혈구는 응집소 α가 포함된 B형과 결합되어도 응집 반응이 일어나지 않는다. (○)
② A형인 사람의 혈장에는 응집소 β가 있지만 응집소 α가 없기 때문에 응집 반응이 일어나지 않는다.
(B형 응집원을 제거한 AB형 적혈구를 A형인 사람에게 수혈하면 응집 반응이 일어날 수 없다.) (×)
③ O형 혈장에서 응집소 β를 선택적으로 제거하면 응집소 α가 남아 있다. 응집소 α는 A형 응집원과 응집 반응이 일어난다. (×)
④ AB형인 사람은 A형 응집원과 B형 응집원이 모두 존재하므로 응집소 α, β 중 어느 하나라도 들어 있는 혈장이 주입되면 응집 반응이 일어난다. (×)
⑤ O형은 응집소 α, β가 존재하므로 A형 또는 B형 응집원 중 어떤 것이든 포함된 적혈구를 수혈 받는다면 응집 반응이 일어난다. (×)

| 논리 | 전제 추론

27 다음 글의 ㉠을 이끌어내기 위해 추가해야 할 전제로 가장 적절한 것은?

> A국에서는 교육 제도 개선을 추진하고 있다. 이와 관련하여 현재 거론되고 있는 방안 중 다음 네 조건을 모두 충족시키는 방안이 있다면, 정부는 그 방안을 추진해야 한다. 첫째, 공정한 기회 균등과 교육의 수월성을 함께 이룩할 수 있는 방안이어야 한다. 둘째, 신뢰할 수 있는 설문 조사에서 가장 많은 국민이 선호하는 방안으로 선택한 것이어야 한다. 셋째, 정부의 기존 교육 재정만으로 실행될 수 있는 방안이어야 한다. 넷째, 가계의 교육 부담을 줄일 수 있는 방안이어야 한다.
> 현재 거론되고 있는 방안들 중 선호하는 것에 대하여 국민 2,000명을 대상으로 한 설문 조사 결과, 300명이 대학교 평준화 도입을 꼽았고, 400명이 고등학교 자체 평가 확대를 꼽았으며, 600명이 대입 정시 확대와 수시 축소를 꼽았고, 700명이 고교 평준화 강화를 꼽았다. 이 설문 조사는 표본을 치우치지 않게 잡아 신뢰할 수 있다.
> 현재 거론된 방안들 가운데 정부의 기존 교육 재정만으로 실행될 수 없는 것은 대학교 평준화 도입 방안뿐이다. 대입 정시 확대와 수시 축소 방안은 가계의 교육 부담을 감소시키지 못하지만 다른 방안들은 그렇지 않다. 고교 평준화 강화 방안은 공정한 기회 균등을 이룰 수 있는 방안임이 분명하다. 따라서 ㉠ 정부는 고교 평준화 강화 방안을 추진해야 한다.

① 고교 평준화 강화는 가장 많은 국민이 선호하는 방안이다.
② 고교 평준화 강화는 교육의 수월성을 이룩할 수 있는 방안이다.
③ 고교 평준화 강화는 가계의 교육 부담을 줄일 수 있는 방안이다.
④ 고교 평준화 강화는 정부의 기존 교육 재정만으로도 실행될 수 있는 방안이다.
⑤ 정부가 고교 평준화 강화 방안을 추진하지 않아도 된다면, 그 방안은 공정한 기회 균등과 교육의 수월성을 함께 이룩할 수 없는 방안이다.

정답 ②

해설

교육 제도 개선을 추진하기 위하여 네 조건을 모두 충족시키는 방안이 있다면 그 방안을 추진하기로 하였기 때문에 네 조건을 살펴보면,

- 공정한 기회 균등과 교육의 수월성
- 신뢰할 수 있는 설문 조사에서 가장 많은 국민이 선호하는 방안
- 정부의 기존 재정만으로 실행 가능한 방안
- 가계의 교육 부담을 줄일 수 있는 방안

① 700명으로 가장 많은 국민이 고교 평준화 강화를 꼽았다. 그러므로 추가해야 할 전제로 적절하지 않다. (×)
② 고교 평준화 강화 방안을 추진하기 위해서 교육의 수월성을 추가로 전제한다면 ㉠을 이끌어낼 수 있다. (가장 많은 선호도, 기존 재정으로 가능, 공정한 기회균등, 가계 교육 부담 감소 + 교육의 수월성) (○)
③ 가계의 교육 부담을 감소시키지 못하는 방안은 대입 정시 확대와 수시 축소 방안이고 다른 방안들은 그렇지 않다고 하였으므로, 고교 평준화 강화는 가계의 교육 부담을 감소시킨다고 볼 수 있다. 이미 드러나 있는 내용이므로 추가할 전제로 적절하지 않다. (×)
④ 기존 교육 재정만으로도 실행될 수 있는 방안이라고 이미 제시되어 있으므로 추가할 전제로 적절하지 않다. (×)
⑤ 지문의 내용을 다시 언급한 내용이므로 추가할 전제로 적절하지 않다. (×)

| 상황제시형 | 대응관계

28 다음 글의 ㉠에 대한 판단으로 적절한 것만을 〈보기〉에서 모두 고르면?

어떤 회사가 소비자들을 A부터 H까지 8개의 동질적인 집단으로 나누어, 이들을 대상으로 마케팅 활동의 효과를 살펴보는 실험을 하였다. 마케팅 활동은 구매 전 활동과 구매 후 활동으로 구성되는데, 구매 전 활동에는 광고와 할인 두 가지가 있고 구매 후 활동은 사후 서비스 한 가지뿐이다. 구매 전 활동이 끝난 뒤 구매율을 평가하고, 구매 후 활동까지 모두 마친 뒤 구매 전과 구매 후의 마케팅 활동을 종합하여 마케팅 만족도를 평가하였다. 구매율과 마케팅 만족도는 모두 a, b, c, d로 평가하였는데, a가 가장 높고 d로 갈수록 낮다. 이 회사가 수행한 ㉠ 실험의 결과는 다음과 같다.

- A와 B를 대상으로는 구매 전 활동을 실시하지 않았는데 구매율은 d였다. 이 중 A에 대해서는 사후 서비스를 하였고 B에 대해서는 하지 않았는데, 마케팅 만족도는 각각 c와 d였다.
- C와 D를 대상으로 구매 전 활동 중 광고만 하였더니 구매율은 c였다. 이 중 C에 대해서는 사후 서비스를 하였고 D에 대해서는 하지 않았는데, 마케팅 만족도는 각각 b와 c였다.
- E와 F를 대상으로 구매 전 활동 중 할인 기회만 제공하였더니 구매율은 b였다. 이 중 E에 대해서는 사후 서비스를 하였고 F에 대해서는 하지 않았는데, 마케팅 만족도는 모두 b였다.
- G와 H를 대상으로 구매 전 활동으로 광고와 함께 할인 기회를 제공하였더니 구매율은 b였다. 이 중 G에 대해서는 사후 서비스를 하였고 H에 대해서는 하지 않았는데, 마케팅 만족도는 각각 a와 b였다.

보기

ㄱ. 할인 기회를 제공한 경우가 제공하지 않은 경우보다 구매율이 높다.
ㄴ. 광고를 할 때, 사후 서비스를 한 경우가 하지 않은 경우보다 마케팅 만족도가 낮지 않다.
ㄷ. 사후 서비스를 하지 않을 때, 광고를 한 경우가 하지 않은 경우보다 마케팅 만족도가 높다.

① ㄱ ② ㄷ
③ ㄱ, ㄴ ④ ㄴ, ㄷ
⑤ ㄱ, ㄴ, ㄷ

정답 ③

해설

실험의 결과를 정리하면,

	구매 전 활동		구매 후 활동	구매율	마케팅 만족도
	광고	할인	사후 서비스		
A	×	×	○	d	c
B	×	×	×	d	d
C	○	×	○	c	b
D	○	×	×	c	c
E	×	○	○	b	b
F	×	○	×	b	b
G	○	○	○	b	a
H	○	○	×	b	b

ㄱ. A~D는 할인 기회가 제공되지 않은 경우이고 이때 구매율은 c 또는 d이다. 할인 기회를 제공한 E~H은 구매율이 모두 b이므로 할인 기회를 제공한 경우의 구매율이 더 높다. (○)
ㄴ. C와 D, G와 H에 따르면 광고를 할 때 사후 서비스를 한 경우 마케팅 만족도는 b와 a이다. 사후 서비스를 하지 않는 경우는 c와 b이다. 따라서 사후 서비스를 한 경우가 마케팅 만족도가 더 높다. (○)
ㄷ. B, D, F, H에 따르면 사후 서비스를 하지 않는 경우 광고를 했을 때 마케팅 만족도는 c와 b이며, 광고를 하지 않았을 때 마케팅 만족도는 d와 b이다. 광고 여부와 관계없이 마케팅 만족도가 b로 동일한 경우가 존재한다. 따라서 광고를 한 경우에 광고를 하지 않을 경우보다 마케팅 만족도가 높은 것은 아니다. (×)

| 독해 | 견해평가

29 다음 글의 갑~병의 견해에 대한 분석으로 적절한 것만을 〈보기〉에서 모두 고르면?

우리는 'A라는 성질을 가진 대상이 모두 B라는 성질을 가진다.'고 주장할 때 'A는 모두 B이다.'라는 형식의 진술 U를 사용한다. A라는 성질을 가진 대상이 존재할 때, U가 언제 참이고 언제 거짓인지에 대한 어떤 의견 차이도 없다. 즉 A라는 성질을 가진 대상이 존재할 때, 그 대상들이 모두 B라는 성질을 가진다면 U는 참이고, 그 대상들 중 B라는 성질을 가지지 않는 대상이 있다면 U는 거짓이다. 하지만 A라는 성질을 가진 대상이 존재하지 않을 때, U가 언제 참이고 언제 거짓인지를 둘러싸고 여러 견해가 있다.

갑: U는 'A이면서 B가 아닌 대상은 하나도 없다.'는 주장으로 이해해야 한다. 만약 A인 대상이 존재하지 않는다면, A이면서 B가 아닌 대상은 당연히 존재하지 않는다. 따라서 A인 대상이 존재하지 않는 경우, U는 참이다.

을: U에는 'A이면서 B가 아닌 대상은 하나도 없다.'는 주장과 더불어 'A인 대상이 존재한다.'는 주장까지 담겨 있다. 그러므로 A인 대상이 존재하지 않는다면, 후자의 주장이 거짓이 되므로 U 역시 거짓이다.

병: A인 대상이 존재하지 않는다는 사실만 갖고 U가 참이라거나 거짓이라고 말해서는 안 된다. 오히려 A인 대상이 존재해야 한다는 것은 U를 참이나 거짓으로 판단하기 위해 먼저 성립해야 할 조건이다. 그러므로 A인 대상이 존재하지 않는다면, 이 조건을 충족하지 못한 것이므로 U는 참도 거짓도 아니다.

〈보기〉

ㄱ. 갑과 을은 'A인 대상이 존재하지만 B인 대상이 존재하지 않는다면, U는 거짓이다.'라는 것에 동의한다.

ㄴ. 을과 병은 'U가 참이라면, A인 대상이 존재한다.'는 것에 동의한다.

ㄷ. 갑과 병은 'U가 거짓이라면, A인 대상이 존재한다.'는 것에 동의한다.

① ㄱ ② ㄷ ③ ㄱ, ㄴ ④ ㄴ, ㄷ ⑤ ㄱ, ㄴ, ㄷ

정답 ⑤

해설

공통: 갑~병은 A라는 성질을 가진 대상이 존재할 때, 그 대상들이 모두 B라는 성질을 가진다면 U는 참이라는 것에 동의한다.

ㄱ. 갑과 을의 공통점을 찾아보면, A인 대상이 존재하지만 B인 대상이 존재하지 않을 때 진술 U는 거짓이다. (○)

ㄴ. AX → UT ∧ UF
AX → UT (T)
AX → UF (T)
을과 병은 모두 U가 참이기 위해 A의 존재를 조건으로 한다. (○)

ㄷ. AX → UT ∧ UF
AX → UT
AX → UF
갑의 경우 U가 거짓이려면 A이면서 B가 아닌 대상이 존재해야 한다. 병의 경우 A가 존재하지 않으면 U는 "참도 거짓도 아님"이다. 따라서 '거짓'이라는 판정 자체가 불가능하다. 따라서 U가 거짓이라면 반드시 A가 존재해야 한다.
따라서 갑과 병은 둘 다 동의한다. (○)

| 독해 | 사례적용

30 다음 글의 내용을 적용한 것으로 가장 적절한 것은?

연역논증은 전제를 통해 결론이 참이라는 사실을 100% 보장하려는 논증인데, 이 가운데 결론의 참을 100% 보장하는 논증을 '타당한 논증'이라 한다. 반면 귀납논증은 전제를 통해 결론을 개연적으로 뒷받침하려는 논증이다. 귀납논증 중에는 뒷받침하는 정도가 강한 것도 있고 약한 것도 있다. 귀납논증은 형식의 측면에서도 여러 가지로 분류될 수 있는데, 이 중 우리가 자주 쓰는 귀납논증은 다음과 같은 것이다.

- 보편적 일반화: 유형 I에 속하는 n개의 개체를 조사해 보니 이들 모두에서 속성 P를 발견하였다. 따라서 유형 I에 속하는 모든 개체들은 속성 P를 가질 것이다.
- 통계적 일반화: 유형 I에 속하는 n개의 개체를 조사해 보니 이들 가운데 m개에서 속성 P를 발견하였다. 따라서 유형 I에 속하는 모든 개체 중 m/n이 속성 P를 가질 것이다. 단, m/n은 0보다 크고 1보다 작다.
- 통계적 삼단논법: 유형 I에 속하는 개체 중 m/n에서 속성 P를 발견하였다. 개체 α는 유형 I에 속한다. 따라서 개체 α는 속성 P를 가질 것이다. 단, m/n은 0보다 크고 1보다 작다.
- 유비추론: 유형 I에 속하는 개체 α가 속성 P_1, P_2, P_3을 갖고, 유형 II에 속하는 개체 β도 똑같이 속성 P_1, P_2, P_3을 갖는다. 개체 α가 속성 P_4를 가진다는 사실이 발견되었다. 따라서 개체 β는 속성 P_4를 가질 것이다.

① '우리나라 공무원 중 여행과 음악을 모두 좋아하는 이들의 비율은 전체의 80%를 넘지 않는다. 따라서 우리나라 공무원 중 여행을 좋아하는 이들의 비율은 전체의 80%를 넘지 않을 것이다.'는 타당한 논증으로 분류된다.

② '우리나라 전체 공무원 중 100명을 조사해 보니 이들은 업무의 70% 이상을 효과적으로 수행하고 있다. 따라서 우리나라 전체 공무원들은 업무의 70% 이상을 효과적으로 수행하고 있을 것이다.'는 보편적 일반화로 분류된다.

③ '우리나라 공무원 중 30%가 운동을 좋아한다. 따라서 우리나라 20대 공무원 중 30%는 운동을 좋아할 것이다.'는 통계적 일반화로 분류된다.

④ '해외연수를 다녀온 공무원의 95%가 정부 정책을 지지한다. 공무원 갑은 정부 정책을 지지하고 있다. 따라서 갑은 해외연수를 다녀왔을 것이다.'는 통계적 삼단논법으로 분류된다.

⑤ '임신과 출산으로 태어난 을과 그를 복제하여 만든 병은 유전자와 신경 구조가 똑같다. 따라서 을과 병은 둘 다 80세 이상 살 것이다.'는 유비추론으로 분류된다.

정답 ②

해설

① 여행과 음악을 모두 좋아하는 공무원의 비율은 전체의 80%를 넘지 않는다. 여행을 좋아하는 공무원의 80%를 넘을 수 있다. 그러므로 타당한 논증이라 판단할 수 없다. (×)

② I : 100명 → (효과적으로 수행 P)
보편적 일반화로 분류할 수 있다. (○)

③ I : 공무원 중 30%(운동 좋아함 : P) → 20대 공무원 중 30%가 P
I : 20대 공무원 중 30%(운동 좋아함 : P) → 공무원 30%가 P
이 되어야 보편적 일반화로 분류될 수 있다. (×)

④ I : 해외연수 다녀온 공무원 95%(정부 정책 지지 : P) → 갑은 P → 갑은 I
I→ 갑은 I → P가 되어야 하므로 통계적 삼단논법이라 할 수 없다. (×)

⑤ I(임신과 출산으로 태어난 을) : α : P_1, P_2, P_3, P_4
II(을 복제하여 만든 병) : β : P_1, P_2, P_3, P_4
"P_4(을), P_4(병)은 둘 다 80세 이상 사는 것이 아니라 P_4(을)이 80세 이상 살아야 P_4(병)도 80세 이상 산다"고 하여야 유비추론으로 분류될 수 있다. (×)

PART 3 2024 국가직 7급 PSAT 기출문제

1 언어논리

본문 p.88~105

01 다음 글의 내용과 부합하는 것은?

> 현재 서울의 청량리 근처에는 홍릉이라는 곳이 있다. 을미사변으로 일본인들에게 시해된 명성황후의 능이 조성된 곳이다. 고종은 홍릉을 자주 찾아 참배했는데, 그때마다 대규모로 가마꾼을 동원하는 등 불편이 작지 않았다. 개항 직후 우리나라에 들어와 경인철도회사를 운영하던 미국인 콜브란은 이 점을 거론하며 서대문에서 청량리까지 전차 노선을 부설해야 한다고 주장했다.
>
> 이전부터 전기와 전차 사업에 관심이 많았던 고종은 콜브란의 주장을 받아들여 전차 사업을 목적으로 하는 회사를 설립하기로 결심했다. 고종은 황실이 직접 회사를 설립하는 대신 민간인인 김두승과 이근배로 하여금 농상공부에 회사를 만들겠다는 청원서를 내도록 권유했다. 이에 따라 김두승 등은 전기회사 설립 청원서를 농상공부에 제출한 뒤 허가를 받아 한성전기회사를 설립했다. 한성전기회사는 서울 시내 각지에 전기등을 설치하는 한편 전차 노선 부설 사업을 추진했다.
>
> 한성전기회사는 당초 남대문에서 청량리까지 전차 노선을 부설하기로 했으나 당시 부설 중이던 경인철도의 종착역이 서대문역으로 정해졌기 때문에 이와 연결하기 위해 계획을 수정해 서대문에서 청량리까지 부설하기로 변경했다. 이후, 변경된 계획대로 전차 노선이 부설되었으며, 1899년 5월에 정식 개통식이 거행되었다.
>
> 한성전기회사는 고종이 단독 출자한 자본금을 바탕으로 설립되고 운영되었지만, 전차 노선 부설에 필요한 공사비가 부족해지자 회사 재산을 담보로 콜브란으로부터 부족분을 빌려 공사를 마무리할 수 있었다. 콜브란은 1902년에 그 상환 기일이 돌아오자 회사 운영을 지원하기 위해 상환 기일을 2년 연장해주었다. 이후 1904년 상환 기일이 다가오자, 고종은 콜브란과 협의하여 채무액의 절반인 75만 원만 상환하고 나머지 금액만큼의 회사 자산을 콜브란에게 넘겨주었다. 이로써 콜브란은 고종과 함께 회사의 대주주가 되어 경영에 참여할 수 있게 되었다. 이때 고종과 콜브란은 한성전기회사를 한미전기회사로 재편하였고, 한미전기회사가 전차 및 전기등 사업을 이어받았다.

① 한성전기회사가 경인철도회사보다 먼저 설립되었다.
② 전차 노선의 시작점은 원래 서대문이었으나 나중에 남대문으로 바뀌었다.
③ 한성전기회사가 전차 노선을 부설하는 데 부족한 자금은 미국인 콜브란이 빌려주었다.
④ 서울 시내에 처음으로 전차 노선을 부설한 회사는 황실이 주도해 농상공부가 설립하였다.
⑤ 서울 시내에서 전기등 설치 사업을 벌인 한미전기회사는 김두승과 이근배의 출자로 설립되었다.

정답 ③

해설

① 글의 내용을 시간 순으로 한성전기회사와 경인철도회사를 정리하면 아래와 같다.
i) 경인철도회사는 개항 직후 들어옴
ii) 경인철도회사는 미국인 콜브란이 운영
iii) 운영 중에 콜브란이 고종에게 서대문에서 청량리까지 전차 노선을 부설해야 한다고 주장
iv) 고종은 콜브란의 주장을 받아들여 김두승 등에게 권유하여 한성전기회사가 설립
따라서 경인철도회사가 한성전기회사보다 먼저 설립되었다. (×)

② 전차 노선은 당초 남대문에서 청량리까지 부설하기로 했으나 계획을 수정해 서대문에서 청량리까지 부설하기로 변경했다. (×)

③ 전차 노선을 부설하는 데 부족한 자금은 미국인 콜브란으로부터 빌려서 공사를 마무리할 수 있었다는 내용으로 확인할 수 있다. (○)

④ 서울 시내에 처음으로 전차 노선을 부설한 회사는 한성전기회사이다.(이전에는 가마꾼을 동원했다는 언급으로 미루어보아 전차가 없었다고 볼 수 있다.) 이 회사는 고종이 직접 회사를 설립하는 대신 민간인인 김두승과 이근배로 하여금 농상공부에 회사를 만들겠다는 청원서를 내도록 권유하였다. 이후 청원서를 농상공부에 제출한 뒤 허가를 받아 한성전기회사가 설립되었기 때문에 농상공부가 직접 설립한 것은 아니다. (×)

⑤ 서울 시내에서 전기등 설치 사업을 벌인 것은 한성전기회사이고, 이 회사를 한미전기회사로 재편한 후 전차 및 전기등 사업을 이어받았기 때문에 한미전기회사가 전기등 설치 사업을 벌인 것은 글의 내용과 부합한다. 하지만 한미전기회사가 김두승과 이근배의 출자로 설립되었다는 내용은 없다. 한미전기회사로 재편되기 이전 한성전기회사가 고종의 출자로 설립되어 운영되었다는 것은 있지만 김두승과 이근배의 출자로 설립되었다는 내용은 글의 내용과 부합하지 않는다. (×)

02 다음 글에서 알 수 있는 것은?

사고(史庫)는 실록을 비롯한 국가의 귀중한 문헌을 보관하는 곳이었으므로 아무나 열 수 없었고, 반드시 중앙 정부에서 파견된 사관이 여는 것이 원칙이었다. 하지만 사관은 그 수가 얼마 되지 않아 사관만으로는 실록 편찬이나 사고의 도서 관리에 관한 모든 일을 담당하기에 벅찼다. 이에 중종 때에 사관을 보좌하기 위해 중앙과 지방에 겸직사관을 여러 명 두었다.

사고에 보관된 도서는 해충이나 곰팡이 피해를 입을 수 있었으므로 관리가 필요했다. 당시 도서를 보존, 관리하는 가장 효과적인 방법은 포쇄였다. 포쇄란 책을 서가에서 꺼내 바람과 햇볕에 일정 시간 노출시켜 책에 생길 수 있는 해충이나 곰팡이 등을 방지하거나 제거하는 것을 말한다. 사고 도서의 포쇄는 3년마다 정기적으로 실시되었다. 사고 도서의 포쇄를 위해서는 사고를 열어 책을 꺼내야 했고, 이 과정에서 귀중한 도서가 분실되거나 훼손될 수 있었다. 따라서 책임 있는 관리가 이 일을 맡아야 했고, 그래서 중앙 정부에서 사관을 파견토록 되어 있었다. 그런데 중종 14년 중종은 사관을 보내는 것은 비용이 많이 드는 등의 폐단이 있다고 하며, 지방 사고의 경우 지방 거주 겸직사관에게 포쇄를 맡기는 것이 효율적이라고 주장했다. 이에 대해 사고 관리의 책임 관청이었던 춘추관이 반대했다. 춘추관은 정식 사관이 아닌 겸직사관에게 포쇄를 맡기는 것은 문헌 보관의 일을 가벼이 볼 수 있는 계기가 될 거라고 주장했다. 그러나 중종은 이 의견을 따르지 않고 사고 도서의 포쇄를 겸직사관에게 맡겼다. 하지만 중종 23년에는 춘추관의 주장에 따라 사관을 파견하는 것으로 결정되었다.

포쇄 때는 반드시 포쇄 상황을 기록한 포쇄형지안이 작성되었다. 포쇄형지안에는 사고를 여닫을 때 이를 책임진 사람의 이름, 사고에서 꺼낸 도서의 목록, 포쇄에 사용한 약품 등을 자세하게 기록했다. 포쇄 때마다 포쇄형지안을 철저하게 작성하여, 사고에 보관된 문헌의 분실이나 훼손을 방지하고 책임 소재를 명확하게 함으로써 귀중한 문헌이 후세에 제대로 전달되도록 했다.

① 겸직사관은 포쇄의 전문가 중에서 선발되어 포쇄의 효율성이 높았다.
② 중종은 포쇄를 위해 사관을 파견하면 문헌이 훼손되는 폐단이 생긴다고 주장했다.
③ 춘추관은 겸직사관이 사고의 관리 책임을 맡으면 문헌 보관의 일을 경시할 수 있게 된다고 하며 겸직사관의 폐지를 주장했다.
④ 사고 도서의 포쇄 상황을 기록한 포쇄형지안은 3년마다 정기적으로 작성되었다.
⑤ 도서에 피해를 입히는 해충을 막기 위해 사고 안에 약품을 살포했다.

정답 ④

해설

① 겸직사관이 포쇄의 전문가 중에서 선발되었는지, 포쇄의 효율성이 높았는지에 대한 내용은 글에서 알 수 없다. (×)
② 중종은 포쇄를 위해 사관을 보내는 것은 비용이 많이 드는 등의 폐단이 있다고 하였다. 문헌이 훼손되는 폐단이 생긴다고 주장했다는 것은 글에서 알 수 없다. (×)
③ 춘추관은 겸직사관에게 포쇄를 맡기는 것은 문헌 보관의 일을 가벼이 볼 수 있는 계기가 될 수 있다는 주장을 하였지, 겸직사관 자체를 폐지하자고 주장한 것은 아니다. (×)
④ 사고 도서의 포쇄는 3년마다 정기적으로 실시되었다는 점, 포쇄 때는 반드시 포쇄 상황을 기록한 포쇄형지안이 작성되었다는 점을 종합하여 알 수 있다. (○)
⑤ 도서에 피해를 입히는 해충을 막기 위해 포쇄를 실행하였다. 포쇄란 책을 서가에서 꺼내 바람과 햇볕에 일정 시간 노출시켜 책에 생길 수 있는 해충이나 곰팡이 등을 방지하거나 제거하는 것이다. 사고 안에 약품을 살포했는지 여부는 이 글에서 알 수 없다. (×)

03 다음 글에서 알 수 있는 것은?

미국 헌법의 전문은 "우리 미합중국의 사람들은"이라는 구절로 시작한다. 여기서 '사람들'에 해당하는 대한민국 헌법상의 용어는 헌법 제정 주체로서의 '국민'이다. 대한민국 헌법의 전문은 "유구한 역사와 전통에 빛나는 우리 대한국민은"으로 시작한다. 이 구절들에서 '사람들'과 '국민'은 맥락상 동일한 의미를 지닌다. 그러나 이 단어들의 사전적 의미 사이에는 간극이 크다. '사람'은 보편적 인간을, '국민'은 국가의 구성원을 의미하기 때문이다. 그래서 '인민'이 '국민'보다 더 적절한 표현이라는 주장이 종종 제기되는데, 사실 대한민국의 제헌헌법 초안에서는 이 단어가 사용되었다.

대한민국 역사에서 '인민'은 개화기부터 통용된 자연스러운 말이며 정부 수립 전까지의 헌법 관련 문헌들 대부분에 빈번히 등장한다. 법학자 유진오가 기초한 제헌헌법의 조안도 "유구한 역사와 전통에 빛나는 우리들 조선 인민은"으로 시작한다. 그러나 '인민'은 공산당의 용어인데 어째서 그러한 말을 쓰려고 하느냐는 공박을 당했고, '인민'은 결국 제정된 제헌헌법에서 '국민'으로 대체되었다.

이에 유진오는 '인민'이 예부터 흔히 사용되어 온 말로 '국민'으로 환원될 수 없는 의미를 지니며, 미국 헌법에서도 국적을 가진 자들로 한정될 수 없는 경우에 '사람들'이 사용되었다고 지적했다. 또한 '국민'은 국가의 구성원이라는 점이 강조된 국가 우월적 표현이기 때문에, 국가조차도 함부로 침범할 수 없는 자유와 권리의 주체로서의 보편적 인간까지 함의하기에는 적절하지 못하다고 비판했다.

'인민'이 모두 '국민'으로 대체되면서 대한민국 헌법에서 혼란의 여지가 생긴 것은 사실이다. '국민'이 국적을 가진 자뿐만 아니라 천부인권을 지니는 보편적 인간까지 지칭하게 되었기 때문이다. 예를 들어 대한민국으로 여행을 온 외국인은 전자에 해당하지 않지만 후자에 속하는 것이 명백하다. 따라서 선거권, 사회권 등 국적을 기반으로 하는 권리까지 주어지는 것은 아니지만, 헌법상의 평등권, 자유권 등 기본적 인권은 보장되는 것이다. 이에 향후 헌법 개정이 있다면 그 기회에 보편적 인간을 의미하는 경우의 '국민'을 '사람들'로 바꾸자는 제안도 있다.

① 대한민국 역사에서 '인민'은 분단 후 공산주의 사상이 금기시되면서 사용되기 시작한 말이다.
② 대한민국으로 여행을 온 외국인은 대한민국 헌법상의 자유권을 보장받지 못한다.
③ 미국 헌법에서 '사람들'은 보편적 인간이 아니라 미국 국적을 가진 자를 의미한다.
④ 법학자 유진오는 '국민'이 보편적 인간을 의미하기에는 적절하지 않다고 비판했다.
⑤ 대한민국 제헌헌법에서는 '인민'이 사용되었으나 비판을 받아 이후의 개정을 통해 헌법에서 삭제되었다.

정답 ④

해설

① 대한민국 역사에서 '인민'은 개화기부터 통용된 자연스러운 말이며 정부 수립 전까지 헌법 관련 문헌들 대부분에 빈번히 등장하였다. 공산주의 사상이 금기시되면서 공박을 당했을 뿐, 금기시되면서 사용되기 시작한 말은 아니다. (×)
② '국민'이 국직을 가진 자뿐민 아니라 친부인권을 지니는 보편적 인간까지 지칭하게 되었기 때문에 선거권, 사회권 등 국적을 기반으로 하는 권리까지는 아니지만, 헌법상의 평등권, 자유권 등 기본적 인권은 보장되는 것이나. 따라서 대한민국으로 여행 온 외국인은 대한민국 헌법상 자유권을 보장 받는다. (×)
③ 미국 헌법에서 '사람들'은 보편적 인간을 의미한다. (×)
④ 유진오는 '국민'은 국가의 구성원이라는 점이 강조된 국가 우월적 표현이기 때문에, 보편적 인간까지 함의하기에는 적절하지 못하다고 비판하였다. (○)
⑤ 대한민국 제헌헌법에서 '인민'이 되었다는 내용은 부합하나, 비판을 받아 '국민'으로 대체된 것이지 삭제된 것은 아니다. (×)

04 다음 글에서 알 수 있는 것은?

필사문화와 초기 인쇄문화에서 독서는 대개 한 사람이 자신이 속한 집단 내에서 다른 사람들에게 책을 읽어서 들려주는 사회적 활동을 의미했다. 개인이 책을 소유하고 혼자 눈으로 읽는 묵독과 같은 오늘날의 독서 방식은 당시 대다수 사람에게 익숙한 일이 아니었다. 근대 초기만 해도 문맹률이 높았기 때문에 공동체적 독서와 음독이 지속되었다.

'공동체적 독서'는 하나의 읽을거리를 가족이나 지역·직업공동체가 공유하는 것을 의미한다. 이는 같은 책을 여러 사람이 돌려 읽는 윤독이 이루어졌을 뿐 아니라, 구연을 통하여 특정 공간에 모인 사람들이 책의 내용을 공유했음을 알려준다. 여기에는 도시와 농촌의 여염집 사랑방이나 안방에서 소규모로 이루어진 가족 구성원들의 독서, 도시와 촌락의 장시에서 주로 이루어진 구연을 통한 독서가 포함된다. 공동체적 독서의 목적은 독서에 참여한 사람들로 하여금 책의 사상과 정서에 공감하게 하는 데 있다.

음독은 '소리 내어 읽음'이라는 의미로서 낭송, 낭독, 구연을 포함한다. 낭송은 혼자서 책을 읽으며 암기와 감상을 위하여 읊조리는 행위를, 낭독은 다른 사람들에게 들려주기 위하여 보다 큰 소리로 책을 읽는 행위를 의미한다. 이에 비해 구연은 좀 더 큰 규모의 청중을 상대로 하며 책을 읽는 행위가 연기의 차원으로 높아진 것을 일컫는다. 이런 점에서 볼 때 음독은 공동체적 독서와 긴밀한 연관을 가질 수밖에 없지만, 음독이 꼭 공동체적 독서라고는 할 수 없다.

전근대 사회에서는 개인적 독서의 경우에도 묵독보다는 낭송이 더 일반적인 독서 형태였다. 그렇다고 해서 도식적으로 공동체적 독서와 음독을 전근대 사회의 독서 형태라 간주하고, 개인적 독서를 근대 이후의 독서 형태라 보는 것은 곤란하다. 현대 사회에서도 필요에 따라 공동체적 독서와 음독이 많이 행해지며, 반대로 전근대 사회에서도 지배계급이나 식자층의 독서는 자주 묵독으로 이루어졌을 것이기 때문이다. 다만 '공동체적 독서'에서 '개인적 독서'로의 이행은 전근대 사회에서 근대 사회로 이행하는 과정에서 확인되는 독서 문화의 추이라고 볼 수 있다.

① 필사문화를 통해 묵독이 유행하기 시작했다.
② 전근대 사회에서 낭송은 공동체적 독서를 의미한다.
③ 공동체적 독서와 개인적 독서 모두 현대사회에서 행해지는 독서 형태이다.
④ 근대 초기 식자층의 독서 방식이었던 음독은 높은 문맹률로 인해 생겨났다.
⑤ 근대 사회에서 윤독은 주로 도시와 촌락의 장시에서 이루어진 독서 형태였다.

정답 ③

해설

① 필사문화와 초기 인쇄문화에서 독서는 대개 한 사람이 다른 사람들에게 책을 읽어서 들려주는 사회적 활동을 의미하였다고 한다. 따라서 오늘날의 독서 방식인 묵독과 연관이 없다. (×)

② 낭송은 음독에 포함되는데, 낭송은 혼자서 책을 읽으며 암기와 감상을 위하여 읊조리는 행위를 의미한다. 따라서 음독은 공동체적 독서와 긴밀한 연관을 가질 수 밖에 없지만 음독이 꼭 공동체적 독서라고는 할 수 없다. (×)

③ 현대 사회에서도 필요에 따라 공동체적 독서와 음독이 많이 행해지는 것, 오늘날 독서 방식인 개인이 책을 소유하고 혼자 눈으로 읽는 묵독의 독서 방식을 종합하면 공동체적 독서와 개인적 독서 모두 현대 사회에서 행해지는 독서 형태임을 알 수 있다. (○)

④ 근대 초기에 문맹률이 높았기 때문에 공동체적 독서와 음독이 지속된 것은 알 수 있다. 하지만 근대 초기 식자층의 음독이 높은 문맹률로 인해 생겨났다는 것은 알 수 없다. (×)

⑤ 윤독은 같은 책을 여러 사람이 돌려 있는 것을 의미하고, 구연은 도시와 촌락의 장지에서 주로 이루어졌다고 하였다. 따라서, 도시와 촌락의 장시에서 이루어진 것은 윤독이 아니라 구연임을 알 수 있다. (×)

05 다음 글에서 알 수 없는 것은?

의학적 원리만을 놓고 볼 때 '인두법'과 '우두법'은 전혀 차이가 없다. 둘 다 두창을 이미 앓은 개체에서 미량의 딱지나 고름을 취해서 앓지 않은 개체에게 접종하는 방식이다. 그렇지만 인두법 저작인 정약용의 『종두요지』와 우두법 저작인 지석영의 『우두신설』을 비교하면 접종대상자의 선정, 사후 관리, 접종 방식 등 세부적인 측면에서 적지 않은 차이가 발견된다.

먼저, 접종대상자의 선정 과정을 보면 인두법이 훨씬 까다롭다. 접종대상자는 반드시 생후 12개월이 지난 건강한 아이여야 했다. 중병을 앓고 얼마 되지 않은 아이, 몸이 허약한 아이, 위급한 증세가 있는 아이는 제외되었다. 이렇게 접종대상자의 몸 상태에 세심하게 신경을 쓰는 까닭은 비록 소량이라고 하더라도 사람에게서 취한 두(痘)의 독이 강력했기 때문이다. 한편, 『우두신설』에서는 생후 70~100일 정도의 아이를 접종대상자로 하며, 아이의 몸 상태에 특별히 신경을 쓰지 않는다. 이는 우두의 독력이 인두보다 약한 데서 기인한다. 우두법은 접종 시기를 크게 앞당김으로써 두창 감염에 따른 위험을 줄였고, 아이의 몸 상태에 크게 좌우되지 않는다는 장점이 있었다. 인두와 우두의 독력 차이로 사후 관리 또한 달랐음을 위 저작들에서 발견할 수 있다. 정약용은 접종 후에 나타나는 각종 후유증을 치료하기 위한 처방을 상세히 기재하고 있는 데 반해, 지석영은 그런 처방을 매우 간략하게 제시하거나 전혀 언급하지 않는다.

접종 방식의 차이도 두드러진다. 『종두요지』의 대표적인 접종 방식으로 두의 딱지를 말려 코 안으로 불어넣는 한묘법, 두의 딱지를 적셔 코 안에 접종하는 수묘법이 있다. 한묘법은 위험성이 높아서 급하게 효과를 보려고 할 때만 쓴 반면, 수묘법은 일반적으로 통용되었고 안전성 면에서도 보다 좋은 방법이었다. 이에 반해 우두 접종은 의료용 칼을 사용해서 팔뚝 부위에 일부러 흠집을 내어 접종했다. 종래의 인두법에서 코의 점막에 불어넣거나 묻혀서 접종하는 방식은 기도를 통한 발병 위험이 매우 높았기 때문이다.

① 우두법은 접종을 시작할 수 있는 나이가 인두법보다 더 어리다.
② 인두 접종 방식 가운데 수묘법이 한묘법보다 일반적으로 통용되는 접종 방식이었다.
③ 『종두요지』에는 접종 후에 나타나는 후유증을 치료하기 위한 처방이 제시되어 있었다.
④ 인두법은 의료용 칼을 사용하여 팔뚝 부위에 흠집을 낸 후 접종하는 방식이었다.
⑤ 『우두신설』에 따르면 몸이 허약한 아이에게도 접종할 수 있었다.

정답 ④

해설

① 우두법(70~100일)은 접종 시작 나이가 인두법(12개월 이상)보다 더 어리다. (○)
② 한묘법은 위험성이 높아서 급하게 효과를 보려고 할 때만 쓴 반면, 수묘법은 일반적으로 통용되었고 안전성 면에서도 보다 좋은 방법이었다. 따라서 인두 접종 방식 가운데 수묘법이 한묘법보다 일반적으로 통용되었다. (○)
③ 『종두요지』에는 접종 후 후유증 치료 처방이 상세하게 제시되어 있었다. 정약용이 『종두요지』의 저작자인데, 정약용은 접종 후에 나타나는 각종 후유증을 치료하기 위한 처방을 상세히 기재하였다는 것을 근거로 『종두요지』에는 치료 처방이 상세하게 제시되어 있었다는 점을 알 수 있다. (○)
④ 인두법은 코 점막을 통한 접종(한묘법, 수묘법)을 사용하였고, 의료용 칼로 팔뚝에 흠집을 내어 접종하는 건 우두법의 특징이다. 따라서 인두법은 의료용 칼을 사용하여 팔뚝 부위에 흠집을 낸 후 접종하는 방식이 아니다. (×)
⑤ 우두법은 아이의 몸 상태에 특별히 신경쓰지 않고, 아이의 몸 상태에 크게 좌우되지 않는다는 장점을 비추어 보아 몸이 허약한 아이에게도 접종할 수 있었다는 것을 알 수 있다. (○)

06 다음 글에서 알 수 있는 것은?

> 과학자가 고안한 새로운 이론이 과학적 진보에 기여하는지를 평가할 때, 다음의 세 가지 조건이 고려된다.
> 첫째는 통합적 설명 조건이다. 새로운 이론은 여러 현상들을 통합하여 설명할 수 있는 단순한 개념 틀을 제공해야 한다. 예컨대 뉴턴의 새로운 이론은 오랫동안 서로 다르다고 여겨졌던 지상계의 운동과 천상계의 운동을 단지 몇 가지 개념을 통해 설명할 방법을 제시하였다. 하지만 통합적 설명 조건만을 만족한다고 해서 과학적 진보에 기여한다고 보기는 어렵다.
> 둘째는 새로운 현상의 예측 조건이다. 새로운 이론은 기존의 이론이 예측할 수 없는 새로운 현상을 예측해야 한다. 새로운 현상을 예측하면, 과학자들은 그 예측이 맞는지 확인하기 위해 다양한 반증 시도를 하게 된다. 그 과정에서 과학자들은 기존에 관심을 두지 않았던 영역을 탐구하게 되고 새로운 관측 방법을 개발한다. 통합적 설명 조건을 만족하면서 동시에 새로운 현상을 예측하여 반증 시도를 허용하는 이론이 과학적 진보에 기여하게 되는 것이다.
> 셋째는 통과 조건이다. 이 조건은 위 두 조건을 모두 만족하는 이론이 제시한 새로운 예측이 실제 관측이나 실험 결과에 들어맞아야 한다는 것을 뜻한다. 혹자는 통과 조건을 만족하지 못하고 반증된 이론은 실패한 이론이고 과학적 진보에 기여하지 못한다고 생각하지만, 그렇지 않다. 그런 이론도 새로운 이론을 고안하도록 과학자를 추동하는 역할을 하기 때문이다. 따라서 통과 조건을 만족하지 못하더라도 통합적 설명 조건과 새로운 현상의 예측 조건을 모두 만족하는 이론은 과학적 진보에 기여하는 것으로 평가할 수 있다.

① 단순하면서 통합적인 개념 틀을 제공하는 이론은 통과 조건을 만족한다.
② 통과 조건을 만족하지 못하더라도 과학적 진보에 기여하는 이론이 있을 수 있다.
③ 반증된 이론은 과학자들이 새로운 이론을 고안하도록 추동하는 역할을 하지 못한다.
④ 새로운 현상의 예측 조건을 만족하지 못하는 이론은 통합적 설명 조건을 만족하지 못한다.
⑤ 통합적 설명 조건과 새로운 현상의 예측 조건 중 하나만 만족하는 이론도 과학적 진보에 기여한다.

정답 ②

해설

① 단순·통합적 설명을 한다고 해서 곧바로 실험이나 관측을 통과한다는 보장은 없다. 통합적 설명 조건과 통과 조건은 별개의 내용이다. 따라서 알 수 없다. (×)
② 마지막 문단의 마지막 문장에서 통과조건을 만족하지 못하더라도 통합적 설명 조건과 새로운 현상의 예측 조건을 모두 만족하는 이론은 과학적 진보에 기여하는 것으로 평가할 수 있다고 하였다. 따라서 일정 조건을 만족하는 이론은 통과조건을 만족하지 못하더라도 과학적 진보에 기여할 수 있는 것이다. (○)
③ 반증된 이론도 충분히 추동하는 역할을 할 수 있다. (×)
④ 예측 조건을 만족하지 못한다고 바로 통합적 설명 조건을 만족하지 못하는 것은 아니다. 통합적 설명 조건을 만족한다 하여도 예측 조건을 만족하지 못할 수 있는 바 둘의 관계는 별개의 내용이다. 따라서 알 수 없다. (×)
⑤ 통합적 설명 조건과 새로운 현상의 예측 조건은 함께 필요하다. 둘 중 하나의 조건만으로는 불충분하다. 따라서 어느 하나만 만족하는 이론은 과학적 진보에 기여한다고 볼 수 없다. (×)

07 다음 글의 ㉠~㉤을 문맥에 맞게 수정한 것으로 가장 적절한 것은?

『논어』「자한」편 첫 문장은 일반적으로 "공자께서는 이익, 천명, 인(仁)에 대해서 드물게 말씀하셨다."라고 해석된다. 그런데 『논어』 전체에서 인이 총 106회 언급되었다는 사실과 이 문장 안에 포함된 '드물게(罕)'라는 말은 상충하는 것처럼 보인다. 이러한 충돌을 해결하기 위한 시도는 크게 두 가지 방향에서 이루어졌다. 먼저 해당 한자의 의미를 ㉠ 기존과 다르게 해석하여 이 문장에 대한 일반적 해석을 변경하는 방식으로 이를 해결하려는 시도가 있다. 하지만 이와 다른 방식으로 충돌을 해결할 수 있다고 믿었던 이들도 있다. 그들은 이 문장의 일반적 해석을 바꾸지 않고 다음과 같은 방법들로 문제를 풀려고 시도했다.

첫째, 어떤 이들은 정도를 나타내는 표현이 상대성을 가질 수 있다는 점에 주목했다. 사실, '드물게'라는 것이 과연 어느 정도의 횟수를 의미하는지는 분명하지 않다. '드물다'는 표현은 동일 선상에 있는 다른 것과의 비교를 염두에 둔 것이다. 따라서 ㉡ 인이 106회 언급되었다고 해도 다른 것에 비해서는 드물다고 평가할 수 있다.

둘째, 다른 이들은 텍스트의 형성 과정에 주목했다. 『논어』는 발화자와 기록자가 서로 다른데, 공자 사후 공자의 제자들은 각자가 기억하는 스승의 말이나 스승에 대한 그간의 기록을 모아서 『논어』를 편찬하였다. 이를 염두에 둔다면 다음과 같은 상황을 상상할 수 있다. 공자는 인에 대해 실제로 드물게 말했다. 공자가 인을 중시하면서도 그에 대해 드물게 언급하다 보니 제자들이 자주 물을 수밖에 없었다. 그 대화의 결과들을 끌어모은 것이 『논어』인 까닭에, 『논어』에는 ㉢ 인에 대한 기록이 많아질 수밖에 없었다.

셋째, ㉣ 이 문장을 기록한 제자의 개별적 특성에 주목했던 이들도 있다. 즉, 다른 제자들은 인에 대해 여러 차례 들었지만, 이 문장의 기록자만 드물게 들었을 수 있다. 공자는 질문하는 제자가 어떤 사람인지에 따라 각 제자에게 주는 가르침을 달리했다. 그렇다면 '드물게'는 이 문장을 기록한 제자의 어떤 특성 때문에 나타난 결과일 수 있다.

넷째, 어떤 이들은 시간의 변수를 도입했다. 기록자가 공자의 가르침을 돌아보면서 ㉤ 이 문장을 기록한 시점 이후에 공자는 정말로 인에 대해 드물게 말했는지도 모른다. 그리고 그 뒤 어느 시점부터 공자가 빈번하게 인에 대해 설파하기 시작했으며, 『논어』에 보이는 인에 대한 106회의 언급은 그 결과일 수 있다.

① ㉠을 "기존과 동일하게 해석하여 이 문장에 대한 일반적 해석을 준수하는 방식"으로 고친다.
② ㉡을 "인이 106회 언급되었다면 다른 어떤 것에 비해서도 드물다고 평가할 수 없다"로 고친다.
③ ㉢을 "인에 대한 기록이 적어질 수밖에 없었다"로 고친다.
④ ㉣을 "『논어』를 편찬한 공자 제자들의 공통적 특성"으로 고친다.
⑤ ㉤을 "이 문장을 기록했던 시점까지"로 고친다.

정답 ⑤

해설

① "기존과 동일하게 해석"을 하면 충돌 해결이 불가능해져서 문맥상 부적절하게 된다. 따라서 "기존과 다르게 해석"하여야 한다. (×)
② '드물다'라는 것은 상대적인 개념으로 다른 것에 비해 적으면 여전히 '드물다'라는 것이 가능하다. 따라서 평가할 수 없다면 정반대의 의미가 되어 문맥상 부적절하다. (×)
③ 실제 발언은 드물지만 제자들의 질문과 그에 따른 기록이 많아져 '논어'에서는 많아진다는 의미이다. 따라서 "적어질 수 밖에 없었다"로 수정한다면 정반대의 의미로 부적절하다. (×)
④ 제자가 어떤 사람인지에 따라 각 제자에게 주는 가르침을 달리했다는 근거와 '드물게'는 이 문장을 기록한 제자의 어떤 특성 때문에 나타난 결과일 수 있다는 것으로 보아 "제자의 개별적 특성"이 적절하며, "공통적 특성"으로 고친다면 의미가 반대로 해석되기에 부적절하다. (×)
⑤ "이 문장을 기록한 시점 이후에" ⇨ "이 문장을 기록했던 시점까지"로 고쳐야 시간 흐름상 대비될 수 있어 문맥상 적절하게 수정되었다. (○)

08 다음 글의 (가)와 (나)에 들어갈 말을 짝지은 것으로 가장 적절한 것은?

> 오늘날 우리는 끊임없이 무엇인가를 전시하고 이에 대한 주변인의 반응을 기다린다. 특히 전시의 공간이 온라인 플랫폼으로 확장되면서 우리의 삶 자체가 전시물이 되는 시대에 살고 있다. 전시된 삶에 공감하는 익명의 사람들은 '좋아요' 버튼을 누른다. '좋아요'의 수가 많을수록 전시된 콘텐츠의 가치가 높아진다. 이제 얼마나 많은 수의 '좋아요'를 확보하느냐가 관건이 된다.
> 그러다 보니 우리는 손에 잡히지 않지만 눈으로 확인할 수 있는 누군가의 '좋아요'를 좇게 된다. '좋아요'는 전시된 콘텐츠에 대한 공감의 표현 방식이었지만, 어느 순간 관계가 역전되어 '좋아요'를 얻기 위해 콘텐츠를 가상 공간에 전시하기 시작한다. 이제 우리는 '좋아요'를 많이 얻을 수 있는 콘텐츠를 만들어내는 데 최선의 노력을 기울이게 된다.
> 이 관계의 역전은 문제를 일으킨다. '좋아요'의 선택을 받기 위해 노력하다 보면 어느 순간 현실에 존재하는 '나'가 사라지고 만다. 타인이 좋아할 만한 일상과 콘텐츠를 선별하거나 심지어 만들어서라도 전시하기 때문이다. [(가)]. 타인의 '좋아요'를 얻기 위해 현실에 존재하는 내가 사라지고 마는 아이러니를 직면하는 순간이다.
> '좋아요'의 공동체 안에서는 타자도 존재하지 않는다. 이 공동체는 '좋아요'를 매개로 모인 서로 '같음'을 공유하는 사람들로 구성된다. 그래서 같은 것을 좋아하고 긍정하는 '좋아요'의 공동체 안에서 각자의 '다름'은 점차 사라진다. [(나)]. 이제 공동체에서 그러한 타자를 환대하거나 그의 말을 경청하려는 사람은 점점 줄어들고, '다름'은 '좋아요'가 용납하지 않는 별개의 언어가 된다.
> '좋아요'는 그 특유의 긍정성 덕분에 뿌리치기 힘든 유혹으로 다가온다. 하지만 '좋아요'에 함몰되는 순간 나와 타자를 동시에 잃어버릴 수 있다. 우리는 '좋아요'를 거부하는 타자들을 인정하고 그들의 말에 귀를 기울여야 한다. 이렇게 '좋아요'가 축출한 '다름'의 언어를 되찾아오기 시작할 때 '좋아요'의 아이러니에서 벗어날 수 있을 것이다.

① (가): '좋아요'를 얻기 위해 현실의 나와 다른 전시용 나를 제작하는 셈이다
(나): '좋아요'를 거부하고 다른 의견을 내는 사람은 불편한 대상이자 배제의 대상이 된다
② (가): '좋아요'를 얻기 위해 현실의 나와 다른 전시용 나를 제작하는 셈이다
(나): '좋아요'의 공동체에서는 어떠한 갈등이나 의견 대립도 발생하지 않는다
③ (가): '좋아요'를 얻기 위해 나의 내면과 사생활까지도 타인에게 적극적으로 개방한다
(나): '좋아요'를 거부하고 다른 의견을 내는 사람은 불편한 대상이자 배제의 대상이 된다
④ (가): '좋아요'를 얻기 위해 나의 내면과 사생활까지도 타인에게 적극적으로 개방한다
(나): '좋아요'의 공동체에서는 어떠한 갈등이나 의견 대립도 발생하지 않는다
⑤ (가): '좋아요'를 얻기 위해 현실의 내가 가진 매력적 콘텐츠를 더욱 많이 발굴하는 것이다
(나): '좋아요'의 공동체에서는 어떠한 갈등이나 의견 대립도 발생하지 않는다

정답 ①

해설

i) 전시와 '좋아요'의 역전: 현실의 '나'가 사라지고, 타인의 시선을 의식해 만들어낸 '전시용 나'가 등장한다.
ii) 공동체의 성격 변화: '다름'은 점차 사라지고, 다른 의견이나 이견을 내는 사람은 환대받지 못하고 배제된다.
iii) 문제의식: '좋아요'는 긍정적인 힘으로 유혹적이지만, 거기에 함몰되면 결국 나도 잃고 타자도 잃게 된다.
iv) 해결책: '좋아요'가 배제한 '다름'의 언어를 회복해야 한다.

(가) 앞부분은 타인의 '좋아요'를 얻기 위해 현실에 내가 사라진다는 내용으로 이후 이어지는 문장으로 현실의 나 대신 '전시용으로 만들어 낸 나'에 대한 내용이 들어가야 한다.
(나) 앞부분은 '좋아요' 공동체 안에서 '다름'이 사라진다는 내용이다. 이후 다른 의견을 내는 사람은 환영받지 못하고, 불편한 존재로 배제된다는 내용이 들어가야 한다.
따라서 ①이 가장 적절하다.

② (나): 지문에서는 '다름이 배제된다'라고 하였지, 갈등이 사라진다고 언급하지는 않았다. (×)
③ (가): '현실의 나를 지우고 전시용 나를 만든다'는 것이지 내면과 사생활까지 개방한다는 언급은 없었다. (×)
④ 위 언급한 것과 같이 부적절하다. (×)
⑤ (가): '현실의 나를 지우고 전시용 나를 만든다'는 것이지 현실의 내가 가진 매력적 콘텐츠를 더 발굴하려고 하는 것은 아니다. 내가 가진 매력적 콘첸츠를 더 발굴한다는 것은 현실의 나를 지우는 것이 아니다. 따라서 부적절하다. (×)

09 다음 글의 빈칸에 들어갈 내용으로 가장 적절한 것은?

> 여행가들은 종종 여행으로 세계에 대한 새로운 지식을 얻었을 뿐만 아니라 차별과 편견을 제거할 수 있었다고 말한다. 이 깨달음은 신경과학자들 덕분에 사실로 입증되었다. 신경과학자들은 여행이 뇌의 전측대상피질(ACC)을 자극한다는 것을 알아냈다. ACC는 자신이 가진 세계 모델을 기초로 앞으로 들어올 지각 정보의 기대치를 결정하고 새로 들어오는 지각 정보들을 추적한다. 새로 들어온 정보가 기대치에 맞지 않으면 ACC는 경보를 발령하고, 이 정보에 대한 판단을 지연시켜 새로운 정보를 분석할 시간을 제공한다. 정보에 대한 판단이 지연되면, 그에 대한 말과 행동 또한 미뤄진다. ACC의 경보가 발령되면 우리는 어색함을 느끼고 멈칫한다. 결국 ACC는 주변 환경을 더 면밀히 관찰하라고 촉구한다.
>
> 우리의 뇌는 의식적으로든 반사적으로든 끊임없이 판단을 내린다. 이와 관련하여 인지과학자들은 판단을 늦출수록 판단의 정확성이 높아진다는 사실을 발견했다. 오래 시간을 들여 더 많은 관련 정보를 파악하는 것이 정확한 판단의 핵심이기 때문이다. 최후의 순간까지 정보에 대한 판단을 유보할수록 정확한 판단을 내릴 가능성이 커진다. 낯선 장소를 방문할 때 우리는 늘 어색함을 느낀다. 음식, 지리, 날씨 등 모든 게 기존의 세계 모델과 일치하지 않기 때문이다. 여행은 ACC를 자극하고, ACC의 경보 발령으로 우리는 신속한 판단이나 반사적 행동을 자제하게 된다. 따라서 더 이질적인 문화를 경험하면, 우리의 뇌는 (   ).

① ACC를 덜 활성화시킨다
② 더 적은 정보를 처리한다
③ 주변 환경에 더 친숙해진다
④ 기존의 세계 모델을 더 확신한다
⑤ 정보에 대한 판단을 더 지연시킨다

정답 ⑤

해설

인지과학자들은 판단을 늦출수록 판단의 정확성이 높아진다는 사실을 발견했고, 이에 최후의 순간까지 정보에 대한 판단을 유보할수록 정확한 판단을 내릴 가능성이 커진다는 것을 알게 되었다.

따라서 여행(새로운 지식을 얻었을 때)할 때, 이 여행이 뇌의 전측대상피질(ACC)을 자극하고, 새로 들어온 정보가 기대치에 맞지 않으면 ACC는 경보를 발령하고 이 정보에 대한 판단을 지연시켜 새로운 정보를 분석할 시간을 제공한다.

따라서 이질적인 문화를 경험하면, 우리의 뇌는 ACC를 더 활성화시키고, 더 많은 정보를 처리하며 정보에 대한 판단을 더 지연시키게 된다. 낯선 장소를 방문할 때 어색함을 느끼고, 이 환경이 기존의 세계 모델과 일치하지 않기 때문에 ACC를 더 활성화시켜 신속한 판단이나 반사적 행동을 자제하게 되는 것이다.

그러므로, 빈칸에 가장 적절한 것은 우리의 뇌는 "정보에 대한 판단을 더 지연시킨다"이다.

10 다음 글의 빈칸에 들어갈 내용으로 가장 적절한 것은?

> 갑은 이번에 들어온 신입 사원 민철에 대해서 '그는 결혼하지 않았다.'라는 정보와 '그는 비혼이다.'라는 정보를 획득했다. 한편 을은 민철에 대해서 '그는 결혼하지 않았다.'라는 정보와 '그에게는 아이가 있다.'라는 정보를 획득했다. 갑이 획득한 정보 집합과 을이 획득한 정보 집합 중에서 무엇이 더 정합적인가? 다르게 말해 어떤 집합 내 정보들이 서로 더 잘 들어맞는가? 갑의 정보 집합이 더 정합적이라고 여기는 것이 상식적이다.
>
> 그렇다면 이런 정보 집합의 정합성은 어떻게 측정할 수 있을까? 그 방법 중 하나인 C는 확률을 이용해 그 정합성의 정도, 즉 정합도를 측정한다. 여러 정보로 이루어진 정보 집합 S가 있다고 해보자. 방법 C에 따르면, S의 정합도는 (   )으로 정의된다.
>
> 그 정의에 따라 정합도를 측정하면, 위 갑과 을이 획득한 정보 집합의 정합성을 우리의 상식에 맞춰 비교할 수 있다. 갑이 획득한 정보에서 '그가 결혼하지 않았으며 비혼일 확률'과 '그가 결혼하지 않았거나 비혼일 확률'은 모두 '그가 비혼일 확률'과 같다. 왜냐하면 결혼하지 않았다는 것과 비혼이라는 것은 서로 같은 말이기 때문이다. 따라서 방법 C에 따르면 갑이 획득한 정보 집합의 정합도는 1이다.
>
> 한편, '그가 결혼하지 않았으며 아이가 있을 확률'은 '그가 결혼하지 않았거나 아이가 있을 확률'보다 낮다. 왜냐하면 그가 결혼하지 않았거나 아이가 있는 경우에 비해, 그가 결혼하지 않고 아이가 있는 경우는 드물기 때문이다. 따라서 방법 C에 따르면 을의 정보 집합의 정합도는 1보다 작다. 이런 식으로 방법 C는 갑의 정보 집합의 정합도가 을의 정보 집합의 정합도보다 크다고 말해 준다. 그리고 그 점에서 갑의 정보 집합이 을의 정보 집합보다 더 정합적이라고 판단한다. 이는 우리 상식에 부합하는 결과이다.

① S의 정보 중 적어도 하나가 참일 확률을 S의 모든 정보가 참일 확률로 나눈 값
② S의 모든 정보가 참일 확률을 S의 정보 중 적어도 하나가 참일 확률로 나눈 값
③ S의 정보 중 기껏해야 하나가 참일 확률을 S의 모든 정보가 참일 확률로 나눈 값
④ S의 모든 정보가 참일 확률을 S의 정보 중 기껏해야 하나가 참일 확률로 나눈 값
⑤ S의 정보 중 기껏해야 하나가 참일 확률을 S의 정보 중 적어도 하나가 참일 확률로 나눈 값

정답 ②

해설

갑: "결혼하지 않았다" + "비혼이다" = 더 정합적이다.
을: "결혼하지 않았다" + "아이가 있다" = 함께 참일 확률이 낮다.

정합도 측정 방법 C는 어떤 정보 집합 S가 주어졌을 때, S의 정합도는 (모든 정보가 동시에 참일 확률) ÷ (적어도 하나가 참일 확률)로 측정한다.
따라서 갑은 같은 말이므로 정합도는 1이며, 을은 그가 결혼하지 않고 아이가 있는 경우는 드물기 때문에 1보다 작다.
그러므로 빈칸에는 "모든 정보가 참일 확률을 S의 정보 중 적어도 어느 하나가 참일 확률로 나눈 값"이 들어가야 한다.

11 다음 글의 ㉠을 이끌어내기 위해 추가해야 할 전제로 가장 적절한 것은?

우리는 보고, 듣고, 냄새를 맡는 등 지각적 경험을 한다. 우리가 지각적 경험이 가능한 이유는 이러한 지각을 야기하는 원인이 존재하기 때문이다. 나는 ㉠ 신의 마음이 바로 나의 지각을 야기하는 원인임을 논증을 통해 보이고자 한다.
이 세상에 존재하는 모든 것은 지각되는 것이고, 그러한 지각을 야기하는 원인이 존재한다. 그러한 원인이 존재한다면 그 원인은 내 마음속 관념이거나 나의 마음이거나 나 이외의 다른 마음 중 하나일 것이다. 하지만 나의 지각을 야기하는 원인은 내 마음속 관념이 아니다. 왜냐하면 지각이 관념의 원인이 될 수는 있지만 관념이 지각을 야기할 수는 없기 때문이다.
나의 지각을 야기하는 원인은 내 마음도 아니다. 왜냐하면 내 마음이 내 지각의 원인이라면 나는 내가 지각하는 바를 조종할 수 있어야 한다. 예를 들어, 내가 내 앞의 빨간 사과를 보고 있다고 해 보자. 나는 이 사과를 빨간색으로 지각할 수밖에 없다. 아무리 내가 이 사과 색깔을 빨간색 대신 노란색으로 지각하려고 안간힘을 쓰더라도 이를 내 마음대로 바꿀 수는 없다. 그러므로 나의 지각을 야기하는 원인은 나 이외의 다른 마음이다.
나 이외의 다른 마음은 나 이외의 다른 사람의 마음이거나 사람이 아닌 다른 존재의 마음이다. 다른 사람의 마음이 내 지각을 야기하는 원인이 될 수 없다. 그들이 내가 지각하는 바를 조종할 수는 없기 때문이다. 그러므로 나의 지각을 야기하는 원인은 사람이 아닌 다른 존재의 마음이다.

① 내 마음속 관념이 곧 신이다.
② 사람과 신 이외에 마음을 지닌 존재는 없다.
③ 신의 마음은 나의 마음을 야기하는 원인이다.
④ 감각기관을 통한 지각적 경험은 신뢰할 수 있다.
⑤ 나 이외의 다른 마음만이 내가 지각하는 바를 조종할 수 있다.

정답 ②

해설

전제: 모든 지각에는 원인이 있다.
ⅰ) 원인이 있다면 내 마음속 관념
ⅱ) 원인이 있다면 나의 마음
ⅲ) 원인이 있다면 나 이외의 다른 마음 중 하나
반론: ⅰ) 나의 지각을 야기하는 원인은 내 마음속 관념이 아니다.
ⅱ) 나의 지각을 야기하는 원인은 내 마음도 아니다.
따라서 원인이 있다면 나 이외의 다른 마음 중 하나로 도출된다.
ⅰ) 다른 사람의 마음
ⅱ) 사람이 아닌 다른 존재의 마음

반론: 내가 지각하는 바를 조종할 수 없기 때문에 다른 사람의 마음이 내 지각을 야기하는 원인이 될 수 없다.
결론: 나의 지각을 야기하는 원인은 신의 마음
이러한 결론을 도출하기 위해서는 사람과 신 이외에는 마음을 가진 존재가 없다는 추가 전제가 필요하다.
따라서 ②가 정답이다.

① 내 마음속 관념이 신이다. → 관념은 원인에서 배제되므로 부적절하다. (×)
③ 지각의 원인이 신이라는 결론을 직접 전제화한 것으로 순환논증의 오류이다. 증명해야 할 결론을 이미 전제로 가정해 버린 것이다. (×)
④ 글의 논증과 무관한 내용이다. (×)
⑤ 다른 사람의 마음이 내 지각을 야기하는 원인이 될 수 없다고 하였으므로 이미 주장한 내용과 겹친다. 따라서 추가해야 할 전제가 아니다. (×)

12 다음 글의 내용이 참일 때 반드시 참인 것은?

> A부서에서는 새로 시작된 프로젝트에 다섯 명의 주무관 가은, 나은, 다은, 라은, 마은의 참여 여부를 점검하고 있다. 주무관들의 업무 전문성을 고려할 때, 다음과 같은 예측을 할 수 있었고 그 예측들은 모두 옳은 것으로 밝혀졌다.
> - 가은이 프로젝트에 참여하면 나은과 다은도 프로젝트에 참여한다.
> - 나은이 프로젝트에 참여하지 않으면 라은이 프로젝트에 참여한다.
> - 가은이 프로젝트에 참여하거나 마은이 프로젝트에 참여한다.

① 가은이 프로젝트에 참여하지 않으면 나은이 프로젝트에 참여한다.
② 다은이 프로젝트에 참여하면 마은이 프로젝트에 참여한다.
③ 다은이 프로젝트에 참여하거나 마은이 프로젝트에 참여한다.
④ 라은이 프로젝트에 참여하면 마은이 프로젝트에 참여한다.
⑤ 라은이 프로젝트에 참여하거나 마은이 프로젝트에 참여한다.

정답 ③

해설

가은, 나은, 다은, 라은, 마은을 각각 G, N, D, R, M으로 하고, 각 주무관들의 참여 여부 예측을 정리하면 다음과 같다.
ⅰ) G → (N ∧ D)
ⅱ) ~N → R
ⅲ) G ∨ M
예측 ⅲ)에 의해 G가 참여 또는 M이 참여 둘 중 하나이다.

경우 1 (G 참여, M 불참)
ⅰ)에 의해서 N과 D가 참여한다.
ⅱ)는 N이 참여하므로 조건의 선행이 거짓이다. 따라서 R은 참여할지 참여하지 않을지 모른다.
경우 2 (G 불참, M 참여)
ⅰ)은 G가 불참하므로 조건의 선행이 거짓이다. 따라서 N과 D는 참여하거나 불참한다.
ⅱ)에서 N이 불참하면 R은 참석, N이 참여하면 R은 참여할 수도 참여하지 않을 수도 있다.
따라서 G는 불참, M은 참여하고 그 외 주무관들은 알 수 없다.

① 가은(G)이 참여하지 않으면 나은(N)은 참여하거나 불참할 수 있다. 따라서 반드시 참이 아니다. (×)
② 경우 1에 의해서 다은(D)이 참여하게 되더라도 마은(M)이 참여하는지 여부는 알 수 없다. 따라서 반드시 참이 아니다. (×)
③ 경우 1과 2에 의해서 다은(D)이 참여하거나 마은(M)이 참여한다. (○)
④ 라은(R)이 참여하더라도 마은(M)이 참여하는지 여부는 알 수 없다. (×)
⑤ 라은(R)이 참여하지 않을 수도 있고, 마은(M)이 참여하지 않을 수도 있기 때문에 알 수 없다. 반드시 참이 아니다. (×)

13 다음 글의 내용이 참일 때 반드시 참인 것은?

가훈은 모든 게임에서 2인 1조로 다른 조를 상대해야 한다. 게임은 구슬치기, 징검다리 건너기, 줄다리기, 설탕 뽑기 순으로 진행되며 다른 게임은 없다. 이에 가훈은 남은 참가자 갑, 을, 병, 정, 무 중 각각의 게임에 적합한 서로 다른 인물을 한 명씩 선택하여 조를 구성할 계획을 세웠다. 게임의 총괄 진행자는 가훈의 선택에 대해 다음과 같이 예측하였다.

- 갑은 설탕 뽑기에 선택되고 무는 징검다리 건너기에 선택된다.
- 을이 구슬치기에 선택되거나 정이 줄다리기에 선택된다.
- 을은 구슬치기에 선택되지 않고 무는 징검다리 건너기에 선택되지 않는다.
- 병은 어떤 게임에도 선택되지 않고 정은 줄다리기에 선택된다.
- 무가 징검다리 건너기에 선택되거나 정이 줄다리기에 선택되지 않는다.

가훈의 조 구성 결과 이 중 네 예측은 옳고 나머지 한 예측은 그른 것으로 밝혀졌다.

① 갑이 어느 게임에도 선택되지 않았다.
② 을이 구슬치기에 선택되었다.
③ 병이 줄다리기에 선택되었다.
④ 정이 징검다리 건너기에 선택되었다.
⑤ 무가 설탕 뽑기에 선택되었다.

정답 ②

해설

게임 4개에 대해 가훈이 남은 5명(갑, 을, 병, 정, 무) 중 서로 다른 1명씩 짝지어 총 4명을 선택한다. (1명은 미선택)
예측 5개 중 1개는 거짓이고, 정리하면 아래와 같다.

i) 갑=설탕 ∧ 무=징검다리
ii) 을=구슬 ∨ 정=줄다리기
iii) 을≠구슬 ∧ 무≠징검다리
iv) 병 미선택 ∧ 정=줄다리기
v) 무=징검다리 ∨ 정≠줄다리기

서로 모순인 예측을 찾으면, i)과 iii)은 서로 무에 대해 다르게 예측하고 있기 때문에 둘 중 하나의 예측은 거짓이고, ii), iv), v)는 반드시 참이라는 것을 알 수 있다. 따라서 i)의 예측이 틀린 경우와 iii)의 예측이 틀린 경우 두 가지를 살펴본다.
i)의 예측이 틀린 경우: 예측 iv)와 예측 v)에서 무는 징검다리에 선택될 수밖에 없으므로 iii)의 예측은 거짓이 된다. 이 경우는 타당하지 않으므로 을이 구슬치기에 선택되었다는 것은 반드시 참이 된다.
iii)의 예측이 틀린 경우: 갑은 설탕 뽑기, 을은 구슬치기, 정은 줄다리기, 무는 징검다리, 병은 미선택이 된다.
따라서 어느 예측이 틀린 경우라도 을이 구슬치기에 선택되었다는 것은 반드시 참이다. ②가 정답이다.

14 다음 글의 빈칸에 들어갈 말로 적절한 것은?

문 주무관과 공 주무관은 하나의 팀을 이루어 문공 팀 제안서를 제출하였다. 이와 관련하여 공 주무관은 자신이 수집, 정리한 인사 관련 정보를 문 주무관과 다음과 같이 공유하였다. "강 주무관이 업무 평가에서 S등급을 받았다고 가정하면, 남 주무관이 업무 평가에서 S등급을 받은 경우 문공 팀 제안서가 폐기될 것입니다. 그런데 문공 팀 제안서가 폐기되는 일과 도 주무관이 전보 발령 대상이 되는 일, 둘 중 적어도 하나는 일어날 것입니다. 강 주무관과 남 주무관 둘 중 적어도 한 사람은 S등급을 받은 것이 분명합니다. 그런데 강 주무관만 S등급을 받고 남 주무관은 못 받는 그런 일은 없습니다. 다행히도, 문공 팀 제안서가 폐기되지 않고 심층 검토될 예정이라는 소식입니다." 그러나 공 주무관이 공유한 정보를 살펴보던 문 주무관은 자신이 입수한 정보를 공유하면서 공 주무관에게 말하였다. "공 주무관님, 그런데 조금 전 확인된 바로, (　　　　). 그렇다고 보면, 공 주무관님이 말씀하신 정보는 내적 일관성이 없고 따라서 전부 참일 수는 없습니다. 어딘가 최소한 한 군데는 잘못된 정보라는 말이지요. 지금으로선 어느 부분이 문제인지 알 수 없으니, 수고스럽더라도 어느 부분에 문제가 있는지 다시 확인해 주셔야 하겠습니다."

① 남 주무관은 업무 평가에서 S등급을 받았습니다
② 강 주무관은 업무 평가에서 S등급을 받지 못했습니다
③ 도 주무관이 전보 발령 대상이 아닌 경우, 문공 팀 제안서가 폐기됩니다
④ 남 주무관이 업무 평가에서 S등급을 받은 경우, 도 주무관은 전보 발령 대상이 아닙니다
⑤ 강 주무관이 업무 평가에서 S등급을 받은 경우, 남 주무관도 업무 평가에서 S등급을 받습니다

정답 ④

해설

공유한 내용을 정리하면,
i) 문공 팀 제안서 폐기되는 일 or 도 주무관 전보 발령
ii) 문공 팀 제안서는 폐기되지 않았으므로 도 주무관 전보 발령
iii) 강 주무관 or 남 주무관 중 적어도 한 사람은 S등급
iv) 강 주무관만 S등급 받을 수 없다.
v) (강 주무관 and 남 주무관) or 남 주무관만 S등급
vi) 문공 팀 제안서는 폐기되지 않았으므로 남 주무관만 S등급 받는다.

위 공유한 내용과 바탕으로 빈칸에 들어갈 말은 서로 상충되어야 한다.

①, ② 공유한 정보에서 확인 가능하므로 빈칸에 들어갈 말로 적절하지 않다. (×)
③ ⅰ)에 의해서 도 주무관이 전보 발령 대상이 아닌 경우에는 문공팀 제안서는 폐기된다. 따라서 공유한 내용과 상충되지 않기 때문에 빈칸에 들어갈 말로 적절하지 않다. (×)
④ 남 주무관이 S등급을 받았고, 도 주무관이 전보 발령된다는 사실을 공유한 내용에서 확인할 수 있다. 그런데 도 주무관이 전보 발령 대상이 아니라는 말은 공유한 내용과 상충되므로 빈칸에 들어갈 말로 적절하다. (○)
⑤ ⅴ)에 의해서 강 주무관이 업무 평가에서 S등급을 받을 경우 남 주무관도 S등급을 받게 된다. 따라서 공유한 내용과 상충되지 않기 때문에 빈칸에 들어갈 말로 적절하지 않다. (×)

15 다음 글에서 추론할 수 있는 것만을 〈보기〉에서 모두 고르면?

종이와 같이 전류가 흐르지 않는 성질을 가진 물질을 절연체라 한다. 절연체는 전기적으로 중성이며 전하를 띠지 않는다. 그러나 어떤 상황에서는 전하 사이에 작용하는 힘인 전기력에 의한 운동이 가능하다. 어떻게 이러한 절연체의 운동이 가능한가를 알아보자.
절연체는 전기적으로 중성이지만 그 안에는 무수히 많은 전하가 존재한다. 다만, 음전하와 양전하가 똑같은 숫자로 존재하며 물체에 균일하게 분포되어 있다. 이들에게 외부의 전하가 작용할 때 발생하는 전기력인 척력과 인력이 서로 상쇄되어 아무런 힘이 작용하지 않을 것처럼 보인다.
그런데 외부에서 전기력이 작용하면 절연체 내부의 전하들은 개별적으로 그 힘에 반응한다. 가령, 양으로 대전된 물체에 의해서 절연체에 전기력이 작용하는 경우, 절연체 내부의 음전하는 대전된 물체 방향으로 끌려가는 힘인 인력을 받고, 양전하는 밀려나는 힘인 척력을 받는다.
절연체 내부의 전하들은 이러한 전기력에 의해 미세하게 이동할 수 있는데, 음전하는 양으로 대전된 물체와 가까워지는 방향으로, 양전하는 멀어지는 방향으로 이동하게 된다. 그 결과 대전된 물체의 양전하와 절연체의 음전하 간의 인력이 대전된 물체의 양전하와 절연체의 양전하 간의 척력보다 커져 절연체는 대전된 물체 방향으로 끌려가게 된다. 전기력은 전하 간 거리가 멀수록 작아지는 특성이 있기 때문이다. 다만 절연체의 무게가 충분히 작아야만 이러한 전기력이 절연체의 무게를 극복하고 절연체를 끌어당길 수 있다.

〈보기〉

ㄱ. 절연체 내부 전하의 위치는 절연체 외부의 영향에 의해서 변할 수 있다.
ㄴ. 대전된 물체는 절연체 내 음전하와 양전하의 구성 비율을 변화시킬 수 있다.
ㄷ. 음으로 대전된 물체를 특정 무게 이하의 절연체에 가까이함으로써 절연체를 밀어내는 것이 가능하다.

① ㄱ
② ㄴ
③ ㄱ, ㄷ
④ ㄴ, ㄷ
⑤ ㄱ, ㄴ, ㄷ

정답 ①

해설

ㄱ. 외부에서 전기력이 작용하면 절연체 내부의 전하들은 그 힘에 반응하는데, 이러한 전기력에 의해 절연체 내부의 전하들은 미세하게 이동할 수 있다. (○)
ㄴ. 대전된 물체는 절연체 내 음전하와 양전하를 이동시킬 수 있지만 음전하와 양전하의 구성 비율을 변화시킬 수 있다는 정보는 글에서 확인할 수 없다. 추론할 수 없는 내용이다. (×)
ㄷ. 글의 예시에서는 양으로 대전된 물체에 의해서 절연체에 전기력이 작용하는 경우, 절연체 내부의 음전하는 대전된 물체 방향으로 끌려가는 힘인 인력을 받고, 양전하는 밀려나는 힘인 척력을 받는데 이 힘의 차이로 인하여 절연체가 대전된 물체 방향으로 끌려가는 것을 설명하고 있다.
이에 음으로 대전된 물체를 절연체에 가까이 할 경우에는 절연체 내부의 음전하는 척력(예시와 반대)을 받고, 양전하는 인력(예시와 반대)을 받게 된다. 이 때 전기력은 전하 간 거리가 멀수록 작아지므로 음으로 대전된 물체와 가까워진 양전하의 인력이 보다 커져서 절연체는 대전된 물체 방향으로 끌려가게 된다. (밀어내는 것이 아니라 끌려가게 된다.) 추론할 수 없는 내용이다. (×)

16 다음 글에서 추론할 수 있는 것은?

사람의 근육 운동은 근육 세포의 수축과 이완이 반복되면서 일어나며, 근육 세포의 수축과 이완이 정상적으로 일어나지 않으면 근육 마비가 일어난다. 근육 세포의 수축과 이완은 근육 세포와 인접해 있는 운동 신경 세포에서 아세틸콜린의 방출을 조절함으로써 일어날 수 있다.
운동 신경 세포에 작용하는 신호에 의해 운동 신경 세포에서 아세틸콜린이 방출된다. 방출된 아세틸콜린은 근육 세포의 막에 있는 아세틸콜린 결합 단백질에 결합하고 이 근육 세포가 수축되게 한다. 뇌의 운동피질에서 유래한 신호가 운동 신경 세포에 작용하여 이와 같은 현상을 일으킬 수 있다.
운동 신경 세포에서 아세틸콜린의 방출은 운동 신경 세포와 접하고 있는 억제성 신경 세포에 의해서도 조절될 수 있다. 억제성 신경 세포는 글리신을 방출하는데, 이 글리신은 운동 신경 세포에 작용하여 아세틸콜린의 방출을 막음으로써 근육 세포가 이완되게 한다.
사람의 근육 운동에 영향을 미치는 물질 중에는 보툴리눔 독소와 파상풍 독소가 있다. 두 독소는 각각 병원균인 보툴리눔균과 파상풍균이 분비하는 독성 단백질이다. 보툴리눔 독소는 운동 신경 세포에 작용하여 아세틸콜린이 방출되는 것을 막아 근육 세포가 이완된 상태로 있게 하여 근육 마비를 일으킨다. 파상풍 독소는 억제성 신경 세포에 작용하여 글리신이 방출되는 것을 막아 근육 세포가 수축된 상태로 있게 하여 근육 마비를 일으킨다.

① 근육 세포의 막에는 글리신 결합 단백질이 있다.
② 보툴리눔 독소는 근육 세포의 수축이 일어나지 않게 하여 근육 마비를 일으킨다.
③ 운동 신경 세포에서 방출된 아세틸콜린은 억제성 신경 세포에서 글리신의 방출을 막는다.
④ 뇌의 운동피질에서 유래된 신호는 운동 신경 세포에서 아세틸콜린의 방출을 막아서 근육의 수축을 일으킨다.
⑤ 파상풍 독소는 운동 신경 세포에서 방출된 아세틸콜린이 근육 세포의 막에 있는 결합 단백질에 결합할 수 없게 한다.

정답 ②

해설

① 글리신의 표적은 운동 신경 세포이다. 근육 세포막이라는 정보는 없다. (×)
② 보툴리눔 독소는 아세틸콜린이 방출되는 것을 막아 근육 세포가 이완된 상태로 있게 하여 근육 마비를 일으킨다. 즉, 이 독소는 근육 세포의 수축이 일어나지 않도록 지속적으로 이완된 상태로 있게 함으로써 근육 마비를 일으킨다. (○)
③ 아세틸콜린이 글리신의 방출을 막는 것이 아니라, 글리신이 운동 신경 세포에 작용하여 아세틸콜린의 방출을 막는다. (×)
④ 운동피질 신호가 운동 신경 세포에 작용해 아세틸콜린의 방출을 유도한다. 아세틸콜린의 방출을 막아서 근육 수축을 유발하는 것이 아니라 방출을 유도하여 근육 수축을 유발하는 것이다. (×)
⑤ 파상풍 독소가 억제성 신경 세포에서 글리신 방출을 막아 근육이 수축된 상태로 마비되는 것이다. 파상풍 독소가 아세틸콜린이 근육 세포의 막에 있는 결합 단백질에 결합할 수 없게 한다는 내용은 추론할 수 없다. (×)

17 다음 글의 (가)와 (나)에 들어갈 말을 짝지은 것으로 가장 적절한 것은?

진공 상태에서 금속이나 반도체 물질에 높은 전압을 가하면 그 표면에서 전자가 방출된다. 방출된 전자가 형광체에 충돌하면 빛이 발생하는데, 이 빛을 이용하여 디스플레이를 만들 수 있다. 이런 디스플레이를 만들기 위해, 금속이나 반도체 물질로 만들어진 원기둥 형태의 나노 구조체가 기판에 고밀도로 존재하도록 제작하는 기술이 개발되고 있다.

고밀도의 나노 구조체가 있는 기판을 제작하려는 것은 나노 구조체의 밀도가 높을수록 단위 면적당 더 많은 양의 전자가 방출될 것이라는 가설 H1에 근거하고 있다. 그러나 기판의 단위 면적당 방출되는 전자의 양은 나노 구조체의 밀도가 일정 수준 이상으로 높아지면 오히려 줄어들게 될 것이라는 가설 H2를 주장하는 과학자들의 수가 늘어나고 있다. 이는 나노 구조체가 너무 조밀하게 모여 있으면 나노 구조체 각각에 가해지는 실제 전압이 오히려 감소한다는 사실에 기반을 두고 있다.

과학자 L은 가설 H1과 가설 H2를 확인하기 위한 원기둥 형태의 금속 재질의 나노 구조체 X가 있는 기판을 제작하였다. 이 기판에 동일 거리에서 동일 전압을 가하여 다음의 실험을 수행하였다.

〈실험〉

실험 1: X가 있는 기판 A와 A보다 면적이 두 배이고 X의 개수가 네 배인 기판 B를 제작하였다. 이때 단위 면적당 방출된 전자의 양은 기판 A와 기판 B가 같았다.

실험 2: 단위 면적당 방출된 전자의 양은, 기판 C에 10,000개의 X가 있을 때보다 20,000개의 X가 있을 때 더 많았고, 기판 C에 20,000개의 X가 있을 때보다 30,000개의 X가 있을 때 더 적었다.

두 실험 중 실험 1은 가설 H1을 (가), 실험 2는 가설 H2를 (나).

	(가)	(나)
①	강화하고	강화한다
②	강화하고	약화한다
③	약화하지 않고	약화한다
④	약화하고	약화한다
⑤	약화하고	강화한다

정답 ⑤

해설

가설 H1 : 나노 구조체의 밀도가 높을수록 단위 면적당 더 많은 양의 전자가 방출
가설 H2 : 나노 구조체의 밀도가 일정 수준 이상으로 높아지면 단위 면적당 더 적은 양의 전자가 방출

실험 1. 기판 B는 기판 A보다 면적이 두 배이고 구조체 X의 개수가 개수가 네 배이므로 기판 B의 나노 구조체 밀도는 기판 A의 나노 구조체 밀도의 두 배이다.
밀도는 질량 ÷ 부피이다. 여기서 밀도의 공식을 모르더라도 문제 상황에서 기판 위에 세운 구조체의 분포 비교이므로 기판의 단위 면적당 X의 개수를 의미하는 것으로 해석하는 것이 빠르다.
따라서 기판 A의 면적은 S, 구조체 × 개수 = N
기판 B의 면적은 2S, 구조체 × 개수 = 4N

따라서 A의 단위 면적당 구조체 개수는 $\frac{N}{S}$이고, B의 단위 면적당 구조체 개수는 $\frac{4N}{2S}$이므로, 기판 B는 기판 A보다 2배 더 높은 밀도를 가지게 된다.
→ 이때 단위 면적당 방출된 전자의 양은 동일하였다.
가설 H1에 따르면 구조체 밀도가 높을수록 더 많은 양의 전자가 방출되어야 하는데 결과가 이와 다르므로 가설 H1을 "약화하고"가 옳다.

실험 2. 동일한 기판 C에 X가 10,000, 20,000, 30,000개로 나노 구조체의 밀도를 점점 높아졌지만 단위 면적당 방출된 전자의 양은 20,000개까지는 많아졌고 30,000개의 X가 있을 때 더 적어졌기에 일정 수준 이상으로 높아지면 방출되는 전자의 양이 오히려 줄어들게 될 것이라는 가설 H2를 "강화한다."

18 다음 글의 실험 결과를 가장 잘 설명하는 것은?

광검출기는 빛을 흡수하고 이를 전기 신호인 광전류로 변환하여 빛의 세기를 측정하는 장치로, 얼마나 넓은 범위의 세기를 측정할 수 있는지가 광검출기의 성능을 결정하는 주요 지표이다.
광검출기에서는 빛이 조사되지 않아도 열에너지의 유입 등 외부 요인에 의해 미세한 전류가 발생할 수 있는데, 이러한 전류를 암전류라 한다. 그런데 어떤 광검출기에 세기가 매우 작은 빛이 입력되어 암전류보다 작은 광전류가 발생한다면, 발생한 전류가 암전류에 의한 것인지 빛의 조사에 의한 것인지 구분할 수 없다. 따라서 이 빛의 세기는 이 광검출기에서 측정할 수 없다.
한편, 광검출기에는 광포화 현상이 발생하는데, 이는 광전류의 크기가 빛의 세기에 따라 증가하다가 특정 세기 이상의 빛이 입력되어도 광전류의 크기가 더 이상 증가하지 않고 일정하게 유지되는 것을 뜻한다. 광포화가 일어나기 위한 빛의 최소 세기를 광포화점이라 하고, 광검출기는 광포화점 이상의 세기를 갖는 서로 다른 빛에 대해서는 각각의 세기를 측정할 수 없다. 결국, 어떤 광검출기가 측정할 수 있는 빛의 최소 세기를 결정하는 암전류의 크기와 빛의 최대 세기를 결정하는 광포화점의 크기는 광검출기의 성능을 결정하는 주요 지표이다.
한 과학자는 세기가 서로 다른 빛 A~D를 이용하여 광검출기 I과 II의 성능 비교 실험을 하였다. 이때 빛의 세기는 A > B > C이며 D > C이다. 광검출기 I과 II로 A~D 각각의 빛의 세기를 측정할 수 있는 경우를 ○, 측정할 수 없는 경우를 ×로 정리하여 실험 결과를 아래 표에 나타내었다.

광검출기 \ 빛	A	B	C	D
I	○	○	×	×
II	×	○	×	○

① 두 광검출기가 각각 검출할 수 있는 빛의 최소 세기는 I과 II가 같고, 광포화점은 I이 II보다 작다.
② 두 광검출기가 각각 검출할 수 있는 빛의 최소 세기는 I이 II보다 크고, 광포화점은 I이 II보다 작다.
③ 두 광검출기가 각각 검출할 수 있는 빛의 최소 세기는 I이 II보다 작고, 광포화점은 I이 II보다 작다.
④ 두 광검출기가 각각 검출할 수 있는 빛의 최소 세기는 I이 II보다 작고, 광포화점은 I이 II보다 크다.
⑤ 두 광검출기가 각각 검출할 수 있는 빛의 최소 세기는 I이 II보다 크고, 광포화점은 I이 II보다 크다.

정답 ⑤

해설

광검출기 Ⅰ과 광검출기 Ⅱ가 검출할 수 있는 빛의 최소 세기와 광포화점 크기를 비교하면 된다.

표에서 B, C 빛은 동일하니 A와 D를 보고 빛의 최소 세기와 광포화점 크기를 비교한다.

먼저 A 빛의 세기를 측정할 수 있는 광검출기 Ⅰ은 광포화점이 A보다 크기 때문에 측정할 수 있었다. 따라서 측정하지 못한 광검출기 Ⅱ는 광포화점이 A보다 낮다는 것을 알 수 있다. 광포화점이 A보다 낮다면 A의 세기에 도달하기 전에 이미 광전류의 크기가 더 이상 증가하지 않고 일정하게 유지되기 때문이다.

따라서 광검출기 Ⅰ은 광검출기 Ⅱ보다 광포화점이 크다. … ⅰ)

표에서 D를 보면, 광검출기 Ⅰ은 C 빛의 세기부터 측정하지 못하였고, D 또한 측정하지 못하였다. 빛의 세기는 D > C이므로 적어도 광검출기 Ⅰ은 검출할 수 있는 빛의 최소 세기가 D보다 크다는 것을 알 수 있다. 검출할 수 있는 빛의 최소 세기가 D보다 작다면 D를 검출할 수 있었기 때문이다.

다른 정보로 광검출기 Ⅱ는 D 빛의 세기를 검출할 수 있었는데, 이는 검출할 수 있는 빛의 최소 세기가 D보다 낮기 때문이다. 따라서 검출할 수 있는 최소 세기를 비교하면 D > 광검출기 Ⅱ > C가 성립된다. 빛의 최소 세기가 D보다 큰 광검출기 Ⅰ을 종합하면, 광검출기 Ⅰ > D > 광검출기 Ⅱ > C가 성립한다.

따라서 검출할 수 있는 빛의 최소 세기는 광검출기 Ⅰ이 Ⅱ보다 크다는 것을 알 수 있다.

정답은 두 광검출기가 각각 검출할 수 있는 빛의 최소 세기는 Ⅰ이 Ⅱ보다 크고, 광포화점은 Ⅰ이 Ⅱ보다 크다는 내용의 ⑤이다.

[19~20] 다음 글을 읽고 물음에 답하시오.

우리가 임의의 명제 p를 지지하는 증거를 지니면 p에 대한 우리의 믿음은 인식적으로 정당화되고, p를 지지하는 증거를 지니지 않으면 p에 대한 우리의 믿음은 인식적으로 정당화되지 않는다. p에 대한 믿음이 인식적으로 정당화된 상황에서 p를 믿는 것은 우리의 인식적 의무일까? p를 믿는 것이 우리의 인식적 의무라면 이와 관련해 발생하는 문제는 없을까? 이 질문들과 관련해 의무론 논제, 비의지성 논제, 자유주의 논제를 고려해보자.

- 의무론 논제 : ㉠ 만약 우리가 p를 믿는다는 것이 인식적으로 정당화된다면 그것을 믿어야 하고, 만약 우리가 p를 믿는다는 것이 인식적으로 정당화되지 않는다면 그것을 믿어야 하는 것은 아니다. 즉 우리가 p를 믿어야 한다는 것은 우리가 p를 믿는다는 것이 인식적으로 정당화되기 위한 필요충분조건이다. 이것이 의무론 논제라 불리는 이유는 '우리가 p를 믿어야 한다.'는 것을 인식적 의무로 간주하기 때문이다.
- 비의지성 논제 : ㉡ 우리가 p를 믿는다는 것은 자유롭게 선택할 수 있는 것이 아니다. 즉 믿음은 선택의 대상이 아니다. 예를 들어, 갑이 창밖에 있는 나무를 바라보며 창밖에 나무가 있다는 것을 믿는다고 해보자. 이때 갑이 이를 믿지 않으려고 해도 그는 그럴 수 없다.
- 자유주의 논제 : ㉢ 만약 우리가 p를 믿는다는 것이 자유롭게 선택할 수 있는 것이 아니라면, 우리에게 p를 믿어야 할 인식적 의무는 없다. 예를 들어, 창밖에 나무가 있다는 갑의 믿음이 비의지적이라면, 갑에게는 창밖에 나무가 있다는 것을 믿어야 할 인식적 의무가 없다.

그런데 의무론 논제, 비의지성 논제, 자유주의 논제를 모두 받아들이면 ㉣ 우리가 p를 믿는다는 것은 인식적으로 정당화되지 않는다는 받아들이기 힘든 결론을 얻는다. 왜 그러한가? 이 논증은 다음과 같이 구성된다. 우선 우리가 p를 믿는다는 것이 자유롭게 선택할 수 있는 것이 아니라고, 즉 우리의 p에 대한 믿음이 비의지적이라고 하자. 그렇다면 자유주의 논제에 따라, 우리에게 p를 믿어야 할 인식적 의무는 없다. 그리고 의무론 논제에 따라, 우리가 p를 믿는다는 것은 인식적으로 정당화되지 않는다. 이러한 결론을 거부하려면 위 세 논제 중 적어도 하나를 거부해야 한다.

철학자 A는 자유주의 논제와 비의지성 논제는 받아들이면서 의무론 논제를 거부하여 위 논증의 결론을 거부한다. A에 따르면 위 논증에서 우리에게 p를 믿어야 할 인식적 의무가 없다는 것은 성립하지만, 우리에게 인식적 의무가 없더라도 그 믿음이 인식적으로 정당화될 수 있는 그런 경우가 있다. 위 예처럼 창밖에 나무가 있다는 것을 믿어야 할 인식적 의무가 없더라도, 창 밖의 나무를 실제로 보고 있다는 것으로부터 그 믿음은 충분히 인식적으로 정당화될 수 있다. 따라서 위 논증의 결론은 거부된다.
철학자 B는 의무론 논제와 비의지성 논제는 받아들이면서 자유주의 논제를 거부하여 위 논증의 결론을 거부한다. B에 따르면 위 논증에서 우리의 p에 대한 믿음이 비의지적이더라도 그 믿음에 대한 인식적 의무는 있을 수 있다. 비유적으로 생각해 보자. 돈이 없어서 빚을 갚을지 말지에 대해 선택의 여지가 없다고 하더라도 빚을 갚아야 한다는 의무는 있다. B에 따르면 이러한 방식으로 비의지적인 믿음에 대한 인식적 의무에 대해 말할 수 있다.

19 윗글의 ㉠~㉣에 대한 분석으로 적절한 것만을 〈보기〉에서 모두 고르면?

보기
ㄱ. ㉠과 ㉢만으로는 ㉣이 도출되지 않는다.
ㄴ. ㉡의 부정으로부터 ㉢의 부정이 도출된다.
ㄷ. ㉢과 "'지금 비가 오고 있다.'를 믿는다는 것이 비의지적이다."라는 전제로부터 "우리에게 '지금 비가 오고 있다.'를 믿어야 할 인식적 의무가 없다."는 것이 도출된다.

① ㄱ ② ㄴ
③ ㄱ, ㄷ ④ ㄴ, ㄷ
⑤ ㄱ, ㄴ, ㄷ

정답 ③

해설

㉠ 믿는다는 것이 인식적으로 정당화된다면 믿어야 한다.
㉡ 자유롭게 선택 ×
㉢ 자유롭게 선택 × → 인식적 의무 ×
㉣ 정당화된다는 것은 아니다.

ㄱ. ㉠과 ㉢만 연결하면 자유롭게 선택 × → 인식적 의무 ×, 정당화된다면 믿어야 한다.
따라서 ㉣이 도출되기 위해서는 우리가 믿는다는 것이 자유롭게 선택할 수 있는 것이 아니라는 내용이 필요하다.
㉡이 추가되어야 믿는다는 것이 인식적으로 정당화 → 믿는다는 것은 자유롭게 선택 × → 인식적 의무 × → 정당화 ×으로 정리된다. 따라서 ㉠과 ㉢만으로는 ㉣이 도출되지 않는다. (○)
ㄴ. ㉡의 부정으로부터 ㉢의 부정이 도출되려면 ㉢ → ㉡이 도출되어야 한다. 하지만 ㉡은 ㉢명제의 전건에 해당하는 명제로써 ㉢에서 ㉡이 도출될 수 없다.
예를 들어 "A는 B이다. 그러므로 A이다."는 성립될 수 없다. (×)
ㄷ. "'지금 비가 오고 있다'를 믿는다는 것은 비의지적이다"라는 전제는 비의지적 → 자유롭게 선택 × → 인식적 의무 ×으로 연결되므로 "우리에게 '지금 비가 오고 있다.'를 믿어야 할 인식적 의무가 없다." 는 것이 도출된다. (○)

20 윗글에 대한 평가로 적절한 것만을 〈보기〉에서 모두 고르면?

보기
ㄱ. "우리가 p를 믿는다는 것은 자유롭게 선택할 수 있는 것이다."는 것이 사실이면, 철학자 A의 입장은 약화된다.
ㄴ. "우리에게 p를 믿어야 할 인식적 의무가 있다면 우리의 p에 대한 믿음이 인식적으로 정당화된다."는 것이 사실이면, 철학자 B의 입장은 강화된다.
ㄷ. "우리가 p를 믿는다는 것이 자유롭게 선택할 수 있는 것이 아니더라도 우리에게 p를 믿어야 할 인식적 의무가 있다."는 것이 사실이면, 철학자 A와 B의 입장은 약화된다.

① ㄱ ② ㄷ
③ ㄱ, ㄴ ④ ㄴ, ㄷ
⑤ ㄱ, ㄴ, ㄷ

정답 ③

해설

철학자 A와 B의 입장을 강화하는지, 약화하는지 파악해야 한다.

ㄱ. 철학자 A는 비의지성 논제를 받아들이므로 "우리가 p를 믿는다는 것은 자유롭게 선택할 수 있는 것이다"는 것이 사실이면, 철학자 A의 입장은 약화된다. 철학자 A는 자유주의 논제와 비의지성 논제는 받아들이면서 의무론 논제를 거부하여 글의 논증 결과를 거부하기 때문이다. (○)
ㄴ. 철학자 B는 의무론 논제를 받아들이므로 "우리에게 p를 믿어야 할 인식적 의무가 있다면 우리의 p에 대한 믿음이 인식적으로 정당화된다."는 것이 사실이면, 철학자 B의 입장은 강화된다. 철학자 B는 의무론 논제와 비의지성 논제는 받아들이면서 자유주의 논제를 거부하면서 글의 논증 결과를 거부하기 때문이다. (○)
ㄷ. 철학자 A는 자유주의 논제를 받아들이고, 철학자 B는 받아들이지 않기 때문에 "우리가 p를 믿는다는 것이 자유롭게 선택할 수 있는 것이 아니더라도 우리에게 p를 믿어야 할 인식적 의무가 있다."는 것이 사실이면, 철학자 A의 입장은 약화, B의 입장은 약화되지 않는다. 즉, "우리가 p를 믿는다는 것이 자유롭게 선택할 수 있는 것이 아니더라도 우리에게 p를 믿어야 할 인식적 의무가 있다."는 것은 자유주의 논제를 부정한다. 따라서 이 명제가 사실일 경우 철학자 A의 입장은 약화되지만 B의 입장은 약화되지 않는 것이다. (×)

21 다음 대화의 ㉠으로 적절한 것만을 〈보기〉에서 모두 고르면?

갑: 현재 지방자치단체들에서는 아동학대 피해자들을 위해 아동보호 전문기관과 연계하여 적극적인 보호조치를 취하는 대응체계를 구축하고 있는데요. 그럼에도 불구하고 아동학대로부터 제대로 보호 받지 못하는 피해자들이 여전히 많은 이유는 무엇일까요?

을: 제 생각에는 신속한 보호조치가 미흡한 것 같습니다. 현행 대응체계에서는 신고가 접수된 이후부터 실제 아동학대로 판단되어 보호조치가 취해지기까지 긴 시간이 소요됩니다. 신고를 해 놓고 보호조치를 기다리는 동안 또다시 학대를 받는 아동이 많은 것은 아닐까요?

병: 글쎄요. 저는 다른 이유가 있다고 생각합니다. 현행 대응체계에서는 일단 아동학대 신고가 접수되면 실제 아동학대로 판단될 수 있는 사례인지를 조사합니다. 그 결과 아동학대로 판단되지 않은 사례에 대해서는 보호조치가 취해지지 않는데요. 당장은 직접적인 학대 정황이 포착되지 않아 아동학대로 판단되지 않았으나, 실제로는 아동학대였던 경우가 많았을 것이라고 생각합니다.

정: 옳은 지적이긴 합니다. 하지만 저는 더 근본적인 문제가 있다고 생각합니다. 아동학대가 가까운 친인척에 의해 발생한다는 점, 그리고 피해자가 아동이라는 점 등으로 인해 신고 자체가 어려운 경우가 많습니다. 애당초 신고를 하기 어려우니 보호조치가 취해질 가능성 또한 낮은 것이지요.

갑: 모두들 좋은 의견 감사합니다. 오늘 회의에서 제시하신 의견을 뒷받침할 수 있는 ㉠자료 조사를 수행해 주세요.

〈보기〉

ㄱ. 을의 주장을 뒷받침하기 위해, 신고가 접수된 시점과 아동학대 판단 후 보호조치가 시행된 시점 사이에 아동학대가 재발한 사례의 수를 조사한다.

ㄴ. 병의 주장을 뒷받침하기 위해, 아동학대로 판단되지 않은 신고 사례 가운데 보호조치가 취해지지 않은 사례가 차지하는 비중을 조사한다.

ㄷ. 정의 주장을 뒷받침하기 위해, 아동학대 피해자 가운데 친인척과 동거하지 않으며 보호조치를 받지 못한 사례의 수를 조사한다.

① ㄱ　② ㄴ
③ ㄱ, ㄷ　④ ㄴ, ㄷ
⑤ ㄱ, ㄴ, ㄷ

정답 ①

해설

ㄱ. 을은 현행 대응체계에서 신고가 접수된 이후부터 실제 아동학대로 판단되어 보호조치가 취해지기까지 긴 시간이 소요되고, 이 긴 소요시간으로 인하여 또다시 학대를 받는 아동이 많은 것이라고 보고 있다. 따라서 신고가 접수된 시점, 아동학대 판단 후 보호조치가 시행된 시점 사이에 아동학대 사례의 수를 조사하는 것이 적절하다. (○)

ㄴ. 병은 아동학대로 판단되지 않은 사례는 보호조치가 취해지지 않는데, 당장은 학대 정황이 포착되지 않지만 실제로는 아동학대가 많았을 것으로 추정하고 있다. 보호조치가 취해지지 않은 사례만 조사하는 것이 아니라 보호조치가 취해지지 않은 사례에서 실제 아동학대 사례를 조사하여야 한다. 따라서 병의 의견을 뒷받침할 수 있는 자료가 아니므로 적절하지 않다. (×)

ㄷ. 정은 아동학대가 가까운 친인척에 의해 발생하여 신고 자체가 어려운 경우가 많다고 보기 때문에, 아동학대 피해자 가운데 신고가 제대로 이루어지지 않은 사례의 수를 조사해야 한다. 아동학대 피해자 가운데 친인척과 동거하지 않으며, 보호조치를 받지 못한 사례의 수를 조사하는 것은 정의 의견을 뒷받침할 수 있는 자료가 아니므로 적절하지 않다. (×)

22 다음 글에서 추론할 수 있는 것은?

현재 갑국의 소매업자가 상품을 판매할 수 있는 방식을 정리하면 <표>와 같다.

〈표〉 판매 유형 및 방법에 따른 구분

유형 \ 방법	주문 방법	결제 방법	수령 방법
대면	영업장 방문	영업장 방문	영업장 방문
예약 주문	온라인	영업장 방문	영업장 방문
스마트 오더	온라인	온라인	영업장 방문
완전 비대면	온라인	온라인	배송

갑국은 주류에 대하여 국민 건강 증진 및 청소년 보호를 이유로 스마트 오더 및 완전 비대면 방식으로 판매하는 것을 금지해 왔다. 단, 전통주 제조자가 관할 세무서장의 사전 승인을 받은 경우, 그리고 음식점을 운영하는 음식업자가 주문 받은 배달 음식과 함께 소량의 주류를 배달하는 경우에 예외적으로 주류의 완전 비대면 판매가 가능했다.

그러나 IT 기술 발전으로 인터넷 상점이나 휴대전화 앱 등을 이용한 재화 및 서비스의 구매 비중이 커져 주류 판매 관련 규제도 변해야 한다는 각계의 요청이 있었다. 이에 갑국 국세청은 관련 고시를 최근 개정하여 주류 소매업자가 이전과 다른 방식으로 주류를 판매하는 것도 허용했다. 이전에는 슈퍼마켓, 편의점 등을 운영하는 주류 소매업자는 대면 및 예약 주문 방식으로만 주류를 판매할 수 있었다. 그러나 개정안에 따르면 주류 소매업자가 스마트 오더 방식으로도 소비자에게 주류를 판매할 수 있게 되었다. 다만 완전 비대면 판매는 이전처럼 예외적인 경우에만 허용된다.

① 고시 개정과 무관하게 음식업자는 주류만 완전 비대면으로 판매할 수 있다.
② 고시 개정 이전에는 슈퍼마켓을 운영하는 주류 소매업자는 온라인으로 주류 주문을 받을 수 없었다.
③ 고시 개정 이전에는 주류를 구매하는 소비자는 반드시 영업장을 방문하여 상품을 대면으로 수령해야 했다.
④ 고시 개정 이전에는 편의점을 운영하는 주류 소매업자는 주류 판매 대금을 온라인으로 결제 받을 수 없었다.
⑤ 고시 개정 이후에는 전통주를 구매하는 소비자는 전통주 제조자의 영업장에 방문하여 주류를 구입할 수 없다.

정답 ④

해설

① 음식업자는 주류만 완전 비대면으로 판매하는 것은 허용되지 않는다. 음식업자가 주문 받은 배달 음식과 함께 소량의 주류를 배달하는 경우에만 가능하였다. (×)
② 이전에는 슈퍼마켓, 편의점 등을 운영하는 주류 소매업자는 대면 및 예약 주문 방식으로만 주류를 판매할 수 있었다. 따라서 이때 예약 주문 방식으로 온라인 주류 주문을 받을 수 있었다. (×)
③ 고시 개정 이전이라도 예외적으로 주류의 완전 비대면 판매가 가능했다. 영업장 방문 없이 배송받을 수 있었다. (×)
④ 고시 개정 이전에는 편의점을 운영하는 주류 소매업자는 대면 및 예약 주문 방식으로만 판매할 수 있었다. 이 경우 〈표〉에서 확인할 수 있듯이 주류 판매 대금 결제는 반드시 영업장 방문을 해야 한다. (○)
⑤ 전통주 제조자가 관할 세무서장의 사전 승인을 받은 경우에는 완전 비대면 판매가 가능했다. 전통주 제조자의 영업장에 방문하여 주류를 구입하는 경우까지 금지된 것은 아니다. 갑국은 스마트 오더 및 완전 비대면 방식으로 판매하는 것을 금지해왔고, 이를 조금씩 허용해주는 것을 이야기하고 있다. 〈표〉에서도 확인할 수 있듯이 대면은 주문, 결제, 수령모두 영업장 방문은 허용하고 있다. (×)

23 **다음 글의 〈표〉에 대한 판단으로 적절한 것만을 〈보기〉에서 모두 고르면?**

> 갑 부처는 민감정보 및 대규모 개인정보를 처리하는 공공기관에 대해 매년 「공공기관 개인정보 보호수준 평가」(이하 '보호수준 평가')를 실시한다. 갑 부처는 공공기관의 개인정보 보호 업무에 대한 관심도와 관리 수준을 평가하여 우수기관은 표창하고 취약기관에는 과태료를 부과할 수 있다.
> 보호수준 평가는 접근권한 관리, 암호화 조치, 접속기록 점검의 총 세 항목에 대해서 이루어진다. 각 항목에 대해 '상', '중', '하' 중 하나의 등급을 부여하며, 평가 대상 기관이 세 항목 모두 하 등급을 받으면 취약기관으로 지정된다. 평가 대상 기관이 두 항목에서 하 등급을 받는다면, 그것만으로는 취약기관으로 지정되지 않는다. 그러나 하 등급을 받은 항목의 수가 2년 연속 둘이라면, 그 기관은 취약기관으로 지정된다.
> 우수기관으로 지정되기 위해서는 당해 연도와 전년도에 각각 둘 이상의 항목에서 상 등급을 받고 당해 연도에는 하 등급을 받은 항목이 없어야 한다.
> A기관과 B기관은 2023년과 2024년에 보호수준 평가를 받았으며, 각 항목에 대한 평가 결과는 <표>와 같다.
>
> **〈표〉 2023년과 2024년 보호수준 평가 결과**
>
> | 기관 | 항목 / 연도 | 접근권한 관리 | 암호화 조치 | 접속기록 점검 |
> |---|---|---|---|---|
> | A | 2023 | ㉠ | 중 | ㉡ |
> | | 2024 | ㉢ | 하 | 상 |
> | B | 2023 | ㉣ | 상 | 하 |
> | | 2024 | 중 | ㉤ | ㉥ |

〈보기〉

ㄱ. ㉠과 ㉢이 다르면 A기관은 2024년에 우수기관으로도 취약기관으로도 지정되지 않는다.
ㄴ. ㉤과 ㉥이 모두 '하'라면 B기관은 2024년에 취약기관으로 지정된다.
ㄷ. 2024년에 A기관은 취약기관으로 지정되었고 B기관은 우수기관으로 지정되었다면, ㉡과 ㉣은 같지 않다.

① ㄱ	② ㄴ
③ ㄱ, ㄷ	④ ㄴ, ㄷ
⑤ ㄱ, ㄴ, ㄷ	

정답 ③

해설

ㄱ. A기관은 2024년 암호화 조치에서 '하' 등급을 받았기 때문에 우수기관으로 지정될 수 없다.(당해 연도와 전년도에 각각 둘 이상의 항목에서 상 등급을 받고 당해 연도에는 '하' 등급을 받은 항목이 없어야 하기 때문) 한편 A기관이 취약기관으로 지정되려면 ㉠과 ㉢이 모두 '하' 등급이어야 한다. 따라서 ㉠과 ㉢이 다르면 A기관은 취약기관으로 지정되지 않는다.
A기관은 2024년 우수기관으로도 취약기관으로도 지정되지 않는다는 것은 적절하다. (○)
ㄴ. B기관이 2024년에 취약기관으로 지정되려면 ㉤과 ㉥ 모두 '하' 등급이고, ㉣도 '하' 등급이어야 하기 때문에 적절한 판단이 아니다. (×)
ㄷ. 2024년 A기관이 취약기관으로 지정되었다면, ㉠, ㉡, ㉢ 모두 '하' 등급이라는 것으로 판단할 수 있다. 한편, B기관이 우수기관으로 지정되었다면, ㉣, ㉤, ㉥ 모두 '상' 등급이어야 한다. 따라서 ㉡과 ㉣이 같지 않다는 판단은 적절하다. (○)

24 다음 갑~무의 대화에 대한 분석으로 적절하지 않은 것은?

갑: 2017년부터 우리 A시에 주민등록을 하여 거주해 오는 주민이 출산 직후인 2024년 4월 22일에 출산장려금과 산후관리비의 지원을 신청했습니다. 그런데 그 주민은 2023년 8월 30일부터 2023년 9월 8일까지 다른 지역으로 주민등록을 옮겨서 거주한 일이 있어서, 지원 대상이 될 수 없다고 통보하자 민원을 제기했습니다.

을: 안타까운 일이군요. 민원인은 요건상의 기간 중에 배우자의 직장 문제로 열흘 정도 다른 지역에 계셨을 뿐, 줄곧 우리 A시에 살고 계십니다.

갑: 「A시 산후관리비 및 출산장려금 지원에 관한 조례」(이하 'A시 조례') ㉠ 제3조의 산후관리비 지원 자격 요건은 "출산일 기준으로 12개월 전부터 신청일 현재까지 계속하여 A시에 주민등록을 둔 산모"라고 규정합니다. 어쩔 수 없습니다.

을: ㉡ 제7조의 출산장려금 지원 자격 요건은 제3조에서와 동일하게 규정되어 있는데 "계속하여"라는 문구는 없습니다. 그러니 출산장려금은 지급했어야 하는 것 아닙니까?

병: 그것도 또한 계속성을 요구한다고 해석해야 합니다. 우리와 인접한 B시의 「B시 출산장려금 지원 조례」(이하 'B시 조례') ㉢ 제2조의 출산장려금 지원 자격 요건은 A시 조례 제7조와 같은 취지와 형식의 문구로 되어 있으면서 계속성을 명시합니다. 다른 지방자치단체들의 조례도 마찬가지입니다.

정: 그러나 B시 조례를 잘 보면 출산 전 주민등록의 기간은 우리의 절반밖에 되지 않습니다. 이 점을 고려하면, 둘을 동일 선상에 놓고 보아서는 안 됩니다.

무: 판례를 고려하여 해석하는 것이 적절해 보입니다. 갱신되거나 반복된 근로계약에서는 그 사이 일부 공백 기간이 있더라도 근로관계의 계속성을 인정해야 한다는 판결이 있습니다. 근로자를 보호하는 취지인데요, 자녀를 두는 가정을 보호하려는 A시 조례의 두 지원 사업은 그와 일맥상통합니다. 계속성은 유연하게 해석합시다.

① 갑은 민원인이 ㉠을 갖추었는지 여부에 대한 판단에서 병과는 같고 무와는 다르다.
② 을은 ㉠에 관한 조항에 나오는 "계속하여"라는 문구의 의미를 갑, 병과 달리 이해한다.
③ 병은 ㉢에서처럼 주민등록의 계속성을 명시하는 것이 ㉡과 같은 경우보다 일반적이라고 이해한다.
④ 정은 조문의 해석에서 ㉢에서의 주민등록 기간이 ㉡에서와 다르다는 점을 고려할 수 있다고 본다.
⑤ 무는 ㉠과 관련하여 일시적인 단절이 있어도 계속성의 요건이 충족될 수 있다고 본다.

정답 ②

해설

① 갑은 계속성이 없기 때문에 출산장려금과 산후관리비를 지급할 수 없다는 입장이며, 병 또한 계속성을 요구한다고 해석한다. 하지만 무는 일부 공백 기간이 있더라도 유연하게 계속성이 있다고 해석해야 한다고 주장하므로 적절한 분석이다. (○)

② 을은 '계속하여'라는 문구 자체의 의미를 다르게 해석하는 것이 아니다. 제7조의 출산장려금 지원 자격 요건은 '계속하여'라는 문구가 없기 때문에 출산장려금을 지급해야 한다는 입장이다.
병은 제7조의 요건에서 '계속하여'라는 문구가 없더라도 계속성을 요구한다고 요구하는 입장이다. 즉 을과 병이 '계속하여'라는 문구의 의미를 달리 해석하는 것은 아니다. (×)

③ 병이 ㉢과 같이 주민등록의 계속성을 명시하는 것이 다른 지방자치단체들의 조례의 예를 들면서 ㉡의 경우보다 일반적이라고 이해한다는 것은 적절한 분석이다. (○)

④ 정은 B시 조례에서 주민등록의 기간이 절반밖에 안된다는 점을 고려하여 ㉡과 ㉢을 동일 선상에서 비교해서는 안 된다고 본다. 따라서 ㉢의 주민등록 기간이 ㉡에서와 다르다는 점을 고려할 수 있다고 판단한다. 적절한 분석이다. (○)

⑤ 무는 일부 공백 기간이 있더라도 근로관계의 계속성을 인정해야 한다는 판례와 A시 조례가 일맥상통한다고 보고 있다. 따라서 ㉠과 관련하여 일시적인 단절이 있더라도 계속성의 요건이 충족된다고 본다. 적절한 분석이다. (○)

25 **다음 글의 〈논쟁〉에 대한 분석으로 적절한 것만을 〈보기〉에서 모두 고르면?**

K국의 「형법」 제7조(이하 '현행 조항')는 다음과 같다.

> 제7조 죄를 지어 외국에서 형의 전부 또는 일부가 집행된 사람에 대해서는 선고하는 형을 감경 또는 면제할 수 있다.

최근 K국 의회에서는 현행 조항에서 "할 수 있다"의 문구를 "해야 한다"(이하 '개정 문구')로 개정하려 한다. 이에 대하여 갑과 을이 논쟁한다.

〈논쟁〉

쟁점 1: 갑은, 이중처벌 금지의 원칙에 따르면 외국에서 받은 형 집행은 K국에서 반드시 반영되어야 하는 것인데도 현행 조항은 법관이 그것을 아예 반영하지 않을 수 있는 재량까지 부여하기 때문에 어떻게든 개정은 해야 한다고 주장한다. 그러나 을은, 현행 조항은 이중처벌 금지의 원칙과 무관하기 때문에 개정 문구가 타당한지를 따질 것도 없이 그 원칙을 개정의 논거로 삼을 수 없다고 주장한다.

쟁점 2: 갑은, 현행 조항은 신체의 자유를 과도하게 제한하는 위헌적 조문이라서 향후 국민 기본권의 침해를 피할 수 없으므로 개정이 필요하다고 주장한다. 그러나 을은, 현재 K국 법원은 법률상의 재량을 합리적으로 행사하여 위헌의 사례 없이 사실상 개정 문구대로 운영하므로 현행 조항을 유지해도 된다고 맞선다.

〈보기〉

ㄱ. 쟁점 1과 관련하여, 을은 이중처벌 금지가 하나의 범죄행위에 대해 동일한 국가가 형벌권을 거듭 행사해서는 안 된다는 의미라고 해석하는 것이라면, 갑과 을 사이의 주장 불일치를 설명할 수 있다.

ㄴ. 쟁점 2와 관련하여, 갑은 현행 조항으로 말미암아 헌법상 신체의 자유가 침해될 것이라고 전망하지만, 을은 그러한 전망에 동의하지 않는다.

ㄷ. '외국에서 형의 집행을 받은 피고인에게 K국 법원이 형을 선고할 때에는 이미 집행된 형량을 공제해야 한다.'는 내용으로 K국 의회가 현행 조항을 개정한다면, 갑과 을은 개정에 반대할 것이다.

① ㄱ　　② ㄷ
③ ㄱ, ㄴ　　④ ㄴ, ㄷ
⑤ ㄱ, ㄴ, ㄷ

정답 ③

해설

ㄱ. 쟁점 1과 관련하여, 이중처벌 금지의 원칙에 대한 의미해석의 차이가 갑과 을 사이의 주장 불일치를 설명할 수 있다. 을이 해석하는 이중처벌 금지의 의미가 하나의 범죄행위에 대해 동일한 국가가 형벌권을 거듭 행사해서는 안 된다는 의미라면, 현행 조항의 이중처벌 금지 원칙과 무관하다고 볼 것이다. 외국에서 받은 형 집행과는 아무런 관련이 없기 때문이다. 따라서 적절한 분석이다. (○)

ㄴ. 쟁점 2와 관련하여, 갑은 현행 조항을 위헌적 조문으로 보지만, 을은 위헌의 사례가 없다고 본다. 따라서 갑은 현행 조항으로 헌법상 신체의 자유가 침해될 것으로 전망하지만 을은 동의하지 않는다는 것은 적절한 분석이다. (○)

ㄷ. 갑은 개정에 찬성할 것이다. 이미 외국에서 집행된 형량이 있더라도 이중처벌 금지의 원칙에 따라 K국에서도 반드시 반영되어야 하는데, 법관이 아예 반영하지 않을 수 있다는 우려를 하고 있다. 즉, 이미 집행된 형량이라면 또 다시 같은 죄로 이중처벌 해서는 안 된다는 의미이다.

따라서 현행 조항을 이미 집행된 형량을 공제해야 한다고 개정한다면 갑은 찬성할 것이므로 적절하지 않다. (×)

2 자료해석

본문 p.106~120

01 다음 〈표〉는 2023년 도시 A~E의 '갑' 감염병 현황에 관한 자료이다. 이를 근거로 치명률이 가장 높은 도시와 가장 낮은 도시를 바르게 연결한 것은?

〈표〉 2023년 도시 A~E의 '갑' 감염병 현황

(단위: 명)

구분 도시	환자 수	사망자 수
A	300	16
B	20	1
C	50	2
D	100	6
E	200	9

※ 치명률(%) $= \frac{\text{사망자 수}}{\text{환자 수}} \times 100$

	가장 높은 도시	가장 낮은 도시
①	A	C
②	A	E
③	D	B
④	D	C
⑤	D	E

정답 ④

해설

치명률 식을 활용하여 환자 수 대비 사망자 수를 비교하여 도출하면 치명률이 가장 높은 도시는 D, 가장 낮은 도시는 C이다.

i)

구분	A	B	C	D	E
사망자 수 / 환자 수	$\frac{16}{300}$	$\frac{1}{20}$	$\frac{2}{50}$	$\frac{6}{100}$	$\frac{9}{200}$
분모통일	$\frac{16}{300}$	$\frac{15}{300}$	$\frac{12}{300}$	$\frac{18}{300}$	$\frac{13.5}{300}$
치명률(%)	5.3	5.0	4.0	6.0	4.5

ii) 또는 분모를 100으로 통일하여

구분	A	B	C	D	E
사망자 수 / 환자 수	$\frac{5.3}{100}$	$\frac{5}{100}$	$\frac{4}{100}$	$\frac{6}{100}$	$\frac{4.5}{100}$
치명률(%)	5.3	5.0	4.0	6.0	4.5

도출하여도 된다.

02 다음 〈그림〉은 2023년 A~C구 공사 건수 및 평균 공사비를 나타낸 자료이다. 이를 근거로 계산한 2023년 A~C구 전체 공사의 평균 공사비는?

〈그림〉 2023년 A~C구 공사 건수 및 평균 공사비

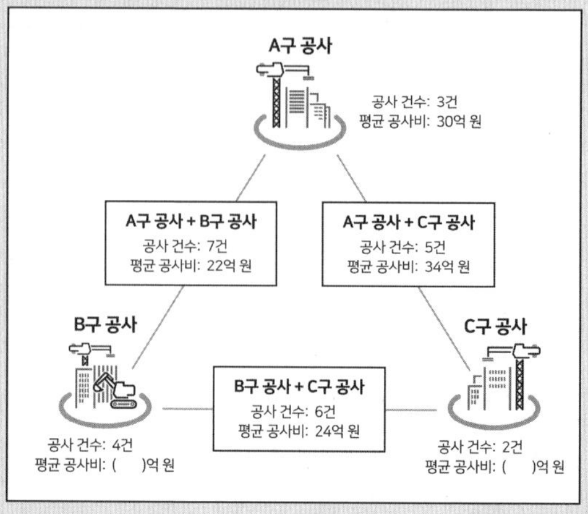

① 26억 원　② 27억 원
③ 28억 원　④ 29억 원
⑤ 30억 원

정답 ①

해설

필요한 것은 2023년 A ~ C구 전체 공사의 평균 공사비이기 때문에 $\frac{\text{A+B+C구의 전체 공사비}}{\text{A+B+C구 전체 공사 건수}}$이다.

각 구의 공사 건수는 주어졌지만, 전체 공사비는 없으므로 전체 공사비를 구한 후 전체 공사 건수를 나누어주면 된다.

전체 공사비를 구해보자.

A구 + B구 공사비 합계는 공사 건수(7건) × 평균 공사비(22억 원) = 154억 원으로 알 수 있다.

이와 동일한 방식으로 B+C, A+C 공사비를 구할 수 있어 A+B+C 전체 공사비를 도출할 수 있다.

B구 + C구 공사비 합계는 6 × 24 = 144억 원

A구 + C구 공사비 합계는 5 × 34 = 170억 원

따라서 각 공사비의 합계는

2(A+B+C) = 468억 원

A+B+C = 234억 원

A, B, C구의 전체 공사 건수는 3 + 4 + 2 = 9건

$\frac{\text{A+B+C구의 전체 공사비}}{\text{A+B+C구 전체 공사 건수}} = \frac{234}{9} = 26$억 원

03 **다음 〈보고서〉는 '갑'시 시민의 2023년 문화예술교육 수강 현황에 관한 자료이다. 〈보고서〉를 작성하는 데 사용되지 않은 자료는?**

보고서

'갑'시 시민 1,000명을 대상으로 2023년 한 해 동안의 문화예술교육 수강 현황을 조사한 결과, 316명이 수강 경험이 있다고 응답하였다. 문화예술교육 수강 경험이 있는 응답자가 가장 많이 수강한 상위 5개 분야는 기타를 제외하고 영화, 사진, 음악, 공예, 미술 순이었다. 문화예술교육 수강자의 평균 지출 비용은 38만 8천 원이었는데, 연령대별로는 40대가 48만 4천 원으로 가장 많았다. 또한 문화예술교육 수강자의 동반자 유형 구성을 살펴보면, '혼자(동반자 없음)' 수강한 비율은 50% 이상이었고, '친구 및 연인'과 함께 수강한 비율은 18.4%였다. 문화예술교육 인지 경로는 '인터넷 검색'이 33.2%로 가장 높았고, 다음으로 '주변 지인'이 19.0%였다. 수강한 문화예술교육의 교육방식은 '예술적 기량 향상을 위한 강습'이 27.5%로 가장 높았다. 문화예술교육 수강 장소별 만족도는 미술관이 가장 높았고, 그 다음으로 박물관, 공연장, 지역문화재단의 순이었다.

① 문화예술교육 수강 경험 유무 및 수강 분야 구성비

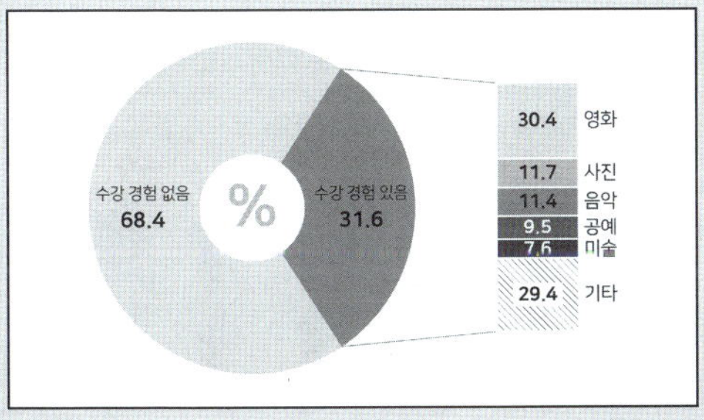

② 문화예술교육 수강자의 연령대별 평균 지출 비용

(단위: 만 원)

연령대	20대 이하	30대	40대	50대	60대 이상	전체
평균 지출 비용	36.8	46.9	48.4	39.5	19.9	38.8

③ 문화예술교육 수강자의 동반자 유형 구성비

(단위: %)

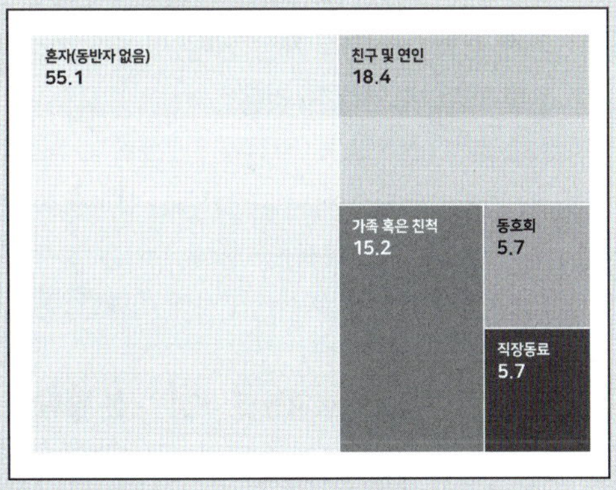

④ 문화예술교육 인지 경로 상위 5개 비율

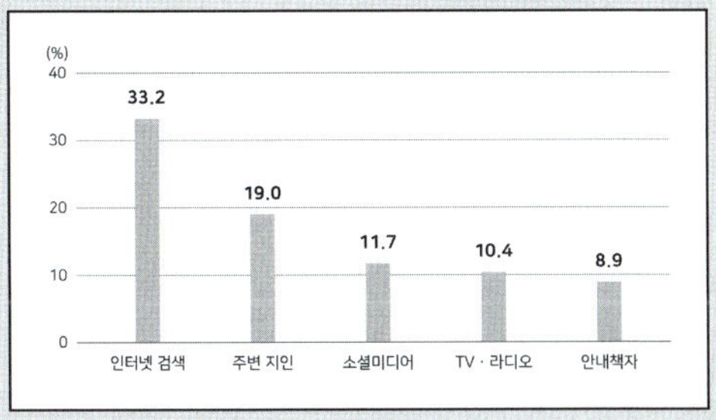

⑤ 문화예술교육 수강 이유 상위 5개 비율

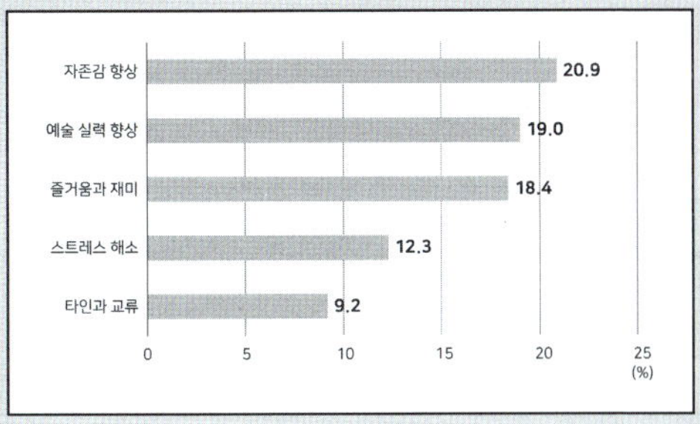

정답 ⑤

해설

〈보고서〉에서 사용되지 않는 자료를 선택지에서 찾는다.

⑤는 문화예술교육 수강 이유 상위 5개 비율을 제시한 자료로 〈보고서〉에서 사용되지 않은 자료이다.

① 〈보고서〉에서 "문화예술교육 수강 경험이 있는 응답자가 가장 많이 수강한 상위 5개 분야는 기타를 제외하고 영화, 사진, 음악, 공예, 미술 순이었다."라고 제시되어 있으므로 사용된 자료이다. (○)

② 〈보고서〉에서 "문화예술교육 수강자의 평균 지출 비용은 38만 8천 원이었는데, 연령대별로는 40대가 48만 4천 원으로 가장 많았다."고 하였으므로 사용된 자료이다. (○)

③ 〈보고서〉에서 "문화예술교육 수강자의 동반자 유형 구성을 살펴보면 '혼자(동반자 없음)' 수강한 비율은 50% 이상이었고, ~"를 통해서 사용된 자료임을 알 수 있다. (○)

④ 〈보고서〉에서 "문화예술교육 인지 경로는 '인터넷 검색'이 33.2%로 가장 높았고, 다음으로 '주변 지인'이 19.0%였다."를 통해서 사용된 자료임을 알 수 있다. (○)

04 다음은 2023년 '갑'국의 연근해 어선 감척지원금 산정에 관한 자료이다. 이를 근거로 어선 A~D 중 산정된 감척지원금이 가장 많은 어선과 가장 적은 어선을 바르게 연결한 것은?

〈정보〉

- 감척지원금 = 어선 잔존가치 + (평년수익액 × 3) + (선원 수 × 선원당 월 통상임금 고시액 × 6)
- 선원당 월 통상임금 고시액: 5백만 원/명

〈표〉 감척지원금 신청 어선 현황

(단위: 백만 원, 명)

어선	어선 잔존가치	평년수익액	선원 수
A	170	60	6
B	350	80	8
C	200	150	10
D	50	40	3

	가장 많은 어선	가장 적은 어선
①	A	B
②	A	C
③	B	A
④	B	D
⑤	C	D

정답 ⑤

해설

어선별 감척지원금은 아래와 같다.

어선	감척지원금	총액(백만 원)
A	170 + (60 × 3) + (6 × 5 × 6)	530
B	350 + (80 × 3) + (8 × 5 × 6)	830
C	200 + (150 × 3) + (10 × 5 × 6)	950
D	50 + (40 × 3) + (3 × 5 × 6)	260

따라서 감척지원금이 가장 많은 어선은 C, 가장 적은 어선은 D이다.

05 다음은 2022년과 2023년 '갑'국 주택소유통계에 관한 자료이다. 제시된 〈표〉와 〈정보〉 이외에 〈보고서〉를 작성하기 위해 추가로 필요한 자료만을 〈보기〉에서 모두 고르면?

〈표〉 2022년과 2023년 주택소유 가구 수

(단위: 만 가구)

연도	2022	2023
주택소유 가구 수	1,146	1,173

〈정보〉

$$가구\ 주택소유율(\%) = \frac{주택소유\ 가구\ 수}{가구\ 수} \times 100$$

〈보고서〉

'갑'국의 주택 수는 2022년 1,813만 호에서 2023년 1,853만 호로 2.2% 증가하였다. 개인소유 주택 수는 2022년 1,569만 호에서 2023년 1,597만 호로 1.8% 증가하였다. 주택소유 가구 수는 2022년 1,146만 가구에서 2023년 1,173만 가구로 2.4% 증가하였지만, 가구 주택소유율은 2022년 56.3%에서 2023년 56.0%로 감소하였다. 2023년 지역별 가구 주택소유율을 살펴보면, 상위 3개 지역은 A(64.4%), B(63.0%), C(61.0%)로 나타났다.

〈보기〉

ㄱ. 2019~2023년 '갑'국 주택 수 및 개인소유 주택 수

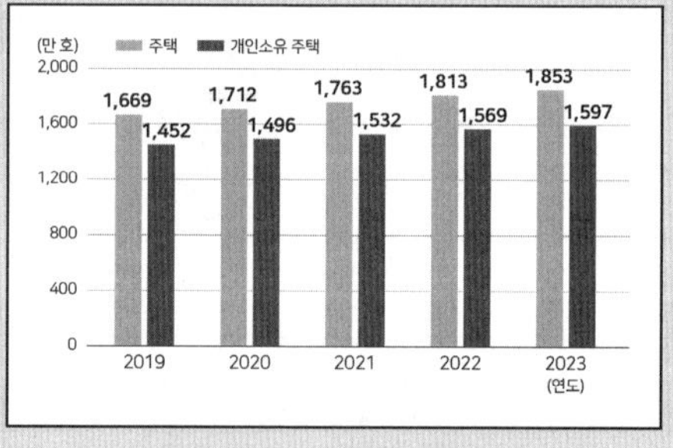

ㄴ. 2022년과 2023년 '갑'국 가구 수

(단위: 만 가구)

연도	2022	2023
가구 수	2,034	2,093

ㄷ. 2023년 '갑'국 지역별 가구 주택소유율 상위 3개 지역

(단위: %)

지역	A	B	C
가구 주택소유율	64.4	63.0	61.0

ㄹ. 2023년 ‘갑’국 가구주 연령대별 가구 주택소유율

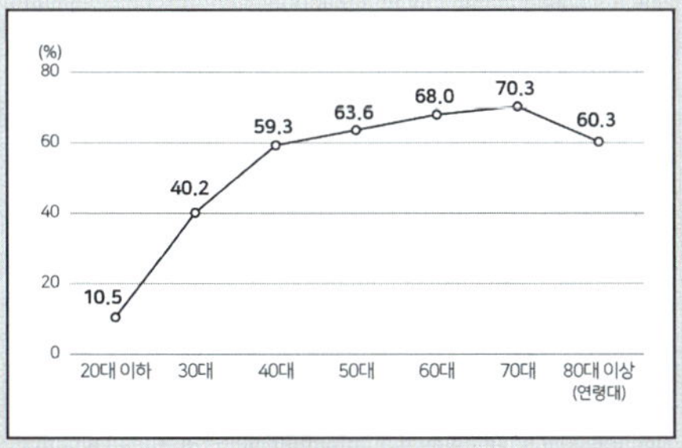

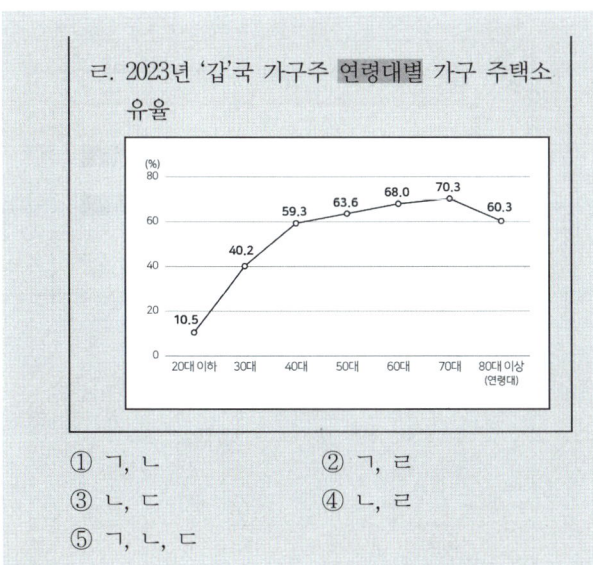

① ㄱ, ㄴ ② ㄱ, ㄹ
③ ㄴ, ㄷ ④ ㄴ, ㄹ
⑤ ㄱ, ㄴ, ㄷ

정답 ⑤

해설

〈표〉와 〈정보〉만으로는 〈보고서〉를 작성할 수 없다. 따라서 추가로 필요한 자료를 〈보기〉에서 찾아야 한다.

ㄱ. 〈보고서〉에서 ‘갑’국의 2022년, 2023년 주택 수와, 2022년, 2023년 개인소유 주택 수가 제시되었다. 〈표〉는 2022년과 2023년 주택소유 가구 수만 있으므로, 2022년~2023년 ‘갑’국 주택 수 및 개인소유 주택 수가 나타나 있는 자료가 필요하다. 따라서 2019~2023년 ‘갑’국 주택 수 및 개인소유 주택 수는 필요한 자료이다. (○)
ㄴ. 〈보고서〉에서 “가구 주택소유율은 2022년 56.3%에서 2023년 56.0%로 감소하였다.”고 하였다. 〈표〉에서 주택소유 가구 수는 표기되어 있으니 2022년과 2023년 ‘갑’국 가구 수가 추가로 필요하다. (○)
ㄷ. 〈보고서〉에서 “2023년 지역별 가구 주택소유율을 살펴보면, 상위 3개 지역은 A(64.4%), B(63.0%), C(61.0%)로 나타났다.”고 하였으므로 주택소유율 상위 3개 지역 자료가 필요하다. (○)
ㄹ. 2023년 ‘갑’국 가구주 연령대별 가구 주택소유율은 〈보고서〉에 없는 내용이므로 〈보고서〉를 작성하기 위하여 추가로 필요하지 않다. (×)

06 **다음은 ‘갑’국이 구매를 고려 중인 A~E 전투기의 제원과 평가방법에 관한 자료이다. 이를 근거로 A~E 중 ‘갑’국이 구매할 전투기를 고르면?**

〈표〉 A~E 전투기의 평가항목별 제원

(단위: 마하, 개, km, 억 달러)

전투기 / 평가항목	A	B	C	D	E
최고속력	3.0	1.5	2.5	2.0	2.7
미사일 탑재 수	12	14	9	10	8
항속거리	1,400	800	1,200	1,250	1,500
가격	1.4	0.8	0.9	0.7	1.0
공중급유	가능	가능	불가능	가능	불가능
자체수리	불가능	가능	불가능	가능	가능

평가방법

- 평가항목 중 최고속력, 미사일 탑재 수, 항속거리, 가격은 평가항목별로 전투기 간 상대평가를 하여 가장 우수한 전투기부터 5점, 4점, 3점, 2점, 1점 순으로 부여한다.
- 최고속력은 높을수록, 미사일 탑재 수는 많을수록, 항속거리는 길수록, 가격은 낮을수록 전투기가 우수하다고 평가한다.
- 평가항목 중 공중급유와 자체수리는 평가항목별로 ‘가능’이면 1점, ‘불가능’이면 0점을 부여한다.
- ‘갑’국은 평가항목 점수의 합이 가장 큰 전투기를 구매한다. 단, 동점일 경우 그중에서 가격이 가장 낮은 전투기를 구매한다.

① A ② B
③ C ④ D
⑤ E

정답 ④

해설

평가항목별 점수를 〈평가방법〉에 의하여 전투기별로 작성하면 아래와 같다.

구분	A	B	C	D	E
최고속력	5	1	3	2	4
미사일 탑재 수	4	5	2	3	1
항속거리	4	1	2	3	5
가격	1	4	3	5	2
공중급유	1	1	0	1	0
자체수리	0	1	0	1	1
합계	15	13	10	15	13

평가항목의 점수의 합계가 가장 큰 전투기는 A와 D 전투기다. 동점인 경우 가격이 낮은 전투기를 구매한다고 하였으므로, 가격이 더 낮은 D 전투기를 구매한다.

07 **다음 〈표〉는 2023년 '갑'국에서 배달대행과 퀵서비스 업종에 종사하는 운전자 실태에 관한 자료이다. 제시된 〈표〉 이외에 〈보고서〉를 작성하기 위해 추가로 필요한 자료만을 〈보기〉에서 모두 고르면?**

〈표 1〉 운전자 연령대 구성비 및 평균 연령

(단위: %, 세)

업종 \ 구분	연령대					평균 연령
	20대 이하	30대	40대	50대	60대 이상	
배달대행	40.0	36.1	17.8	5.4	0.7	33.2
퀵서비스	0.0	3.1	14.1	36.4	46.4	57.8

〈표 2〉 이륜자동차 운전 경력 및 서비스 제공 경력의 평균

(단위: 년)

구분 \ 업종	배달대행	퀵서비스
이륜자동차 운전 경력	7.4	19.8
서비스 제공 경력	2.8	13.7

〈표 3〉 일평균 근로시간 및 배달건수

(단위: 시간, 건)

구분 \ 업종	배달대행	퀵서비스
근로시간	10.8	9.8
운행시간	8.5	6.1
운행 외 시간	2.3	3.7
배달건수	41.5	15.1

보고서

'갑'국에서 배달대행과 퀵서비스 업종에 종사하는 운전자 실태를 조사한 결과는 다음과 같다. 두 업종 모두 이륜자동차를 이용하여 유사한 형태의 서비스를 제공하지만, 운전자 특성에는 큰 차이가 있었다. 우선, 운전자 평균 연령은 퀵서비스가 57.8세로 배달대행 33.2세보다 높았다. 이는 배달대행은 30대 이하 운전자 비중이 전체의 70% 이상이지만 퀵서비스는 50대 이상 운전자가 전체의 80% 이상을 차지하기 때문이다. 운전자의 이륜자동차 운전 경력의 평균과 서비스 제공 경력의 평균도 각각 퀵서비스가 배달대행에 비해 10년 이상 길었다. 한편, 운전자가 배달대행이나 퀵서비스 시장에 진입하기 위해서는 이륜자동차 구입 비용이 소요되는데, 신차와 중고차 구입 각각에서 배달대행이 퀵서비스보다 평균 구입 비용이 높았다. 또한, 운행시간과 운행 외 시간을 합한 일평균 근로시간은 배달대행이 퀵서비스보다 1.0시간 길었고, 월평균 근로일수도 배달대행이 퀵서비스보다 3일 이상 많은 것으로 나타났다.

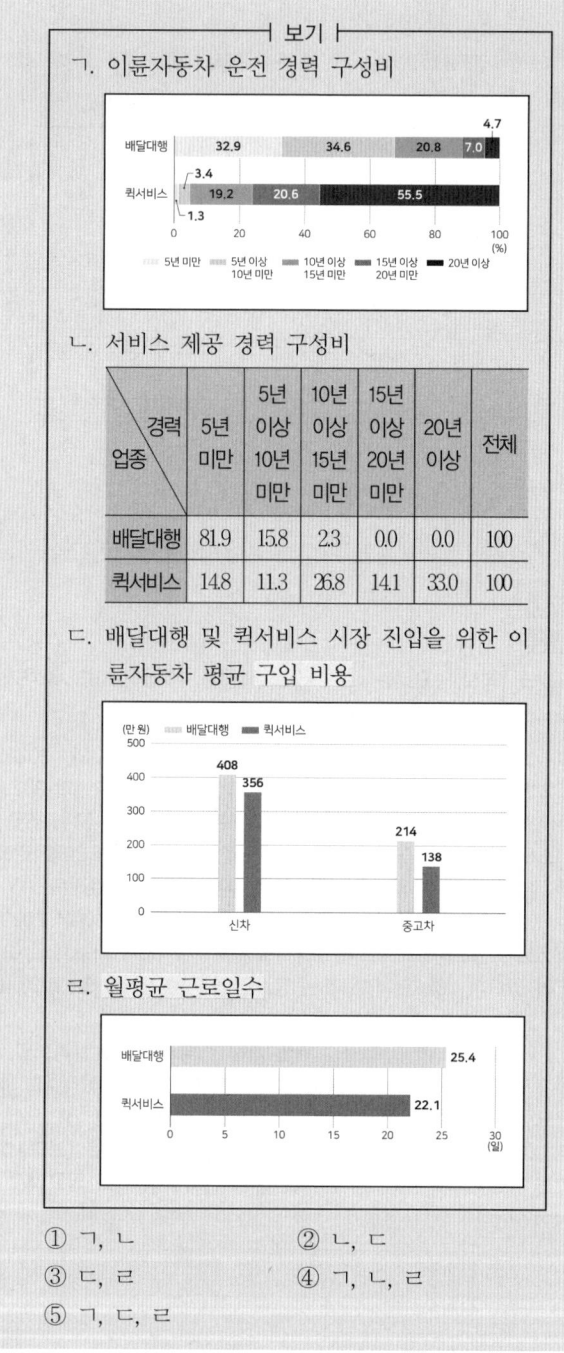

보기

ㄱ. 이륜자동차 운전 경력 구성비

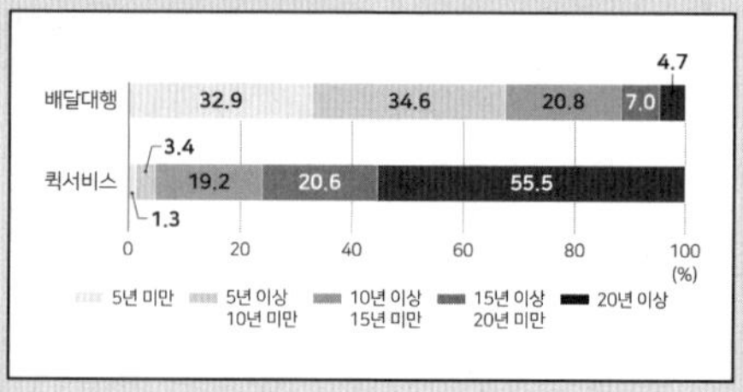

ㄴ. 서비스 제공 경력 구성비

업종 \ 경력	5년 미만	5년 이상 10년 미만	10년 이상 15년 미만	15년 이상 20년 미만	20년 이상	전체
배달대행	81.9	15.8	2.3	0.0	0.0	100
퀵서비스	14.8	11.3	26.8	14.1	33.0	100

ㄷ. 배달대행 및 퀵서비스 시장 진입을 위한 이륜자동차 평균 구입 비용

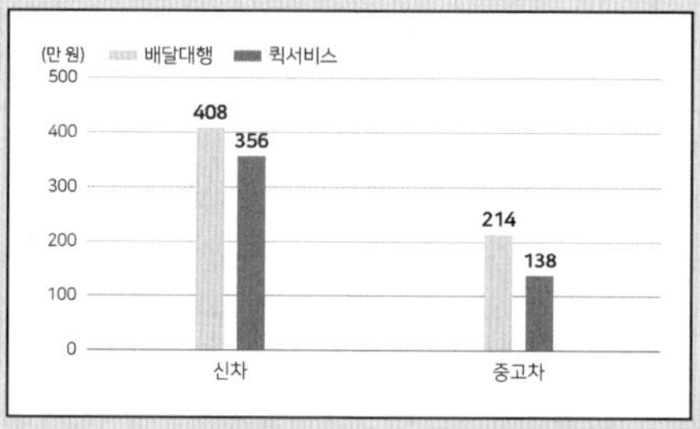

ㄹ. 월평균 근로일수

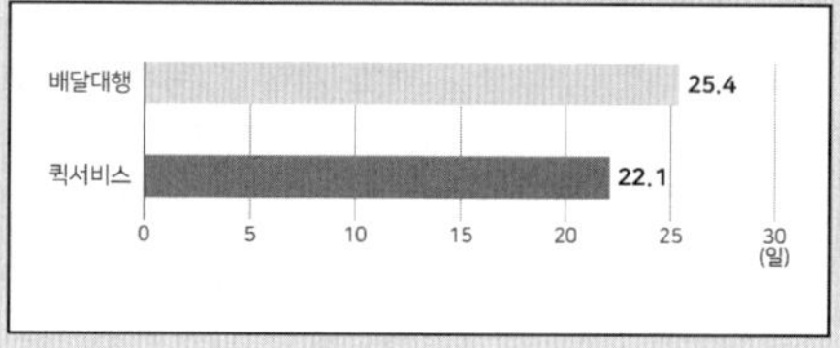

① ㄱ, ㄴ　② ㄴ, ㄷ
③ ㄷ, ㄹ　④ ㄱ, ㄴ, ㄹ
⑤ ㄱ, ㄷ, ㄹ

정답 ③

해설

ㄱ. 이륜자동차의 운전 경력 구성비는 〈보고서〉작성을 위해 추가로 필요한 자료가 아니다. (×)

ㄴ. 서비스 제공 경력 구성비는 〈보고서〉작성을 위해 추가로 필요한 자료가 아니다. (×)

→ 〈보고서〉 내용 중 "운전자의 이륜자동차의 운전 경력의 평균과 서비스 제공 경력의 평균도 각각 퀵서비스가 배달대행에 비해 10년 이상 길었다."고 나타나 있으나 이 부분은 〈표 2〉에 있기 때문에 추가로 자료가 필요하지 않다. 또한 〈표 3〉에 의해서 운행시간과 운행 외 시간을 합한 일평균 근로시간은 배달대행이 퀵서비스보다 1.0시간 길었다는 내용을 확인할 수 있기에 이 부분 또한 추가 자료가 필요하지 않다.

ㄱ과 ㄴ은 각각 이륜자동차 운전 경력과 서비스 제공 경력 구성비를 나타낸 것으로 〈보고서〉 작성을 위해 추가로 필요하지 않다.

ㄷ. "운전자가 배달대행이나 퀵서비스 시장에 진입하기 위해서는 ~ 평균 구입 비용이 높았다."고 하였으므로 배달대행 및 퀵서비스 시장 진입을 위한 이륜자동차 평균 구입 비용에 관한 자료가 추가로 필요하다. (○)

ㄹ. "~, 월평균 근로일수도 배달대행이 퀵서비스보다 3일 이상 많은 것으로 나타났다."고 하였으므로 월평균 근로일수가 추가로 필요하다. (○)

08 **다음은 2023년 '갑'국 주요 10개 업종의 특허출원 현황에 관한 자료이다. 이를 근거로 A~C에 해당하는 업종을 바르게 연결한 것은?**

〈표〉 주요 10개 업종의 기업규모별 특허출원건수 및 특허출원기업 수

(단위: 건, 개)

구분 / 업종	기업규모별 특허출원건수			특허출원 기업 수
	대기업	중견기업	중소기업	
A	25,234	1,575	4,730	1,725
전기장비	6,611	501	3,265	1,282
기계	1,314	1,870	5,833	2,360
출판	204	345	8,041	2,550
자동차	5,460	1,606	1,116	617
화학제품	2,978	917	2,026	995
의료	52	533	2,855	1,019
B	18	115	3,223	1,154
건축	113	167	2,129	910
C	29	7	596	370

※ 기업규모는 '대기업', '중견기업', '중소기업'으로만 구분됨

정보

- '중소기업' 특허출원건수가 해당 업종 전체 기업 특허출원건수의 90% 이상인 업종은 '연구개발', '전문서비스', '출판'이다.
- '대기업' 특허출원건수가 '중견기업'과 '중소기업' 특허출원건수 합의 2배 이상인 업종은 '전자부품', '자동차'이다.
- 특허출원기업당 특허출원건수는 '연구개발'이 '전문서비스'보다 많다.

	A	B	C
①	연구개발	전자부품	전문서비스
②	전자부품	연구개발	전문서비스
③	전자부품	전문서비스	연구개발
④	전문서비스	연구개발	전자부품
⑤	전문서비스	전자부품	연구개발

정답 ②

해설

〈정보〉에서 순차적으로 첫 번째~세 번째 조건이라 하면, 첫 번째 조건에 의해서

A = 4,730 ÷ 31,539(해당 업종 전체 기업 특허출원 건수 = 25,234 + 1,575 + 4,730) × 100 ≒ 15.0%

B = 3,223 ÷ 3,356(해당 업종 전체 기업 특허출원 건수 = 18 + 115 + 3,223) × 100 ≒ 96.0%

C = 596 ÷ 632(해당 업종 전체 기업 특허출원 건수 = 29 + 7 + 596) × 100 ≒ 94.3%

따라서 B 또는 C 업종이 '연구개발' 또는 '전문서비스'에 해당한다.

한편, 특허출원기업당 특허출원건수는 $\frac{\text{기업규모별 특허출원건수}}{\text{특허출원 기업 수}}$ 이다.

따라서 세 번째 조건에 의해서 B와 C의 특허출원기업당 특허출원건수는 각각 2.9, 1.7이다 따라서 B가 더 많기 때문에 B는 '연구개발'이 되며, C는 '전문서비스'가 된다.

두 번째 조건에 의해서 '대기업' 특허출원건수가 '중견기업'과 '중소기업' 특허출원건수 합의 2배 이상인 업종은 '전자부품'과 '자동차'이기 때문에 A는 $2 \times (1,575 + 4,730) \leq 25,234$건이 되어 '전자부품'이다.

09 다음 〈표〉는 2018~2023년 짜장면 가격 및 가격지수와 짜장면 주재료 품목의 판매단위당 가격에 관한 자료이다. 이에 대한 설명으로 옳은 것은?

〈표 1〉 2018 ~ 2023년 짜장면 가격 및 가격지수

(단위: 원)

연도 / 구분	2018	2019	2020	2021	2022	2023
가격	5,011	5,201	5,276	5,438	6,025	( )
가격지수	95.0	98.6	100	103.1	114.2	120.6

※ 가격지수는 2020년 짜장면 가격을 100으로 할 때, 해당 연도 짜장면 가격의 상대적인 값임

〈표 2〉 2018~2023년 짜장면 주재료 품목의 판매단위당 가격

(단위: 원)

품목	연도 / 판매단위	2018	2019	2020	2021	2022	2023
춘장	14kg	26,000	27,500	27,500	33,000	34,500	34,500
식용유	900mL	3,890	3,580	3,980	3,900	4,600	5,180
밀가루	1kg	1,280	1,280	1,280	1,190	1,590	1,880
설탕	1kg	1,630	1,680	1,350	1,790	1,790	1,980
양파	2kg	2,250	3,500	5,000	8,000	5,000	6,000
청오이	2kg	4,000	8,000	8,000	10,000	10,000	15,000
돼지고기	600g	10,000	10,000	10,000	13,000	15,000	13,000

※ 짜장면 주재료 품목은 제시된 7개뿐임

① 짜장면 가격지수가 80.0이면 짜장면 가격은 4,000원 이하이다.
② 2023년 짜장면 가격은 2018년에 비해 20% 이상 상승하였다.
③ 2018년에 비해 2023년 판매단위당 가격이 2배 이상인 짜장면 주재료 품목은 1개이다.
④ 2020년에 식용유 1,800mL, 밀가루 2kg, 설탕 2kg의 가격 합계는 15,000원 이상이다.
⑤ 매년 판매단위당 가격이 상승한 짜장면 주재료 품목은 2개 이상이다.

정답 ②

해설

① 짜장면 가격지수가 80.0인 짜장면의 값은 가격지수가 100인 짜장면 값의 5,276원에서 20% 하락한 값이다.
따라서 $5,276 \times 0.8 \fallingdotseq 4,221$원이므로 옳지 않다. (×)
② 2023년의 짜장면 가격은 (　　)원이다.
100 : 120.6 = 5,276 : (　　), (　　) ≒ 6,363원이다.
2018년 짜장면 가격은 5,011원이므로
$\frac{6,363 - 5,011}{5,011} \times 100 \fallingdotseq 27\%$
따라서 20% 이상 상승한 것이 옳다. (○)

③ 2018년에 비해 2023년 판매단위당 가격이 2배 이상인 짜장면 주재료 품목은 〈표 2〉에서 양파와 청오이 2개로 확인되므로 옳지 않다. (×)
④ 2020년 식용유 900mL 가격: 3,980원
2020년 밀가루 1kg 가격: 1,280원
2020년 설탕 1kg 가격: 1,350원이므로
2×(3,980 + 1,280 +1,350) = 13,220원이다. 15,000원 이하이므로 옳지 않다. (×)
⑤ 매년 판매단위당 가격이 상승한 짜장면 주재료 품목은 〈표 2〉에서 확인하면 하나도 없다는 것을 알 수 있으므로 옳지 않다. (×)

10 다음 〈표〉는 2017~2023년 '갑'국의 '어린이 안전 체험 교실' 사업 운영 현황에 관한 자료이다. 이를 바탕으로 작성한 〈보고서〉의 A~C에 해당하는 내용을 바르게 연결한 것은?

〈표〉 2017~2023년 '어린이 안전 체험 교실' 사업 운영 현황

(단위: 개, 회, 명)

구분 \ 연도	참여 자치 단체 수	운영 횟수	교육 참여		자원 봉사자 수
			어린이 수	학부모 수	
2017	9	11	10,265	6,700	2,083
2018	15	30	73,060	19,465	1,600
2019	14	38	55,780	15,785	2,989
2020	18	35	58,680	13,006	2,144
2021	19	39	61,380	11,660	2,568
2022	17	38	59,559	9,071	2,406
2023	18	40	72,261	8,619	2,071

보고서

인전 체험 시설이 없는 지역으로 찾아가는 '어린이 안전 체험 교실' 사업이 2017년부터 2023년까지 운영되었다. 해당 기간 동안 참여 자치 단체 수, 운영 횟수 등이 변화하였는데 그중 참여 자치단체 수와 교육 참여 [A] 수의 전년 대비 증감 방향은 매년 같았다.
2021년은 사업 기간 중 참여 자치 단체 수가 가장 많았던 해로 2020년보다 운영 횟수와 교육 참여 어린이 수가 늘었다. 운영 횟수당 교육 참여 어린이 수는 2021년이 2020년보다 [B].
본 사업에 자원봉사자도 꾸준히 참여하였다. 2019년에는 사업 기간 중 가장 많은 자원봉사자가 참여하였다. 자원봉사자당 교육 참여 어린이 수는 2019년이 2017년보다 [C].

	A	B	C
①	어린이	많았다	많았다
②	어린이	적었다	많았다
③	어린이	적었다	적었다
④	학부모	많았다	적었다
⑤	학부모	적었다	적었다

정답 ②

해설

A. 2017년부터 2023년까지 참여 자치 단체 수의 전년 대비 증감 방향은 증가, 감소, 증가, 증가, 감소, 증가이다. 이와 같은 시기 교육 참여 어린이 수와 학부모 수의 증감 방향은 아래와 같다.
어린이 수 : 증가, 감소, 증가, 증가, 감소, 증가
학부모 수 : 증가, 감소, 감소, 감소, 감소, 감소
따라서 참여 자치 단체 수와 교육 참여 "어린이" 수의 전년 대비 증감 방향은 매년 같았다.

B. 운영 횟수당 교육 참여 어린이 수는

2020년 : $\frac{58,680}{35}$ ≒ 1,677

2021년 : $\frac{61,380}{39}$ ≒ 1,574이므로 2021년이 2020년보다 "적었다".

C. 자원봉사자당 교육 참여 어린이 수는

2017년 : $\frac{10,265}{2,083}$ ≒ 4.9

2019년 : $\frac{55,780}{2,989}$ ≒ 18.7이므로 2019년이 2017년보다 "많았다".

11 다음 〈표〉는 2019~2023년 '갑'국의 항공편 지연 및 결항에 관한 자료이다. 이에 대한 〈보기〉의 설명 중 옳은 것만을 모두 고르면?

〈표 1〉 2019~2023년 항공편 지연 현황

(단위 : 편)

구분		국내선					국제선				
분기	월 \ 연도	2019	2020	2021	2022	2023	2019	2020	2021	2022	2023
1	1	0	0	0	0	0	1	0	0	1	0
	2	0	0	0	0	0	0	0	0	0	2
	3	0	0	0	0	0	6	0	0	0	0
2	4	0	0	0	0	0	0	0	2	0	1
	5	1	0	0	0	0	5	0	0	1	0
	6	0	0	0	0	0	0	0	10	11	1
3	7	40	0	0	3	68	53	23	11	83	55
	8	3	0	0	3	1	27	58	61	111	50
	9	0	0	0	0	161	7	48	46	19	368
4	10	0	93	0	23	32	21	45	44	98	72
	11	0	0	0	1	0	0	0	0	5	11
	12	0	0	0	0	0	2	1	6	0	17
전체		44	93	0	30	262	122	175	180	329	577

〈표 2〉 2019~2023년 항공편 결항 현황

(단위 : 편)

구분		국내선					국제선				
분기	월 \ 연도	2019	2020	2021	2022	2023	2019	2020	2021	2022	2023
1	1	0	0	0	0	0	0	0	0	0	0
	2	0	0	0	0	0	0	0	0	0	14
	3	0	0	0	0	0	0	0	0	0	0
2	4	1	0	0	0	0	0	0	0	0	0
	5	6	0	0	0	0	10	0	0	0	0
	6	0	0	0	0	0	0	0	0	1	0
3	7	311	0	0	187	507	93	11	5	162	143
	8	62	0	0	1,008	115	39	11	71	127	232
	9	0	0	4	0	1,351	16	30	42	203	437
4	10	0	85	0	589	536	4	48	49	112	176
	11	0	0	0	0	0	0	0	0	0	4
	12	0	0	0	0	0	0	4	4	0	22
전체		380	85	4	1,784	2,509	162	104	171	605	1,028

〈보기〉

ㄱ. 2022년 3분기 국제선 지연편수는 전년 동기 대비 100편 이상 증가하였다.
ㄴ. 2023년 9월의 결항편수는 국내선이 국제선의 3배 이상이다.
ㄷ. 매년 1월과 3월에는 항공편 결항이 없었다.

① ㄱ ② ㄷ
③ ㄱ, ㄴ ④ ㄴ, ㄷ
⑤ ㄱ, ㄴ, ㄷ

정답 ④

해설

ㄱ. 2021년 3분기 국제선 지연편수 = 11+61+46 = 118편
2022년 3분기 국제선 지연편수 = 83+111+19 = 213편
따라서 2022년 3분기 국제선 지연편수는 전년 동기 대비 100편 이상 증가하지 않았다. (×)
ㄴ. 〈표 2〉에서 2023년 9월의 결항편수는 국내선 1,351편이며, 국제선은 437편이다. 따라서 437의 3배 1,311이므로 국내선이 국제선의 3배 이상임을 알 수 있다. (○)
ㄷ. 매년 1월과 3월에는 국내선, 국제선 모두 0편이므로 항공편 결항이 없었음을 알 수 있다. (○)

12 다음 〈표〉는 2022학년도 '갑'대학교 졸업생의 취업 및 진학 현황에 관한 자료이다. 이에 대한 설명으로 옳지 않은 것은?

〈표〉 2022학년도 '갑'대학교 졸업생의 취업 및 진학 현황

(단위: 명, %)

구분 / 계열	졸업생 수	취업자 수	취업률	진학자 수	진학률
A	800	500	(62.5)	60	7.5
B	700	400	57.1	50	7.1
C	500	200	40.0	40	(8.0)
전체	2,000	1,100	55.0	150	7.5

※ 1) 취업률(%) = $\frac{\text{취업자 수}}{\text{졸업생 수}}\times100$

2) 진학률(%) = $\frac{\text{진학자 수}}{\text{졸업생 수}}\times100$

3) 진로 미결정 비율(%) = 100 − (취업률 + 진학률)

① 취업률은 A 계열이 B 계열보다 높다.
② 진로 미결정 비율은 B 계열이 C 계열보다 낮다.
③ 진학자 수만 계열별로 20%씩 증가한다면, 전체의 진학률은 10% 이상이 된다.
④ 취업자 수만 계열별로 10%씩 증가한다면, 전체의 취업률은 60% 이상이 된다.
⑤ 진학률은 A~C 계열 중 C 계열이 가장 높다.

정답 ③

해설

우선 ( )인 A계열 취업률과 C계열 진학률을 살펴보면,

A계열의 취업률 = $\frac{500}{800}\times100$ = 62.5%

C계열의 진학률 = $\frac{40}{500}\times100$ = 8.0%이다.

① 취업률은 A계열이 62.5%, B계열이 57.1%이므로 옳은 내용이다. (○)
② B의 진로 미결정 비율은 100 − (57.1 + 7.1) = 35.8%
C의 진로 미결정 비율은 100 − (40.0 + 8.0) = 52%
이므로 B계열이 C계열보다 낮다. (○)
③ 진학자 수만 계열별로 20%씩 증가한다면, 전체 전학자 수는 150 × 1.2 = 180명이 된다.
전체 진학률은 $\frac{180}{2,000}\times100$ = 9%가 되므로, 전체 진학률은 10%가 되지 못하여 옳지 않다. (×)
④ 취업자 수만 계열별로 10%씩 증가하면,
전체 취업자 수는 1,100 × 1.1 = 1,210명이 되고
전체의 취업률은 $\frac{1,210}{2,000}\times100$ = 60.5%가 되어 60% 이상이 되므로 옳은 내용이다. (○)
⑤ 진학률은 C가 8.0%로 A~C 계열 중 가장 높다. (○)

13 다음 〈그림〉은 오이와 고추의 재배방식별 파종, 정식, 수확 가능 시기에 관한 자료이다. 이에 대한 설명으로 옳지 않은 것은?

〈그림〉 오이와 고추의 재배방식별 파종, 정식, 수확 가능 시기

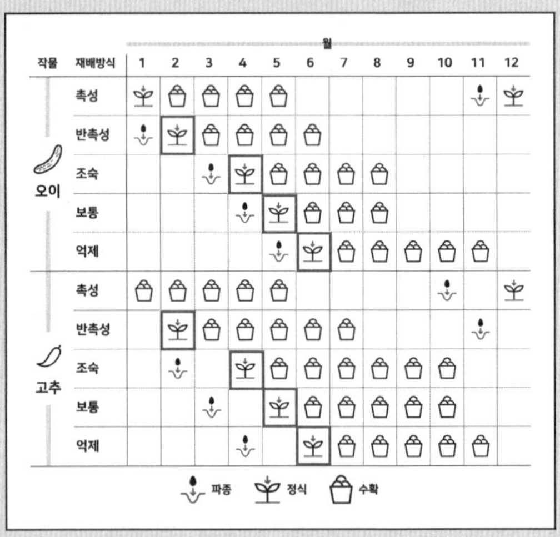

① '촉성' 재배방식에서 정식이 가능한 달의 수는 오이가 고추보다 많다.
② 고추의 각 재배방식에서 파종 가능 시기와 정식 가능 시기의 차이는 1개월 이상이다.
③ 오이는 고추보다 정식과 수확이 모두 가능한 달의 수가 더 많다.
④ 고추의 경우, 수확이 가능한 재배방식의 수는 7월이 가장 많다.
⑤ 오이의 재배방식 중 수확이 가능한 달의 수가 가장 적은 것은 '보통'이다.

정답 ③

해설

① '촉성' 재배방식에서 정식이 가능한 달의 수는
오이: 12월, 1월로 총 2개 / 고추: 12월로 총 1개
따라서 오이가 고추보다 많다. (○)
② 고추의 재배방식에서 파종 가능 시기와 정식 가능 시기의 차이는 촉성, 조숙, 보통, 억제: 2개월 / 반촉성: 3개월
따라서 1개월 이상은 옳은 내용이다. (○)
③ 오이와 고추의 정식과 수확이 모두 가능한 달의 수는 2, 4, 5, 6, 월로 모두 4개로 동일하다. 옳지 않다. (×)
④ 고추의 경우 수확이 가능한 재배방식 수는 7월이 4개이며, 5, 6, 8, 9, 10월 3개, 그 외의 달은 2개 이하이다. 따라서 수확이 가능한 재배방식 수는 7월이 가장 많으므로 옳은 내용이다. (○)
⑤ 오이의 재배방식 중 수확이 가능한 달의 수가 '보통'이 3개이며, 그 외 재배방식은 모두 4개 이상이다. (○)

14 다음 〈표〉는 2019~2023년 '갑'국의 양식 품목별 면허어업 건수에 관한 자료이다. 이에 대한 설명으로 옳은 것은?

〈표〉 2019~2023년 양식 품목별 면허어업 건수

(단위: 건)

연도 양식 품목	2019	2020	2021	2022	2023
김	781	837	853	880	812
굴	1,292	1,314	1,317	1,293	1,277
새고막	1,076	1,093	1,096	1,115	1,121
바지락	570	587	576	582	565
미역	802	920	898	882	678
전체	4,521	4,751	4,740	4,752	4,453

※ 양식 품목은 '김', '굴', '새고막', '바지락', '미역'뿐임

① '김' 면허어업 건수는 매년 증가한다.
② '굴'과 '새고막'의 면허어업 건수 합은 매년 전체의 50% 이상이다.
③ '바지락' 면허어업 건수의 전년 대비 증가율은 2020년이 2022년보다 낮다.
④ '미역' 면허어업 건수는 2023년이 2020년보다 많다.
⑤ 2023년에 면허어업 건수가 전년 대비 증가한 양식 품목은 2개이다.

정답 ②

해설

① '김' 면허어업 건수는 2022년(880건)에서 2023년(812건) 감소하였기 때문에 옳지 않다. (×)
② '굴'과 '새고막'의 매년 면허어업 건수의 합 비율은 아래와 같다.
2019년: 2,368건 ÷ 4,521 ×100 ≒ 52.4%
2020년: 2,407건 ÷ 4,751 ×100 ≒ 50.7%
2021년: 2,413건 ÷ 4,740 ×100 ≒ 50.9%
2022년: 2,408건 ÷ 4,752 ×100 ≒ 50.7%
2023년: 2,398건 ÷ 4,453 ×100 ≒ 53.9%
따라서 매년 전체의 50% 이상이다. (○)
굴과 새고막의 합이 전체의 반 이상인지, 또는 굴과 새고막의 합의 2배가 전체 이상인지를 확인하는 것이 빠르다.
③ '바지락' 면허어업 건수의 전년 대비 증가율은

2020년: $\frac{17}{570} \times 100 \fallingdotseq 3.0\%$,

2022년: $\frac{6}{576} \times 100 \fallingdotseq 1.0\%$

이므로 2020년이 더 높으므로 옳지 않다. (×)
④ '미역' 면허어업 건수는 2023년 678건으로 2020년 920건보다 적으므로 옳지 않다. (×)
⑤ 2023년에 면허어업 건수가 전년 대비 증가한 양식 품목은 '새고막' 1개이므로 옳지 않다. (×)

15 다음은 2019~2022년 우리나라의 원산지별 목재펠릿 수입량에 관한 자료이다. 이를 근거로 A~E국 중 우리나라에 해당하는 국가를 고르면?

보고서

목재펠릿은 작은 원통형으로 성형한 목재 연료로, 재생 가능한 청정에너지원이며 바이오매스 발전에 사용되고 있다. 2022년 기준 국내 목재펠릿 이용량의 84%가 수입산으로, 전체 수입량은 전년 대비 10% 이상 증가하였다. 매년 전체 목재펠릿 수입량의 절반 이상이 베트남산으로, 베트남에 대한 과도한 의존이 지속되고 있다. 2021년부터 충청남도 서산과 당진에 있는 바이오매스 발전소에 캐나다산 목재펠릿을 공급하면서 캐나다산 목재펠릿 수입이 증가하여 2022년 캐나다산 목재펠릿 수입량은 2019년 대비 30배 이상이 되었다. 또한, 2022년에는 유럽 시장에 수출길이 막힌 러시아산 목재펠릿의 수입량이 크게 증가하여 2022년 기준 러시아산이 우리나라 목재펠릿 수입량 2위를 차지하였다. 인도네시아산 목재펠릿 수입량은 2019년 이후 꾸준히 증가해 2022년에는 말레이시아산 목재펠릿 수입량을 추월하였다.

〈표 1〉 2019~2021년 우리나라의 원산지별 목재펠릿 수입량

(단위: 천 톤)

연도 \ 원산지	베트남	말레이시아	캐나다	인도네시아	러시아	기타	전체
2019	1,941	520	11	239	99	191	3,001
2020	1,912	508	52	303	165	64	3,004
2021	2,102	406	329	315	167	39	3,358

〈표 2〉 2022년 A~E국의 원산지별 목재펠릿 수입량

(단위: 천 톤)

국가 \ 원산지	베트남	말레이시아	캐나다	인도네시아	러시아	기타	전체
A	2,201	400	348	416	453	102	3,920
B	2,245	453	346	400	416	120	3,980
C	2,264	416	400	346	453	106	3,985
D	2,022	322	346	416	400	40	3,546
E	2,010	346	322	400	416	142	3,636

① A　　② B

③ C　　④ D

⑤ E

정답 ①

해설

〈보고서〉의 '2022년 기준 국내 목재펠릿 이용량의 84%가 수입산으로, 전체 수입량은 전년 대비 10% 증가하였다'는 내용을 만족하기 위해서 2021년 전체 수입량인 3,358천 톤의 10% 증가한 수입량을 구하면, 3,358 × 1.1 = 3,693.8천 톤이다.
〈표 2〉에서 전체 목재펠릿 수입량이 3,693.8천 톤이 미만인 국가는 D, E 국가이므로 두 국가는 제외한다.

〈보고서〉 중에서 "2022년에 기준 러시아산이 우리나라 목재펠릿 수입량 2위를 차지하였다."고 하였다. 러시아산이 2위인 국가는 A, C, E이고, 2위가 아닌 국가는 B(3위), D(3위)이다. 따라서 B국가를 추가로 제외한다.

남은 국가는 A, C이다. 이후로 A와 C국만 비교하면 된다.
〈보고서〉 중에서 "인도네시아산 목재펠릿 수입량은 2019년 이후 꾸준히 증가해 2022년에는 말레이시아산 목재펠릿 수입량을 추월하였다"고 하였으므로 2022년에 인도네시아산 수입량이 말레이시아산 수입량보다 많은 A가 우리나라에 해당한다.

16 다음 〈표〉는 2017~2022년 '갑'시 공공한옥시설의 유형별 현황에 관한 자료이다. 이에 대한 〈보기〉의 설명 중 옳은 것만을 모두 고르면?

〈표〉 2017 ~ 2022년 '갑'시 공공한옥시설의 유형별 현황

(단위: 개소)

유형 \ 연도	2017	2018	2019	2020	2021	2022
문화전시시설	8	8	10	11	12	12
전통공예시설	14	14	11	10	(10)	9
주민이용시설	3	3	5	6	8	8
주거체험시설	0	0	1	3	4	(5)
한옥숙박시설	2	2	(1)	0	0	0
전체	27	27	28	30	34	34

※ 공공한옥시설의 유형은 '문화전시시설', '전통공예시설', '주민이용시설', '주거체험시설', '한옥숙박시설'로만 구분됨

보기

ㄱ. '전통공예시설'과 '한옥숙박시설'의 전년 대비 증감 방향은 매년 같다.

ㄴ. 전체 공공한옥시설 중 '문화전시시설'의 비율은 매년 20% 이상이다.

ㄷ. 2020년 대비 2022년 공공한옥시설의 유형별 증가율은 '주거체험시설'이 '주민이용시설'의 2배이다.

ㄹ. '한옥숙박시설'이 '주거체험시설'보다 많은 해는 2017년과 2018년뿐이다.

① ㄱ, ㄴ　② ㄴ, ㄷ

③ ㄴ, ㄹ　④ ㄱ, ㄷ, ㄹ

⑤ ㄴ, ㄷ, ㄹ

정답 ⑤

해설

ㄱ. 2021년 '전통공예시설'은 34−12−8−4 = 10이므로 10개소, 2019년 '한옥숙박시설'은 28−10−11−5−1 = 1이므로 1개소이다. 2022년의 경우 전년 대비 '전통공예시설'은 10개에서 9개로 감소하였지만 한옥숙박시설은 동일하였다. 따라서 전년 대비 증감 방향은 매년 같지 않다. (×)

ㄴ. 전체 공공한옥시설 중 '문화전시시설'의 비율을 매년 각각 구하지 않고, 2017년부터 2022년까지 매년 전체 공공한옥시설의 20%인 0.2를 곱하여 해당연도 '문화전시시설'보다 큰지 작은지 비교하면 된다. 2017년 전체 공공한옥시설에서 '문화전시시설'의 개소가 27 × 0.2 = 5.4개 이상이면 20% 이상이며, 5.4개 이하면 20% 이하에 해당한다. 이를 표로 나타내면,

구분	2017	2018	2019	2020	2021	2022
문화전시시설	8	8	10	11	12	12
전체×0.2	5.4	5.4	5.6	6.0	6.8	6.8

이므로 매년 문화전시시설의 개소는 (전체 × 0.2)의 개소보다 크기 때문에 매년 20% 이상임을 알 수 있다. (○)

ㄷ. 2022년 '주거체험시설'은 34−12−9−8 = 5이므로 5개소이다. 2020년 대비 2022년 '주거체험시설'의 증가율은 $\frac{2}{3}$, '주민이용시설'의 증가율은 $\frac{2}{6}$이다. 2020년 대비 2022년 '주거체험시설'의 증가율은 '주민이용시설'의 2배이므로 옳다. (○)

ㄹ. '한옥숙박시설'이 '주거체험시설'보다 많은 해는 〈표〉와 ㄱ.에서 2019년 '한옥숙박시설' 1개소를 넣고 비교하면 확인할 수 있다. 2017년과 2018년뿐이므로 옳다. (○)

17 다음 〈그림〉은 2015~2023년 '갑'국의 해외직접투자 규모와 최저개발국 직접투자 비중에 관한 자료이다. 이에 대한 설명으로 옳은 것은?

〈그림〉 해외직접투자 규모와 최저개발국 직접투자 비중

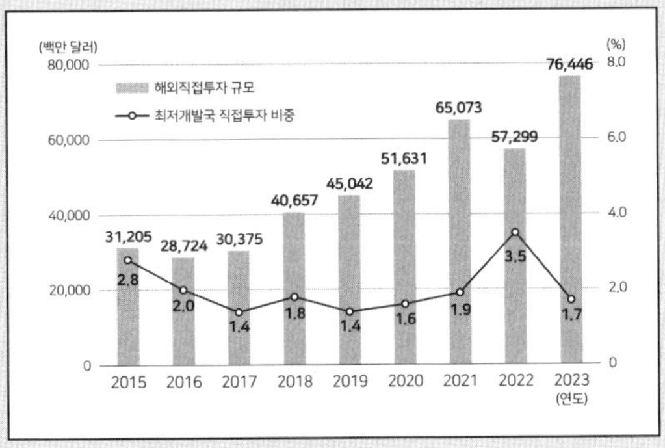

※ 최저개발국 직접투자 비중(%)

$= \frac{\text{최저개발국 직접투자 규모}}{\text{해외직접투자 규모}} \times 100$

① 최저개발국 직접투자 규모는 2023년이 2015년보다 크다.

② 2021년 최저개발국 직접투자 비중은 전년보다 감소하였다.

③ 2018년 최저개발국 직접투자 규모는 10억 달러 이상이다.

④ 2023년 해외직접투자 규모는 전년 대비 40% 이상 증가하였다.

⑤ 2017년에 해외직접투자 규모와 최저개발국 직접투자 비중 모두 전년 대비 증가하였다.

정답 ①

해설

① 2023년 최저개발국 직접투자 규모

$= \frac{\text{최저개발국 직접투자 비중(\%)} \times \text{해외직접투자 규모}}{100}$

$= 1.7 \times 76,446 \times \frac{1}{100}$

≒ 1,300백만 달러

2015년 최저개발국 직접투자 규모 $= 2.8 \times 31,205 \times \frac{1}{100}$

≒ 874백만 달러

따라서 2023년이 2015년보다 크다. (○)

② 2020년 최저개발국 직접투자 비중 : 1.6%

2021년 최저개발국 직접투자 비중 : 1.9%

2021년 최저개발국 직접투자 비중은 전년보다 0.3%p 증가하였다. (×)

③ 2018년 최저개발국 직접투자 규모는

$40,657 \times 1.8 \times \frac{1}{100}$ ≒ 732백만 달러이다.

10억 달러 이상이 아니므로 옳지 않다. (×)

40,657백만 달러는 400억 달러의 2%가 8억 달러임을 생각해보면 10억 달러에 미치지 못함을 판단할 수 있다.

④ 전년 대비 2023년 해외직접투자 규모는

$\frac{76,446 - 57,299}{57,299} \times 100$ ≒ 33.4% 증가하였다.

따라서 전년 대비 40% 이상 증가하였다는 것은 옳지 않다. (×)

500의 40%는 200이므로, 2022년 573에서 2023년 765로 192만큼 증가하였기에, 40% 이상 증가하지 못함을 판단할 수 있다.

⑤ 2017년 해외직접투자 규모는 전년 대비 증가하였지만 최저개발국 직접투자 비중은 2.0%에서 1.4%로 감소하였으므로 옳지 않다. (×)

18 다음 〈표〉는 '갑'국의 가맹점 수 기준 상위 5개 편의점 브랜드 현황에 관한 자료이다. 이에 대한 〈보기〉의 설명 중 옳은 것만을 모두 고르면?

〈표〉 가맹점 수 기준 상위 5개 편의점 브랜드 현황

(단위: 개, 천 원/개, 천 원/m^2)

순위	브랜드	가맹점 수	가맹점당 매출액	가맹점 면적당 매출액
1	A	14,737	583,999	26,089
2	B	14,593	603,529	32,543
3	C	10,294	465,042	25,483
4	D	4,082	414,841	12,557
5	E	787	559,684	15,448

※ 가맹점 면적당 매출액(천 원/m^2)

$= \frac{\text{해당 브랜드 전체 가맹점 매출액의 합}}{\text{해당 브랜드 전체 가맹점 면적의 합}}$

보기

ㄱ. '갑'국의 전체 편의점 가맹점 수가 5만 개라면 편의점 브랜드 수는 최소 14개이다.

ㄴ. A~E 중, 가맹점당 매출액이 가장 큰 브랜드가 전체 가맹점 매출액의 합도 가장 크다.

ㄷ. A~E 중, 해당 브랜드 전체 가맹점 면적의 합이 가장 작은 편의점 브랜드는 E이다.

① ㄱ　② ㄴ

③ ㄷ　④ ㄴ, ㄷ

⑤ ㄱ, ㄴ, ㄷ

정답 ④

해설

ㄱ. 상위 5개 편의점 브랜드 가맹점 수 합은

14,737+14,593+10,294+4,082+787 = 44,493개이다.

'갑'국 전체 편의점 가맹점 수가 50,000개라면 6위 이하 브랜드 가맹점 수의 합은 50,000 − 44,493 = 5,507개

여기서 5순위인 E 브랜드의 가맹점 수는 787개이므로 6순위부터 하위 순위까지 각 브랜드 가맹점 수는 787개 미만임을 알 수 있다. 5위 브랜드 가맹점 수를 기준으로 6위 이하의 가맹점 수 최솟값을 도출하면, 5,507 ÷ 787 ≒ 7.0개이므로 6위 이하 가맹점 수는 최소 7개가 가능하다.

따라서 1~5위 브랜드 + 최소 7개 브랜드 = 최소 12개가 된다. (×)

ㄴ. 가맹점당 매출액이 가장 큰 브랜드는 B브랜드이며, 전체 가맹점 매출액의 합은 가맹점 수 × 가맹점당 매출액이다.

B브랜드의 전체 가맹점 매출액의 합은

14,593 × 603,529 ≒ 8,807,298,697천 원이다.

A브랜드의 전체 가맹점 매출액의 합은

14,737 × 583,999 ≒ 8,606,393,263천 원이다.

C~E 브랜드는 가맹점 수와 가맹점당 매출액이 모두 B브랜드보다 낮기 때문에 계산하지 않는다. 따라서 B 브랜드의 전체 가맹점 매출액 합이 A~ E 브랜드 중에 가장 크기 때문에 옳은 내용이다. (○)

어림산하여 A는 147 × 584, B는 146 × 603 으로 곱셈비교하여 실제를 계산하지 않고도 146 × 603이 더 큰 수라는 것을 판단할 수 있다.

ㄷ. 해당 브랜드 전체 가맹점 면접의 합

= 해당 브랜드 전체 가맹점 매출액의 합 ÷ 가맹점 면적당 매출액

A브랜드: $\frac{14,737 \times 583,999}{26,089}$ ≒ 329,886m^2

B브랜드: $\frac{14,593 \times 603,529}{32,543}$ ≒ 270,636m^2

C브랜드: $\frac{10,294 \times 465,042}{25,483}$ ≒ 187,856m^2

D브랜드: $\frac{4,082 \times 414,841}{12,557}$ ≒ 134,856m^2

E브랜드: $\frac{787 \times 559,684}{15,448}$ ≒ 28,513m^2이므로

E브랜드가 전체 가맹점 면접의 합이 가장 작다. 옳은 내용이다. (○)

19 **다음 〈표〉는 2023년 '갑'시 소각시설 현황에 관한 자료이다. 이에 대한 설명으로 옳은 것은?**

〈표〉 2023년 '갑'시 소각시설 현황

(단위: 톤/일, 톤, 명)

소각시설	시설용량	연간소각실적	관리인원
전체	2,898	689,052	314
A	800	163,785	66
B	48	12,540	34
C	750	169,781	75
D	400	104,176	65
E	900	238,770	74

※ 시설용량은 1일 가동 시 소각할 수 있는 최대량임

① '연간소각실적'이 많은 소각시설일수록 '관리인원'이 많다.
② '시설용량' 대비 '연간소각실적' 비율이 가장 높은 소각시설은 E이다.
③ '연간소각실적'은 A가 D의 1.5배 이하이다.
④ C의 '시설용량'은 전체 '시설용량'의 30% 이상이다.
⑤ B의 2023년 가동 일수는 250일 미만이다.

정답 ②

해설

① C와 E 중에서 '연간소각실적'은 E가 C보다 높지만 '관리인원'은 C가 E보다 많기 때문에 '연간소각실적'이 많은 시설일수록 '관리인원'이 많은 것은 아니다. (×)
② '시설용량' 대비 '연간소각실적' 비율이 가장 높은 소각시설은 265.3인 E이다.
A: $\frac{163,785}{800}$, B: $\frac{12,840}{48}$, C: $\frac{169,781}{750}$, D: $\frac{104,176}{400}$,
E: $\frac{238,770}{900}$
B(261.3)와 E(265.3)만 비교하여 정답이 도출된다. A, C, D의 값은 단순 비율계산만으로 쉽게 소거된다. 예를 들어 A의 분모값은 800으로 200이 조금 넘으며, C도 250 이하임을 쉽게 알 수 있다. (○)
③ A의 연간소각실적: 163,785톤
D의 연간소각실적: 104,176톤
D의 연간소각실적×1.5 = 156,264톤이므로 1.5배 이상이다. 옳지 않다. (×)
④ C의 시설용량 = 750톤/일
전체 시설용량 = 2,898톤/일
전체 시설용량의 30% = 2,898 × 0.3 = 869.4톤/일
따라서 C의 시설용량은 전체 시설용량의 30%를 넘지 않으므로 옳지 않다. (×)
⑤ B의 2023년 가동 일수는 12,540톤 ÷ 48(톤/일) ≒ 261
따라서 2023년 가동 일수는 최소 261일 이상이므로 250일 미만은 옳지 않은 설명이다. (×)

[20~21] 다음 〈표〉는 2019~2023년 '갑'국 및 A 지역의 식량작물 생산 현황에 관한 자료이다. 다음 물음에 답하시오.

〈표 1〉 2019~2023년 식량작물 생산량

(단위: 톤)

구분 \ 연도	2019	2020	2021	2022	2023
'갑'국 전체	4,397,532	4,374,899	4,046,574	4,456,952	4,331,597
A 지역 전체	223,472	228,111	203,893	237,439	221,271
미곡	153,944	150,901	127,387	155,501	143,938
맥류	270	369	398	392	201
잡곡	29,942	23,823	30,972	33,535	30,740
두류	9,048	10,952	9,560	10,899	10,054
서류	30,268	42,066	35,576	37,112	36,338

〈표 2〉 2019~2023년 식량작물 생산 면적

(단위: ha)

구분 \ 연도	2019	2020	2021	2022	2023
'갑'국 전체	924,470	924,291	906,106	905,034	903,885
A 지역 전체	46,724	47,446	46,615	47,487	46,542
미곡	29,006	28,640	28,405	28,903	28,708
맥류	128	166	177	180	98
잡곡	6,804	6,239	6,289	6,883	6,317
두류	5,172	5,925	5,940	5,275	5,741
서류	5,614	6,476	5,804	6,246	5,678

※ A 지역 식량작물은 미곡, 맥류, 잡곡, 두류, 서류뿐임

20 **위 〈표〉에 대한 설명으로 옳지 않은 것은?**

① 2023년 식량작물 생산량의 전년 대비 감소율은 A 지역 전체가 '갑'국 전체보다 낮다.
② 2019년 대비 2023년 생산량 증감률이 가장 큰 A 지역 식량작물은 맥류이다.
③ 미곡은 매년 A 지역 전체 식량작물 생산 면적의 절반 이상을 차지한다.
④ 2023년 생산 면적당 생산량이 가장 많은 A 지역 식량작물은 서류이다.
⑤ A 지역 전체 식량작물 생산량과 A 지역 전체 식량작물 생산 면적의 전년 대비 증감 방향은 매년 같다.

정답 ①

해설

① 2023년 식량작물 생산량의 A지역 전체 감소율은

$\frac{221,271-237,439}{237,439}\times 100 ≒ -6.8\%$

2023년 식량작물 생산량의 '갑'국 지역 전체 감소율은

$\frac{4,331,597-4,456,952}{4,456,952}\times 100 ≒ -2.8\%$

따라서 감소율은 'A'지역 전체가 '갑'국 전체보다 높으므로 옳지 않다. (×)

② 2019년 대비 2023년 A지역 식량작물의 생산량 증감율은 2019년 맥류 생산량 270의 25%는 67.5이므로 270 − 67.5 = 202.5이다.

2019년 대비 2023년 맥류의 감소율은 25% 이상임을 알 수 있다. 따라서 증감률이 가장 큰 지역은 맥류임으로 옳은 내용이다.

미곡, 잡곡, 두류, 서류의 증감률도 이와 같이 계산하여 도출하면 아래 표와 같다.

구분 \ 연도	2019	2023	증감률
미곡	153,944	143,938	약 −6.5%
맥류	270	201	약 −25%
잡곡	29,942	30,740	약 3%
두류	9,048	10,054	약 11%
서류	30,268	36,338	약 20%

정석적인 풀이로 증감률은 쉽게 도출할 수 있으나 시간 내에 해결하기 위해서는 미곡, 잡곡, 두류를 건너뛰고 맥류와 서류만 비교하여 도출할 수도 있다. (○)

③ 매년 미곡의 A지역 전체 식량작물 생산 면적의 비중은 아래와 같다.

구분	2019	2020	2021	2022	2023
A지역 전체	46,724	47,446	46,615	47,487	46,542
A지역 50%	23,362	23,723	23,307.5	23,743.5	23,271
미곡	29,006	28,640	28,405	28,903	28,708
비중	62.1%	60.4%	60.9%	60.9%	61.7%

따라서 미곡은 매년 A지역 전체 식량작물 생산 면적의 절반 이상을 차지하므로 옳은 내용이다. 매년 비중을 각각 계산할 필요없이 A지역 전체 생산 면적의 50%만 계산한 후 미곡의 생산 면적보다 큰지 작은지만 비교하면 된다. (○)

④ 2023년 생산 면적당 생산량이 가장 많은 A지역 식량작물은 미곡이 약 5.0, 맥류가 2.1, 잡곡이 4.9, 두류가 1.8, 서류가 6.4로 서류가 가장 많다. 옳은 내용이다. (○)

⑤ A지역 전체 식량작물 생산량과 A지역 전체 식량작물 생산 면적의 전년 대비 증감 방향은 증가, 감소, 증가, 감소로 매년 같으므로 옳은 내용이다.

21 위 〈표〉를 이용하여 작성한 〈보기〉의 자료 중 옳은 것만을 모두 고르면?

보기

ㄱ. 2020~2023년 '갑'국 전체 식량작물 생산 면적의 전년 대비 감소량

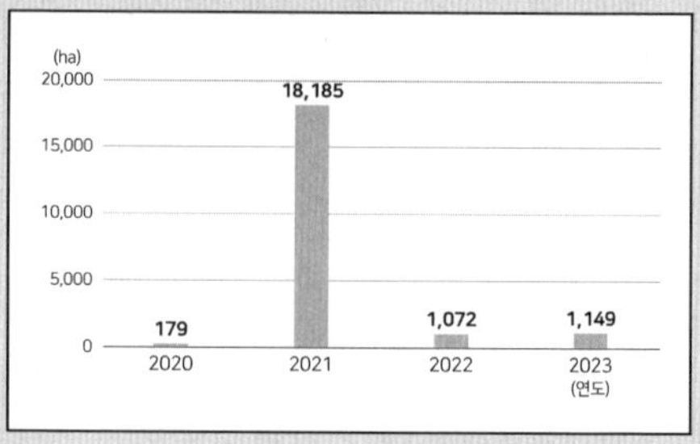

ㄴ. 연도별 A 지역 잡곡, 두류, 서류 생산량

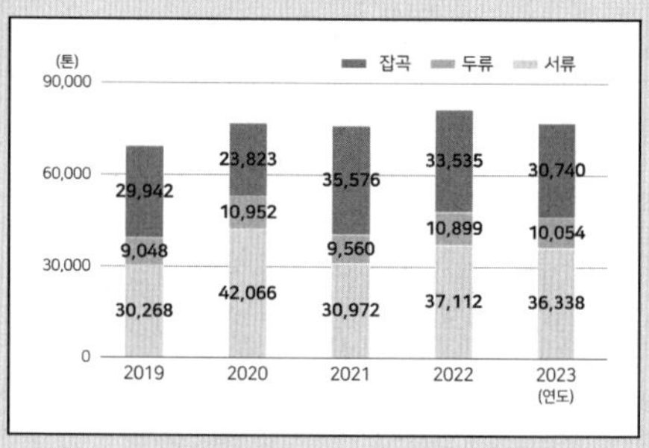

ㄷ. 2019년 대비 연도별 A 지역 맥류 생산 면적 증가율

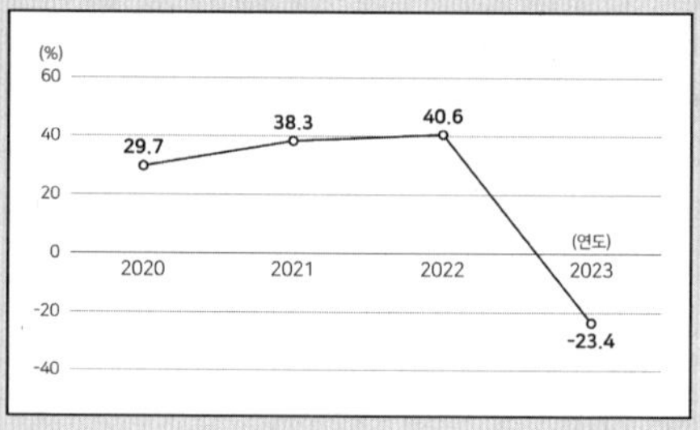

ㄹ. 2023년 A 지역 식량작물 생산량 구성비

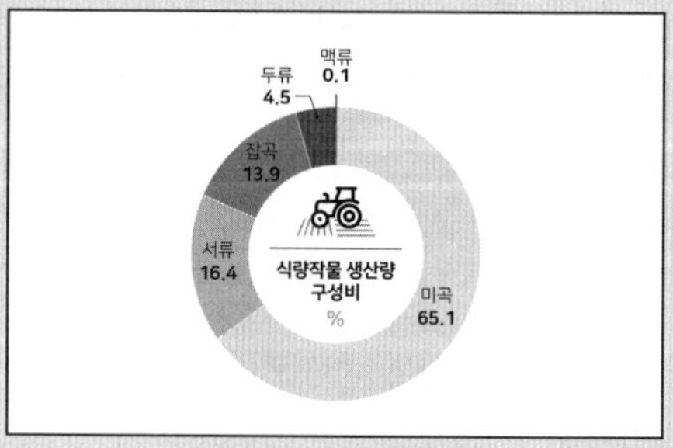

① ㄱ, ㄴ ② ㄱ, ㄷ
③ ㄴ, ㄹ ④ ㄱ, ㄷ, ㄹ
⑤ ㄴ, ㄷ, ㄹ

정답 ④

해설

ㄱ. '갑'국 전체 식량작물 생산 면적의 전년 대비 감소량은 아래와 같다. (숫자가 크기 때문에 결과값이 도출될 수 있는 최소 숫자끼리만 계산한다.)
2020년 : 470 − 291 = 179
2021년 : 24,291 − 6,106 = 18,185
2022년 : 6,106 − 5,034 = 1,072
2023년 : 5,034 − 3,885 = 1,149
〈표〉를 이용한 그래프로 옳은 자료이다. (○)
ㄴ. 2021년 잡곡과 서류 생산량이 서로 바뀌어 있다. 잘못된 자료이다. (×)
ㄷ. 2019년 대비 A지역 맥류 생산면적 증가율은
2020년 : 29.7%, 2021년 : 38.3%, 2022년 : 40.6%, 2023년 : −23.4%
이므로 옳은 자료이다. (○)
ㄹ. 2023년 A지역 식량작물 생산량 구성비는
미곡 : 65.1%, 서류 : 16.4%, 잡곡 : 13.9%, 두류 : 4.5%, 맥류 : 0.1%로 옳은 자료이다. (○)

22 다음 〈표〉는 2022년 3월 기준 '갑'시 A～L 동의 지방소멸위험지수 및 지방소멸위험 수준에 관한 자료이다. 이에 대한 설명으로 옳지 않은 것은?

〈표 1〉 2022년 3월 기준 '갑'시 A～L 동의 지방소멸위험지수

(단위 : 명)

동	총인구	65세 이상 인구	20～39세 여성 인구	지방소멸위험지수
A	14,056	2,790	1,501	0.54
B	23,556	3,365	(2,961)	0.88
C	29,204	3,495	3,615	1.03
D	21,779	3,889	2,614	0.67
E	11,224	2,300	1,272	(0.55)
F	16,792	2,043	2,754	1.35
G	19,163	2,469	3,421	1.39
H	27,146	4,045	4,533	1.12
I	23,813	2,656	4,123	(1.55)
J	29,649	5,733	3,046	0.53
K	36,326	7,596	3,625	(0.48)
L	15,226	2,798	1,725	0.62

※ 지방소멸위험지수 $= \frac{\text{20～39세 여성 인구}}{\text{65세 이상 인구}}$

〈표 2〉 지방소멸위험 수준

지방소멸위험지수	지방소멸위험 수준
1.5 이상	저위험
1.0 이상 1.5 미만	보통
0.5 이상 1.0 미만	주의
0.5 미만	위험

① 지방소멸위험 수준이 '주의'인 동은 5곳이다.
② '20～39세 여성 인구'는 B동이 G동보다 적다.
③ 지방소멸위험지수가 가장 높은 동의 '65세 이상 인구'는 해당 동 '총인구'의 10% 이상이다.
④ '총인구'가 가장 많은 동은 지방소멸위험지수가 가장 낮다.
⑤ 지방소멸위험 수준이 '보통'인 동의 '총인구' 합은 90,000명 이상이다

정답 ①

해설

① 지방소멸위험지수가 0.5 이상 1.0 미만인 경우 '주의' 수준이므로 여기에 해당되는 동은 A, B, D, J, L이다.

E의 지방소멸위험지수는 $\frac{1,272}{2,300}$ ≒ 0.55이므로 '주의' 수준에 해당한다.

또한 I의 지방소멸위험지수는 $\frac{4,123}{2,656}$ ≒ 1.55이므로 '저위험' 수준이며, K의 지방소멸위험지수는 $\frac{3,625}{7,596}$ ≒ 0.48이므로 '위험' 수준에 해당한다.

따라서 지방소별위험지수 '주의'인 동은 총 6곳(A, B, D, E, J, L)이므로 옳지 않은 내용이다. (×)

② B동의 '20~39세 여성 인구'는 3,365×0.88 ≒ 2,961명이므로 3,421명인 G동보다 적다. 옳은 내용이다. (○)

③ 지방소멸위험지수가 가장 높은 동은 I동이다.

I동의 '65세 이상 인구'는 2,656명으로 I동의 '총인구' 23,813명의 10%인 2,381명보다 많으므로 옳은 내용이다. (○)

④ '총인구'가 가장 많은 동은 K동이다. K동의 지방소멸위험지수는 0.48로 가장 낮다. 옳은 내용이다. (○)

⑤ 지방소멸위험 수준이 '보통'인 동은 C, F, G, H이다.

'총인구' 합은 29,204+16,792+19,163+27,146 = 92,305명으로 90,000명 이상이다. 옳은 내용이다. (○)

23 다음 〈표〉는 2023년 '갑'국의 생활계 폐기물 처리실적에 관한 자료이다. 이에 대한 설명으로 옳은 것은?

〈표〉 2023년 처리방법별, 처리주체별 생활계 폐기물 처리실적

(단위: 만 톤)

처리방법 / 처리주체	재활용	소각	매립	기타	합
공공	403	447	286	7	1,143
자가	14	5	1	1	21
위탁	870	113	4	119	1,106
계	1,287	565	291	127	2,270

① 전체 처리실적 중 '매립'의 비율은 15% 이상이다.
② 기타를 제외하고, 각 처리방법에서 처리실적은 '공공'이 '위탁'보다 많다.
③ 각 처리주체에서 '매립'의 비율은 '공공'이 '자가'보다 높다.
④ 처리주체가 '위탁'인 생활계 폐기물 중 '재활용'의 비율은 75% 이하이다.
⑤ '소각' 처리 생활계 폐기물 중 '공공'의 비율은 90% 이상이다.

정답 ③

해설

① 전체 처리실적 중 '매립'의 비율은 $\frac{291}{2,270}$ ×100 ≒ 12.8%이므로 옳지 않은 내용이다. (×)

② 재활용 처리실적은 '공공'이 403만 톤으로 '위탁'의 870만 톤보다 적다. 따라서 옳지 않다. (×)

③ 각 처리주체에서 '매립'의 비율은

'공공': $\frac{286}{1,143}$ ×100 ≒ 25.0%

'자가': $\frac{1}{21}$ ×100 ≒ 4.8%

'공공'이 '자가'보다 높으므로 옳은 내용이다. (○)

④ '위탁'인 생활계 폐기물 중 '재활용'의 비율은 $\frac{870}{1,106}$ ×100 ≒ 78.7%이므로 옳지 않다. (×)

⑤ '소각'인 처리 생활계 폐기물 중 '공공'의 비율은 $\frac{447}{565}$ ×100 ≒ 79.1%이므로 옳지 않다. (×)

24 **다음 자료는 2020~2023년 우리나라 시도 행정심판위원회 사건 처리 현황이다. 이에 대한 〈보고서〉의 설명 중 옳은 것만을 모두 고르면?**

〈표〉 2020~2022년 시도 행정심판위원회 인용률

(단위: %)

연도 / 시도	2020	2021	2022
서울	18.4	15.9	16.3
부산	22.6	15.9	12.8
대구	35.9	39.9	38.4
인천	33.3	36.0	38.1
광주	22.2	30.6	36.0
대전	28.1	47.7	35.8
울산	33.0	38.1	50.9
세종	7.7	16.7	0.0
경기	23.3	19.6	22.3
강원	21.4	14.1	18.2
충북	23.6	28.5	24.3
충남	26.7	19.9	23.1
전북	31.7	34.0	22.1
전남	36.2	34.5	23.8
경북	10.6	23.3	22.9
경남	18.5	25.7	12.4
제주	31.6	25.3	26.2

※ 인용률(%) $= \frac{\text{인용 건수}}{\text{처리 건수}} \times 100$

〈그림〉 2022년과 2023년 시도 행정심판위원회 처리 건수 상위 5개 시도 현황

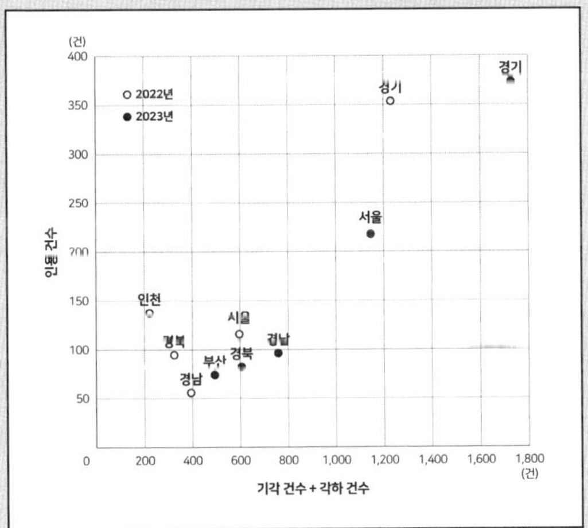

※ 처리 건수 = 인용 건수 + 기각 건수 + 각하 건수

보고서

2023년 우리나라 시도 행정심판위원회 처리 건수 상위 5개 시도는 경기, 서울, 경남, 경북, 부산이었다. 2022년에는 인천이 처리 건수 362건으로 상위 5개 시도에 속했으나, 2023년 부산에 자리를 넘겨주었다. 또한, ㉠ 2023년 처리 건수 상위 5개 시도의 처리 건수는 각각 전년 대비 증가하였다. 인용 건수를 살펴보면, ㉡ 2023년 처리 건수가 가장 많은 시도의 2023년 인용 건수는 2022년 인용률이 가장 높은 시도의 2022년 인용 건수의 1.5배 이상이다. 인용률을 살펴보면, ㉢ 2020년부터 2023년까지 인용률이 매년 감소한 시도는 3개이다.

① ㄱ
② ㄴ
③ ㄷ
④ ㄱ, ㄴ
⑤ ㄱ, ㄴ, ㄷ

정답 ④

해설

ㄱ. 2023년 처리 건수 상위 5개 시도: 서울, 경기, 경남, 경북, 부산이며, 이 5개 시도의 처리 건수는 각각 전년 대비 증가하였다.

처리 건수는 인용 건수+기각 건수+각하 건수이므로 〈그림〉에서 2022년 대비 2023년 우상향 부분인지 비교하면 증감 여부를 확인할 수 있다.

수치로는 경기 약 1,550건에서 2,100건으로 증가, 서울 약 700건에서 1,400건으로 증가, 경남이 약 450건에서 840건으로 증가, 경북이 약 400건에서 700건으로 증가, 부산은 2022년이 없는 상황에서 5위로 순위가 상승하였기 때문에 증가하였다.

따라서 옳은 내용이다. (○)

ㄴ. 2023년 처리 건수가 가장 많은 시도는 경기이다.

2022년 인용률이 가장 높은 시도는 울산이다.

〈그림〉에서 경기의 2023년 인용 건수는 약 375건임을 확인할 수 있으며, 울산은 2022년 상위 5개 시도에 포함되어 있지 않기 때문에 처리 건수가 5위인 인천보다 적다는 것을 알 수 있다. 처리 건수 5위인 인천은 약 350건 미만으로 확인된다.

(기각건수 + 각하건수 : 200) + (인용 건수 : 150) = 350

여기서 각주의 식을 활용하여 2022년 울산의 인용 건수를 알아보면

인용 건수 = 인용률(2022년 울산 인용률) × 처리 건수

2022년 울산 인용 건수 = 50.9% × (350건 미만)

따라서 2022년 울산의 인용 건수는 약 177건 정도이다.

따라서 2023년 경기의 인용건수 약 375건은 2022년 울산의 인용건수인 177의 1.5배 이상임을 알 수 있다. (○)

ㄷ. 2020년부터 2022년까지 인용률이 매년 감소한 시도는 부산과 전남 2개이므로 잘못된 내용이다. (×)

25 다음 〈표〉는 A 회사 전체 임직원 100명의 직급별 인원과 시간당 임금에 관한 자료이다. 이에 대한 〈보기〉의 설명 중 옳은 것만을 모두 고르면?

〈표〉 A 회사의 직급별 임직원 수와 시간당 임금

(단위: 명, 원)

구분 직급	임직원 수	시간당 임금					
		평균	최저	Q1	중간값	Q3	최고
공장 관리직	4	25,000	15,000	15,000	25,000	30,000	(　　)
공장 생산직	52	21,500	12,000	20,500	23,500	26,500	31,000
본사 임원	8	(　　)	24,000	25,600	48,000	48,000	55,000
본사 직원	36	22,000	11,500	16,800	23,500	27,700	29,000

※ 1) 해당 직급 임직원의 시간당 임금을 낮은 값부터 순서대로 나열하여 4등분한 각 집단을 나열 순서에 따라 1분위, 2분위, 3분위, 4분위로 정함
2) Q1과 Q3은 각각 1분위와 3분위에 속한 값 중 가장 높은 값임
3) 해당 직급 임직원 수가 짝수인 경우, 중간값은 2분위에 속한 값 중 가장 높은 값과 3분위에 속한 값 중 가장 낮은 값의 평균임

보기

ㄱ. 공장 관리직의 '시간당 임금' 최고액은 35,000원이다.
ㄴ. '시간당 임금'이 같은 본사 임원은 3명 이상이다.
ㄷ. 본사 임원의 '시간당 임금' 평균은 40,000원 이상이다.
ㄹ. '시간당 임금'이 23,000원 이상인 임직원은 50명 미만이다.

① ㄱ, ㄴ　② ㄱ, ㄹ
③ ㄴ, ㄷ　④ ㄷ, ㄹ
⑤ ㄱ, ㄴ, ㄷ

정답 ⑤

해설

ㄱ. 해당 직급 임직원의 시간당 임금을 낮은 값부터 순서대로 나열하여 4등분한 각 집단을 순서에 따라 1~4분위로 정하였기 때문에 임직원 수가 4명인 공장 관리직은 1~4분위 각각 1명씩 들어간다.
공장관리직 최저 임금은 15,000원이므로 1분위 15,000원,
Q3는 3분위 속한 값 중 가장 높은 값이므로 3분위 30,000원,
중간값이 25,000원이므로 2분위는 20,000원이 된다. [중간값은 2분위에 속한 값 중 가장 높은 값과 3분위에 속한 가장 낮은 값의 평균인데, 각 분위 해당자가 각각 1명밖에 없으므로 (x +30,000)원을 2로 나눈 값이 25,000원이기에 x는 20,000원이 된다.]
4분위는 공장 관리직 전체 평균 시간당 임금이 25,000원이기 때문에 15,000원 + 20,000원 + 30,000원 + y를 4로 나눈 값이 25,000원이다.
y = 35,000원
따라서 공장관리직의 '시간당 임금' 최고액은 35,000원이다. (○)

ㄴ. 본사 임원의 시간당 임금에서 중간값과 Q3의 임금이 48,000원으로 동일하다. 따라서 본사 임원 8명 중 4~5등은 48,000원을 동일하게 받는 것을 알 수 있다. 8명의 임금 순위를 좌측부터 우측까지 나열한다면, 중간값은 4, 5위 임금의 평균이기 때문이다.

최저	7위	6위	중간값	중간값	3위	2위	최고
1분위		2분위		3분위		4분위	

여기서 Q3의 시간당 임금은 3분위에 속한 값 중 가장 높은 값이므로 3위에 해당하는 임원의 시간당 임금도 48,000원임을 알 수 있다. (Q3 = 48,000원)
따라서 '시간당 임금'이 같은 본사 임원은 3명 이상임을 알 수 있다. (○)

ㄷ. 본사 임원의 각 시간당 임금을 나타내면 아래와 같다.

최저	7위	6위	5위	4위	3위	2위	1위
24,000	25,600	모름	48,000	48,000	48,000	모름	55,000

시간당 임금 2위 임원의 경우 적어도 48,000원 이상, 6위 임원의 경우 적어도 25,600원 이상이 된다. 본사 임원의 '시간당 임금' 평균은 최소 40,000원 이상인지를 확인하는 것이기 때문에 최소값을 주어 평균을 계산하면 아래와 같다.

최저	7위	6위	5위	4위	3위	2위	1위
24,000	25,600	25,600	48,000	48,000	48,000	48,000	55,000

322,200 ÷ 8 = 40,275원으로 40,000원 이상임을 알 수 있다. 따라서 옳은 내용이다. (○)

ㄹ. 이미 '시간당 임금'이 23,000원 이상인 공장관리직 2명, 본사 임원 8명은 확정이다.
공장 생산직 임직원 수는 52명이므로 분위마다 13명씩이고, 본사 직원은 36명이므로 분위마다 9명씩이다.
공장 생산직과 본사 직원의 중간값이 모두 23,500원이므로 3, 4분위 직원의 시간당 임금은 23,000원이 넘는 것을 알 수 있다. 따라서 2+8+26+18 = 54명으로 옳지 않은 내용이다. (×)

3 상황판단

본문 p.121~133

01 다음 글을 근거로 판단할 때 옳은 것은?

> 제00조 ① A부장관은 클라우드컴퓨팅(cloud computing)에 관한 정책의 효과적인 수립·시행에 필요한 산업 현황과 통계를 확보하기 위한 실태조사(이하 '실태조사'라 한다)를 할 수 있다.
> ② A부장관은 실태조사를 위하여 필요한 경우에는 클라우드컴퓨팅서비스 제공자나 그 밖의 관련 기관 또는 단체에 자료의 제출이나 의견의 진술 등을 요청할 수 있다.
> ③ A부장관은 클라우드컴퓨팅의 발전과 이용 촉진 및 이용자 보호와 관련된 중앙행정기관(이하 '관계 중앙행정기관'이라 한다)의 장이 요구하는 경우 실태조사 결과를 통보하여야 한다.
> ④ A부장관은 실태조사를 할 때에는 다음 각 호의 사항을 내용에 포함하여야 한다.
> 1. 클라우드컴퓨팅 관련 기업 현황 및 시장 규모
> 2. 클라우드컴퓨팅기술 및 클라우드컴퓨팅서비스의 이용·보급 현황
> 3. 클라우드컴퓨팅 산업의 인력 현황 및 인력 수요 전망
> 4. 클라우드컴퓨팅 관련 연구개발 및 투자 규모
>
> ⑤ 실태조사는 현장조사, 서면조사, 통계조사 및 문헌조사 등의 방법으로 실시하되, 효율적인 실태조사를 위하여 필요한 경우에는 정보통신망 및 전자우편 등의 전자적 방식으로 실시할 수 있다.
>
> 제00조 ① 관계 중앙행정기관의 장은 클라우드컴퓨팅기술 및 클라우드컴퓨팅서비스에 관한 연구개발사업을 추진할 수 있다.
> ② 관계 중앙행정기관의 장은 기업·연구기관 등에 제1항에 따른 연구개발사업을 수행하게 하고 그 사업 수행에 드는 비용의 전부 또는 일부를 지원할 수 있다.
>
> 제00조 국가와 지방자치단체는 클라우드컴퓨팅기술 및 클라우드컴퓨팅서비스의 발전과 이용 촉진을 위하여 조세감면을 할 수 있다.

① 실태조사는 전자적 방식으로 실시하는 것을 원칙으로 하되, 필요한 경우 현장조사, 서면조사 등의 방법으로 실시할 수 있다.
② 클라우드컴퓨팅기술 및 클라우드컴퓨팅서비스의 발전과 이용 촉진을 위하여 지방자치단체가 조세감면을 할 수는 없다.
③ A부장관은 실태조사의 내용에 클라우드컴퓨팅 산업의 인력 현황을 포함해야 하지만, 인력 수요에 대한 전망을 포함시킬 필요는 없다.
④ A부장관은 관계 중앙행정기관의 장에게 실태조사 결과를 요구할 수 있고, 이 경우 관계 중앙행정기관의 장은 그 결과를 A부장관에게 통보하여야 한다.
⑤ 관계 중앙행정기관의 장이 연구기관에 클라우드컴퓨팅기술 및 클라우드컴퓨팅서비스에 관한 연구개발사업을 수행하게 한 경우, 그 사업 수행에 드는 비용을 지원할 수 있다.

정답 ⑤

해설

편의상 00조를 위에서부터 순서대로 제1조, 제2조, 제3조라 한다.

① 제1조 제5항에 따르면 반대로 기술되어 있다. 현장조사, 서면조사 등의 방법을 원칙으로 하되, 필요한 경우 전자적 방식으로 실시할 수 있기 때문에 옳지 않은 내용이다. (×)
② 제3조에 따르면 국가와 지방자치단체는 클라우드컴퓨팅기술 및 클라우드컴퓨팅서비스의 발전과 이용 촉진을 위하여 조세감면을 할 수 있으므로 옳지 않다. (×)
③ 제1조 제4항에 따라 인력 수요에 대한 전망은 포함해야 하기 때문에 옳지 않은 내용이다. (×)
④ 제1조 제1항에 따르면 A부장관은 실태조사를 할 수 있고, 제3항에 따라 A부장관은 관계 중앙행정기관의 장이 요구하는 경우 실태조사 결과를 통보하여야 한다. A부장관이 관계 중앙행정기관의 장에게 실태조사 결과를 요구할 수 있다는 내용은 없으며, 관계 중앙행정기관의 장이 실태조사 결과를 A부장관에게 통보하여야 한다는 내용도 없기 때문에 옳지 않은 내용이다. (×)
⑤ 제2조에 따르면 관계 중앙행정기관의 장은 클라우드컴퓨팅기술 및 클라우드컴퓨팅서비스에 관한 연구개발사업을 추진할 수 있고, 기업·연구기관 등에 연구개발사업을 수행하게 할 수 있고 이 경우 그 사업 수행에 드는 비용의 전부 또는 일부를 지원할 수 있기 때문에 옳은 내용이다. (○)

02 다음 글을 근거로 판단할 때 옳은 것은?

제00조 이 법에서 사용하는 용어의 뜻은 다음과 같다.
1. "산림병해충"이란 산림에 있는 식물과 산림이 아닌 지역에 있는 수목에 해를 끼치는 병과 해충을 말한다.
2. "예찰"이란 산림병해충이 발생할 우려가 있거나 발생한 지역에 대하여 발생 여부, 발생 정도, 피해 상황 등을 조사하거나 진단하는 것을 말한다.
3. "방제"란 산림병해충이 발생하지 아니하도록 예방하거나, 이미 발생한 산림병해충을 약화시키거나 제거하는 모든 활동을 말한다.

제00조 ① 산림소유자는 산림병해충이 발생할 우려가 있거나 발생하였을 때에는 예찰·방제에 필요한 조치를 하여야 한다.
② 산림청장, 시·도지사, 시장·군수·구청장 또는 지방산림청장은 산림병해충이 발생할 우려가 있거나 발생하였을 때에는 예찰·방제에 필요한 조치를 할 수 있다.
③ 시·도지사, 시장·군수·구청장 또는 지방산림청장(이하 '시·도지사 등'이라 한다)은 산림병해충이 발생할 우려가 있거나 발생하였을 때에는 산림소유자, 산림관리자, 산림사업 종사자, 수목의 소유자 또는 판매자 등에게 다음 각 호의 조치를 하도록 명할 수 있다. 이 경우 명령을 받은 자는 특별한 사유가 없으면 명령에 따라야 한다.
1. 산림병해충이 있는 수목이나 가지 또는 뿌리 등의 제거
2. 산림병해충이 발생할 우려가 있거나 발생한 산림용 종묘, 베어낸 나무, 조경용 수목 등의 이동 제한이나 사용 금지
3. 산림병해충이 발생할 우려가 있거나 발생한 종묘·토양의 소독

④ 시·도지사 등은 제3항 제2호에 따라 산림용 종묘, 베어낸 나무, 조경용 수목 등의 이동 제한이나 사용 금지를 명한 경우에는 그 내용을 해당 기관의 게시판 및 인터넷 홈페이지 등에 10일 이상 공고하여야 한다.
⑤ 시·도지사 등은 제3항 각 호의 조치이행에 따라 발생한 농약대금, 인건비 등의 방제비용을 예산의 범위에서 지원할 수 있다.

① 산림병해충이 발생하지 않도록 예방하는 활동은 방제에 해당하지 않는다.
② 산림병해충이 발생할 우려가 있는 경우, 수목의 판매자는 예찰에 필요한 조치를 하여야 한다.
③ 산림병해충 발생으로 인한 조치 명령을 이행함에 따라 발생한 인건비는 시·도지사 등의 지원 대상이 아니다.
④ 산림병해충이 발생한 종묘에 대해 관할 구청장이 소독을 명한 경우, 그 내용을 구청 게시판 및 인터넷 홈페이지에 10일 이상 공고하여야 한다.
⑤ 산림병해충이 발생하여 관할 지방산림청장이 해당 수목의 소유자에게 수목 제거를 명령하였더라도, 특별한 사유가 있으면 그 명령에 따르지 않을 수 있다.

정답 ⑤

해설

편의상 00조를 위에서부터 순서대로 제1조, 제2조라 한다.

① 제1조 제3호에서 '방제'란 산림병해충이 발생하지 아니하도록 예방하는 활동도 의미하므로 '방제'에 해당되지 않는다는 내용은 옳지 않다. (×)
② 제2조 제1항에 의해서 산림소유자는 산림병해충이 발생할 우려가 있거나 발생하였을 때에는 예찰·방제에 필요한 조치를 하여야 한다. 수목의 판매자는 조치의무자가 아니므로 옳지 않은 내용이다. (×)
③ 제2조 제3항에 따라 시·도지사, 시장·군수·구청장 또는 지방산림청장은 산림병해충이 발생하였을 때 각 호의 조치를 하도록 명할 수 있다. 이때 제5항에서 시·도지사 등은 각 호의 조치이행에 따라 발생한 농약대금, 인건비 등의 방제비용을 예산의 범위에서 지원할 수 있으므로 시·도지사의 지원 대상이 아니라는 내용은 옳지 않다. (×)
④ 제2조 제4항에 따르면 제3항 제2호에 따라 산림용 종묘, 베어낸 나무, 조경용 수목 등의 이동 제한이나 사용 금지를 명한 경우 그 내용을 해당 기관의 게시판 및 인터넷 홈페이지 등에 10일 이상 공고하여야 한다. 하지만 소독을 명한 경우는 제3항 제3호에 해당하므로 관련 내용을 공고하여야 하는 것은 아니다. 따라서 옳지 않은 내용이다. (×)
⑤ 제2조 제3항 제1호에 따르면 산림병해충이 발생할 우려가 있거나 발생하였을 때에는 산림소유자, 산림관리자, 산림사업종사자, 수목의 소유자 또는 판매자 등에게 산림병해충이 있는 수목이나 가지 또는 뿌리 등의 제거를 명할 수 있다. 이때 특별한 사유가 없으면 명령에 따라야 한다. 이는 특별한 사유가 있으면 그 명령에 따르지 않을 수 있다는 것을 의미하므로 옳은 내용이다. (○)

03 다음 글을 근거로 판단할 때 옳은 것은?

> 제00조 ① 게임물의 윤리성 및 공공성을 확보하고 사행심 유발 또는 조장을 방지하며 청소년을 보호하고 불법 게임물의 유통을 방지하기 위하여 ○○관리위원회(이하 '위원회'라 한다)를 둔다.
> ② 위원회는 위원장 1명을 포함한 9명 이내의 위원으로 구성하되, 위원장은 상임으로 한다.
> ③ 위원회의 위원은 문화예술 · 문화산업 · 청소년 · 법률 · 교육 · 정보통신 · 역사 분야에 종사하는 사람으로서 게임산업 · 아동 또는 청소년에 대한 전문성과 경험이 있는 사람 중에서 관련 단체의 장이 추천하는 사람을 A부장관이 위촉하며, 위원장은 위원 중에서 호선한다.
> ④ 위원장 및 위원의 임기는 3년으로 한다.
>
> 제00조 ① 위원회는 법인으로 한다.
> ② 위원회는 A부장관의 인가를 받아 주된 사무소의 소재지에서 설립등기를 함으로써 성립한다.
>
> 제00조 ① 위원회의 업무 및 회계에 관한 사항을 감사하기 위하여 위원회에 감사 1인을 둔다.
> ② 감사는 A부장관이 임명하며, 상임으로 한다.
> ③ 감사의 임기는 3년으로 한다.

① 감사와 위원의 임기는 다르다.
② 위원장과 감사는 상임으로 한다.
③ 위원장은 A부장관이 위원 중에서 지명한다.
④ 위원회는 감사를 포함하여 9명으로 구성하여야 한다.
⑤ 위원회는 A부장관의 인가 여부와 관계없이 주된 사무소의 소재지에서 설립등기를 함으로써 성립할 수 있다.

정답 ②

해설

편의상 위부터 아래로 제1조~제3조라 한다.

① 제1조 제4항에 의해 위원의 임기는 3년, 제3조 제3항에 의해 감사의 임기는 3년이므로 동일하다. (×)
② 제1조 제2항에 따르면 위원장은 상임으로 하고, 제3조 제2항에 따르면 감사는 상임으로 한다고 하였으므로 옳은 내용이다. (○)
③ 제1조 제3항에 따라 위원은 A부장관이 위촉하며, 위원장은 위원 중에서 호선하므로 옳지 않은 내용이다. (×)
④ 제1조 제2항에 따라 위원회는 위원장 1명 포함 9명 이내의 위원으로 구성되며, 제3조 제1항에 따라 감사는 위원과 별도로 1인을 둔다. (×)
⑤ 제2조 제2항에 따라 A부장관의 인가를 받아 주된 사무소의 소재지에서 설립등기를 해야 성립된다. 따라서 A부장관의 인가 여부와 관계없이 성립한다는 내용은 옳지 않다. (×)

04 다음 글과 〈상황〉을 근거로 판단할 때, 제사주재자를 옳게 짝지은 것은?

> 사망한 사람의 제사를 주재하는 사람(이하 '제사주재자'라 한다)은 사망한 사람의 공동상속인들 간 협의에 의해 정하는 것이 원칙이다. 다만 공동상속인들 사이에 협의가 이루어지지 않을 때, 누구를 제사주재자로 결정할 것인지 문제가 된다. 종전 대법원 판례는, 제사주재자의 지위를 유지할 수 없는 특별한 사정이 없는 한 사망한 사람의 직계비속으로서 장남(장남이 이미 사망한 경우에는 장손자)이 제사주재자가 되고, 공동상속인들 중 아들이 없는 경우에는 장녀가 제사주재자가 된다고 하였다. 이 판례에 대해, 사망한 사람에게 아들, 손자가 있다는 이유만으로 여성 상속인이 자신의 의사와 무관하게 제사주재자가 되지 못한다는 점에서 양성평등의 원칙에 어긋난다는 비판이 있었다.
> 이를 반영해서 최근 대법원은 연령을 기준으로 하여 제사주재자가 결정되는 것으로 판례를 변경하였다. 즉, 공동상속인들 사이에 협의가 이루어지지 않으면, 제사주재자의 지위를 유지할 수 없는 특별한 사정이 없는 한 사망한 사람의 직계비속 가운데 남녀를 불문하고 최근친(最近親) 중 연장자가 제사주재자가 된다고 하였다.

〈상황〉

> 甲과 乙은 혼인하여 자녀 A(딸), B(아들), C(아들)를 두었다. B는 혼인하여 자녀 D(아들)가 있고, A와 C는 자녀가 없다. B는 2023. 5. 1. 43세로 사망하였고, 甲은 2024. 5. 1. 사망하였다. 2024. 6. 1. 현재 甲의 공동상속인인 乙(73세), A(50세), C(40세), D(20세)는 각자 자신이 甲의 제사주재자가 되겠다고 다투고 있다. 이들에게는 제사주재자의 지위를 유지할 수 없는 특별한 사정이 없다.

	종전 대법원 판례	최근 대법원 판례
①	A	C
②	C	A
③	C	乙
④	D	A
⑤	D	乙

정답 ④

해설

i) 제사주재자에 대한 종전 대법원 판례
㉠ 사망한 사람의 직계비속으로서의 장남
㉡ 장남이 이미 사망한 경우 장손자
㉢ 공동상속인들 중 아들이 없는 경우 장녀
ii) 제사주재자에 대한 최근 대법원 판례
특별한 사정이 없는 한 연령을 기준으로 하여 사망한 사람의 직계비속 가운데 남녀불문하고 최근친 중 연장자

종전 대법원 판례의 경우 먼저 장남이 B와 C 중에 누구인지 찾아야 한다. 甲의 공동상속인 중에 乙을 제외하고 2024년 기준 C가 40세이고, 2023년 사망한 B는 사망 당시 나이가 43세임을 알 수 있다. 따라서 장남은 B이다. 甲의 제사주재는 직계비속으로서 장남이 이미 사망한 경우 장손자로 결정되므로 D가 제사주재자이다.

최근 대법원 판례로 볼 때 사망한 사람의 직계비속 가운데 남녀를 불문하고 최근친 중 연장자가 제사주재자가 되므로 부인 乙을 제외하고 직계비속 중 가장 나이가 많은 A가 제사주재자가 된다.

05 다음 글을 근거로 판단할 때 옳은 것은?

> 자기조절력은 스스로 목표를 설정하고 그 목표를 달성하기 위해 집념과 끈기를 발휘하는 능력을 말한다. 또한 자기조절력은 자기 자신의 감정을 잘 조절하는 능력이기도 하며, 내가 나를 존중하는 능력이기도 하다. 자기조절을 하기 위해서는 도달하고 싶으나 아직 구현되지 않은 나의 미래 상태를 현재 나의 상태와 구별해 낼 수 있어야 한다. 자기조절력의 하위 요소로는 자기절제와 목표달성 등이 있다. 이러한 하위 요소들은 신경망과도 관련이 있는 것으로 알려져 있다.
> 우선 자기절제는 충동을 통제하고, 일상적이고도 전형적인 혹은 자동적인 행동을 분명한 의도를 바탕으로 억제하는 것이다. 이처럼 특정한 의도를 갖고 자신의 행동이나 생각을 의식적으로 억제하거나 마음먹은 대로 조절하는 능력은 복외측 전전두피질과 내측전전두피질을 중심으로 한 신경망과 관련이 깊다.
> 한편 목표달성을 위해서는 두 가지 능력이 필요하다. 첫 번째는 자기 자신에 집중할 수 있는 능력이다. 나 자신에 집중하기 위해서는 끊임없이 자신을 되돌아보며 현재 나의 상태를 알아차리는 자기참조과정이 필요하다. 자기참조과정에 주로 관여하는 것은 내측전전두피질을 중심으로 후방대상피질과 설전부를 연결하는 신경망이다. 두 번째는 자신이 도달하고자 하는 대상에 집중할 수 있는 능력이다. 특정 대상에 주의를 집중하는 데 필요한 뇌 부위는 배외측전전두피질로 알려져 있다. 배외측전전두피질은 주로 내측전전두피질과 연결되어 작동한다. 내측전전두피질과 배외측전전두피질 간의 기능적 연결성이 강할수록 목표를 위해 에너지를 집중하고 지속적인 노력을 쏟아 부을 수 있는 능력이 높아진다.

① 자기조절을 위해서는 현재 나의 상태와 아직 구현되지 않은 나의 미래 상태를 구분할 수 있어야 한다.
② 내측전전두피질과 배외측전전두피질 간의 기능적 연결성이 약할수록 목표를 위한 집중력이 높아진다.
③ 목표달성을 위해서는 일상적이고 전형적인 행동을 강화하는 능력이 필요하다.
④ 자신이 도달하고자 하는 대상에 집중하는 과정을 자기참조과정이라 한다.
⑤ 자기조절력은 자기절제의 하위 요소이다.

정답 ①

해설

① "자기조절을 하기 위해서는 도달하고 싶으나 아직 구현되지 않은 나의 미래 상태를 현재 나의 상태와 구별해 낼 수 있어야 한다"고 하였으므로 옳은 내용이다. (○)

② "내측전전두피질과 배외측전전두피질 간의 기능적 연결성이 강할수록 목표를 위해 에너지를 집중하고 지속적인 노력을 쏟아부을 수 있는 능력이 높아진다"고 하였으므로 기능적 연결성이 약할수록 목표를 위한 집중력이 높아진다는 내용은 옳지 않다. (×)

③ 목표달성을 위해서는 자기 자신에 집중할 수 있는 능력, 자신이 도달하고자 하는 대상에 집중할 수 있는 능력이 필요하다. 하지만 일상적이고 전형적인 행동을 강화하는 능력은 목표달성과 연관이 없으며, 이와 같은 행동을 억제하는 것은 자기절제를 의미한다. 따라서 옳지 않은 내용이다. (×)

④ 자신이 도달하고자 하는 대상에 집중하는 과정은 자기참조과정이 아니다. 자기참조과정은 자기 자신에 집중할 수 있는 능력에 해당되는 내용이므로 옳지 않은 내용이다. (×)

⑤ 자기조절력의 하위 요소로 자기절제와 목표달성이 있다. 자기조절력이 자기절제의 하위 요소가 아니므로 옳지 않은 내용이다. (×)

06 다음 글을 근거로 판단할 때, 보이지 않는 숫자를 모두 합한 값은?

甲~丁은 매일 최대한 많이 걷기로 하고 특정 시간에 만나서 각자의 걸음 수와 그 합을 기록하였다. 그 기록한 걸음 수의 합은 199,998걸음이었다. 그런데 수명이 다 된 펜으로 각자의 걸음 수를 쓴 탓이었는지 다음날에 보니 아래와 같이 다섯 개의 숫자(□)가 보이지 않았다.

甲:	□	5	7	0	1
乙:	8	4	□	9	8
丙:	8	3	□	□	4
丁:	□	6	7	1	5

① 13
② 14
③ 15
④ 16
⑤ 17

정답 ②

해설

甲~丁의 걸음 수를 모두 합 = 199,998걸음
일의 자리를 모두 더하면 18이 도출된다는 것을 알 수 있다.
18에서 1은 십의 자리로 올라가기 때문에
1 + 0 + 9 + □ + 1 = 9(십의 자리)
따라서 십의 자리 □ = 8이 된다. …… i)

도출된 십의 자리 8을 포함하여 십의 자리를 모두 더하면 19가 되고 1은 백의 자리로 올라가므로
1 + 7 + □ + □ + 7 = 9(백의 자리)
따라서 □ + □ = 4 또는 14가 도출되어야 한다.
이때 확정된 천의 자리를 보면
5 + 4 + 3 + 6 = 18이므로 9가 도출되려면 백의 자리에서 1이 올라가야 한다.
백의 자리에서 □ + □ = 4 만 가능하다. (14 는 2가 올라가기 때문에 불가능) …… ii)

한편, 만의 자리는
1 + □ + 8 + 8 + □ = 19가 도출되기 때문에
만의 자리 □ + □ = 2가 된다. …… iii)

따라서, 보이지 않는 숫자를 모두 합하면
8 + 4 + 2 = 14

07 다음 글을 근거로 판단할 때, 〈보기〉에서 옳은 것만 을 모두 고르면?

甲은 아래 3가지 색의 공을 <조건>에 따라 3개의 상자에 나누어 모두 담으려고 한다.

색	무게(g)	개수
빨강	30	3
노랑	40	2
파랑	50	2

〈조건〉

- 각 상자에는 100 g을 초과해 담을 수 없다.
- 각 상자에는 적어도 2가지 색의 공을 담아야 한다.

보기

ㄱ. 빨간색 공은 모두 서로 다른 상자에 담기게 된다.
ㄴ. 각 상자에 담긴 공 무게의 합은 서로 다르다.
ㄷ. 빨간색 공이 담긴 상자에는 파란색 공이 담기지 않는다.
ㄹ. 3개의 상자 중에서 공 무게의 합이 가장 작은 상자에는 파란색 공이 담기게 된다.

① ㄱ, ㄴ ② ㄱ, ㄷ
③ ㄴ, ㄷ ④ ㄴ, ㄹ
⑤ ㄷ, ㄹ

정답 ④

해설

〈조건〉에 따라
1) 각 상자에는 100g을 초과할 수 없다.
2) 각 상자에는 2가지 색 공을 담아야 한다.

각 공의 무게를 고려하면, 어느 한 상자에는 총 3개
나머지 두 상자에는 총 2개의 공을 담아야 가능하다. 이유는 한 상자에 4개의 공을 넣으면 100g을 초과하기 때문이다. 또한 상자에 1개의 공을 담는 경우에도 다른 어느 한 상자에는 반드시 100g을 초과하기 때문이다.
따라서 ㉠ 한 상자에 공 3개를 담는 경우 빨강 2개, 노랑 1개(100g)만 가능하고 그 외의 경우는 모두 100g을 초과한다.
이에 따라 공 3개를 담는 상자는 빨강 2개, 노랑 1개로 확정된다.

㉡ 남은 빨강 1개, 노랑 1개, 파랑 2개를 나머지 두 개의 상자에 담을 수 있는 경우는 아래와 같이 2가지의 경우가 나올 수 있다.
(파랑 2개) 100g, (빨강 1개, 노랑 1개) 70g … i)
(파랑 1개 빨강 1개) 80g, (파랑 1개 노랑 1개) 90g … ii)
여기서 i)의 경우는 적어도 2가지 색의 공을 담아야 한다는 조건 2)에 위배되므로 ii)의 경우만 가능하다.

ㄱ. 빨간색 공은 모두 같은 상자에 담기지 않는다. 2개는 한 상자에 담기지만 나머지 1개는 다른 상자에 담기므로 옳지 않은 내용이다. (×)
ㄴ. 각 상자에 담긴 무게의 합을 계산하면
빨강 2개, 노랑 1개 → 100g
파랑 1개, 빨강 1개 → 80g
파랑 1개, 노랑 1개 → 90g
으로 각 상자에 담긴 무게의 합은 서로 다르다. 옳은 내용이다. (○)
ㄷ. 빨간색 공이 담긴 상자에 파란색 공이 담기는 경우가 있다. 옳지 않은 내용이다. (×)
ㄹ. 3개의 상자 중 무게의 합이 가장 작은 상자는 80g이며, 이 안에는 파랑 1개, 빨강 1개로 파란색 공이 담기게 된다. 옳은 내용이다. (○)

08 다음 글을 근거로 판단할 때, A사가 투자할 작품만을 모두 고르면?

• A사는 투자할 작품을 결정하려고 한다. 작품별 기본점수 등 현황은 다음과 같다.

현황 / 작품	기본 점수 (점)	스태프 인원 (명)	장르	감독의 최근 2개 작품 흥행 여부 (개봉연도)	
성묘	70	55	판타지	성공 (2009)	실패 (2015)
서울의 겨울	85	45	액션	실패 (2018)	실패 (2020)
만날 결심	75	50	추리	실패 (2020)	성공 (2022)
빅 포레스트	65	65	멜로	성공 (2011)	성공 (2018)

• 최종점수는 작품별 기본점수에 아래 기준에 따른 점수를 가감해 산출한다.

기준	가감 점수
스태프 인원이 50명 미만	감점 10점
장르가 판타지	가점 10점
감독의 최근 2개 작품이 모두 흥행 성공	가점 10점
감독의 직전 작품이 흥행 실패	감점 10점

• 최종점수가 75점 이상인 작품에 투자한다.

① 성묘, 만날 결심
② 성묘, 빅 포레스트
③ 서울의 겨울, 만날 결심
④ 만날 결심, 빅 포레스트
⑤ 서울의 겨울, 빅 포레스트

정답 ④

해설

최종점수가 75점 이상인 작품에 투자하기 때문에 최종점수를 기준에 따라 산출한다.
기준에 따른 점수를 반영하면 아래와 같다.
성묘 : 70점(기본점수) + 10점(판타지 장르) − 10점(직전 작품 흥행 실패) = 70점
서울의 겨울 : 85점(기본점수) − 10점(스태프 50명 미만) − 10점(직전 작품 흥행 실패) = 65점
만날 결심 : 75점(기본점수)
빅 포레스트 : 65점(기본점수) + 10점(최근 두 작품 흥행 성공) = 75점
따라서 최종점수가 75점인 '만날 결심', '빅 포레스트'에 투자한다.

[09~10] 다음 글을 읽고 물음에 답하시오.

암호 기술은 일반적인 문장(평문)을 해독 불가능한 암호문으로 변환하거나, 암호문을 해독 가능한 평문으로 변환하기 위한 원리, 수단, 방법 등을 취급하는 기술을 말한다. 이 암호 기술은 암호화와 복호화로 구성된다. 암호화는 평문을 암호문으로 변환하는 것이며, 반대로 암호문에서 평문으로 변환하는 것은 복호화라 한다.
암호 기술에서 사용되는 알고리즘, 즉 암호 알고리즘은 대상 메시지를 재구성하는 방법이다. 암호 알고리즘에는 메시지의 각 원소를 다른 원소에 대응시키는 '대체'와 메시지의 원소들을 재배열하는 '치환'이 있다. 예를 들어 대체는 각 문자를 다른 문자나 기호로 일대일로 대응시키는 것이고, 치환은 단어, 어절 등의 순서를 바꾸는 것이다.
암호 알고리즘에서는 보안을 강화하기 위해 키(key)를 사용하기도 한다. 키는 암호가 작동하는 데 필요한 값이다. 송신자와 수신자가 같은 키를 사용하면 대칭키 방식이라 하고, 다른 키를 사용하면 비대칭키 방식이라 한다. 대칭키 방식은 동일한 키로 상자를 열고 닫는 것이고, 비대칭키 방식은 서로 다른 키로 상자를 열고 닫는 것이다. 비대칭키 방식의 경우에는 수신자가 송신자의 키를 몰라도 자신의 키만 알면 복호화가 가능하다. 그리고 비대칭키 방식은 서로 다른 키를 사용하기 때문에, 키의 유출 염려가 덜해 조금 더 보안성이 높다고 알려져 있다.
한편 암호 알고리즘에 사용하기 위해 만들 수 있는 키의 수는 키를 구성하는 비트(bit)의 수에 따른다. 비트는 0과 1을 표현할 수 있는 가장 작은 단위인데, 예를 들어 8비트로 만들 수 있는 키의 수는 2^8, 즉 256개이다. 키를 구성하는 비트의 수가 많으면 많을수록 모든 키를 체크하는 데 시간이 오래 걸려 보안성이 높아진다. 256개 정도의 키는 컴퓨터로 짧은 시간에 모두 체크할 수 있으나, 100비트로 구성된 키가 사용되었다면 체크해야 할 키의 수가 2^{100}개에 달해 초당 100만 개의 키를 체크할 수 있는 컴퓨터를 사용하더라도 상당히 많은 시간이 걸릴 것이다.
56비트로 구성된 키를 사용하여 만든 암호 알고리즘에는 DES(Data Encryption Standard)가 있다. 그런데 오늘날 컴퓨팅 기술의 발전으로 인해 DES는 더 이상 안전하지 않아, DES보다는 DES를 세 번 적용한 삼중 DES(triple DES)나 그 뒤를 이은 AES(Advanced Encryption Standard)를 사용하고 있다.

09 윗글을 근거로 판단할 때, 〈보기〉에서 옳은 것만을 모두 고르면?

보기

ㄱ. 복호화를 통하여 암호문을 평문으로 변환할 수 있다.
ㄴ. 비대칭키 방식의 경우, 수신자는 송신자의 키를 알아야 암호를 해독할 수 있다.
ㄷ. 대체는 단어, 어절 등의 순서를 바꾸는 것이다.
ㄹ. 삼중 DES 알고리즘은 DES 알고리즘보다 안전성이 높다.

① ㄱ, ㄴ ② ㄱ, ㄹ
③ ㄴ, ㄷ ④ ㄴ, ㄹ
⑤ ㄷ, ㄹ

정답 ②

해설

ㄱ. 암호문에서 평문으로 변환하는 것을 복호화라 한다. 따라서 복호화를 통해 암호문을 평문으로 변환할 수 있다. 옳은 내용이다. (○)
ㄴ. 비대칭키 방식의 경우 자신의 키만 알면 복호화가 가능하다. 따라서 비대칭키 방식에서는 수신자가 송신자의 키를 모르더라도 암호를 해독할 수 있기 때문에 옳지 않은 내용이다. (×)
ㄷ. 단어, 어절 등의 순서를 바꾸는 것은 치환이다. 따라서 옳지 않은 내용이다. (×)
ㄹ. DES는 더 이상 안전하지 않아 삼중 DES나 AES를 사용하고 있다고 하였으므로, 삼중 DES 알고리즘이 DES 알고리즘보다 안전함을 알 수 있다. 옳은 내용이다. (○)

10 윗글과 〈상황〉을 근거로 판단할 때, (가)에 해당하는 수는?

상황

2^{56}개의 키를 1초에 모두 체크할 수 있는 컴퓨터의 가격이 1,000,000원이다. 컴퓨터의 체크 속도가 2배가 될 때마다 컴퓨터는 10만 원씩 비싸진다. 60비트로 만들 수 있는 키를 1초에 모두 체크할 수 있는 컴퓨터의 최소 가격은 (가) 원이다.

① 1,100,000 ② 1,200,000
③ 1,400,000 ④ 1,600,000
⑤ 2,000,000

정답 ③

해설

8비트로 만들 수 있는 키의 수는 2^8이라고 하였다.
따라서 2^{56}은 56비트임을 알 수 있다.
56비트 컴퓨터의 가격이 1,000,000원이고, 컴퓨터 체크 속도가 2배가 될 때마다 10만 원씩 비싸진다는 것을 고려할 때, 60비트가 되려면 56비트 컴퓨터의 속도가 2×2×2×2 돼야 한다.
$2^{56} \times 2^4 = 2^{60}$이다.
따라서 10만 원 × 4 = 40만 원이므로 60비트로 만들 수 있는 키를 1초에 모두 체크할 수 있는 컴퓨터의 최소 가격은 140만 원이다.

11 다음 글을 근거로 판단할 때 옳은 것은?

> 제00조 ① A부장관은 김치산업의 활성화를 위한 제조기술 및 김치와 어울리는 식문화 보급을 위하여 필요한 전문인력을 양성할 수 있다.
> ② A부장관은 제1항에 따른 전문인력 양성을 위하여 대학·연구소 등 적절한 시설과 인력을 갖춘 기관·단체를 전문인력 양성기관으로 지정·관리할 수 있다.
> ③ A부장관은 제2항에 따라 지정된 전문인력 양성기관에 대하여 예산의 범위에서 그 양성에 필요한 경비를 지원할 수 있다.
> ④ A부장관은 김치산업 전문인력 양성기관이 다음 각 호의 어느 하나에 해당하는 경우에는 지정을 취소하거나 6개월 이내의 범위에서 기간을 정하여 업무의 전부 또는 일부를 정지할 수 있다. 다만, 제1호에 해당하는 경우에는 지정을 취소하여야 한다.
> 1. 거짓이나 그 밖의 부정한 방법으로 지정을 받은 경우
> 2. 지정받은 사항을 위반하여 업무를 행한 경우
> 3. 지정기준에 적합하지 아니하게 된 경우
>
> 제00조 ① 국가는 김치종주국의 위상제고, 김치의 연구·전시·체험 등을 위하여 세계 김치연구소를 설립하여야 한다.
> ② 국가와 지방자치단체는 세계 김치연구소의 효율적인 운영·관리를 위하여 필요한 경비를 예산의 범위에서 지원할 수 있다.
>
> 제00조 ① 국가와 지방자치단체는 김치산업의 육성, 김치의 수출 경쟁력 제고 및 해외시장 진출 활성화를 위하여 김치의 대표상품을 홍보하거나 해외시장을 개척하는 개인 또는 단체에 대하여 필요한 지원을 할 수 있다.
> ② A부장관은 김치의 품질향상과 국가 간 교역을 촉진하기 위하여 김치의 국제규격화를 추진하여야 한다.

① 김치산업 전문인력 양성기관으로 지정된 기관이 부정한 방법으로 지정을 받은 경우, A부장관은 그 지정을 취소하여야 한다.
② A부장관은 김치의 품질향상과 국가 간 교역을 촉진하기 위하여 김치의 국제규격화는 지양하여야 한다.
③ A부장관은 적절한 시설을 갖추지 못한 대학이라도 전문인력 양성을 위하여 해당 대학을 김치산업 전문인력 양성기관으로 지정할 수 있다.
④ 국가와 지방자치단체는 김치종주국의 위상제고를 위해 세계 김치연구소를 설립하여야 한다.
⑤ 지방자치단체가 김치의 해외시장 개척을 지원함에 있어서 개인은 그 지원대상이 아니다.

정답 ①

해설

편의상 00조를 위에서부터 순서대로 제1조~제3조라고 한다.

① 제1조 제4항 단서에 따라 제1호에 해당하는 경우에는 지정을 취소해야 한다고 의무규정이 있다.
따라서 김치산업 전문인력 양성기관으로 지정된 기관이 부정한 방법으로 지정을 받은 경우, A부장관은 그 지정을 취소하여야 한다는 것은 옳은 내용이다. (○)
② 제3조 제2항에 따라 김치의 품질향상과 국가 간 교육을 촉진하기 위하여 김치의 국제규격화를 지양하는 것이 아니라 추진하여야 하므로 옳지 않은 내용이다. (×)
③ 제1조 제2항에 따라 A부장관은 적절한 시설과 인력을 갖춘 기관·단체를 전문인력 양성기관으로 지정·관리할 수 있다. 적절한 시설을 갖추지 못한 대학은 지정할 수 없으므로 옳지 않은 내용이다. (×)
④ 제2조 제1항에 따라 국가는 김치종주국의 위상제고, 김치의 연구·전시·체험 등을 휘하여 세계 김치 연구소를 설립하여야 한다고 하였다. 지방자치단체는 해당 주체가 아니므로 옳지 않은 내용이다. (×)
⑤ 제3조 제1항에 따라 국가와 지방자치단체는 김치산업의 육성, 김치의 수출 경쟁력 제고 및 해외시장 진출 활성화를 위하여 김치의 대표상품을 홍보하거나 해외시장을 개척하는 개인 또는 단체에 대하여 필요한 지원을 할 수 있으므로 개인도 그 지원대상에 포함된다. 따라서 옳지 않은 내용이다. (×)

12 다음 글을 근거로 판단할 때, 인쇄에 필요한 A4용지의 장수는?

甲주무관은 <인쇄 규칙>에 따라 문서 A~D를 각 1부씩 인쇄하였다.

〈인쇄 규칙〉

- 문서는 A4용지에 인쇄한다.
- A4용지 한 면에 2쪽씩 인쇄한다. 단, 중요도가 상에 해당하는 보도자료는 A4용지 한 면에 1쪽씩 인쇄한다.
- 단면 인쇄를 기본으로 한다. 단, 중요도가 하에 해당하는 문서는 양면 인쇄한다.
- 한 장의 A4용지에는 한 종류의 문서만 인쇄한다.

종류	유형	쪽수	중요도
A	보도자료	2	상
B	보도자료	34	중
C	보도자료	5	하
D	설명자료	3	상

① 11장 ② 12장
③ 22장 ④ 23장
⑤ 24장

정답 ④

해설

〈인쇄 규칙〉에 따라 각 종류별 인쇄 장수를 계산한다.

A: 한 면에 1쪽 인쇄(중요도 상) + 단면 인쇄 = 2쪽 → A4용지 2장
B: 한 면에 2쪽 인쇄(중요도 중) + 단면 인쇄 = 34쪽 → A4용지 17장
C: 한 면에 2쪽 인쇄(중요도 하) + 양면 인쇄(중요도 하) = 5쪽 → A4용지 2장
D: 한 면에 2쪽 인쇄(보도자료 ×) + 단면 인쇄 = 3쪽 → A4용지 2장

따라서 총 2 + 17 + 2 + 2 = 23장

13 다음 글을 근거로 판단할 때 옳은 것은?

이름 뒤에 성이 오는 보통의 서양식 작명법과 달리, A국에서는 별도의 성을 사용하지 않고 이름 뒤에 '부칭(父稱)'이 오도록 작명을 한다. 부칭은 이름을 붙이는 대상자의 아버지 이름에 접미사를 붙여서 만든다. 아들의 경우 그 아버지의 이름 뒤에 s와 손(son)을 붙이고, 딸의 경우 s와 도티르(dottir)를 붙여 '~의 아들' 또는 '~의 딸'이라는 의미를 가지는 부칭을 만든다. 예를 들어, 욘 스테파운손(Jon Stefansson)의 아들 피얄라르(Fjalar)는 '피얄라르 욘손(Fjalar Jonsson)', 딸인 카트린(Katrin)은 '카트린 욘스도티르(Katrin Jonsdottir)'가 되는 식이다.

같은 사회적 집단에 속해 있는 사람끼리 이름과 부칭이 같으면 할아버지의 이름까지 써서 작명하기도 한다. 예를 들어, 욘 토르손이라는 사람이 한 집단에 두 명 있는 경우에는 욘 토르손 아이나르소나르(Jon Thorsson Einarssonar)와 욘 토르손 스테파운소나르(Jon Thorsson Stefanssonar)와 같이 구분한다. 전자의 경우 '아이나르의 아들인 토르의 아들인 욘'을, 후자의 경우 '스테파운의 아들인 토르의 아들인 욘'을 의미한다.

한편 공식적인 자리에서 A국 사람들은 이름을 부르거나 이름과 부칭을 함께 부르며, 부칭만으로 서로를 부르지는 않는다. 또한 A국에서는 부칭이 아닌 이름의 영어 알파벳 순서로 정렬하여 전화번호부를 발행한다.

① 피얄라르 토르손 아이나르소나르(Fjalar Thorsson Einarssonar)로 불리는 사람의 할아버지의 부칭을 알 수 있다.
② 피얄라르 욘손(Fjalar Jonsson)은 공식적인 자리에서 욘손으로 불린다.
③ A국의 전화번호부에는 피얄라르 욘손(Fjalar Jonsson)의 아버지의 이름이 토르 아이나르손(Thor Einarsson)보다 먼저 나올 것이다.
④ 스테파운(Stefan)의 아들 욘(Jon)의 부칭과 손자 피얄라르(Fjalar)의 부칭은 같을 것이다.
⑤ 욘 스테파운손(Jon Stefansson)의 아들과 욘 토르손(Jon Thorsson)의 딸은 동일한 부칭을 사용할 것이다.

정답 ③

해설

① 피얄라르 토르손 아이나르소나르 이름은 아버지의 이름이 토르, 할아버지의 이름은 아이나르임을 알 수 있다. 할아버지의 이름이 '아이나르' 인 것은 알 수 있지만, 할아버지의 부칭은 알 수 없기 때문에 옳지 않은 내용이다. (×)

② 공식적인 자리에서는 이름을 부르거나 이름과 부칭을 함께 부르며, 부칭만으로는 서로를 부르지 않는다고 하였기 때문에 피얄라르 욘손은 공식적인 자리에서 피얄라르 또는 피얄라르 욘손이라고 불린다. 따라서 욘손으로 불린다는 내용은 옳지 않다. (×)

③ A국에서는 부칭이 아닌 이름의 영어 알파벳 순서로 정렬하여 전화번호부를 발행하기 때문에 피얄라르 욘손의 아버지 이름은 '욘(Jon)'이므로 '토르(Thor)'보다 먼저 나오게 된다. 따라서 옳은 내용이다. (○)

④ 스테파운의 아들 욘의 부칭은 스테파운손이고, 손자 피얄라르가 욘의 아들이라면 부칭은 욘손이 된다. 따라서 부칭이 같을 수 없으므로 옳지 않다. (×)

⑤ 욘 스테파운손의 아들의 부칭은 욘손이고 욘 토르손의 딸의 부칭은 욘스도티르이므로 동일한 부칭을 사용하지 않는다. 옳지 않은 내용이다. (×)

14 다음 글과 〈상황〉을 근거로 판단할 때, 〈보기〉에서 옳은 것만을 모두 고르면?

甲국은 국내 순위 1~10위 선수 10명 중 4명을 국가대표로 선발하고자 한다. 국가대표는 국내 순위가 높은 선수가 우선 선발되나, A, B, C팀 소속 선수가 최소한 1명씩은 포함되어야 한다.

〈상황〉

- 국내 순위 1~10위 중 공동 순위는 없다.
- 선수 10명 중 4명은 A팀, 3명은 B팀, 3명은 C팀 소속이다.
- C팀 선수 중 국내 순위가 가장 낮은 선수가 A팀 선수 중 국내 순위가 가장 높은 선수보다 국내 순위가 높다.
- B팀 소속 선수 3명의 국내 순위는 각각 2위, 5위, 8위이다.

〈보기〉

ㄱ. 국내 순위 1위 선수의 소속팀은 C팀이다.
ㄴ. A팀 소속 선수 중 국내 순위가 가장 낮은 선수는 9위이다.
ㄷ. 국가대표 중 국내 순위가 가장 낮은 선수는 7위이다.
ㄹ. 국내 순위 3위 선수와 4위 선수는 같은 팀이다.

① ㄱ, ㄴ ② ㄱ, ㄷ ③ ㄱ, ㄹ
④ ㄴ, ㄷ ⑤ ㄴ, ㄹ

정답 ③

해설

〈상황〉에 따라 1위~10위 팀별 배치를 확정순서대로 나타내면 아래와 같다.

i) 확정된 2위, 5위, 8위를 반영하면 아래와 같다.

1위	2위	3위	4위	5위	6위	7위	8위	9위	10위
	B팀			B팀			B팀		

ii) C팀 선수 중 국내 순위가 가장 낮은 선수가 A팀 선수 중 국내 순위가 가장 높은 선수보다 국내 순위가 높다고 하였으므로 6위 이상은 모두 A팀, 4위 이하는 모두 C팀이 확정된다.

1위	2위	3위	4위	5위	6위	7위	8위	9위	10위
C팀	B팀	C팀	C팀	B팀	A팀	A팀	B팀	A팀	A팀

국내 순위가 높은 선수가 우선 선발되어야 하기 때문에 각 팀별 가장 순위가 높은 3명을 포함해 국가대표로 선발하면 아래와 같다.

1위	2위	3위	4위	5위	6위	7위	8위	9위	10위
C팀	B팀	C팀	C팀	B팀	A팀	A팀	B팀	A팀	A팀

ㄱ. 국내 순위 1위 선수의 소속팀은 C팀이므로 옳은 내용이다. (○)
ㄴ. A팀 소속 선수 중 국내 순위가 가장 낮은 선수는 10위이므로 옳지 않다. (×)
ㄷ. 국가대표 중 국내 순위가 가장 낮은 선수는 6위이므로 옳지 않다. (×)
ㄹ. 국내 순위 3, 4위는 같은 C팀이므로 옳은 내용이다. (○)

15 다음 글을 근거로 판단할 때, Q를 100리터 생산하는 데 드는 최소 비용은?

- 화학약품 Q를 생산하려면 A와 B를 2 : 1의 비율로 혼합해야 한다. 이 혼합물을 가공하면 B와 같은 부피의 Q가 생산된다. 예를 들어, A 2리터와 B 1리터를 혼합하여 가공하면 Q 1리터가 생산된다.
- A는 원료 X와 Y를 1 : 2의 비율로 혼합하여 만든다. 이 혼합물을 가공하면 X와 같은 부피의 A가 생산된다. 예를 들어, X 1리터와 Y 2리터를 혼합하여 가공하면 A 1리터가 생산된다.
- B는 원료 Z와 W를 혼합하여 만들거나, Z나 W만 사용하여 만든다. Z와 W를 혼합하여 가공하면 혼합비율에 관계없이 원료 절반 부피의 B가 생산된다. 예를 들어, Z와 W를 1리터씩 혼합하여 가공하면 B 1리터가 생산된다. 두 재료를 혼합하지 않고 Z나 W만 사용하여 가공하는 경우에도 마찬가지로 원료 절반 부피의 B가 생산된다.
- 각 원료의 리터당 가격은 다음과 같다. 원료비 이외의 비용은 발생하지 않는다.

원료	X	Y	Z	W
가격(만 원/리터)	1	2	4	3

① 1,200만 원 ② 1,300만 원
③ 1,400만 원 ④ 1,500만 원
⑤ 1,600만 원

정답 ⑤

해설

i) Q 100리터를 생산하기 위해서는 A와 B를 2 : 1 비율로 혼합해야 하므로 A 200리터, B 100리터가 필요하다.

ii) A는 X와 Y를 1:2의 비율로 혼합하여 만들기 때문에 A 200리터를 생산하기 위해서는 X 200리터, Y 400리터가 필요하다.

iii) B의 경우 Z와 W 어느 재료를 써도 원료 절반 부피의 B가 생산된다고 하였기 때문에 B의 경우 100리터를 생산하기 위해서는 Z 100리터 + w 100리터 또는 Z 또는 W만 200리터가 필요하다. 원료의 리터당 가격은 W가 3만 원/리터로 Z 4만 원/리터보다 저렴하기 때문에 W 200리터를 사용하는 것이 저렴하다.

최종적으로 Q를 생산하기 위해서는 X 200리터. Y 400리터, W 200리터가 필요하다.
최소 생산 비용은
X 200만 원 + Y 800만 원 + W 600만 원 = 1,600만 원이다.

16 다음 글과 〈상황〉을 근거로 판단할 때, 〈보기〉에서 옳은 것만을 모두 고르면?

두 선수가 맞붙어 승부를 내는 스포츠 경기가 있다. 이 경기는 개별 게임으로 이루어져 있으며, 한 게임의 승부가 결정되면 그 게임의 승자는 1점을 얻고 패자는 점수를 얻지 못한다. 무승부는 없다. 개별 게임을 반복적으로 진행하여 한 선수의 점수가 다른 선수보다 2점 많아지면 그 선수가 경기의 승자가 되고 경기가 종료된다.

상황

두 선수 甲과 乙이 맞붙어 이 경기를 치른 결과, n번째 게임을 끝으로 甲이 경기의 승자가 되고 경기가 종료되었다. 단, n > 3이다.

보기

ㄱ. n이 홀수인 경우가 있다.
ㄴ. (n − 1)번째 게임에서 乙이 이겼을 수도 있다.
ㄷ. (n − 2)번째 게임 종료 후 두 선수의 점수는 같았다.
ㄹ. (n − 3)번째 게임에서 乙이 이겼을 수도 있다.

① ㄱ ② ㄷ
③ ㄱ, ㄴ ④ ㄴ, ㄹ
⑤ ㄷ, ㄹ

정답 ⑤

해설

승자가 되기 위해서는 동점인 상황에서 2게임 연속 승리하면 된다는 것을 염두에 두고 〈보기〉를 살펴본다.

ㄱ. 2게임 연속 승리를 해야 하므로 n은 언제나 짝수여야 한다. 전제가 동점인 상황이기 때문에 홀수로 게임을 할 경우는 없다. (×)
ㄴ. 甲이 승자가 되었다고 하였고, n > 3이므로 n과 (n−1)번째 게임은 甲이 모두 승자여야 한다. 따라서 乙이 이겼을 경우는 없다. (×)
ㄷ. (n−2)번째 게임은 승자가 결정되기 2게임 전이다. 따라서 이때 두 선수의 점수는 같아야 한다. (○)
ㄹ. 2게임을 연속해서 승리하여야 하므로 (n−4)번째 게임의 결과 甲이 1점 앞서고 있다면 (n−3)번째 게임에서는 乙이 이겨야 한다. 그래야 (n−2)번째 게임에서 동점이 된다. 따라서 (n−3)번째 게임에서 乙이 이겼을 경우도 있다. (○)

17 다음 글과 〈상황〉을 근거로 판단할 때, 甲이 치른 3경기의 순위를 모두 합한 수는?

10명의 선수가 참여하는 경기가 있다. 현재까지 3경기가 치러졌다. 참여한 선수에게는 매 경기의 순위에 따라 다음과 같이 점수를 부여한다.

순위	점수	순위	점수
1	100	6	8
2	50	7	6
3	30	8	4
4	20	9	2
5	10	10	1

만약 어떤 순위에 공동 순위가 나온다면, 그 순위를 포함하여 공동 순위자의 수만큼 이어진 순위 각각에 따른 점수의 합을 공동 순위자에게 동일하게 나누어 부여한다. 예를 들어 공동 3위가 3명이면, 공동 3위 각각에게 부여되는 점수는 (30 + 20 + 10) ÷ 3으로 20이다. 이 경우 그다음 순위는 6위가 된다.

〈상황〉

- 甲은 3경기에서 총 157점을 획득하였으며, 공동 순위는 한 번 기록하였다.
- 치러진 3경기에서 공동 순위가 4명 이상인 경우는 없었다.

① 8 ② 9
③ 10 ④ 11
⑤ 12

정답 ②

해설

〈상황〉에서 甲이 157점을 획득하였으나 단독 순위로는 157점을 획득할 수 없다. 따라서 甲이 공동 순위를 한 번 기록한 것과 치러진 3경기에서 공동 순위가 4명 이상인 경우가 없었다는 것을 종합하여 7점을 얻기 위한 경우의 수를 생각해야 한다.

i) 甲 포함 2명이 공동 순위인 경우
甲이 획득할 수 있는 점수를 보면, 공동 1위일 경우
(100+50) ÷ 2 = 75점
공동 2위일 경우 (50+30)÷2 = 40점 …
이렇게 계속 계산하였을 때, 끝자리가 7점이 나오는 것은 공동 6순위만 해당한다.
이때 甲이 공동 6위를 하여 7점을 획득하였다면, 나머지 2개 게임은 100점과 50점이 최대 점수이므로 단독 1위, 2위를 해야 한다.
따라서 甲은 1위, 2위, 6위를 한 경우가 가능하다.

ii) 甲 포함 3명이 공동 순위인 경우
甲이 획득할 수 있는 점수를 보면, 공동 1위일 경우
(100+50+30) ÷ 3=60점
공동 2위일 경우 (50+30+20)÷3≒33.3
공동 3위일 경우 20점 …
이때, 甲이 공동 1위일 경우 60점을 획득하고, 나머지 2게임은 157−60 = 97점을 획득해야 하는데, 단독 순위로는 97점을 획득할 수 없어 불가능하다. 소수점이 나오는 공동 순위를 제외하고 가능한 순위는 공동 3위, 5위, 6위, 7위이지만 어떠한 경우에도 단독 2게임으로는 구성할 수 없는 점수가 도출된다.
따라서 甲 포함 3명이 공동 순위인 경우는 존재하지 않는다.

i)의 경우만 가능하고 이때 甲이 치른 3경기 순위를 합하면
1 + 2 + 6 = 9

18 다음 글을 근거로 판단할 때 옳지 않은 것은?

> 인터넷 장애로 인해 甲~丁은 '메일', '공지', '결재', '문의' 중 접속할 수 없는 메뉴가 각자 1개 이상 있다. 다음은 이에 관한 甲~丁의 대화이다.
>
> 甲: 나는 결재를 포함한 2개 메뉴에만 접속할 수 없고, 乙, 丙, 丁은 모두 이 2개 메뉴에 접속할 수 있어.
>
> 乙: 丙이나 丁이 접속하지 못하는 메뉴는 나도 전부 접속할 수 없어.
>
> 丙: 나는 문의에 접속해서 이번 오류에 대해 질문했어.
>
> 丁: 나는 공지에 접속할 수 없고, 丙은 공지에 접속할 수 있어.

① 甲은 공지에 접속할 수 없다.
② 乙은 메일에 접속할 수 없다.
③ 乙은 2개의 메뉴에 접속할 수 있다.
④ 丁은 문의에 접속할 수 있다.
⑤ 甲과 丙이 공통으로 접속할 수 있는 메뉴가 있다.

정답 ①

해설

甲~丁의 대화를 표로 나타내면 아래와 같다.

구분	메일	공지	결재	문의
甲			×	
乙		×	○	
丙		○	○	○
丁		×	○	

이때 전제 조건으로 인터넷 장애로 인해 甲~丁은 '메일', '결재', '문의' 중 접속할 수 없는 메뉴가 각자 1개 이상 있다고 하였기 때문에, 丙은 '메일'에 접속할 수 없다.

구분	메일	공지	결재	문의
甲			×	
乙		×	○	
丙	×	○	○	○
丁		×	○	

여기서 甲은 2개 메뉴만 접속할 수 없고, 이 2개 메뉴는 乙, 丙, 丁이 모두 접속할 수 있다고 하였으므로 乙, 丙, 丁 중 한 사람이라도 접속할 수 없는 것이 있는 '메일', '공지' 메뉴는 甲이 접속할 수 있음을 판단할 수 있다.
이어서 甲은 '문의'에 접속할 수 없고(2개 메뉴만 접속할 수 없다고 하였으니 2개는 접속할 수 있음), 乙과 丁은 자연스럽게 '문의'에 접속할 수 있게 된다. 또한 乙은 丙이나 丁이 접속하지 못하는 메뉴는 자기도 접속하지 못하기 때문에 '메일' 메뉴 접속이 불가능하다.

구분	메일	공지	결재	문의
甲	○	○	×	×
乙	×	×	○	○
丙	×	○	○	○
丁	(모름)	×	○	○

따라서 ① 甲은 '공지'에 접속할 수 없다는 내용은 옳지 않다. 그 외 ②~⑤는 옳은 내용이다.

19 다음 글을 근거로 판단할 때, 1층 바닥면에서 2층 바닥면까지의 높이는?

> 1층 바닥면과 2층 바닥면이 계단으로 연결된 건물이 있다. A가 1층 바닥면에 서 있고, B가 2층 바닥면에 서 있을 때, A의 머리 끝과 B의 머리 끝의 높이 차이는 240cm이다. A와 B가 위치를 서로 바꾸는 경우, A와 B의 머리 끝의 높이 차이는 220cm이다. A와 B의 키는 1층 바닥면에서 2층 바닥면까지의 높이보다 크지 않다.

① 210cm ② 220cm
③ 230cm ④ 240cm
⑤ 250cm

정답 ③

해설

1층 바닥면에서 2층 바닥면의 높이를 h라고 하자.

h + (B의 키 − A의 키) = 240cm … i)

h + (A의 키 − B의 키) = 220cm … ii)

i) + ii) = 2h = 460

h = 230cm

추가 학습

이해가 바로 안가거나 선뜻 머리에 떠올리지 않는다면, 상황을 그림화하여 간단하게 표현하는 것도 좋다.

A가 1층 바닥면에 있고, B가 2층 바닥면에 있는 상황이 아래와 같을 때,

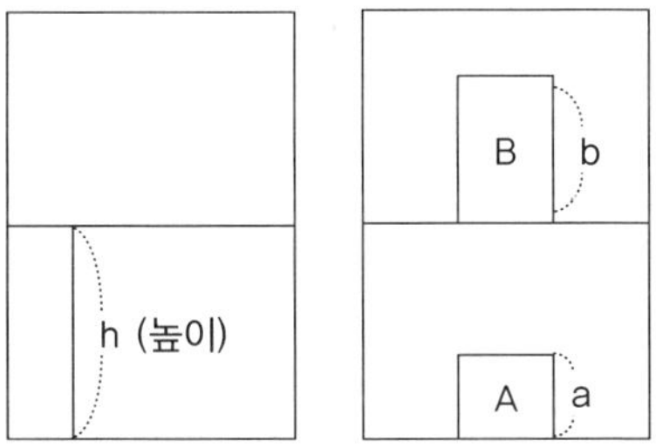

A의 머리 높이를 a라 하고, B의 머리 높이는 h+b라고 하면, 머리 끝 차이는 (h+b)−a = 240

거꾸로 A가 2층에 올리기고, B가 1층에 내려가서 차이를 보면, (h+a)−b=220

연립하면 h=230cm가 도출된다.

20 다음 글을 근거로 판단할 때, 가장 많은 액수를 지급받을 예술단체의 배정액은?

> □□부는 2024년도 예술단체 지원사업 예산 4억 원을 배정하려 한다. 지원 대상이 되는 예술단체의 선정 및 배정액 산정·지급 방법은 다음과 같다.
>
> - 2023년도 기준 인원이 30명 미만이거나 운영비가 1억 원 미만인 예술단체를 선정한다.
> - 사업분야가 공연인 단체의 배정액은 '(운영비 × 0.2) + (사업비 × 0.5)'로 산정한다.
> - 사업분야가 교육인 단체의 배정액은 '(운영비 × 0.5) + (사업비 × 0.2)'로 산정한다.
> - 인원이 많은 단체부터 순차적으로 지급한다. 다만 예산 부족으로 산정된 금액 전부를 지급할 수 없는 단체에는 예산 잔액을 배정액으로 한다.
> - 2023년도 기준 예술단체(A~D) 현황은 다음과 같다.

단체	인원(명)	사업분야	운영비 (억 원)	사업비 (억 원)
A	30	공연	1.8	5.5
B	28	교육	2.0	4.0
C	27	공연	3.0	3.0
D	33	교육	0.8	5.0

① 8,000만 원 ② 1억 1,000만 원
③ 1억 4,000만 원 ④ 1억 8,000만 원
⑤ 2억 1,000만 원

정답 ④

해설

배정액 산정 방식이 다름에 주의하고, 예산이 소진될 때까지 인원이 많은 단체부터 순차적으로 지급하면 이해가 쉽다.

먼저 A단체는 인원이 30명, 운영비가 1억 원 이상이므로 지원 대상에 선정되지 않는다. 나머지 단체의 배정액을 정리하면 아래와 같다.

단체	인원(명)	사업분야	운영비(억 원)	사업비(억 원)
A	제외			
B	28	교육	2.0 × 0.5 = 1.0	4.0 × 0.2 = 0.8
C	27	공연	3.0 × 0.2 = 0.6	3.0 × 0.5 = 1.5
D	33	교육	0.8 × 0.5 = 0.4	5.0 × 0.2 = 1.0

인원이 많은 단체부터 순차적으로 지급하므로 D → B → C 순서로 다음 금액을 지급한다.

D: 1.4억 원, B: 1.8억 원, C: 1.8억 원

하지만 D와 B를 지급하고 난 후 예산 잔액은 0.8억 원이므로 C는 0.8억 원을 배정액으로 한다.

따라서 가장 많은 액수를 지급받을 예술단체 배정액은 B단체이며, 1억 8,000만 원이다.

21 다음 글과 〈대화〉를 근거로 판단할 때, 직무교육을 이수하지 못한 사람만을 모두 고르면?

> 甲~丁은 월요일부터 금요일까지 5일 동안 실시되는 직무교육을 받게 되었다. 교육장소에는 2×2로 배열된 책상이 있었으며, 앞줄에 2명, 뒷줄에 2명을 각각 나란히 앉게 하였다. 교육기간 동안 자리 이동은 없었다. 교육 첫째 날과 마지막 날은 4명 모두 교육을 받았다. 직무교육을 이수하기 위해서는 4일 이상 교육을 받아야 한다.

〈대화〉

> 甲: 교육 둘째 날에 내 바로 앞사람만 결석했어.
> 乙: 교육 둘째 날에 나는 출석했어.
> 丙: 교육 셋째 날에 내 바로 뒷사람만 결석했어.
> 丁: 교육 넷째 날에 내 바로 앞사람과 나만 교육을 받았어.

① 乙　　② 丙
③ 甲, 丙　　④ 甲, 丁
⑤ 乙, 丁

정답 ③

해설

첫째 날과 마지막 날은 4명 모두 교육을 받았으며, 둘째 날은 아래와 같다.

먼저 甲과 丁의 대화를 통해 둘은 뒷자리에 있는 것을 알 수 있고, 교육 둘째 날에 甲의 앞 사람이 결석했고, 乙이 출석한 것을 미루어 보아 丙이 결석한 것을 알 수 있다.

둘째 날

~~丙~~	乙
甲	丁

셋째 날은 丙의 뒷사람만 결석했기 때문에 甲만 결석한 것을 알 수 있다.

丙	乙
~~甲~~	丁

넷째 날은 丁의 대화를 통해 乙과 丁만 교육을 받은 것을 알 수 있다. 甲과 丙은 결석하였다.

~~丙~~	乙
~~甲~~	丁

따라서 甲은 3일, 乙은 5일, 丙은 3일, 丁은 5일 교육을 받았음을 알 수 있다. 甲과 丙은 4일 이상 교육을 받지 못하였기 때문에 직무교육을 이수하지 못하였다.

22 다음 글을 근거로 판단할 때, (가)에 해당하는 수는?

> A공원의 다람쥐 열 마리는 각자 서로 다른 개수의 도토리를 모았는데, 한 다람쥐가 모은 도토리는 최소 1개부터 최대 10개까지였다. 열 마리 다람쥐는 두 마리씩 쌍을 이루어 그날 모은 도토리 일부를 함께 먹었다. 도토리를 모으고 먹는 이런 모습은 매일 동일하게 반복됐다. 이때 도토리를 먹는 방법은 정해져 있었다. 한 쌍의 다람쥐는 각자가 그날 모은 도토리 개수를 비교해서 그 차이 값에 해당하는 개수의 도토리를 함께 먹는다. 예를 들면, 1개의 도토리를 모은 다람쥐와 9개의 도토리를 모은 다람쥐가 쌍을 이루면 이 두 마리는 8개의 도토리를 함께 먹는다.
>
> 열 마리의 다람쥐를 이틀 동안 관찰한 결과, '첫째 날 각 쌍이 먹은 도토리 개수'는 모두 동일했고, '둘째 날 각 쌍이 먹은 도토리 개수'도 모두 동일했다. 하지만 '첫째 날 각 쌍이 먹은 도토리 개수'와 '둘째 날 각 쌍이 먹은 도토리 개수'는 서로 달랐고, 그 차이는 (가) 개였다.

① 1　　② 2
③ 3　　④ 4
⑤ 5

정답 ④

해설

첫째 날 각 쌍이 먹은 도토리 개수와, 둘째 날 각 쌍이 먹은 도토리 개수가 모두 동일하기 위해서는 아래와 같은 경우만 존재한다.

i) (1, 2), (3, 4), (5, 6), (7, 8), (9, 10)으로 각 쌍이 먹은 도토리 개수는 1개로 동일하다.

ii) (1, 6), (2, 7), (3, 8), (4, 9), (5, 10)으로 각 쌍이 먹은 도토리 개수는 5개로 동일하다.

첫째 날에 1개든, 5개든 상관없이 첫째 날과 둘째 날 먹은 도토리 개수의 차이는 5 − 1 = 4개이다.

TIP

각 쌍이 먹은 도토리의 개수가 동일하기 위해서는 서로 다른 개수의 도토리의 차이가 일정하다는 것을 염두해두고 접근해야 한다. 1~10의 서로 다른 숫자의 차이가 5쌍 모두 일정할 때로 접근한다는 가정하에 하나씩 따져봐야 실마리가 풀린다.

23 다음 글을 근거로 판단할 때, 처음으로 물탱크가 가득 차는 날은?

> 신축 A아파트에는 용량이 10,000리터인 빈 물탱크가 있다. 관리사무소는 입주민의 입주 시작일인 3월 1일 00 : 00부터 이 물탱크에 물을 채우려고 한다. 관리사무소는 매일 00 : 00부터 00 : 10까지 물탱크에 물을 900리터씩 채운다. 전체 입주민의 1일 물 사용량은 3월 1일부터 3월 5일까지 300리터, 3월 6일부터 3월 10일까지 500리터, 3월 11일부터는 계속 700리터이다. 3월 15일에는 아파트 외벽 청소를 위해 청소업체가 물탱크의 물 1,000리터를 추가로 사용한다. 물을 채우는 시간이라도 물탱크가 가득 차면 물 채우기를 중지하고, 물을 채우는 시간에는 물을 사용할 수 없다.

① 4월 4일　② 4월 6일
③ 4월 7일　④ 4월 9일
⑤ 4월 10일

정답 ②

해설

물탱크의 물이 채워지는 주기, 물을 쓰는 주기 등이 반복되는 루틴을 파악하면 된다.

i) 3월 1일 ~ 3월 5일까지 채운 물량 : 900 × 5일 = 4,500리터
3월 1일 ~ 3월 5일까지 입주민 물 사용량 : 300 × 5일 = 1,500리터
→ 누적 물량 : 3,000리터

ii) 3월 6일 ~ 10일까지 채운 물량 : 4,500리터
3월 6일 ~ 10일까지 입주민 물 사용량 : 500 × 5일 = 2,500리터
→ 이 기간 동안 누적 물량 : 2,000리터, 전체 누적 물량 : 5,000리터

iii) 3월 11일 ~ 일일 물 사용량 : 700리터
3월 11일 ~ 일일 채운 물량 : 900리터
3월 11일 ~ 일일 누적 물량 : 200리터

따라서 3월 11일 전체 누적 물량이 5,200리터, 12일 5,400리터, 13일 5,600리터, 14일 5,800리터, 3월 15일에는 6,000리터가 되는데, 15일에는 아파트 외벽 청소를 위해 청소업체가 물탱크의 물 1,000리터를 추가로 사용하였다.
따라서 3월 15일에는 6,000 − 1,000 = 5,000리터가 된다.
3월 16일부터 다시 5,200리터, 17일 5,400리터 … 매일 200리터씩 누적된다.
4월 5일 9,200리터이며, 4월 6일 00:00에 10분간 900리터의 물이 채워지므로 4월 6일에 10,000리터가 되어 가득 차게 된다. (글의 마지막 문장에서 "물을 채우는 시간이라도 물탱크가 가득 차면 물 채우기를 중지하고, 물을 채우는 시간에는 물을 사용할 수 없다."고 하였기 때문이다.)

TIP

매일 200리터 누적된다고 판단하여 4월 9일 10,000리터로 정답을 도출하는 함정을 조심하여야 한다. 이 판단은 하루에 물을 채우고 사용도 모두 다 한 후에 10,000리터가 남게 되는 날이 되는 것이다. (이 경우는 물탱크의 용량이 10,000리터가 넘어야 가능한 것이다.)

24 다음 글을 근거로 판단할 때, 〈보기〉에서 옳은 것만 을 모두 고르면?

甲~丁은 6문제로 구성된 직무능력시험 문제를 풀었다.

- 정답을 맞힌 경우, 문제마다 기본점수 1점과 난이도에 따른 추가점수를 부여한다.
- 추가점수는 다음 식에 따라 결정한다.

$$\text{추가점수} = \frac{\text{해당 문제를 틀린 사람의 수}}{\text{해당 문제를 맞힌 사람의 수}}$$

- 6문제의 기본점수와 추가점수를 모두 합한 총합 점수가 5점 이상인 사람이 합격한다.

甲~丁이 6문제를 푼 결과는 다음과 같고, 5번과 6번 문제의 결과는 찢어져 알 수가 없다.

(○: 정답, ×: 오답)

구분	1번	2번	3번	4번	5번	6번
甲	○	×	○	○		
乙	○	×	○	×		
丙	○	○	×	×		
丁	×	○	○	×		
정답률(%)	75	50	75	25	50	50

보기

ㄱ. 甲이 최종적으로 받을 수 있는 최대 점수는 $\frac{32}{3}$점이다.
ㄴ. 1~4번 문제에서 받은 점수의 합은 乙이 가장 낮다.
ㄷ. 4명 모두가 합격할 수는 없다.
ㄹ. 4명이 받은 점수의 총합은 24점이다.

① ㄱ, ㄷ ② ㄴ, ㄷ
③ ㄴ, ㄹ ④ ㄱ, ㄴ, ㄷ
⑤ ㄱ, ㄴ, ㄹ

정답 ⑤

해설

1~4번 문제를 맞혔을 때 받는 추가점수와 기본점수를 표로 나타내면 아래와 같다. 또한 5, 6번은 정답률이 주어졌기 때문에 추가점수는 1점씩 부여됨을 알 수 있다.

구분	1번	2번	3번	4번	5번	6번
甲	1	0	1	1	모름	모름
乙	1	0	1	0	모름	모름
丙	1	1	0	0	모름	모름
丁	0	1	1	0	모름	모름
정답률(%)	75	50	75	25	50	50
추가점수	$\frac{1}{3}$	1	$\frac{1}{3}$	3	1	1

ㄱ. 甲이 5번과 6번 문제를 모두 맞힌다는 가정하에 받는 점수를 계산하면 기본점수: $1+0+1+1+1+1=5$점

추가점수: $\frac{1}{3}+0+\frac{1}{3}+3+1+1=\frac{17}{3}$

기본점수 + 추가점수 $=\frac{15}{3}+\frac{17}{3}=\frac{32}{3}$이므로 옳은 내용이다. (○)

ㄴ. 1~4번까지 받은 점수의 합은

甲: $\frac{20}{3}$, 乙: $\frac{8}{3}$, 丙: $\frac{10}{3}$, 丁: $\frac{10}{3}$이다.

乙이 가장 낮으므로 옳은 내용이다. (○)

ㄷ. 4명 모두가 합격할 수 있는 경우가 있다.
5, 6번의 문제 정답률이 50%인 것을 보고, 2명은 맞고, 2명은 틀렸다는 것을 알 수 있다. 이 상황에서 1~4번까지 받은 각각의 점수 총합을 알고 있으므로 가장 점수가 높은 甲은 5, 6번을 모두 틀리고, 가장 점수가 낮은 乙이 모두 맞았다고 가정한다. 그러면 남은 丙과 丁은 각각 1문제씩만 맞은 것으로 결정된다.
각각 위 가정하에 점수를 계산해 보면

乙: $\frac{8}{3}+2+2=\frac{20}{3}$ (합격)

丙: $\frac{10}{3}+2=\frac{16}{3}$(합격)

丁은 丙의 점수와 동일하므로 합격이다.
따라서 4명 모두가 합격할 수 있으므로 옳지 않은 내용이다. (×)

ㄹ. 각 문제별로 합산을 구하면
1번과 3번 문제를 맞춘 3명의 점수 합은

$(1+1+1)+(\frac{1}{3}+\frac{1}{3}+\frac{1}{3})=4$점

2번 문제를 맞춘 2명의 점수 합은 $(1+1)+(1+1)=4$점
4번 문제를 맞춘 1명의 점수 합은 $1+3=4$점
따라서 어떤 문제를 맞춘 경우라도 합산은 4점이므로 6문항의 경우 4명이 받은 점수의 총합은 24점이다. 옳은 내용이다. (○)

25 다음 〈상황〉을 근거로 판단할 때, 〈보기〉에서 옳은 것만을 모두 고르면?

상황

- 테니스 선수 랭킹은 매달 1일 발표되며, 발표 전날로부터 지난 1년간 선수들이 각종 대회에 참가하여 획득한 점수의 합(이하 '총점수'라 한다)이 높은 순으로 순위가 매겨진다.
- 매년 12월에는 챔피언십 대회(매년 12월 21일~25일)만 개최된다. 이 대회에는 당해 12월 1일 기준으로 랭킹 1~4위의 선수만 참가한다.
- 매년 챔피언십 대회의 순위에 따른 획득 점수 및 2023년 챔피언십 대회 전후 랭킹은 아래와 같다. 단, 챔피언십 대회에서 공동 순위는 없다.

챔피언십 대회 성적	점수
우승	2000
준우승	1000
3위	500
4위	250

〈2023년 12월 1일〉

랭킹	선수	총점수
1위	A	7500
2위	B	7000
3위	C	6500
4위	D	5000
⋮	⋮	⋮

⇨

〈2024년 1월 1일〉

랭킹	선수	총점수
1위	C	7500
2위	B	7250
3위	D	7000
4위	A	6000
⋮	⋮	⋮

- 총점수에는 지난 1년간 획득한 점수만 산입되므로, <2024년 1월 1일>의 총점수에는 2022년 챔피언십 대회에서 획득한 점수는 빠지고, 2023년 챔피언십 대회에서 획득한 점수가 산입되었다.

보기

ㄱ. 2022년 챔피언십 대회 우승자는 A였다.
ㄴ. 2023년 챔피언십 대회 4위는 B였다.
ㄷ. 2023년 챔피언십 대회 우승자는 C였다.
ㄹ. 2022년 챔피언십 대회 3위는 D였다.

① ㄱ, ㄴ ② ㄱ, ㄷ
③ ㄴ, ㄷ ④ ㄴ, ㄹ
⑤ ㄱ, ㄴ, ㄹ

정답 ①

해설

〈2024년 1월 1일〉의 총점수는 2023년 1월 1일부터 12월 31일까지의 점수이고, 〈2023년 12월 1일〉의 총점수는 2022년 12월 1일부터 2023년 11월 30일까지의 점수인 것을 알 수 있다.
따라서 〈2024년 1월 1일〉의 총점수는 2022년 12월 챔피언십 대회 점수가 빠지고 2023년 12월 챔피언십 대회 점수가 산입된 결과임을 알 수 있다.

ㄱ. 2023년 12월 챔피언십 대회는 랭킹 1~4위인 A, B, C, D 선수만 출전한 것을 알 수 있다. 그런데 2024년 1월에 A선수는 직전달보다 1500점이 하락하였다. 만약 A가 2022년 12월 챔피언십 대회에서 준우승하였다면 1000점이 빠지고, 2023년 12월 챔피언십 대회에서 4위를 하였다면 250점 산입하게 되어 총 750점이 빠지게 된다. 그러면 총 점수가 6750점이 되어 2024년 1월 1일 총점수와 맞지 않는다. 1000점 이상 빠져야 한다는 결론이므로 2022년에 우승한 2000점이 빠지고 2023년 챔피언십에서 3위를 하여 500점이 산입되어 총 1500점이 빠져야 2024년 1월 1일에 6000점이 될 수 있다.
따라서 2022년 챔피언십 대회 우승자는 A였다. (○)
ㄴ. 2023년 12월 1일에 7000점이었던 B는 2024년 7250점이 되어 250점 상승하였으므로 두 가지의 경우가 존재한다.
i) 2023년에 4위를 한 경우
ii) 2022년에 4위를 하고 2023년에 3위를 한 경우
하지만 A가 2023년에 3위를 하였으므로 B는 2023년 챔피언십 대회에서 4위를 하였음을 알 수 있다. (○)
ㄷ. 2023년 챔피언십 대회 우승자는 D이다. 2023년 12월 1일에 5000점인 D가 2024년 1월 1일에 7000점이 되기 위해서 2000점이 필요하다. 2000점은 우승해야 가능하기에 D가 우승자이고, C는 우승자가 아니다. C는 이 기간 1000점 상승한 것으로 보아 2022년 챔피언십은 참가하지 못하였고, 2023년 챔피언십에서 준우승하였다. (×)
ㄹ. D는 2022년 챔피언십 대회에 참가하지 못한 것을 알 수 있다. 2023년 12월에 우승하였기 때문에 2022년 챔피언십 대회에서 4위를 하게 되면 2000점 상승이 아니라 1750점 상승이 되기 때문에 참가하지 않았음을 알 수 있다. 따라서 옳지 않은 내용이다. (×)

박민제 PSAT 7급

Essential 7.5

| 제1판 |

초판인쇄 2026년 1월 15일
초판발행 2026년 1월 20일
편 저 자 박민제
발 행 인 박 용
등 록 2015. 4. 29. 제2019-000137호
발 행 처 (주)박문각출판
주 소 06654 서울시 서초구 효령로 283 서경 B/D
전 화 (02) 6466-7202 (교재주문·학습문의)
팩 스 (02) 584-2927

저자와의
협의하에
인지생략

정가 23,000원

ISBN 979-11-7519-668-1
979-11-7519-666-7(세트)